语言与文字系列

语言类型学导论

Introducing Language Typology

〔美〕伊迪丝·莫拉夫西克（Edith A. Moravcsik）著

金立鑫 等 译

图书在版编目(CIP)数据

语言类型学导论 / (美) 伊迪丝·莫拉夫西克著; 金立鑫等译. — 北京: 北京大学出版社, 2024.1
(未名译库. 语言与文字系列)
ISBN 978-7-301-33863-6

Ⅰ. ①语… Ⅱ. ①伊… ②金… Ⅲ. ①类型学（语言学）– 研究 Ⅳ. ①H003

中国国家版本馆CIP数据核字(2023)第075844号

This is a simplified Chinese translation of the following title published by Cambridge University Press:
Introducing Language Typology（ISBN 978-0-521-19340-5）
© Edith A. Moravcsik 2013

This simplified Chinese translation edition for the People's Republic of China (excluding Hong Kong SAR, Macau SAR and Taiwan) is published by arrangement with the Press Syndicate of the University of Cambridge, Cambridge, United Kingdom.

© Peking University Press 2024

This simplified Chinese translation edition is authorized for sale in the People's Republic of China (excluding Hong Kong SAR, Macau SAR and Taiwan) only. Unauthorized export of this simplified Chinese translation edition is a violation of the Copyright Act. No part of this publication may be reproduced or distributed by any means, or stored in a database or retrieval system, without the prior written permission of Cambridge University Press and Peking University Press.

Copies of this book sold without a Cambridge University Press sticker on the cover are unauthorized and illegal.
本书封面贴有 Cambridge University Press 防伪标签，无标签者不得销售。

书　　　名	语言类型学导论	
	YUYAN LEIXINGXUE DAOLUN	
著作责任者	〔美〕伊迪丝·莫拉夫西克（Edith A. Moravcsik） 著	
	金立鑫　等译	
责 任 编 辑	宋思佳	
标 准 书 号	ISBN 978-7-301-33863-6	
出 版 发 行	北京大学出版社	
地　　　址	北京市海淀区成府路 205 号　100871	
网　　　址	http://www.pup.cn　　新浪微博：@北京大学出版社	
电 子 邮 箱	zpup@pup.cn	
电　　　话	邮购部 010-62752015　发行部 010-62750672	
	编辑部 010-62767349	
印 刷 者	三河市博文印刷有限公司	
经 销 者	新华书店	
	650 毫米 ×980 毫米　16 开本　28.5 印张　425 千字	
	2024 年 1 月第 1 版　2024 年 1 月第 1 次印刷	
定　　　价	108.00 元	

未经许可，不得以任何方式复制或抄袭本书之部分或全部内容。
版权所有，侵权必究
举报电话：010-62752024　电子邮箱：fd@pup.cn
图书如有印装质量问题，请与出版部联系，电话：010-62756370

语言类型学导论

　　语言类型学甄别世界上不同语言之间的相似性和差异性。本教程对该门学科进行导入式介绍，适用于初入语言学大门的读者。教程的覆盖面广于现行的导论式读本，涵盖了历史演变、语言习得以及语言加工。教程例举了大量有关句法、形态、音系以及词汇、文字、手语等层面的跨语言共性和差异，通过学习这些例子，读者能够基本了解该门学科。每章的概要、小结、关键词以及书后的词汇表和参考文献有助于读者理解和消化所学内容，章末的练习环节有助于读者强化要点内容。

　　伊迪丝·莫拉夫西克（Edith A. Moravcsik），威斯康星大学荣休教授。

前 言

本教程旨在带领读者一览语言类型学的广阔研究领域——跨谱系、跨地域、跨文化地研究世界各语言的相似性及差异性。教程面向初入门的读者，比如学过入门类课程的学生以及其他群体，并不要求具备较好的先前积累，也不要求懂得任何外语。书后附有术语表，对语言类型学研究相关的专用术语进行解释，同时还列出了界定常用语法术语的参考文献。

本教程有如下四个特色。第一，教程内容所涉甚广，除了语法三要素——音系、形态、句法之外，还有一章是介绍词汇语义的，其中的若干小节介绍了文字系统和手语，除了共时语料和相关语言演变的跨语言共性之外，还介绍了语言习得和基于应用的语言学理论。

第二，教程没有使用现有任何理论学派所特有的语料描写范式，而是采用了一种各学派通用（pretheoretical）的元语言对全部语料进行统一描写，力求客观和趋近语言事实的同时，能很好地扩大受众群体，帮助非语言学专业读者读懂本教程。

第三，教程所涉的全部跨语言共性也是本着不做任何特定理论预设这个出发点所选取的。语言学研究大致可通过三种途径证实一个假设：跨语言证据、现有理论，或两者兼具。本教程聚焦于跨语言证据，所涉大部分语言共性为归纳法得出。

第四，教程并未试图囊括所有语言类型学文献，而是专注于语料描写和分析，目的是将跨语言研究所使用的证明方法展示给读者，同时也便于反映出这种证明方法与人们在其他科学研究乃至日常生活中所采用的思维模式有着十分密切的关系。

以下为各章梗概。

第一章 什么是语言类型学 展示了不同语言之间的相似性和差异性，也介绍了相关命题类别，这些命题类别能够帮助人们发现语间相似性。

第二章 词汇的世界 介绍了跨语言词汇意义的相似性和差异性，并就这些相似性和差异性与人们看待世界的方式之间的关联给出了一些解释。

第三章 词的组合，第四章 词的解析，第五章 语言的声音 介绍了有关句法、形态以及音系层面的跨语言共性，对文字系统和手语也有所介绍。

第六章 演变中的语言 通过介绍语言的历史演变、语言习得以及语言应用方面的跨语言共性，探讨共时语言现象的成因。

第七章 关于跨语言倾向性的解释 从历史、习得以及基于语义使用角度对共时跨语言共性现象进行解释。

特别感谢我的家人、朋友以及曾经的学生在语料和注解方面给予我的诸多帮助。他们有：Gustav Bayerle, Telle Bayerle, Yea-Fen Chen, Roberta Corrigan, Dina Crockett, Garry Davis, Fred Eckman, Nicholas Fleischer, Younghyon Heo, Gregory Iverson, John Kellogg, Ahrong Lee, Sooyeon Lee, Silvia Luraghi, Veronica Lundbåck, Julia Moravcsik, Corrine Occhino, Olesya Ostapenko, Hamid Ouali, Sueyon Seo, James Shey, Hyowon Song, Jae Jung Song, Jennifer Watson, Kathleen Wheatley, Jessica Wirth。

感谢让我受益良多的语言学同行们，他们分别来自布达佩斯大学、匈牙利科学院语言研究所、维也纳大学、夏威夷大学、欧洲语言类型学项目（the EUROTYP project）、世界语言结构地图集项目（the WALS project）、Max Planck演化人类学研究所、威斯康星大学。感谢剑桥大学出版社Andrew Winnard的耐心和鼓励，感谢Sarah Green, Ed Robinson, Helena Dowson在成书过程中给予我的指导，感谢Jon Billam对全书进行了校审并提出了诸多有洞见的建议，感谢Sue Lightfoot为书中索引所做的细致工作。

我很幸运，在初入语言学大门时受到了两位先生的恩惠，一位是我在印第安纳大学就读时的老师Gerald A. Sanders教授，另一位是已故的

Joseph H. Greenberg教授，他是我在斯坦福大学语言共性项目（the Stanford Universals Project）的负责人，没有他们二位，就不会有今天这本教程，由衷地感谢他们！

中文版序言

本书作者伊迪丝·莫拉夫西克为美国威斯康星大学语言学荣休教授。1939年5月2日出生于匈牙利布达佩斯。1962年大学毕业于罗兰大学（Eötvös Loránd University）古典文学专业，1968年在印第安纳大学获得语言学硕士学位，1971年在印第安纳大学获得语言学博士学位，论文题目是《一些跨语言普遍的是非问题及其回答的研究》（*Some crosslinguistic generalizations on yes-no questions and their answers*）。

博士毕业后伊迪丝在斯坦福大学做语言共性项目研究助理（1975—1976），并分别于1974、1980、1982三年的秋季学期任奥地利维也纳大学语言学系教授，1983—1984年任夏威夷大学语言学系交换教授，1992年在罗兰大学语言学系做访问教授，1976年至今历任美国威斯康星大学助理教授（1976—1981）、副教授（1981—1998）、教授（1998—2009）、荣休教授（2009—　）。2001年在德国莱比锡马普进化人类学研究所做夏季访问研究员。

除了本书之外，伊迪丝2006年出版的另两本著作，分别是《句法学导论：句法分析基础》（*An Introduction to Syntax: Fundamentals of Syntactic Analysis*）以及《句法学导论》（*An Introduction to Syntactic Theory*），与其他学者合作编写语言学专著7部，在 *Linguistic Typology*，*Lingua* 等刊物以及系列丛书发表论文数十篇。

本书的特色作者已经在本书前言中作了简要清晰的说明，此处不赘。本书在内容上可以弥补《语言类型学教程》（北京大学出版社，2015年）

中的部分不足，尤其是在音系类型、语言演化类型、手语、文字系统习题等内容方面，非常合适作为语言类型学课程的参考教材或课外阅读材料。

本书由十位译者、校对者协作完成，历时七年，其中部分章节经过数次反复译校，在译校过程中也修改了原作中的部分表述（均采用脚注形式说明），也对一些不太明确的概念用脚注作了解释。原作中的灰框文字作为补充性说明的文字，在中文译本中处理为脚注；原作中在外文语段后用单引号标注其英文意思，在中文译本中保留；原作中意思简单明确的英文注释或例子，在中文译本中保留，这样有助于理解原意；原作中的术语索引和语言索引在中文译本中以中英文对照的形式呈现、方便读者查阅。具体分工如下：

前言、缩略语的译者：唐晓东。

第一章译者：宁强。校对：王中祥1校、王芳2校。

第二章译者：葛娜娜。校对：王中祥1校、王芳2校。

第三章译者：应洁琼。校对：宁强1校、王芳2校。

第四章译者：王景丽。校对：葛娜娜1校、王芳2校、唐晓东3校。

第五章译者：唐晓东。校对：应洁琼1校、王芳2校、王艳3校。

第六章译者：李恬。校对：王景丽1校、王芳2校、王中祥3校、唐晓东4校。

第七章及后文译者：王中祥。校对：王芳1校、唐晓东2校。

全书负责人：金立鑫、王芳。

译者简介

(按音序排列)

(1) 葛娜娜,博士,讲师,就职于上海应用技术大学,研究方向为语言类型学、第二语言习得与外语教育,曾在《外语学刊》《语言教育》等刊物发表论文。

(2) 金立鑫,博士,教授,现就职于江苏师范大学语言科学与艺术学院,出版类型学专著两部,合作主编《语言类型学教程》。曾在《中国语文》《当代语言学》《外语教学与研究》《外国语》《语言科学》《世界汉语教学》《语言教学与研究》等刊物发表论文150余篇。

(3) 李恬,博士,副教授,就职于河南大学外语学院,研究方向为认知语言学,曾在《外国语》《外语教学》《外语研究》等刊物发表论文。

(4) 宁强,博士,教授,就职于湖州师范学院,研究方向为应用语言学、语料库翻译学。

(5) 唐晓东,博士,副教授,就职于大连民族大学,研究方向为普通语言学、语言类型学。

(6) 王芳,博士,助理研究员,就职于上海外国语大学语言研究院,研究方向为语言类型学,曾在《中国语文》《语言科学》《语言研究》等刊物发表论文。

(7) 王景丽,博士,讲师,就职于江苏第二师范学院,主要研究方向为语料库语言学、外语教学。

（8）王艳，博士，讲师，就职于曲靖师范学院，研究方向为语言类型学、少数民族语言及其教学，曾在《贵州民族研究》《海外华文教育》等刊物发表论文。

（9）王中祥，博士，副教授，就职于江西科技师范大学，研究方向为认知语言学、对比语言学，曾在《汉语学习》《语言与翻译》《外文研究》等刊物发表论文。

（10）应洁琼，博士，副教授，就职于浙江外国语学院，研究方向为二语语用学、外语教育，曾在《外语电化教学》《语言教学与研究》《浙江外国语学院学报》等刊物发表论文。

缩略语

本书大部分缩略语均出自莱比锡标注系统（the Leipzig Glossing Rules）。

A	the agent noun phrase of a two-argument verb 双（论）元动词的施事（论元），通常为名词短语
ABS	absolutive case 通格
ACC	accusative case 受格
ASP	aspect 体
CAUS	causative 致使
CL	class 类别
CLF	classifier 分类词
CMP	comparative 比较
DAT	dative case 与格
DC	declarative clause marker 陈述句标记
ERG	ergative case 施格
FEM	feminine 阴性
GEN	genitive case 属格
GER	gerund 动名词
IMPF	imperfective 非完整体
INDOBJ	indirect object 间接宾语

INF	infinitive 不定式	
L1	first language (a language already acquired) 第一语言	
L2	target language (a language to be acquired) 第二语言/目标语言	
MRK	marker 标记	
MSC	masculine gender 阳性	
NEU	neuter gender 中性	
NMLZ	nominalizer 名物化语素	
NOM	nominative case 主格	
OBJ	object 宾语	
OM	object marker 宾语标记	
ORD	ordinal 序数词	
P	the patient noun phrase of a two-argument verb 双（论）元动词的受事（论元），通常为名词短语	
PART	partitive case 部分格	
PFV	perfective 完整体	
PL	plural 复数	
POSS	possessive marker 所有格标记	
PREF	prefix 前缀	
PRF	perfect 完成体	
PRIV	privative 否定格或缺失的格	
PRT	particle 小品词	
PST	past tense 过去时	
S	the single noun phrase of a one-argument verb 单（论）元动词的唯一论元，即主语，通常为名词短语	
SBJ	subject 主语	
SING	singular 单数	
SUP	superlative 最高级	
1S	first person singular 第一人称单数	

2S	second person singular 第二人称单数
3S	third person singular 第三人称单数
1P	first person plural 第一人称复数
2P	second person plural 第二人称复数
3P	third person plural 第三人称复数
A&B	A immediately precedes B A与B前后相邻
-	boundary between stem and affix 词干与词缀的分隔符
=	boundary between word and clitic 词与附着成分之间的分隔符
#	boundary between words 词间分隔符
[...]	phonetic transcription 语音转写
/.../	phonemic transcription 音位转写
'	stress 重音
" "	idiomatic translation 习语式翻译
' '	literal translation 字面翻译

目　录

第一章　什么是语言类型学 ………………………… 1
　1.1 研究目标 ………………………………………… 2
　1.2 研究工具 ………………………………………… 13
　本章小结 …………………………………………… 28
　练习 ………………………………………………… 28
　扩展阅读 …………………………………………… 31

第二章　词汇的世界：词汇类型学 ………………… 33
　2.1 引言 ……………………………………………… 34
　2.2 我和身体部位词 ………………………………… 41
　2.3 我与他人 ………………………………………… 45
　2.4 表"数"的词：有多少？ ………………………… 59
　2.5 哪一种？ ………………………………………… 67
　本章小结 …………………………………………… 79
　练习 ………………………………………………… 80
　扩展阅读 …………………………………………… 82

第三章　词的组合：句法类型学 …………………… 83
　3.1 引言 ……………………………………………… 84

3.2 词及词形的选择 ··· 89
　　3.3 语序 ··· 115
　　3.4 句法范畴 ··· 128
　　本章小结 ··· 132
　　练习 ·· 133
　　扩展阅读 ·· 135

第四章　词的解析：形态类型学 ···························· 136
　　4.1 引言 ·· 137
　　4.2 语素和语素形式的选择 ································ 151
　　4.3 语素的顺序 ·· 173
　　4.4 形态学范畴 ·· 181
　　本章小结 ··· 183
　　练习 ·· 184
　　扩展阅读 ·· 186

第五章　语言的声音 ·· 187
　　5.1 引言 ·· 188
　　5.2 语音与语音形式的选择 ································ 192
　　5.3 语音序列 ·· 206
　　5.4 音系单位的划分和归类 ································ 219
　　5.5 可视语言 ·· 222
　　本章小结 ··· 236
　　练习 ·· 236
　　扩展阅读 ·· 240

第六章　演变中的语言：语言演变类型学 ·················· 241
　　6.1 引言 ·· 242

6.2 世纪流转——历史演变 ·· 244
6.3 时间流逝——发展演变 ·· 262
6.4 从知到行——语言运用 ·· 286
本章小结 ··· 297
练习 ··· 298
扩展阅读 ··· 300

第七章 关于跨语言倾向性的解释 ·· 302
7.1 引言 ··· 303
7.2 历时对共时的解释 ··· 309
7.3 语言习得和语言运用的历时解释 ······································ 311
7.4 语言习得和语言运用的功能解释 ······································ 322
本章小结 ··· 336
补录 ··· 337
练习 ··· 339
扩展阅读 ··· 340

本书所涉及语言 ·· 342
术语表 ·· 349
参考文献 ·· 353
术语检索 ·· 378
语言索引 ·· 410
被引作者索引 ··· 429

第一章　什么是语言类型学

本章概要

本章主要介绍语言类型学的研究目标，即研究独立于谱系关系、语言接触和共享的环境等因素之外的不同语言之间存在的相似性和差异性。本章还将介绍语言类型学研究中的一些基本工具，主要包括各类共性表达、语言取样的方法以及语料的来源。

关键词

分布 distribution

跨语言共性 cross-linguistic generalizations

谱系关系 genetic relations

语言接触 language contact

语言类型学 linguistic typology

语言类型 language typology

存在式命题 existential statements

非限制性共性 unrestricted universals

限制性/蕴涵共性 restricted（implicational）universals

绝对共性 absolute universals

统计性/倾向性共性 statistical（probabilistic）universals

蕴涵项 implicants

被蕴涵项 implicatum
语言样本 language sample
数据库 database

1.1 研究目标

拥挤的电梯里，你身边有两个人在用外语交谈，你丝毫听不懂，甚至一点儿都不能模仿。对你而言，他们的语言不外乎日常噪音而已，但他们又确实是在交流，一个人说着，另一个大笑，笑完再说，对方再继续叽里咕噜地回应着……对于一些人来说，这些奇怪的噪音为何可以表达意义？

如上你体验到的是不争的事实：世界上的语言千差万别。下面的例子可以进一步说明语言间的差异有多大。其中，（1）是英语，（2）（3）（4）分别是（1）的波兰语、匈牙利语和土耳其语翻译。

（1）Give us today our daily bread. 英语

（2）Chleba naszego powszedniego daj nam   dzisiaj. 波兰语
　　 bread our   daily   give to.us today

（3）Mindennapi kenyerünket add meg   nekünk ma. 匈牙利语
　　 daily   our.bread   give PREF to.us   today

（4）Gündelik ekmeḡimizi bize bogün ver. 土耳其语
　　 daily   our.bread   to.us today give

上例以及上述"电梯经历"都表明语言之间存在着巨大的差异。但另一方面，语言间也存在着惊人的相似性，试对比（1）与其德语和瑞典语的翻译：

（5）Unser tägliches Brot gib uns heute. 德语
　　 our   daily   bread give us   today

（6）Vårt dagliga brōd giv oss idag. 瑞典语
　　 our daily   bread give us   today

上例中，英语、德语和瑞典语中不少词都是相似的：

（7）英语　德语　瑞典语
　　　our　　unser　vårt
　　　bread　Brot　　bröd
　　　give　 gib　　 giv
　　　us　　 uns　　 oss

让我们不解的是，世界上的语言为什么既有差异性又有相似性呢？这就提出了如下两个问题：

（8）（a）语言间存在着何种异和同？
　　　（b）语言间为什么会存在这些异和同？

问题（a）探索语言间不同结构特征的分布情况：具有哪些结构特征，它们分布在哪里？问题（b）则为这些分布寻求解释：为什么某种结构特征会出现在特定位置？这几乎是语言学中最核心的两个问题，也是本书的关注点。

（1）—（7）所列语料其实已经在回答（8a）的问题了，它们展现了不同语言在词汇、构词和语序上的相似性和差异性。接下来我们看（8b），语言间为何会存在相似性？对于（7）中所显示的英语、德语和瑞典语间的词汇相似性，其原因较为显豁：在约2500年前，这三种语言并非三个独立的语言系统，而是同为原始日耳曼语，后来才逐渐发展成为三种独立的语言。因此，它们之间的词汇相似性源于语言继承：原始日耳曼语的词汇在其后代语言中留存了下来，虽然经过几千年的演变，形式上发生了或多或少的改变。这三种语言因为演化的渐变性而逐渐彼此不同，这一点可以通过古英语中的相应表达看出：

（9）urne　daghwamlican　half　syle　us　to　dæg　　　古英语
　　　our　 daily　　　　　 bread　give　us　to　day

较于现代英语，约1000年前的古英语时期距离古日耳曼语时期更近，

它与德语和瑞典语之间的相似性也更强,如(10)所示:

(10) 德语　　　瑞典语　古英语　　　现代英语
　　　Unser　　　vårt　　urne　　　　our
　　　Tägliches　dagliga　daghwamlican　daily

波兰语、匈牙利语和土耳其语〔见(2)(3)和(4)〕并非日耳曼语言,因此与英语存在差异。

以上材料显示,共同的历史起源(shared historical origin)是语言之间相似性的原因之一。但是,即便是没有同源关系的语言,也同样可能呈现出某些相似性。以"sugar"义词语为例,我们可以推测,在日耳曼语言(英语、德语、瑞典语、荷兰语和其他日耳曼语言)中其形式大体一样。

(11) 英语 sugar
　　　德语 Zucker
　　　瑞典语 socker
　　　荷兰语 suiker

但在日耳曼语言之外的一些其他语言中,该词词形仍然相似:

(12) 西班牙语 azúcar
　　　法语 sucre
　　　意大利语 zucchero
　　　波兰语 cukier

一个可能的解释仍然是它们之间具有同源关系:同日耳曼语言一样,罗曼语族(如西班牙语、法语和意大利语)和属于斯拉夫语族的波兰语同属于印欧语系。因此,这些语言中的"sugar"义词语可能是从它们的共同祖语——原始印欧语(使用于公元前5000—前4000年)中继承而来的。

如果是这样,那么我们会预期印欧语系之外的其他语言中"sugar"义词语的表现应该完全不同。但事实并非如此:

（13）匈牙利语 cukor
土耳其语 şeker
希伯来语 sukkar
阿拉伯语 soukar
日语 satoo
斯瓦希里语 sukari
印度尼西亚语 sakar

（13）中的语言都不属于印欧语系：匈牙利语属于芬兰–乌戈尔语族（Finno-Ugric），土耳其语属于突厥语族，希伯来语和阿拉伯语属于闪语族，日语为独立语[①]，斯瓦希里语属于班图语系，印度尼西亚语属于马来–波利尼西亚语族。这些语言与英语的差异，可以从（3）（4）中匈牙利语和土耳其语与英语的对比看出。但是，这些语言中"sugar"义词语却仍然和英语十分相似。

上述例子所呈现的语言之间的相似特征仍然有其历史原因，但并非历时的同源关系，而是由于历史上的语言接触造成的。上述所有表达"sugar"义的词都来自梵语的"śarkarā"。这是因为甘蔗最先是在梵语的故乡印度种植。公元8世纪，印度商人开始出口甘蔗，十字军将之带到欧洲，欧洲商人开始在全球范围进行甘蔗贸易，"śarkarā"一词也跟着走遍了全球，只是拼写和发音根据具体语言系统的规则发生了一定的改变。

以上我们看到了语间相似性的两种原因：**共同的历史起源**和**接触**。是否还有其他因素呢？讨论这个问题时，我们可以先考虑一下语言之外其他事物间的相似性问题，比如人与人之间的相似性。比较一下你的朋友，你会发现有些人彼此比较相像，而其他人则不然。这种相似通常是因为这些人之间具有亲属关系：同胞兄妹可能会遗传父母或更远的祖先的某些特征，像黑色毛发或音乐天赋等。因此，如同语言一样，亲缘关系也是人与人之间相似性的一种可能的解释。

再者，假如你知道两个人没有亲属关系，他们都对蝴蝶感兴趣。这

---

① 译者注：语系归属不明。

时，就需要另一种解释了：他们可能相交已久，其中一个在另一个的影响下开始对蝴蝶产生兴趣。因此，正像语言一样，接触以及随之而来的特征传播是人与人之间存在相似性的另一种可能的解释。语言也同样如此，上述"sugar"义词语的例子就是这样。

还有第三种情形，假如你的两个朋友既没有亲属关系又素未谋面，不过他们都热衷于冰上垂钓。那么，他们的这一共同兴趣很可能与他们各自所处的环境有关：二者都来自有严冬的地区，冬季的河流湖泊都被厚厚的冰层覆盖着。那么，这种带来人与人之间相似性的**相同的自然或文化环境**是不是也可能带来语言间的相似性呢？

一个言语社区的自然环境特征往往会在其语言的词汇中得到反映。Nicholas Evans发现凯亚迪尔语①（澳大利亚土著语言）中，有5个表达袋鼠跳跃（hopping）的动词，它们分别用来描述袋鼠科（macropods）不同子类袋鼠的跳跃。袋鼠科动物是澳大利亚特有的物种，包括袋鼠（kangaroos）、大袋鼠（wallaroos）和小袋鼠（wallabies）（1998：164）。同样，社会文化环境也会影响语言：如果社会文化环境相似，那么语言也可能会呈现一定的相似之处。敬语的表现就是一例。许多语言中存在大量词汇形式，其使用由社会因素决定，如古古伊米迪尔语（澳大利亚昆士兰的土著语）和日语。日语中不少亲属称谓存在交替形式，其选用取决于听话者是家人还是外人。例如，家人间指称祖父用"ojiisan"，跟外人则要用"sofu"；家人间指称父亲用"otoosan"，跟外人则要用"chichi"（Inoue 1979：282）。古古伊米迪尔语中，听话者为兄弟/连襟或公公/岳父时，某些词语需要使用特殊形式。例如，听话者为兄弟/连襟或父亲/公公/岳父时，表达"to go"义需使用"balil"这一敬称形式，而该意义的一般表达形式为"dhadaa"（Haviland 1979：217—218）。值得注意的是，日语和古古伊米迪尔语既无亲属关系又未有过直接接触，这两种语言中以社会关系为条件的词汇变异现象与这两个社会的等级文化有关。

法语第二人称代词"tu"和"vous"在某种程度上也同样是词汇的社会文化变异现象，"tu"用于称呼亲近的家人或朋友，"vous"则用于正

---

① 译者注：分布于南韦尔斯利群岛、西北昆士兰州、澳大利亚的一种濒临灭绝的语言。

式场合。西班牙语（"tu"和"usted"）和德语（"du"和"sie"）的第二人称代词也同样存在类似的区分。这种社会文化环境带来的用法区分在社会结构发生变化时表现得最为明显。一些欧洲国家，如奥地利和德国，第二人称代词都存在一个亲密体（intimate）和一个礼貌体（polite），但是目前亲密体的使用范围正在超越礼貌体，这一演变很可能是社会平等化的一种表现。

亲缘关系、语言接触和**共享的社会文化环境**这三个因素常常可以用来解释（8b）提到的语言之间具有相似性的原因。但是，并非所有的问题都可以用这三个因素来解释，还存在另外两个因素：**类型（types）**和**共性（universals）**。

请思考下面几个印地语、日语和土耳其语的句子，意思同为"They bring water for the girl's mother."，其中方括号表示短语的切分。

（14）[Ve] [larkiki make liye] [pani] [late hai].　　印地语
　　　 they　girl's mother for　water　bring are
（15）[karera wa] [ano onnanoko no haha ni] [mizu o] [motte kuru].日语
　　　 they　SUBJ① the girl　GEN mother for water ACC bring give
（16）[Kzz annesi　 için] [su]　[getiriler].　　土耳其语
　　　 girl her.mother for　 water they.bring

尽管以上三句中的词语差别很大，但值得注意的是，它们的语序是一致的。三者都属于所谓的"SOV语言"，即主语置于句首（如果有主语的话，土耳其语例句中的主语未出现），随后是间接宾语和直接宾语，然后是动词。

此外，印地语、日语和土耳其语在领有者与被领有者、附置词与名词短语的语序形式上的表现也是一致的，如（17b）和（17c）所示（"&"表示线性顺序）：

---

① 原文误标，应为"Topic"（话题标记）。

（17）（a）主语 & 宾语 & 动词

　　　　　（"they water bring"）

　　　（b）领有者 & 被领有者

　　　　　（"girl's mother"）

　　　（c）名词短语 & 附置词

　　　　　（"mother for"）

上述印地语、日语和土耳其语在句子成分语序上的同一表现不是由亲缘关系、语言接触或社会文化环境造成的。它们之间不存在亲缘关系：印地语属于印欧语系，土耳其语属于突厥语族，而日语为独立语。它们也没有过密切的语言接触，且所处自然和社会文化环境也并无大同。

更为神奇的是，还有一些语言的这三组语序与上面这三种语言的表现相反，几乎呈现出镜像语序，如（18）所示。

（18）（a）动词 & 主语 & 宾语

　　　　　（"bring they water"）

　　　（b）被领有者 & 领有者

　　　　　（"mother girl's"）

　　　（c）附置词 & 名词短语

　　　　　（"for mother"）

下面是来自阿拉伯语和拉帕努伊语（复活节岛语言；用例引自Chapin 1978）的例子。阿拉伯语属于闪语族，拉帕努伊语属于马来–波利尼西亚语族，他们在亲缘关系和地理分布上都相距甚远，且社会文化环境方面也基本不同。

（19）（a）动词 & 主语 & 宾语　　　　　　　　　　　阿拉伯语

　　　　　axaða　aşşinijjuna　almala

　　　　　took　 the.Chinese　 the.money

　　　　　'The Chinese took the money.'

（b）被领有者 & 领有者
　　Bajtu　arraʒuli
　　house　man.GEN
　　'the house of the man'

（c）附置词 & 名词短语
　　Ila　boston
　　to　Boston
　　'to Boston'

(20)（a）动词 & 主语 & 宾语　　　　　　　　拉帕努伊语
　　He　　　to'o　tenitō　i　te　moni.
　　PAST　　take　the Chinese　ACC　the money
　　'The Chinese took the money.'

（b）被领有者 & 领有者
　　te　hot　o　te　tagata
　　the horse GEN the man
　　'the horse of the man'

（c）附置词 & 名词短语
　　ki　Boston
　　'to Boston'

　　跨语言之中，尽管动词的位置与另两对成分之间的语序的关联仅仅是倾向性的，但大多数SOV语言中领有者位于被领有者之前，使用后置词，而大多数动词居首的语言中，领有者位于被领有者之后，使用前置词。

　　那么，是什么因素使得这些分布于世界不同区域的没有亲缘关系的SOV语言具有相同的语序特征呢？类似地，是什么因素使得分布于世界不同区域的没有亲缘关系的VSO语言又倾向呈现出与之相反的语序特征呢？一个自然的想法是，具有相同语序模式的成分之间存在着某种共性。如果是这样，那么之前让人费解的三种语序组合便可归纳为一种语序模式，也就是说，上述具体的语序组合实际上反映的是同一种语序规律。

　　沿此思路，现有文献已提出过多种解释，这在第七章有详细的讨论

（7.3节）。其中一种假说是核心语（heads）与从属语（dependents）的语序一致性（Vennemann 1973）。一个结构的核心语，指的是该结构中必不可少的并且决定了整个结构范畴特征的成分；相应地，从属语的范畴类别通常有别于整个结构，且其出现通常是自由可选的。动词、宾语、被领有者、领有者、附置词、名词短语在这两类上的相应归属如（21）所示：

（21）核心语　　从属语
　　　动词　　　宾语
　　　被领有者　领有者
　　　附置词　　名词短语

也就是说，动词、被领有者和附置词的共性特征在于它们都是核心语，而宾语、领有者和名词短语分别是它们的从属语。

据此理论，世界上的语言会倾向于选择核心语与从属语的一种语序规则，动词与宾语、被领有者与领有者、附置词与名词短语则自动遵循该语序规则。因此，世界语言可以划归为两大**类型（types）**：SOV语言（如印地语、土耳其语和日语），采用"从属语&核心语"的语序模式，如"water bring" "John's book" "Boston in"；VSO语言（如阿拉伯语和拉帕努伊语），采用"核心语&从属语"的语序模式，如"bring water" "book John's" "in Boston"。

总结以上讨论，语间相似性的四种解释可系统概括为（22）：

（22）语间相似性的解释
　　　（a）共同的历史起源
　　　　　问：为什么英语和德语中表达"bread"义的词语具有相似性？
　　　　　答：因为英语和德语同属于日耳曼语，它们从其共有的祖语——原始日耳曼语中继承了该词。
　　　（b）语言接触
　　　　　问：为什么英语和斯瓦希里语中表达"sugar"义的词语具有相似性？

答：因为英语和斯瓦希里语均是在与梵语接触时吸收了梵语的这个词。

(c) 共享的自然或社会文化环境

问：为什么日语和古古伊米迪尔语中不少词语都有多种社会变体形式？

答：这些现象是这两种语言适应社会等级文化要求的结果。

(d) 语言类型

问：为什么印地语和日语中的领有者都倾向位于被领有者之前？

答：因为领有者是从属语，被领有者是核心语，印地语和日语均为"从属语&核心语"的语序类型。

综上，上述四个角度可以帮助我们解释一些语言之间呈现出的相似性。但是，若一种特征是**所有语言**共有的特征，又该如何解释呢？举个例子来说，所有已知语言中都存在人称代词，如"I""you"等。让我们尝试用以上四种解释来回答。

(23) 问：为什么所有已知语言中都存在人称代词？

答：(a) 因为所有语言都具有亲缘关系，它们的共同祖语中存在人称代词。

(b) 因为所有语言彼此间都有过直接或间接的接触，人称代词便是通过接触从一种语言传播到另一种语言中去的。

(c) 因为所有语言所处的社会文化环境都要求人称代词的存在。

(d) 因为所有语言都属于同一语言类型。

我们来看一下上述四种解释是否可行。(a) 为所有语言赋予了一个单一的共同祖语：假设这个祖语有人称代词，那么它所有的后代语言都可能保留其人称代词。该假说并非没有可能，但它仍需进一步回答如下两个问题：为什么这个祖语中有人称代词？在数千年的演变中，当众多其他结构属性都发生了改变时，为什么人称代词可以一次次地得到留存？（b）同样可能是正确的：人称代词也许首先出现在一种语言中，然后逐渐传播到所有其他语言中去，但它同样需要面对上述初始起源和跨语言普遍留存的问题。（c）则假设所有语言具有相似的社会文化环境。从某种意义上说，所有语言的确共享某些环境，例如，它们都存在于人类社区，但问题仍然存在，为什么这样的环境就需要有人称代词呢？

从定义看，（d）是正确的：因为所有语言都有人称代词，所以我们须承认它们构成了一种语言类型。但这个类型并不是只包括某一（子）类[（sub）-type]语言，而是包括了构成交际系统的所有语言。这样我们就获得了关于语言之间为何相似的第五种答案。

（24）问：为什么所有已知语言中都存在人称代词？
　　　答：因为所有语言都属于一种交际系统，该交际系统要求人称代词的存在。

不过，（24）仅仅是事实的陈述，并非解释。最终的解释还须部分或全部借助于上文介绍的四个因素：人类语言的起源、语言接触、共享的自然与社会环境，以及人称代词在人类思维和表达中普遍具有的功能。语言并不一定要求人称代词必然存在：因为名字和指示代词（如"这"和"那"等）同样可以帮助确定"我""你"和他人的指称对象。但是，有时会出现同名的情况，而且"这""那"等指示词也无法像"我""你"等人称代词一样清晰地指称交谈双方。因此，清晰指称交谈双方的优势可能为人称代词的初始起源和留存提供了解释。人称代词的更多讨论详参第二章2.3.2节。

总结上文，首先，我们提出了语言学研究的两个核心问题：结构特征的跨语言分布和对分布模式的解释。在此之上，为语间相似性提出了五种可能的解释：共同的历史起源、语言接触、共享的自然或社会环境、语言类型以及**语言共性（language universals）**。

语言类型学（language typology）就是以后两种现象为研究对象，即语言之间共有的类型特征和共性特征，其中，语言类型为其核心内容。日常使用中，"类型（type）"这一术语与"种类（kind）"同义：它指一类事物的子类。从这种广义层面来讲，两种语言只要具有一个共同特征，不管该共同特征是因共同的历史起源、语言借用还是相同的环境而产生的，它们都属于同一类型。但是，在实际的语言学研究中，只有这两种语言的共同特征独立于谱系、地域和文化因素之外时，才称其属于同一种类型。

在具体研究语言类型的蕴涵关系和语言共性之前，我们需要先确定类型学研究所需要的工具性概念。

1.2 研究工具

1.2.1 结论性命题的种类

上一节中，我们说明了语言类型学的任务，即寻找独立于谱系、地域和环境因素之外的人类语言之间的相似性。那么，我们如何总结研究结果呢？

我们先从观察不同语言的语音清单开始。可以获得如下发现：

（25）（a）有些语言有口腔塞音（如 /t/）。
　　　（b）有些语言有齿龈鼻音（如 /n/）。

这些命题只是简单表明具有这些语音的语言的存在。显然，这种存在式命题不能提供语言特征的分布信息：我们无法得知哪些语言有口腔塞音，哪些语言有齿龈鼻音。因为只要一种语言具有某些语音，就可以说这些语音在人类语言中是可能存在的。因此，当我们面对一种新的语言时，我们只知道该语言中可能有、也可能没有口腔塞音或齿龈鼻音，至于其究竟是否具有，无从知晓。

那么，如何能将存在式命题改为分布式命题呢？如下是一种尝试：

（26）（a）*所有语言都有口腔塞音。*
　　　（b）*所有语言都有齿龈鼻音。*

这类命题会非常有用：它们清楚地界定了具有某种属性的人类语言的范围——所有语言。因此，在我们接触一种新的语言时，这些命题可以对该语言的辅音清单做出预测，即该语言一定具有口腔塞音和齿龈鼻音。

但以上两个命题是否正确呢？事实是，（26a）为真：所有已知语言都有口腔塞音；但（26b）为假：北美大陆西北区域的土著语就没有齿龈鼻音，如阿拉斯加州的特林吉特语。这就会出现如下的问题：（25b）是真命题（有些语言有齿龈鼻音），但却不具有预测性；（26b）具有预测性但却是假命题。那么，是否有可能将（26b）中具有预测力的共性覆盖范围与（25b）的真值表达结合起来呢？

关于这个问题及其解决方案，我们其实不难从日常生活中得到启示。假如你身处异国的某个城镇，想得知当地食品店的营业时间，你会发现：

（27）有些食品店每周七天都营业。

不过，是哪些店呢？你可能首先会猜测：

（28）所有的食品店每周七天都营业。

随即发现并非如此：有些店周日不营业。为了找出那些七天都营业的店面，你自然需要去寻找这些店面区别于其他店面的共有特点。你可能会发现：

（29）所有**贩售新鲜食品的**食品店每周七天都营业。

逻辑结构上，（29）和（28）类似：都是共性表达（因为包含量化词"所有"），但（29）优于（28），因为它是正确的。二者的区别在于对食品店的范围界定不同，（28）界定的是全镇所有的食品店，（29）则是全镇食品店中的一个子集，它们具备一个共同特征，即贩售新鲜食品。（28）叫做**无条件（unconditional）或非限制性（unrestricted）共性（universal）**；（29）叫做**条件（conditional）或限制性（restricted）共性**。

在上例中，对于全部食品店而言，一旦非限制性共性（28）是不正确的，那么就需要找出符合共性概括的食品店子集的共同特征。同样地，该方法也适用于齿龈鼻音在不同语言中的分布问题。已知并非所有语言都存在齿龈鼻音，那么我们需要解决的问题就是找出一个特征，这个特征可以划分出人类语言的一个子集，在这一子集内，该共性成立。

已有研究表明，这个语言特征是具有唇鼻音。所以，如下的限制性共性便是一个真命题：

（30）所有**有唇鼻音（如/m/）的语言都有齿龈鼻音（如/n/）**。

上述例子显示，跨语言概括可以是存在式命题，也可以是共性表达，共性表达又有非限制性和限制性之分。限制性共性又叫条件共性或蕴涵共性，非限制性共性又叫无条件共性。本书中这些术语将会交替使用。各类共性表达可总结如下：

（31）（a）存在式命题：
有些语言有X。
（b）共性命题：
（aa）非限制性共性：
所有语言都有X。
（bb）蕴涵共性：
所有有Y的语言都有X。

1.1节中提到了类型学组合（cluster）和共性，可以分别用它们来表达。

（32）非限制性共性：
所有语言都有人称代词。
（33）蕴涵共性：
（a）大多数SOV语言都具有"领有者 & 被领有者"和"名词短语 & 附置词"的语序。
（b）大多数动词居首的语言都具有"被领有者 & 领有者"和"附置词 & 名词短语"的语序。

（33a）和（33b）都可以用（34）中的非限制性共性来表达：

（34）非限制性共性：
　　大多数语言中核心语和从属语的语序表现一致。

这些不同类型命题的预测力如何呢？非限制性共性指出逻辑上可能的两种语言类型（即有特征X的语言和没有特征X的语言），这两种类型仅存其一，如（35）所示。星号代表该类型不存在；X代表一种结构特征；+号和–号分别代表该结构特征的有和无。

（35）非限制性共性

	X
类型一	+
*类型二	–

蕴涵共性则是对四种逻辑上可能的语言类型的预测：

（36）蕴涵共性①

	Y	X
类型一	–	–
类型二	+	+
类型三	–	+
*类型四	+	–

也就是说，Y和X这两种特征皆有的语言与Y和X这两种特征皆无的语言均可能存在。而Y和X两种特征仅有其一的语言中，只有类型三是可能存在的，类型四不可能存在。也就是说有Y必有X，无X必无Y。

非限制性共性和限制性共性均可刻画一种结构特征在逻辑上可能的分布模式。非限制性共性有两种可能的分布模式，即有该结构特征的语言和无该结构特征的语言；限制性共性有四种可能的分布模式，即两种结构

---

① 在文献中，表（36）也被称为四分表 [tetrachoric tables，源自希腊语 tettares（4）]，该表显示逻辑上和实际语言中两种特征可能存在的共现模式。

特征皆有、两种结构特征皆无以及仅具其中某一特征。然后将实际语言中可观察到的分布模式与逻辑上可能的分布模式加以对比。如同Frans Plank所说："类型学是现实与可能的交锋（typology confronts possibility with reality）"（Plank 1999：285）。如果出现空缺，即逻辑上可能的情况在现实中并没有出现，那便是一个极具价值的发现，因为需要对该空缺进行解释：如果它是可能出现的，那么它为什么没有出现？关于这一问题，本书最后一章结尾部分将进一步讨论。

我们上面介绍的是一种强大的工具概念：分布特征的共性表述（非限制性共性或蕴涵共性）。它不仅可以用于跨语言结构特征的分布问题，也同样适用于任何其他领域，如前（28）（29）关于日常生活中相关概念的应用（发现商店的营业时间）。科学领域中，这些命题类型也同样是基本工具之一。如下是几例动物学中的共性表达。

（37）（a）非限制性共性
　　　　所有的动物都有生殖系统。
　　（b）蕴涵共性
　　　　所有有羽毛的动物都是两足动物。

相应的图表见（38）和（39）。

（38）所有的动物都有生殖系统。

	生殖系统	例示
类型一	+	所有动物
*类型二	−	0

（39）所有有羽毛的动物都是两足动物。

	有羽毛	两足	例示
类型一	−	−	狗
类型二	+	+	鸟
类型三	−	+	人
*类型四	+	−	0

以上我们探讨了跨语言概括的两种基本类型：**存在式命题**和**共性命题**；后者又可分为**非限制性共性**和**蕴涵共性**。进一步看，以上的共性命题还可以根据三个参项进一步区分。第一个是**可能性**，即共性命题是绝对的还是倾向性的。第二个是**X和Y的关系**，即蕴涵项（前件）与被蕴涵项（后件）的关系。第三个是X和Y的**简单或复杂与否**。我们来看例子。

可能性不同的共性表达如鼻辅音（相对于口腔辅音而言）的跨语言分布问题。基于对英语、德语和西班牙语等的了解，我们可以得到（40）：

（40）有些语言有鼻辅音。

（40）为真；但它不是一个共性命题，因此不能做出可靠的预测。可以尝试将其表述为非限制性共性：

（41）所有语言都有鼻辅音。

（41）具有预测力，但它是一个假命题：北美大陆西北部地区的语言不仅没有齿龈鼻音（如前所述），甚至连鼻音都没有。因此，我们可以尝试将其表述为蕴涵共性：

（42）所有有Y的语言都有鼻辅音。

这是个可行的方法；但问题在于Y特征目前尚未确定，该特征可将有鼻音和没有鼻音的语言区分开来。那么，是否因此就满足于（40）的存在式命题呢？不是这样，我们可以将其改进为（43）：

（43）大多数语言都有鼻辅音。

从逻辑结构上看，（43）介于存在式命题和共性命题之间：它并不覆盖所有语言，但也并非仅限于存在式表达中的"一些"语言。它是一个**倾向性/统计性（statistical）**的命题，虽然它不能确切地判断出你所遇到的下一种语言是否有鼻辅音，但却表明了这个语言有较大的可能性具有鼻辅音。上文（33）和（34）的语序规律也同样是一种倾向性共性，而非绝对共性①。

接下来看跨语言共性的第二个分类参项：蕴涵共性中**前后件的关系**。以如下三个非语言学命题来说明：

（44）（a）所有有蜜蜂的地方都有开花的植物。
　　　（b）所有有羽毛的动物都是两足动物。
　　　（c）所有灵长类动物的四肢都是由关节相连的。

（44a）将两种不同事物联系起来：蜜蜂和开花的植物，它们同时存在：其中一个的存在要求另一个也存在。（44b）也是将两种事物联系起来，但它们来自**同一实体**：动物的躯体。（44c）将**同一动物躯体部分**的两种不同特征联系起来：灵长类动物四肢是由关节相连的。以上三种共性类型分别称为聚合性（paradigmatic）共性、组合性（syntagmatic）共性和自反性（reflexive）共性〔最后一种又被叫做规定性（provisions）共性〕。

如下是语言的相应例示。

（45）（a）聚合性共性
　　　　　如果一种语言的极性问句中带屈折变化的动词置于主语之前，那么特指疑问句中也是如此。（Greenberg 1966a：#11a）
　　　（b）组合性共性
　　　　　如果一种语言的特指疑问句中带屈折变化的动词置于主语之前，那么特指疑问词通常置于句首。（Greenberg 1966a：#11b）
　　　（c）自反性共性
　　　　　如果一种语言通过语调手段来区分极性问句与陈述句，那么该语调的位置是在句末而不是句首。（Greenberg 1966a：110, #8）

---

① 存在式命题表达的是有无可能存在：某一语言可能具备也可能不具备某种特征。统计表达的是存在较大的可能性：它并非表达某语言有无可能具有某特征，而是某语言中很有可能具有某特征。绝对共性则是表达确定的存在：确定某一语言具备某种特征。

与（44）一样，上述共性的差别在于蕴涵前件与蕴涵后件关系不同。（45a）是关于语言的结构特征：从极性问句的"动词–主语"语序预测特指疑问句中也存在同样的语序。因此，前件和后件说的是**不同结构**。（45b）则不然，前件和后件是对**同一结构**（即特指疑问句）的不同成分而言。（45c）的前件和后件也是关于同一个结构，但前件和后件却并非涉及同一结构的不同成分，而是**同一成分**的不同特征：前件是对成分的一个特征——语调模式而言，后件则进一步为该特征增加信息，即语调的位置表现。

这三类蕴涵共性可图示如（46）。矩形代表的是一个语言的结构；Y和X分别代表蕴涵前件和蕴涵后件；箭头方向代表蕴涵方向。

（46）（a）聚合性蕴涵共性：

　　　如果Y，那么X（Y和X分别是同一语言中不同结构的特征）。

（b）组合性蕴涵共性：

　　　如果Y，那么X（Y和X分别是同一结构中共现的不同成分的特征）。

（c）自反性蕴涵共性：

　　　如果Y，那么X（Y和X是同一成分的不同特征）。

现在来看蕴涵共性的第三个分类参项，观察（47）。

（47）如果一种语言中有前置词，且指示词置于名词之后，那么形容词也置于名词之后。（Hawkins 1983：71）

该命题结构乍看似乎与一般的蕴涵共性有所不同，因为它包含三个结构特征：前置词、"名词–指示词"语序模式以及"名词–形容词"语序模式。但实际上，它仍不外乎前件与后件这两个基本要素；只不过该前件是包括两个条件的复杂前件，即需要满足一个以上的条件方可获得预测结论。

同理，后件也可以是复杂形式，如（48）。

（48）大多数形容词置于名词之前的语言中，指示词和数词也置于名词之前。（Greenberg 1966a：#18）

（48）类似于"以一换二"的交易：从一个条件（即"形容词–名词"），可以获得两个结论："指示词–名词"以及"数词–名词"。显然，较于（47）的"以二换一"，（48）的形式更具优势。（33）中有关语序的倾向性共性也属于此类：从动词在小句中的位置来预测领有者和被领有者、名词短语和附置词的语序关系。

下面总结一下上文所调查的跨语言共性的不同类型。

（49）（A）跨语言命题可能是
 – 存在式命题：
  有些语言有X。
 – 绝对共性命题：
  所有语言都有X。
（B）共性命题的不同类型
 （a）根据共性覆盖范围的不同
  – 非限制性共性：
   所有语言都有X。
  – 蕴涵共性：
   所有有Y的语言都有X。
 （b）根据可能性的不同
  – 绝对共性：
   所有语言都有X。
  – 倾向性/统计性共性：

大多数（或60%的）语言都有X。
（C）蕴涵共性的不同类型
（a）根据前后件关系的不同
- 聚合性蕴涵共性：
  如果一种语言中有Y，那么也有X。（Y和X是两种不同结构）
- 组合性蕴涵共性：
  如果一种语言中有Y，那么也有X。（Y和X是同一结构的不同成分）
- 自反性蕴涵共性：
  如果一种语言中有Y，那么也有X。（Y和X是结构内同一成分的不同特征）

（b）根据前后件复杂程度的不同
- 单一前件和/或后件：
  如果一种语言中有Y，那么也有X。
- 复杂前件/或后件：
  如果一种语言中有Y（和/或W），那么也有X（和/或Z）。

在研究已有文献中提出的真实的跨语言概括之前，还有一个问题要关注：需要仔细推敲我们命题表述中的一些术语。以非限制性共性和蕴涵共性的共有格式为例：

（50）**所有**（或大多数）（有Y的）语言都有X。

首先，"所有语言"指哪些语言？其次，如何获取语法特征X和Y的信息？接下来的两小节将依次回答这两个问题。

1.2.2 语言样本

在陈述语言共性时，我们的目的是寻找所有人类语言［或大部分人类语言，或界定清晰的人类语言的一个子类（或子类的大部分语言）］的共性。因此，我们调查的范围不仅包括现存语言，还包括曾经存在过、但又消亡或演变为其他语言的语言，甚至包括那些将来可能演化的语言。毫无疑问，我们无法穷尽对所有这些语言的考察。首要的原因就是我们不可能知道将来的语言会呈现何种面貌；其次，我们也不可能知道人类历史上存在过的所有语言①。据Daniel Nettle估计，人类语言至少出现于5万年前，甚至可能更早。从那时起，大约有23.3万种语言逐渐消亡，再加上目前世界上现存的约7000种语言，总数约24万，现存的语言仅占约3%。那么，这3%的现存语言有无可能得到全面的调查呢？这要提到我们不能全面调查所有语言的第三个原因：现存的大约7000种语言中，获得描写的仅占约三分之一（Bakker 2011：101—102）。从语言学角度来讲，澳大利亚大部分地区、南美洲以及世界其他地区仍为未知区域。不过，有很多博士论文和专题论文正在致力于缩小已知和未知间的距离。在探索目前未知或所知甚少的语言方面贡献较多的主要有三个研究机构：澳大利亚墨尔本拉筹伯大学（La Trobe University）的语言类型学研究中心、澳大利亚詹姆斯库克大学凯恩斯学院（Cairns Institute of James Cook University）的语言文化研究中心和美国国际语言暑期学院（Summer Institute of Linguistics International）②。其中，澳大利亚两个研究机构的语言描写工作主要关注（但绝不限于）澳大利亚境内的土著语研究。可见，由于现在、过去和未来语言中仍存在诸多未知信息，我们所说的"所有语言"其实并不能真正涵盖所有语言。也就是说，我们现在可用的最大的语言数据库也只包括一些过去的语言和我们有描述记录的现存语言。此外，在验证语言共性时有更现实的因素需要考虑：即便如今有了大规模的语言数据库，语言学家也不可能将所有可使用的描写材料一一查阅。因为这意味着要处理数以千计的不同语言，其时间和精力成本将是十分巨大的。

  为了提高研究的可操作性，语言类型学家通常使用选择出的语言**样本**

---

  ① 现存最早的文字记录为公元前3000年左右的闪族语碑，此外尚无更早的直接记录。即便是在相对近一些时期使用的语言，如Etruscan语（公元前700年左右的碑铭），我们也没有详实的记载。

  ② 美国国际语言暑期学院成立于1934年，是基于信仰的非宗教性组织，其宗旨在于言语社区的语言发展研究和语言学研究。该组织现有来自60个左右国家的5500余名工作者，他们完成了世界上至少2700种语言的研究工作。

进行研究。问题是，哪些语言应该成为语言样本呢？

取样的原则直接遵循语言类型学的研究目标：关注独立于历史起源、语言接触或环境因素之外的语间差异和共性。因此，一个合适的样本一定要能够代表所有语系、所有的地理区域和所有的文化。

Matthew Dryer（1989）提出了一个设计周全且影响广泛的取样方法。他把焦点放在建立统计性共性上，即相对共性而非绝对共性。他所关注的问题是，在什么样的条件下一个结构模式的跨语言分布可以被认为是一种普遍有效的倾向呢？

第一步确保谱系的平衡。

（a）谱系组

将所有语言分别归到322个亲缘组（genera）中。每一个亲缘组中的语言都有可追溯到大约2500年以前的共同祖语。比如，罗曼语（拉丁语、西班牙语、法语、意大利语等）可以组成一个亲缘组，日耳曼语（英语、德语、荷兰语、瑞典语等）也可以组成一个亲缘组。

第二步确保地域的平衡。

（b）地域组

将每一个亲缘组语言分别分配至世界的五大区域：非洲大陆、欧亚大陆、澳大利亚以及新几内亚大陆、北美大陆和南美大陆。比如，罗曼语和日耳曼语都在欧亚大陆区域内，该区域还包括一些非印欧语亲缘组，如芬兰–乌戈尔语族（包括芬兰语、爱沙尼亚语、匈牙利语等）。

那么，接下来如何判定某特定结构特征的跨语言分布是不是具有统计学意义的倾向性共性呢？

（c）倾向性共性的判定

对于某种结构特征，如前圆唇元音（如法语tu中/ü/），考察其在不同亲缘组中是否存在。如果所有五大区域中大部分亲缘组的语言都具有该结构特征,那么就可以认定该模式代表了显著的倾向性共性。

如果某一亲缘组同时包括具备该特征和不具备该特征的语言,那么该亲缘组的语言需进一步细分为两个独立的亲缘子类(sub-genera)。

下面是Dryer举的一个例子。研究问题是,跨语言中,较于SVO语序(如英语),SOV语序(如土耳其语、印地语等)是否具有跨语言的倾向共性。其调查结果(Dryer 1989:269—270)如(51)中的表格所示。五个区域列在上方,数字代表每个区域中SOV语序和SVO语序语言的亲缘组数量,占多数的数量用方框突显。

(51)

	非洲	亚欧	澳大利亚-新几内亚	北美	南美	合计
SOV	[22]	[26]	[19]	[26]	[18]	[111]
SVO	21	19	6	6	5	57

因为每个区域内SOV语言的数量都比SVO语言多,因此,较于SVO语序,SOV语序是更为显著的跨语言优势语序。

这与SVO语序(如英语)和VSO语序(如拉帕努伊语、阿拉伯语)的分布正相反。下面是调查结果(Dryer 1989:270—271)。

(52)

	非洲	亚欧	澳大利亚-新几内亚	北美	南美	合计
SVO	[21]	[19]	6	6	[5]	[57]
VSO	5	3	[0]	[12]	2	22

这种情况下,SVO语序可以视为一种倾向,但在北美区域,VSO语序的亲缘组数量多于SVO语序的亲缘组数量,因此,SVO语序不是跨语言显著的倾向共性。

鉴于我们对人类语言(包括过去、现在和未来的所有语言)的了解具有不可避免的片面性,我们的共性表述,不管是绝对共性还是倾向性共性,都只是一种假说,其有效性永远无法被证实。因为随时遇到的下一个语言便可能会推翻一个绝对共性,或者改变一个倾向性共性的可能性。所以,我们最好将其看作一种极其可能的假说,即基于对**部分**语言的**了解**而对**所有**语言的可能表现做出**推断**。

1.2.3 数据来源

再次观察语言类型学共性命题的一般表达模式：

（53）［（50）重列于下］

所有（或大多数）（有Y的）语言都有X。

其中，"所有（或大多数）语言"的含义我们在前一小节中已经讨论过。这类共性表达中另外两个基本概念是结构特征的X和Y，共性关注的就是二者的分布问题。问题是，如何获得一个具体语言中X和Y的信息呢？

普通语言学研究主要基于口语语料，理想的类型学研究也应该是基于从说话者口头收集来的鲜活的口语数据。但在实际操作过程中，该理想的方法不太可行，因为类型学研究需要的跨语言样本比较大，根本无法完成口头数据的收集工作。更为主要和可行的语料来源就是书面材料，比如要求将相关材料译成不同语言的问卷调查等。

实际上，类型学研究的数据最主要是通过二手文献获得的，包括已出版的各类语法书、词典、期刊文章等。此外，还可以从网络数据库中获取资源，比如语言类型学协会网站（www.linguistic.typology.org）上有大量相关数据库。世界语言结构地图集（The World Atlas of Language Structures, www.wals.info）就是其中之一，该网站提供了142个语法结构特征区域分布的研究文章和地图，如关系从句、辅音清单等。萨里形态学小组的网站（Surrey Morphology Group，www.surrey.ac.uk）资源也很有价值，它提供了大量形态句法结构的跨语言数据和分析，如形态融合现象（syncretism）、一致关系（agreement）等。此外，还有阿姆斯特丹大学建立的类型学数据库系统（Typological Database System，www.hum.uva.nl/TDS），该网站对各类独自建立的类型学数据库进行了整合。

这些渠道都有助于我们发现新的语言类型学共性。此外，推进语法结构特征分布的研究还有一个至关重要的努力就是对已有文献中提出的共性概括进行验证研究。德国康斯坦茨大学建立的共性档案库（The Universals Archive, http://typo.uni-konstanz.de/archive）是此类共性研究的首要数据来源。在编写本书时（2012年夏），该网站收集了类型学文献中的2029条跨语言共性，它还有一个专门收集罕见的语法结构特征的栏目，已收录147条相关数据。

下文图1.1是语言共性档案库收录的关于身体部位词的跨语言分布的共性概括。第一个条目是该条共性在档案库中的序列编码，紧接着的是该共性研究文献结论的原文转引，第三个条目是共性库统一做出的更为清晰的蕴涵共性表述，其余的条目所指比较显豁。"achronic（共时）"指所列共性是就不同时期（过去、现在和将来）的语言的共时横切面而言的。参考文献详参该网站所列文献目录。

（54）

序号	1180（旧版为1184）
原始描述	如果在某种语言中"leg（腿）"义［相对于"foot（脚）"义而言］得到了独立的词汇表达，那么"arm（胳膊）"义［相对于"手（hand）"义而言］也会获得独立的词汇表达。
标准化描述	如果一种语言中"leg（腿）"义（相对于"foot（脚）"义而言）得到了独立的词汇表达，那么"arm（胳膊）"义（相对于"手（hand）"义而言）也会获得独立的词汇表达。
公式表述	"leg（腿）" ⟹ "arm（胳膊）"
关键词	身体部位
领域	词汇
类别	蕴涵共性
状态	共时
性质	绝对共性
依据	Brown 1976中的41种语言［12种美洲印第安语言，10种欧洲语言，5种撒哈拉沙漠以南的非洲语言，亚洲中东部和西部语言①，5种东南亚语言，2种汉语方言，2种密克罗尼西亚语言（Micronesian）］
出处	Brown 1976；Anderson 1978：352也有提及
反例	—
评论	Frans Plank 03.08.2006，09:49 大多数语言中都有表达"腿"义的词语，但并非全部语言都有。根据Anderson的数据，至少3种语言没有表达"腿"义的词语，分别是Hopi语（Uto-Aztecan语系）、Inupik语（Eskimo-Aleut，爱斯基摩–阿留申语系）和Tarascan语（Chibchan语系），但它们却有表示腿的构成部分的词语［如"thigh（大腿）" ⟹ "calf（小腿）"］。

图1.1 "leg（腿）"与"arm（胳膊）"义词语的分布

---

① 译者注：原文中无亚洲中东部和西部语言的数量，初判应为5种。

本章小结

本章介绍了语言类型学的研究目标和工具。研究目标是探求语言结构特征在具有谱系、地域和文化等独立性的语言中的分布模式。而实现这一研究目标的工具是不同种类的跨语言共性命题。

存在式命题告诉我们哪些在语言中是可能存在的；共性命题告诉我们什么条件下会发生什么。如果某共性表达可以覆盖所有语言，那么它是非限制性共性；如果它是针对某一明确界定的语言子集，那就是蕴涵共性。蕴涵共性又可依其前后件的关系以及前后件的简单复杂与否分为不同子类。以上所有命题可以依据其可能性的不同分为倾向性共性和绝对共性：倾向性共性预测的是哪些情况很有可能发生，而绝对共性预测的是哪些情况必然发生。跨语言共性的获得通常基于尽可能兼顾谱系、地域和文化环境等的均衡的语言样本，研究所需的语言材料主要来自出版物和数据库。

日常交流中，我们常认为自己所知甚多，或者退一步说，至少我们在讲话时常表现得所知甚多。因为当我们对人或机构形成模式化看法时，我们假设可以通过个别推断出全部。我们倾向于根据以往经验预测未来，以为我们知晓事物的起因，包括人类行为背后的动机，会设想如果事情不是如已发生的那样，那现在会如何，等等。但事实上，类似的这些推论仅仅是具有不同程度的可能性，没有必然性。学术话语中，研究者对知识属性的区分会更加严谨：他们提出假说而非宣称断定；描述存在的可能性（因为已有先例）并尽可能对这种可能性做出量化。以上这些问题，我们会在本书第七章的最后一节再次展开讨论。

练习

1. 查阅不同语言词典中表达"salt"义的词语形式。观察它们之间是否具有相似性？如果有，为什么？
2. 语言共性（包括非限制性共性和蕴涵共性）都可用于语间结构特征分布的表达。对于英语词汇而言，"至少包含一个元音"是一个非限制性共性。那么试考虑这一命题："英语中所有以辅音开头的词都是以/s/音开头的。"显然，这是一个假命题：因为英语中有上千个词并不是以/s/开头的，如table，paper等。

请尝试提出一个如下形式的蕴涵共性："所有具有X特征的英语单词都是以辅音/s/开头的。"寻找特征X时，可参考如下单词，如string，sprain，splint等，也可参考如下词库中不存在的单词，如*ptring，*tprain，*kplint等。

3. 观察（a）（b）（c）（d）中的跨语言共性。
   A. 判断其为非限制性共性还是蕴涵共性，是绝对共性还是倾向性共性。
   B. 依据其在英语中的预测力，分别为四个命题做出相应的选择。
   （i）此命题对英语的预测是正确的。
   （ii）此命题对英语的预测是错误的。
   （iii）此命题没有对英语做出任何预测。
   （a）（b）（c）（d）四个命题分别如下：
   （a）大多数形容词置于名词之前的语言中，指示词和数词也置于名词之前。[Greenberg 1966a：#18；见本书例（48）]
   （b）如果一种语言的特指疑问句中带屈折变化的动词置于主语之前，那么特指疑问词通常置于句首。[Greenberg 1966a：#11b；见本书例（45b）]
   （c）只要动词与主语或宾语具有性的一致关系，那么它们同样也具有数的一致关系。（Greenberg 1966a：#32）
   （d）大多数语言的齿间音都是擦音。

4. 本章1.1中介绍，SOV语言和VSO语言倾向具有镜像语序。试观察英语语言中主语、宾语和动词，领有者和被领有者以及名词和附置词这三组成分内部的语序表现，回答如下问题：英语属于（或更接近于）SOV语言还是VSO语言？

5. 下例为一个聚合性蕴涵共性（Greenberg 1966a：#24）。
   如果一种语言中的关系从句可以置于名词之前或仅能置于名词之前，那么该语言或者是后置词语言，或者是形容词前置于名词，或者两者兼具。

据此共性，下列"假造"句子的语序是否符合该共性表现？请分别为每种类型做相应选择。方括号内为关系从句；*号表示该结构不合法。

类型A：（a）The [yesterday I bought] apples are sweet.

（b）sweet apples

（c）the store in

答案：i. 该类型符合共性预测

ii. 该类型被共性排除

iii. 数据不足，无法判断

iv. 与该共性无关

类型B：（a）The [yesterday I bought] apples are sweet.

（b）apples sweet

（c）in the store

答案：i. 该类型符合共性预测

ii. 该类型被共性排除

iii. 数据不足，无法判断

iv. 与该共性无关

类型C：（a）The apples [I bought yesterday] are sweet.

（b）*The [yesterday I bought] apples are sweet.

（c）sweet apples

答案：i. 该类型符合共性预测

ii. 该类型被共性排除

iii. 数据不足，无法判断

iv. 与该共性无关

类型D：（a）The [yesterday I bought] apples are sweet.

（b）apples sweet

答案：i. 该类型符合共性预测

ii. 该类型被共性排除

iii. 数据不足，无法判断

iv. 与该共性无关

类型E：（a）The apples [I bought yesterday] are sweet.

（b）The [yesterday I bought] apples are sweet.

（c）sweet apples

（d）in the store

答案：i. 该类型符合共性预测

ii. 该类型被共性排除

iii. 数据不足，无法判断

iv. 与该共性无关

扩展阅读

- 两本综合性的语言类型学手册：Haspelmath et al. 2001和Song 2011。同样可参*Linguistic Typology*期刊 2007年第11卷第1期的文章，该期专题讨论什么是语言类型学以及语言类型学与语言学其他研究之间的关系。
- 语言共性存在的可能性的讨论可参Evans and Levinson 2009及该文的回应文章。
- 语言类型学教材包括Ramat 1987，Comrie 1989，Whaley 1997，Song 2001以及Croft 2003。
- Shopen（ed.）1979a和1979b中提供了采用通行体例描写的简明语法。《语言地图集》(*The Atlas of Languages*，Comrie et al. 2003）调查了世界各大陆的语言，通俗易懂并配有大量图片。Comrie 1990提供了世界主要语言的简明语法。*The Book of a Thousand Tongues*（Nida 1972）包含了1431种语言的《圣经》选段翻译。
- 本章提及的三大类型学研究机构的网址如下：
语言类型学研究中心（拉筹伯大学）：www.latrobe.edu.au/rclt。
语言文化研究中心（詹姆斯库克大学凯恩斯学院）：https://eresearch.jcu.edu.au/spaces/TLA。
美国国际语言暑期学院：http://www.sil.org。

- 关于语言取样更加详细的讨论，包括样本库的大小、数据来源等，可参 Song 2001：17—41，Croft 2003：19—30以及Bakker 2011。
- 有关跨谱系和跨地域的语言多样性的全面调查可参Nichols 1992。
- 有关世界语言的调查可参Pereltsvaig 2012。

（译者注：原作者在本章中介绍并说明过人类语言共性档案库中的第1180共性，但作者遗漏介绍该共性档案库的地址，特补于此处：http://typo.uni-konstanz.de/archive/intro/index.php，访问日期2021–7–21。）

第二章　词汇的世界：词汇类型学

本章概要

语言中有哪些词汇呢？本章讨论语言在词汇层面的共性和差异，主要涉及六个语义场：身体部位词、亲属称谓词、人称代词、数词、反义形容词和颜色词。同时，本章针对词汇的标记性关系和词汇与思维的关系提出了一些概括性规则。

关键词

整体与部分关系 partonomy

分类法 taxonomy

单语素词 monomorphemic words

多语素词 polymorphemic words

拟声词 onomatopoeia

组合性 compositionality

亲属称谓词 kinship terms

可让渡和不可让渡领属 alienable and inalienable possession

反义词 antonyms

标记性 markedness

萨丕尔-沃尔夫假说（语言相对论）Sapir-Whorf hypothesis（linguistic relativity）

2.1 引言

如果由你来设计一种易说易懂的语言，你会将词汇设计成什么样子呢？一个理想的词汇表似应具备如下两个特征：

（i）一切事物都有对应的词汇表达形式。
（ii）词语的语音形式能直接表明词语的意义。

我们来看看英语的词汇是否具有这些特征。

（A）一切事物都有对应的词汇表达形式吗？

20世纪80年代，喜剧演员Rich Hall用充足的证据表明英语中并非每一个事物都有对应的词语形式。在他的电视节目和书（Hall 1984）中，他用"sniglets"①来娱乐大众，将其定义为"字典里应该出现但实际并未出现的词"。下面列举的这些玩笑性质的词语都是由Hall及后来同样持有这一想法的人创造的。

(1) (a) downpause 名词
    开车经过桥下时（因桥的遮挡而）瞬间中断的雨。
  (b) lactomangulation 名词
    粗暴损坏牛奶盒上标示"此处开启"的开口后，不得不使用非标准的另一侧。
  (c) cinemuck 名词
    电影院地板上黏着的物质。
  (d) dasho 名词
    汽车的挡风玻璃和仪表板之间的区域，硬币、铅笔等掉进该区域后无法徒手取出。

---

① 一些英语中的一般词典中不收的单词（sniglets），如：(a) happle v. 抢着说完别人的句子，然后告诉别人自己的真实意思进而激怒别人；(b) sketty n. 水坑里看似在自行轻轻跳舞的啤酒杯；(c) skibbereen n. 晒伤的大腿离开塑料椅子时发出的声音；(d) duggleby n. 超市排队时你前面的人刚刚把手推车上的东西放在传送带上，然后想努力找出支票簿在哪个口袋，支票簿其实在裤子口袋里。

（e）sashtuk 名词

嵌入并悬挂于关闭的自动门上的皮带。

（f）backspuddle 名词

从双水槽的一个管道流进去，另一个管道流出来的洗碗水。

（g）blibula 名词

揉搓后会导致狗的双腿使劲旋转的狗肚上的斑点。

（h）vegeludes 名词

盘子里最终都吃光了的豌豆粒和玉米粒。

这些"新奇词汇"表明，并非一切事物在我们的语言中都有对应的词汇表达形式，而且如何定义"一切事物"也同样很困难。以人的手为例，如果手上的一切部位都有对应的词语的话，那会如何呢？十个手指的内外部分是否都要有不同的名字？每个关节是否都需要单独命名？十个手指甲和每个手指甲上的半月牙是否都需要有独立的词汇表达形式？

英语中与手有关的部位词有两个组织原则：切分（segmentation）和分类（classification）。切分指把事物分成部分。事实上，英语中"hand（手）""wrist（手腕）"和"arm（手臂）"的不同反映的就是切分的结果：三者虽然连接在一起，但是前者被认为是独立于后两者的。此外，在手内部，"palm（手掌）"和"finger（手指）"在英语中也得到区分。这些词语上的区分的确有其现实基础，因为这些不同部位间存在可见的关节：手腕将手和手臂分开，指关节将手指和手掌分开。但是，每根手指内部的骨骼之间也存在关节，我们并没有为手指的每个部分命名。因此，英语的词汇在一定程度上反映了手的自然区分（即整体与部分的关系，partonomy），但并没有贯彻到底，因为并非每个可自然区分的部分都获得了相应的名称。

除了对事物的构成部分进行切分，命名中的另一个工具就是确定类别（kinds）。左手和右手都被称为手，尽管它们并不完全一样。英语中十个手指各有其名——如"pinky（小指）""thumb（拇指）"等——但它们同样都可以被称为"finger（手指）"。十个手指彼此相似，故可以共享名称；但是为什么脚趾未被包含其中呢？脚趾与手指类似，都是四肢的突出物,但英语中脚趾不能被称为"finger"。这表明,相似也是一个相对的概念,我们不能说所有相似的事物都有相同的名称,不同的事物名称就不同。种类–次类的关系(即分类法,taxonomy)很大程度上取决于观察者的眼光,前面提到的整体–部分的分体法关系也同样如此。

如果我们将目光放至英语以外的其他语言,上面所说的两点就更加明显:种类–次类和整体–部分的划分部分地反映了现实,却又不全然如此。如英语中"arm(手臂)"和"hand(手)"都有独立的词语形式;而俄语中,二者均被称为"ruka"。因此,英语中的这一"整体–部分"切分在俄语中不存在。种类–次类的区分也同样如此:如上文提到英语中手指和脚趾被区分看待,也因此各有独立的词语形式,但在匈牙利语中,二者被认为是具有相似性,也用同一个词"ujj"来指称。

观察其他语言的词汇,我们发现上述现象经常出现。英语中未做区分的意义在其他语言中可能得到了词汇上的区分:如德语中有两个表达"吃"义的词语,二者的施事属性不同,施事者为人时用"essen",施事者为动物时用"fressen";再如德语中表达"学生"的词也有两个,"schüler"指低年级,"student"指包括大学生在内的高年级。类似地,英语中的"sister(姐妹)"在匈牙利语中也得到了区分:年长的为"nővér",年幼的为"húg"。还有一些例子是英语中区分而其他语言不加区分的,如英语中的"he"和"she"在土耳其语中均都用"o"。

以上观察表明,如果我们想让一种语言中的一切事物都有对应的词语,那么需要对"everything"做两个方面的界定:如何将世界划分为不同的部分,这些部分如何归类。显然,世界可以被划分为无限多的部分,对构成部分的归类方式也几近无限,因此"everything"这一概念并不具有可行的定义。

除了不同语言的词汇系统在表达客观现实上呈现出的差异外,我们同样也可以看到其在命名对象和命名方式上的一些趋同性。下面是我们的第一个问题。

（i）在某具体意义是否获得词汇表达上，跨语言中存在怎样的共性——绝对的或倾向性的、非限制性或蕴涵共性？

为了回答这个问题，我们将寻找以下模式的表达（M, M-1和M-2代表词的意义）：

（a）非限制性共性的表述模式

所有（或大部分）语言中都有表示M的词语。

（b）蕴涵共性的表述模式

所有（或大部分）语言中，如果有表示M-2的词语，也有表示M-1的词语。

在研究开始之前，先来考虑一下本章开头处所说的理想词汇系统的第二个特征：词语的语音形式能直接表明词语的意义。我们同样还是从英语开始，看看英语中的相应表现。

（B）词语的语音形式能否直接表明词语的意义？

两种方式或许可以满足这条理想原则：拟声词（onomatopoeia）和组合结构（compositional structure）。拟声词的语音形式模拟了其实际所指。因为语音形式很难与形状和颜色等相似，故拟声词只能用于表达声音。实际上，英语中不少与声音有关的词语就是通过拟声来直接表明意义的。如"buzz""crash""boom"；一些动物的叫声如"bow-wow""meow""bleat""cock-a-doodle-doo"等。

另一个更有趣的方式是多语素词。如果一个词包含多个语素并且每个语素都有独立意义，那么这些意义相加就可能获得或者不可能获得整个词语的意思。（2）中所列的复合词是相加后可以获得整个词语的意思的例示。（以下部分词语的构词语素拼写上虽分开，但语音上仍为一个词）

（2）bus ticket

apple seed

paycheck

dinnertime

school day

上述词语中，构成成分意义相加后就接近词语整体的意思。比如，"bus ticket"就是指用于公交车（bus）的车票（ticket），"dinnertime"指的就是吃晚饭（dinner）的时间（time）。然而，这种匹配也可能获得其他的意义，比如英语学习者第一次听见"bus ticket"时可能会认为它是一种公共汽车上出售的票而非公交车站出售的票；也可能认为"dinnertime"指的是吃晚餐需要花费的时间。因此，这些词只是在一定程度上具有组合性。不过，英语中也有一些复合词几乎没有组合性，如（3）。

（3）airline

laughing gas

ladybug

lighthouse

understand

如果我们试图通过构词成分的组合性来解释这些词的话，很可能会发生很大偏差："airline"可能是空气中画的一条线，"laughing gas"可能是装在笑脸卡通造型里的气体；"ladybug"听起来像是一种雌性昆虫；"lighthouse"可以是任何点灯的房子。英语学习者第一次遇到这些词不太可能准确理解（understand）其真实意义。实际上，"understand"这个词本身也是如此，其意思与"under"和"stand"都无任何关系。

跟英语相比，其他语言中的词汇在这一点上表现如何呢？跨语言看，拟声词普遍存在；但有趣的是，尽管各种语言的拟声词都尽可能模拟自然界的声音，这些声音——如路易斯安那州、立陶宛、黎巴嫩的公鸡叫声和气球爆炸声等——应该都是一样的，但不同语言的人们所"听到"的似乎有些不同。下面是两个例子。

（4）公鸡的叫声

英语：cock-a-doodle-doo

阿尔巴尼亚语：kikeriki

希腊语：kikiriku

印地语：kukudukoo

（5）气球爆炸的声音

英语：pop

阿拉伯语：boof

德语：peng

匈牙利语：puff

  本章接下来将主要关注不涉及语音的语义域（semantic domain）内容，不再对跨语言中的拟声词问题展开讨论。不过，我们仍然可以看到一些意义比较容易理解的词语形式，即多语素结构。不同语素的组合构词是跨语言中较为普遍的现象。和上述英语例子一样，跨语言中复合词的组合程度也可能存有差异。如：

（6）（a）petit doigt   （小指）   法语
    small finger

  （b）chemin de fer （铁路）
    road of iron

（7）（a）yào-diàn   （药店）   普通话
    drug-store

  （b）huā-mù   （花木）
    flower-tree

（8）（a）daang-bakal   （铁轨）   他加禄语
    road-iron

  （b）hanap-buhay （生计）
    seeking-life

（9）（a）wadu-bayiinda （烟草）   凯亚迪尔语
    smoke-be.bitten   （Evans 1988：166）

（b）dulja-winda　　　（汽车）
　　　ground-runner

不过，即使是通过复合词来表达概念，实现的方式也可能不尽相同。请看（10）：

（10）（a）英语中的"80"：eighty
　　　　　法语中的"80"：quatre-vingt 'four twenty'
　　　（b）英语中的"19"：nineteen
　　　　　拉丁语中的"19"：un-de-viginti 'one-out.of-twenty'

如（10a）所示，英语和法语均是通过复合词来表达"80"，但二者具体方式不同：英用8乘以10来表达，法语则是用20乘以4表达。再如（10b）所示，英语中"19"是通过九加十的组合获得；拉丁语则用减法，是二十减去一。

上面的例子显示了多语素词在组合程度和方式上的差异。这带来第二个问题：

（ii）对于某些意义的词汇表达形式而言，跨语言中其形态结构存在怎样的共性——绝对的或倾向性的、非限制性或蕴涵共性？

我们将寻找以下模式的表达（M-1和M-2代表词语的意义；S-1和S-2代表不同的形态结构，如单语素、多语素组合或特殊多语素组合）：

（a）非限制性共性的表述模式
　　所有（或大部分）语言中，表示M-1的词语都具有S-1的形态结构。
（b）蕴涵共性的表述模式
　　所有（或大部分）语言中，如果表示M-2的词语具有S-2的形态结构，那么表示M-1的词语一定具有S-1的形态结构。

上面提出的两个问题 [（i）和（ii）] 即是本章接下来要讨论的内容。（i）关注的是词义的跨语言分布：在某些意义是否获得词汇表达方面，是否存在某些非限制性或蕴涵共性？（ii）关注的是词的内部结构：词语结构方面，是否存在某些非限制性或蕴涵共性？带着这两个问题，我们将开始词汇世界里的跨语言之旅。

2.2 我和身体部位词

世界上没有任何事物比身体部位与我们的关系更密切的了。世界上的其他事物对我们而言都只是外部的存在，而身体部位则构成了我们个体的真实存在，我们所有的活动都离不开它们。身体实实在在属于我们。人类共存在世界上，我们感知自己的身体，也通过五官感知别人的身体。

本质上，世界各地的人的身体构造是相同的，我们似乎也可以据此预测所有语言中表达人体的词语也应该是大致相同的。但是，如前所述，事实并非完全如此。所以，身体部位词为相同的现实（same reality）在不同语言中词汇化表现的异同提供了很好的例示。

具体到此处探讨的身体部位语义域，之前提到的两大问题就可以表述为：

（i）在身体部位词的有无上，跨语言中存在怎样的共性？
（ii）在身体部位词的形态结构上，跨语言中存在怎样的共性？

下面我们逐一考察这些问题。

（A）身体部位词的有无

如2.1节所述，人类在认识和组织周围世界时遵循两个基本原则：整体–部分（partonomy）和分类（taxonomy），这也是命名涉及的两大基本工具性概念。因此，在考察不同语言中是否具有某些身体部位词时，我们需要探寻不同语言中哪些身体部位得到独立命名，得到独立命名的部位又被归至哪个类别之中。

身体应该是能够被客观清晰界定的一个单位，它不与其他任何物体具有恒久的联系。因此，或许可以预测每一种语言都有表示"身体"的词语。事实上，不少研究者基于大量的样本发现的确如此（Brown 1976：404，Andersen 1978：352）。下面我们将跨语言共性标记为GEN（即Generalization的缩略）并按顺序编号①。

共性1：所有语言都有表示"身体"义的词语。

身体中也有不少部位是可以清晰区分的：它们与其他部位相连但仍具有或多或少的独立移动性，如头、躯干和四肢；头部中有眼睛、耳朵、鼻子和嘴；上肢中有手、手腕、小臂、肘、大臂、腋窝和肩膀；下肢有脚、脚踝、腿、膝盖和大腿。但是否所有语言都将它们"看作"独立的部分呢？

如前所述，一些情况下，身体部位词确实按照身体的自然构造来切分：Elaine Andersen 的经典文章中提到每种语言都有表达"头""躯体""臂（可能包括'手'）""眼睛""鼻子""嘴""指甲""脚趾甲"义的词语（Andersen 1978：352）。尽管如此，仍然有零星语言没有这些词：如拉武卡莱夫语中没有表"手臂"义的词（Terrill 2006）；贾哈伊语中没有表达"嘴"和"脸"的词（Burenhult 2006）。类似地，大多数语言中都有表达"腿"义的词（可能包括"脚"），不过正如1.2.3（54）的例子，并非所有语言都是如此（Andersen 1978：352）。

共性2：大多数语言都有表示"头""躯体""手臂（可能包括'手'）""眼睛""鼻子"和"嘴"义的独立的词语形式。

尽管大多数语言中这些主要的身体部位都是独立命名的，但并非身体的所有自然可区分部位都是如此：一些语言中某些区分可能被忽略，其对应的词语形式的指称范围就会相应宽一些。如前引言部分提到，语言中没有专门词语来指称手指和脚趾的骨节之间的部位。更令人惊讶的是，如上所述，手和手臂也不总是得到独立的词语表达。Cecil Brown基于617种样本

---

① 译者注：以下中文译文统一标记为"共性＋序号"。

语言的研究发现，有超过一半的语言（389种）区分二者，228种语言不区分二者（Brown 2005a）。

（11）区分二者：恩加文语（Pama-Nyungan语系），同英语：
marl（手）
palkal（手臂）
不区分二者：隆沃沃尔语（大洋州语系），同俄语：
va（手和手臂）

小腿和脚部在一些语言中也存在类似的不区分现象。匈牙利语中，"láb"指腿和脚的整体。"手"和"手指"也可能用同一个词表示：Brown基于593种语言的考察发现，绝大多数（521种）语言使用不同的词语指称二者，但也有72种语言使用同一词语（Brown 2005b）。

（12）区分二者：West-Central Oromo语（库希特语族，埃塞俄比亚、肯尼亚），同英语：
quba（手指）
harka（手）
不区分二者：瓦尔皮里语（Pama-Nyungan语系，澳大利亚）：
rdaka（手和手指）

Brown发现不区分手和手指的语言主要出现在以狩猎和采集生活为主的社会，呈现出文化上的相关性。

除了可以覆盖身体的一些连续部位外，词义同样也可以覆盖非连续的身体部位。一些语言中，成对的身体部位会被视作单一的实体。匈牙利语中，"szem（眼睛）"有复数形式"szemek"，但单数形式的"szem"也可以指两只眼睛。因此，如果某人只有一只眼睛看得见，可以说成瞎了半只眼："fél-szemű（独眼）"。同样地，如果某人用一只胳膊搬动箱子，可以说他用了半只胳膊"fél-kéz-zel（用单手）"。其他成对的身体部位如耳朵、手臂、膝盖、腿、肾脏，甚至包括这些部位上穿戴的衣物如袖子、手套、鞋子和袜子都同样如此。如果我一只袜子找不到了，可以说找不到一半袜子"fél-zoknim"。这些例子中,身体部位的共有功能和平行位置战胜了空间的不连续性。

  共性3:如果一种语言中每个脚趾都具有独立的词汇表达,那么每个手指也具有独立的词汇表达。(Andersen 1978:352—253)
  共性4:如果一种语言中脚具有独立的词汇表达,那么手也具有独立的词汇表达。(Andersen 1978:352)

  考察完身体部位词的切分表现,接下来继续讨论分类关系:身体部位会被归到哪些类别中?通常而言,相似的身体部位会构成一个单独的类,比如英语中的手指、脚趾或四肢。罗马尼亚和西班牙语中,手指和脚趾被归为一类(Andersen 1978:354);在玛雅语中,头和膝盖使用相同的词来表达。

  身体部位词的一个总体模式是:上半身和正面部位的区分会更细致。这一倾向在身体部位词的形态结构上同样有明显体现。下面具体讨论。

(B)身体部位词的形态结构

  已有跨语言调查显示,对于一些身体部位而言,如果其在具体语言中获得了词汇表达,那么其词语形式都是单语素的,这些身体部位包括"腿、手、脚"(Brown 1976:405)。Andersen(1978:353)进一步指出"头、脸、眼睛、嘴巴、耳朵"也是如此。显然,单语素的形态特征与这些身体部位的显著性相关。当然,情况并非总是如此,在贾哈伊语中,上唇和下唇这种不显著的部位也分别有独立的单语素词来表达。

  如前所述,手指和脚趾可能由不同的词语表达(如英语、芬兰语),也可能用相同的词语表达(如希伯来语、西班牙语)。但还有一种模式是,一个词可能由另一个派生而来。在这种情况下,词基一定是"手指"而不是"脚指"。换句话说,有些语言,如俄语和马来语,脚趾被称为是"脚的手指",但没有语言会将手指称为"手的脚趾"。这再次显示了身体部位的表达中上半身优先于下半身的倾向。

共性5：所有语言中表达"头"义的词语都是单语素的。

共性6：如果表示上半身身体部位的词语和下半身身体部位的词语具有派生关系，那么表示上半身部位的词语是派生的基础。

其他多语素构成的身体部位词还有"脚踝"，马来语中称之为"脚的眼睛"，豪萨语称之为"腿的脖子"；拉祜语中"手腕"是"手的关节"；希伯来语中用"腿的勺子"来指称"脚"（Andersen 1978：355，359）。一些身体部位词的多语素组合方式会在语言中反复出现：英语单语素结构的"nostril（鼻孔）"译作"nose（鼻子）hole（孔）"，不仅欧洲语言（如德语和匈牙利语）如此，Jahai语也如此（Burenhult 2006）。

回到我们开头提出的问题，跨语言中身体部位在是否获得独立的词汇表达形式以及词语的形态结构方面有哪些共性？在是否获得独立的词汇表达形式上，如上所述，存在如下的非限制性共性：有一些身体部位在跨语言中都获得了独立的词汇表达，至少是在已有研究的样本语言中都普遍存在。同样也存在一些蕴涵共性：一些身体部位词的存在蕴涵着另一些身体部位词的存在。例如，若一种语言中不同的脚趾各由独立的词语来表达，那么不同的手指也各有独立的词语来表达（Andersen 1978：352）。关于身体部位词的形态组合性：有一些身体部位词普遍是单语素结构，如"头"；另外，如果上半身的身体部位词和下半身的身体部位词之间具有派生关系，那么上半身词语是派生的基础。

2.3 我与他人

2.3.1 亲属称谓词

身体部位是恒久性的领有：除一些特别的"意外"，它们会和我们的生命同在。同样，我们还拥有另一类恒久性的陪伴：亲属（关系）。我们和他们之间的关系一旦确立，便不再改变：你的姐妹毕生都是你的姐妹。

我们与身体部位和亲属关系的恒久联系在语言的许多方面都有所反映。例如，在阿宁迪利亚克瓦语（澳大利亚北部地区的一种语言）中，可以通过触摸身体的各个部位来指称家庭成员：鼻子指父亲，乳房指母亲，腿肚代表兄弟或姐妹（Leeding 1996：232）。在这种情况下，身体部位象征亲戚，相反的隐喻也同样很常见：亲属称谓也可以用来指称身体部位。Cecil Brown and Stanley Witkowski（1981：601—602）基于118种语言的调查显示，42种语言里的手或脚是用亲属称谓来命名的。例如，达科他州的Siouan语中指称拇指用的是"手的妈妈"；盖丘亚语（一种安第斯−赤道语言）中，拇指被称为"手指的妈妈"；马拉瑙语（一种北部南岛语）中，拇指是"手指的爸爸"。这些不具谱系和地域相关性的语言中所显示出的惊人的相似性说明"人类行为背后有共同的认知过程"，尤其是在对事物的命名上（Brown and Witkowski 1981：597）。

除了上面的隐喻现象外，身体部位和亲属关系之间的相似性在语法中也有明显的体现。许多语言中，身体部位和亲属关系的领有通常区别于其他事物的领有，具有独特的表现。（13）和（14）是锡姆西安语（北英属哥伦比亚的一种美洲印第安语）的例子，可让渡领属，如房子或石头，使用前缀ne-和领属后缀来标记；不可让渡领属，包括身体部位和亲属关系，用领属后缀标记而不用前缀。（如下是近似转写）

（13）可让渡领属：
　　（a）walb（房子）　　　**ne**-walb-**u**（我的房子）　　锡姆西安语
　　（b）lab（石头）　　　**ne**-lab-**u**（我的石头）
（14）不可让渡领属：
　　（a）ban（肚子）　　　ban-**u**（我的肚子）
　　（b）negwad（父亲）　　negwad-**u**（我的父亲）

下文将对亲属称谓词进行简短的跨语言调查，回答2.1节中所提的两个基本问题。这两个问题其实适用于指导所有语义域的词汇研究。
（i）在亲属称谓词的有无上，跨语言中存在哪些绝对的或倾向性的、非限制性或蕴涵共性？
（ii）在亲属称谓词的形态结构上，跨语言中存在哪些绝对的或倾向性的、非限制性或蕴涵共性？

（A）亲属称谓词的有无

基于2.2节中对身体部位的讨论，我们可以得出一些普遍性的结论。首先，身体部位词的形成主要基于两大组织工具：分体和分类。其次，身体部位词跨语言之间的相似与差异表明，无论是整体—部分关系还是种类—次类关系都并非完全如实反映外部现实。接下来我们来看亲属称谓词在这两个方面的表现。

先看分体表现：对于身体部位，最上位的整体概念就是人体自身，具体部位的划分或可有别。但是命名亲属称谓时，事实恰恰相反：因为每位亲戚都是独立个体，所以构成部分是确定的，不同的只能是亲属所属的大类。在西方文化中，核心家庭作为一个整体是大家庭的一员，大家庭又是整个亲属群的一员。但在另外一些文化中，亲属关系被放置到其他类中。如在古古伊米迪尔文化中，所有亲属分为两组。他们通过单边血统来区分。一组包括说话者，他/她的兄弟姐妹，父亲和父亲的兄弟姐妹；另一组包括母亲，母亲的兄弟姐妹和说话者的配偶。（Haviland 1979：213）

再看分类表现：亲属关系如何分类？先看英语中的一些亲属称谓词。

（15）father　　　　　　　　　　　　　　　　　　　　　　　英语
　　　　mother
　　　　grandfather
　　　　grandmother
　　　　brother
　　　　sister
　　　　sibling
　　　　cousin
　　　　son
　　　　daughter
　　　　mother-in-law

上述亲属称谓系统显示，英语亲属关系的分类部分地建立在客观标准上。第一个客观标准是自然性别，并据此区分了一些称谓，如父亲、母亲、姐妹和兄弟。但是请注意，性别区分并没有贯彻整个系统：表亲的性别差异就没有得到区分，称谓词如"parents（父母）""sibling（兄弟姐妹）"和"in-laws（姻亲）"等也无性别区分；第二个客观标准是"代（generation）"，如"father"和"son"；第三个客观标准是"直系（lineal）"与"旁系（collateral）"，如"father"和"brother（兄弟）"的区分；第四个基于现实的标准是"血亲"与"姻亲"，如"father"和"father-in-law（公公/岳父）"。

如果进一步观察其他语言中的亲属称谓词，可以发现，较于英语，它们有如下两点不同。第一，英语亲属称谓系统中起作用的分类标准在其他语言中也起作用，但其适用范围存在不同。例如，英语的"cousin（表/堂兄弟姐妹）"没有区分性别，但西班牙语中却有所区分，表/堂兄弟是"primo"，表/堂姐妹则是"prima"。再如，英语中"grandson（孙子/外孙）"和"granddaughter（孙女/外孙女）"之间存在性别区分，但这种区分在日语中并不存在，日语的孙辈用"mago"统称，不区分性别。

第二，亲属称谓系统具有更多的区分标准。人类学家Alfred Kroeber提出亲属称谓系统中的八个区分维度，这些维度各自至少出现在一种语言中（引自Greenberg 1966c：87）。

Kroeber提出的区分维度中有四个在英语和其他常用语言中都较常见。它们分别是上述的性别（如父亲与母亲）、代（如父亲与祖父）、直系与旁系（如父亲与兄弟）、血亲与姻亲（如父亲与岳父）。

语言中，基于性别的区分还可能有其他的表现。除了称谓对象自身的性别外，系联亲属（connective relative）和说话者的性别都可能起作用。系联亲属的性别是Kroeber提出的第五个区分因素，比如有些语言中"祖母"要根据她是父亲的母亲还是母亲的母亲而选用不同的词语。对英语而言，这种区分也并非完全陌生，英语中虽然没有对应的专门词汇，但通常会解释为"paternal grandmother（父系的祖母）"或"maternal grandmother（母系的祖母）"。

如果说话者的性别是相关因素（即第六个区分标准），那么，在指称"（某人的）孩子"时，需要根据说话者是父亲还是母亲来选择。如例（16）（Haviland 1979：214）：

(16) yumurr（指称说话者是父亲的孩子）　　　　古古伊米迪尔语
　　　dyuway（指称说话者是母亲的儿子）
　　　nguudhur（指称说话者是母亲的女儿）

除以上提及的六个区分因素外，Kroeber还提出了另外两个因素：同代内的相对年龄和系联亲属的生命状态（生或死）。前者如2.1节中提到的匈牙利语中的例子，匈牙利语中，姐姐、妹妹、哥哥、弟弟都分别有独立的词语形式。再如古古伊米迪尔语中，哥哥是"yaba"，弟弟是"garga"；姐姐是"gaanhal"，妹妹是"dyin-gurr"。（Haviland 1979：214）

鉴于Kroeber提出的八个因素至少各在一种语言亲属称谓系统的划分中起作用，那么我们得到（17）的归纳：

（17）有些语言中亲属称谓词具有基于X因素的区分，其中X是Kroeber提出的八个区分因素之一。

除了上述的存在式命题，关于亲属称谓词的跨语言分布，是否存在能够说明不同类型发生的条件的共性呢？Greenberg认为Kroeber的八个区分因素中，三个是普遍存在的。（Greenberg 1966c：87）

共性7：所有语言的亲属称谓词中，代、血亲和姻亲、亲属的性别这三个因素都得到了区分。

其中，性别因素进一步具有如下两条共性：

共性8：所有语言中都有词语分别表示"父亲"和"母亲"（尽管它们也可能同时还包括其他亲属）。（Greenberg 1966c：74）

共性9：如果第二代晚辈亲属称谓得到了性别区分，那么第二代长辈亲属称谓也同样得到性别区分。（Greenberg 1966c：82）

共性8很容易理解。共性9是指，如果有独立的词语表示"孙子/外孙"和"孙女/外孙女"，一定有独立的词语表示"爷爷/外公""奶奶/外婆"。换句话说，四种逻辑上的可能类型，只有三种存在。

	grandfather vs. grandmother	grandson vs. granddaughter	例示语言
类型 I	+	+	英语
类型 II	−	−	鲁恩达语
类型 III	+	−	日语
*类型 IV	−	+	0

接下来我们探讨本节开始提出的第二个问题：亲属称谓词的内部结构表现如何？

（B）亲属称谓的形态结构

讨论身体部位词时，我们已经知道，跨语言中，一些词语倾向为单语素结构，一些倾向为复杂结构。而且，单语素或多语素的分布不是任意的：身体部位更加显著的、使用更加频繁的词语，其结构更加简单，如指称头部、手臂的词语等；不太显著的身体部位，如脚趾，其结构往往复杂。我们发现亲属称谓词在这方面有着惊人的相似表现。比较以下英语的例子。

（18）（a）单语素词　　　　　　　　　　　　　　　　　英语
　　　　　father
　　　　　mother
　　　　　son
　　　　　daughter
　　　（b）多语素词
　　　　　grandfather
　　　　　grandmother
　　　　　grandson
　　　　　granddaughter

上述称谓词结构的复杂度与称谓对象和说话者的代际距离相对应：相隔一代的亲属称谓词结构简单，相隔两代或以上的亲属称谓词结构复杂。

除了与说话者的代际距离外，血亲与姻亲是影响称谓词结构复杂度的另一个因素，该因素其实同样体现了称谓对象与说话者的距离。如（19）：

（19）（a）单语素词　　　　　　　　　　　　　　　　　英语
　　　　　father
　　　　　mother
　　　　　brother
　　　　　sister
　　（b）多语素词
　　　　　father-in-law
　　　　　mother-in-law
　　　　　brother-in-law
　　　　　sister-in-law

可以预测，跟结构的简单（单语素结构）与复杂（多语素结构）相关的另外一个特征应该是频率。基于英语、西班牙语、法语、德语、俄语的文本统计表明，简单的亲属称谓词比复杂的亲属称谓词使用得更加频繁（Greenberg 1966c：81—82）。这个因素与另外两个因素是相关的，即与说话者代际距离和血缘关系更近的亲属称谓使用得更频繁。这种相关性可以概括如下：

　　共性10：在所有或大部分语言中，使用频率更高的亲属称谓词的语义
　　　　　和形态结构更简单；使用频率更低的亲属称谓词的语义和形
　　　　　态结构更复杂。

频率和结构复杂度（包括意义和形式的复杂度）之间的双向关联同样适用于身体部位词：如前所述，较于复杂的身体部位词如"toenail（脚趾甲）"和"earlobe（耳垂）"，简单的身体部位词如"head（头）"和

"hand（手）"使用得更为频繁。接下来的章节中，我们将会看到更多频率与结构复杂度之间的对应表现。

综上，我们可以看到，亲属称谓词的区分总体上是基于自然现实的。但是，正如身体部位词的情况一样，并非所有语言都选择这些可能的自然区分，即使有所选择，具体区分的程度和方式也可能不同。

2.3.2 人称代词

亲属称谓可以用于确定指称对象，但与名字如"伍迪"或描述话语如"角落里毛茸茸的动物"相比，除了确定指称对象外，亲属称谓还确定了自我和另一个体之间的关系，如"sister（姐/妹）"是与"我"具有特殊关系的一个人。

除了亲属称谓词，还有一类词语也在确定指称对象的同时，说明了自我与指称对象的关系，即人称代词，如英语的"I（我），you（你），he／she／it（他／她／它）"。但是，我们与亲属的关系是伴随终生的，而"I，you，he／she／it"的关系是随话语情境变化的。说话者身份改变，"I，you 甚至 he／she／it"的指称对象也会随之改变。

接下来详细讨论人称代词的含义。一个言语行为的发生必须涉及说话者和听话者，语言已为这二者提供了专用的标签：指称说话者的代词（如英语的"I"）和指称听话者的代词（如英语的"you"）。此外，还须有谈论的事物或人，可能是"I"或"you"，也可能是听/说话者以外的其他实体。因此，大多数的言谈情境涉及三个主角：说者、听者和谈论的对象，如人或事物。据此可以推测，一个最小的代词系统会包括：

（20）（a）第一人称单数：I（我）
　　　（b）第二人称单数：you（你）
　　　（c）第三人称单数：he／she／it（他／她／它）

事实也基本如此。Michael Cysouw（2003：53—54）基于广泛的语言样本的研究发现：如果一种语言拥有独立代词（而非词缀），那么三种人称均有独立的代词形式。该共性目前只在语言样本中发现两个例外。自然语义元语言（Natural Semantic Metalanguage）模型中的37种语义单位也假设所有语言中"我"和"你"都有相应表达形式。（引自Goddard and Wierzbicka 1994：37—38）

人称范畴的三种人称都可能会涉及不只一个人。其中，第三人称尤为明显：我们经常谈论一个以上的人或事物，比如"I would like to see them"。这就需要另外的代词。

（21）第三人称复数：被谈及的一个以上的人或事物。

再来看第一和第二人称上的复数表现。

（22）（a）第二人称复数：一个以上的听话者。

　　　如：I want to praise **you-all** for your work.

（b）第一人称复数：一个以上的说者。

　　　如：**We** arrived in Milwaukee in 1976.

（22）中的"you-all"这个词有些歧义。第三人称复数代词包括"he'-s他（们）"，"she'-s她（们）"或"it'-s它（们）"，指称一个以上的第三者。如果"you-all"表达同样的复数范围，那么应该不只一个的听话者。这其实只是（22a）的一个解释，即所有受到表扬的人可能都在场倾听。但是这句话也可以只对一个听话者说，这种情况下"you-all"指的是听话者以及其他跟他/她相关的但却不在场的人。这时，"you-all（你们）"包含一个"you（你）"和一些第三者。

（22b）中的第一人称复数表现如何呢？如果该句中的"we"跟"they"一样都是普通复数的话，那么应该指称一个以上的说话者。实际上，"we"的确有此解读，就像一群人唱"We shall overcome"中的"we"一样，但这种用法是较少的。大多数情况下，"we"指单一的说话者和其他人，和"you-all"一样可能是一个异质组合。普通的名词复数像"girls（女孩们）""tables（桌子）"还有第三人称代词复数"they（他们）"，这些集合所指都是同质的：包含一个以上名词所描述的实体。但第一和第二人称复数的所指则主要是基于联系而组成的异质组合，而非相似性。正因如此，Cysouw（2003）将第一和第二人称代词复数重新设定为群组（groups）。其均包括一个核心个体——"we（我们）"中的"I（我）"和"you-all（你们）"中的"you（你）"，以及围绕这个焦点个体的其他个体。

对于第二人称复数"you-all"，其中涉及的非第二人称参与者一定都是第三方。对于第一人称复数"we"而言，其他人可能指哪些呢？这有几种不同的情况，请看下面的句子。

（23）（a）Today **we** will discuss pronouns in Dutch.
　　　（b）My family moved to Chicago last year and **we** are very happy here.

（23a）是老师宣布的话语，其中的"we"指说话者、听者（们）以及可能的不在场的其他人。（23b）中的"we"不包括听话者，只包括说话者以及说话者的家人或者其他朋友。

英语中"we"的这两种用法，也就是所谓的包括式（包括听话者）和排除式（排除听话者），并没有形式上的区分。但是我们还是期望二者能够得到区分，否则可能会导致歧义，请看下面的对话：

（24）妻子与女儿一起进屋：
　　　Tonight **we** are going out to see "Hunger games"!
　　　丈夫说：
　　　（a）Great; I have been wanting to see this movie.
　　　或者：
　　　（b）Great; I will then watch TV while you are gone.

答语（a）是基于"we"的包括式解读：丈夫认为他也受邀参加。答语（b）是基于排除式的解读，即丈夫以为"we"只包括妻子和女儿，未包括自己。

类似托克皮辛语（巴布亚新几内亚的一种基于英语的克里奥尔语）的语言中就不会产生这样的歧义。如果妻子想要包括丈夫，她会使用"jumi"；如果不想包括丈夫，就用"mifelo"。同样地，夏威夷人会使用"kakou"或"makou"来准确传达信息。下面有托克皮辛语和夏威夷语中代名词的聚合模式。

（25）　　　　　　　　　　　　　　托克皮辛语　　夏威夷语
第一人称单数　　　　　　　　　　　mi　　　　　　owau
第二人称单数　　　　　　　　　　　yu　　　　　　oe
第三人称单数　　　　　　　　　　　em　　　　　　oia
第一人称复数　　包括式　　　　　　**jumi**　　　　**kakou**
　　　　　　　　排除式　　　　　　**mifelo**　　　**makou**
第二人称复数　　　　　　　　　　　ju　　　　　　oukou
第三人称复数　　　　　　　　　　　em　　　　　　lakou

除了如上讨论的人称和数的区分外，根据说话者跟他人之间社会关系的程度和类别，人称代词还有基于社会因素的区分。如第一章1.1节所及，在一些欧洲语言中，根据说话者和听话者之间社会关系的不同，第二人称具有两种形式，如西班牙语中的"tu"和"usted"。同样，在一些语言中，若所指包含特定的亲属对象，代词则需要选用专门的词语。如迪尔巴尔语的Mamu方言中（北昆士兰的一种澳大利亚语），第一人称代词有四种形式（Dixon 1972：50）：

（26）ŋaḍa（我）　　　　　　　　　　　　　　　　　　　　　迪尔巴尔语
　　　ŋali（我和另一个人）
　　　ŋana（我和另一些人）
　　　ŋanaymba（我和配偶）

南亚地区的一些语言如越南语，亲属称谓本身就用作第二人称代词。例如，"anh"指"哥哥""堂/表兄弟姐妹"或"丈夫"，也可以用来指称男性同辈（Cooke 1968：127）。匈牙利语同样可以用"叔叔/舅舅""阿姨/姑姑"和"兄弟"来称呼无亲属关系的年长者。

正如我们在前面部分看到的，某些语言中，社会关系同样也是亲属称谓系统划分中起作用的因素之一，尽管它不如代词出现得频繁。亲属称谓词和代词另外共有的一个区分因素是性（gender）。注意下面的聚合模式，具有性区分的代词用粗体显示。（M =阳性，F =阴性，N =中性）

（27）	俄语	法语	叙利亚阿拉伯语	土耳其语
第一人称单数	ja	je	ʔana	ben
第二人称单数	ty	tu	**ʔənte (M)**	sen
			ʔənti (F)	
第三人称单数	**on (M)**	**il (M)**	**huwwe (M)**	o
	ona (F)	**elle (F)**	**hiyye (F)**	
	ono (N)			
第一人称复数	my	nous	nəḥna	biz
第二人称复数	ty	vous	ʔəntu	siz
第三人称复数	oni	**ils (M)**	hənne	onlar
		elles (F)		

这四种语言在人称代词是否存在性的区分以及在何种人称和数上存在性的区分这两方面表现不同。基于上述材料，我们首先可以得出一个命题：有些语言（如土耳其语）的人称代词没有性的区分。其次，可以获得两条聚合性蕴涵共性。

第一条蕴涵共性是，如果第二人称代词具有性的区分，那么第三人称代词也有性的区分。俄语、法语和叙利亚阿拉伯语的表现就是如此：俄语和法语（如同英语）只有第三人称具有性的区分，叙利亚阿拉伯语的第二和第三人称都有性的区分。我们没有发现第二人称代词有性的区分但第三人称代词却没有性的区分的语言。

第二条蕴涵共性是，如果代词的复数形式有性的区分，那么代词的单数形式也有性的区分。上述俄语（如同英语）只有单数形式有性的区分，法语中单数和复数形式都有。这些样本语言中没有代词的复数形式有性的区分而代词的单数形式不存在性的区分的情况。

以上两条蕴涵共性说明，较于第二人称代词，第三人称代词更易得到性的区分；较于代词的复数形式，代词的单数形式更易得到性的区分。这是有理据的。因为说者和听者必然可以知晓对方的性别特征，但却不一定可以了解言谈涉及的其他对象的性别，故优先对第三人称代词进行性区分是可以理解的。另外，由于复数群组可能是男女混合，所以单数形式的性区分会更占优势。因此，对于大多数（若非全部）语言来说，这些蕴涵关系的存在也是不奇怪的。

上面两条共性与语言中代词的存在及其子类有关。不过，（27）中的数据同样体现两条关于人称代词形态结构方面的共性。

对于代词的单复数形式而言，形式上更长的一定是复数，如法语和土耳其语。第二、三人称代词复数可分解成单数词根和后缀，如俄语、法语和土耳其语。此外，如（28）所示，第三人称代词的复数后缀跟名词的复数后缀相同。

(28)　　第三人称代词　　　　　　　名词
　　　　单数　　　复数　　　　单数　　　　　复数
俄语：　one/ona/ono　on-i　　　kniga 'book'　knig-i 'books'
法语：　il/elle　　 il-s /elle-s　livre 'book'　 livre-s 'books'
土耳其语：on　　　on-lar　　　 adam 'man'　　adam-lar 'men'

也有一些语言不仅是第三人称，而且是三种人称代词的复数都采用名词的复数词缀，如汉语普通话。

(29)　　人称代词　　　　　　　名词　　　　　　　　　普通话
　　　　单数　　复数　　　　单数　　　　　　　复数
　　1　wǒ　　wǒ-men　　péngyǒu 'friend'　péngyǒu-men 'friends'
　　2　nǐ　　 nǐ-men
　　3　tā　　 tā-men

但是，目前的类型学文献中尚未看到这样的语言：其第一或第二人称代词采用与名词相同的复数形式，但第三人称却没有。这同样可以理解，较于第三人称复数而言，第一、二人称复数表现更为特殊。如前所述，第三人称复数的所指和名词复数一样是同质的："they"指一个以上的第三者，"friends"指一个以上的朋友。但是第一和第二人称代词的复数通常是异质的：它们包含不同的人称对象，如"we"=1+2+3；"you-all"=2+3。

基于以上讨论，对于如下两个问题我们是否可以获得以下结论：跨语言在人称代词的有无及其结构形态上呈现出怎样的共性和差异？

如下是一些共性概括，其中一些是已有观察的研究。

1. 人称代词的有无

共性11：几乎所有语言都有独立的代词指代"I（我）""you（你）"和"other（他人）"。（参看Greenberg 1966a：#42, Cysouw 2003：53—54）

共性12：大多数语言都有一些复数代词。（Greenberg 1966a：#42 认为所有语言都是如此）

共性13：一些语言的第一人称有包括式和排除式的区分。

共性14：对于大多数语言而言，如果其第一人称代词具有性的区分，那么其第二和/或第三人称代词也有性的区分。（Greenberg 1966a, #44 认为所有语言都是如此；Siewierska 2005a认为有例外）

共性15：对于大多数语言而言，如果人称代词的复数形式有性的区分，那么人称代词的单数形式也有性的区分。（Greenberg 1966a, #45 认为所有语言都是如此；Plank and Schellinger 1997：93 认为有例外）

2. 人称代词的形态结构

共性16：所有语言中，如果人称代词的单数形式和复数形式具有派生关系，那么复数形式是在单数形式的基础上派生而来，反之不然。

共性17：所有语言中，如果第一或第二人称代词的复数形式由名词性复数词缀构成，那么第三人称代词的复数形式也是如此。

上述一些跨语言共性是倾向性的，并非绝对。如同Michael Cysouw在对代词系统进行广泛研究之后遗憾地评论道："尽管有一些结构的可能性明显更小，但是一切皆有可能。"（Cysouw 2003：295）

2.4 表"数"的词：有多少？

语法上，数的区分——如单数和复数（如"porcupine"和"porcupines"），可以提供实体的一些数量信息，但并不特别多。复数名词表示一个以上的物体，但并没有说明具体的数量。不过，几乎所有语言都有专门精确表达数量的数词，如"two（二）、twenty-two（二十二）、five hundred（五百）"。下面我们就来看看跨语言中数词的异同。

观察如下的英语数词。

（30） one   eleven   twenty-one   英语
       two   twelve   hundred-and-six
       three   thirteen
       four   fourteen
       five   fifteen
       six   sixteen
       seven   seventeen
       eight   eighteen
       nine   nineteen
       ten   twenty

这个列表显示了数词构造的两种方式。第一，数词可以是不可进一步切分的单语素，如"one, two, three, or ten"。第二，数词可以是多语素的，由其他数字通过数学运算组成。比如"thirteen，fourteen，nineteen"，虽然不能清晰地切分出语素，但仍然可以看出是由"three，four，nine"和"ten"经过加法操作得出的。"twenty"也依稀可看出两个构成语素：two和ten。其他数词像"twenty-one""hundred-and-six"显然是多语素的。

可以设想建立在其中一种方式之上的数词系统。比如仅有单语素结构的数词系统，就像英语数字1－10，其他数目也可以继续如此，比如用"crox"表达11，"poon"表达23等等。或者完全基于算术运算的多语素结构的数词系统，如（31）。

（31）1 "two-minus-one"
　　　2 "two-minus-one-plus-one"
　　　3 "two-minus-one-plus-two"
　　　等等

只包含单语素词的数词系统，学习起来会很困难。因为如果数字到了百万或亿以上，就有大量的词需要单独记忆。尽管每个词都可能简短，但其总量仍然会给使用者带来极大的负担。完全都是多语素结构的数词系统也会很难学习和使用，因为尽管需要记忆的东西不是很多，每个数字都可以基于别的数字来运算，但是每个词语可能都会很长。

鉴于以上因素，基本没有哪个语言会仅仅采用其中一种方式。而是基于两种构造方式各自的优越性，语言的数词系统通常会很自然地采用二者相结合的方式。跨语言中，数词系统在简单数词和复杂数词的平衡以及多语素构造模式上的表现存在差异。下面分别讨论。

（A）单语素数词和多语素数词[①]

英语的数词系统中，越大的数字越趋于具有复杂结构。1至12是单语素数词，13至20是复杂结构，尽管其构成语素几乎不能辨认。而20以后

---

① 二者之间的区别好比首字母缩略词如 AIDS，ALS，TB 和其全称版本 acquired immune deficiency syndrome, amyotropic lateral sclerosis 和 tuberculosis 之间的区别。缩略语像单语素数词一样都很短，需要逐个记忆。全称版本像多语素数词一样，虽然意思明晰，但是需要构建。由于长度较长，使用起来会较困难。

组合语素已清晰可辨，如"twenty-one""eighty-six""one hundred and ten"。

较小的数词一般用单语素表达、较大的数词用多语素表达的倾向是跨语言常见的。下面是斯瓦希里语（一种非洲东部的班图语）的一些数词，其11以后的词为组合结构。

（32） 1　　moja　　　　　　　　　　　　　　斯瓦希里语
　　　 2　　mbili
　　　 10　 kumi
　　　 11　 kumi na moja
　　　 12　 kumi na mbili

接下来我们来考察多语素数词的结构表现，包括如下三个问题：构成成分是什么？构成成分的组合是基于哪种运算方式？不同构成成分之间的语序表现如何？

（B-1）多语素数词：构成成分是什么？

英语的数词系统是用10及其倍数为基础来构成较大的数字（即十进制）。这样的系统对于英语母语者来说比较自然，但除此之外，还有很多其他的方式。比如为什么不可以建立基于"4"的数词系统呢？它可能是这样的：

（33） 1 "one"
　　　 2 "two"
　　　 3 "three"
　　　 4 "four"
　　　 5 "four-plus-one"
　　　 6 "four-plus-two"
　　　 7 "four-plus-three"
　　　 8 "two-times-four"
　　　 9 "two-times-four-plus-one"
　　　 等等

尽管具体语言中数词的进位制具有一定的差异，但十进制和二十进制是跨语言中最高频的。你可能马上会想到，10和20的进位数分别是手指和四肢指/趾头的数量。法语就是用20进位制：

（34）4　　　　quatre　　　　　　　　　　　　　　　法语
　　　10　　　　dix
　　　20　　　　vingt
　　　80　　　**quatre-vingt**
　　　90　　　**quatre-vingt-dix**

梅泰语（一种印度境内的藏缅语）也是采用20进位制（kun和phú是20的可替换形式）：

（35）2　　　　**əni**　　　　　　　　　　　　　　　　梅泰语
　　　3　　　　**əhúm**
　　　20　　　　kun
　　　40　　　　**ni** -phú　'two-twenty'
　　　60　　　　**húm** -phu　'three-twenty'

除了10和20等常见的进位制外，还有一些语言是用身体部位来计数。如巴布亚新几内亚的奥克萨普明语，其数词是用27个身体部位词来表达：

（36）1　　　　tipun（拇指）　　　　　　　　　　　奥克萨普明语
　　　12　　　　nat（耳朵）
　　　13　　　　kin（眼睛）
　　　15　　　　kin tən（另一支眼睛）
　　　16　　　　nat tən（另一支耳朵）
　　　　　　　　等等

计数时，奥克萨普明语的母语者可以用身体部位词来表达，也可以指向该部位。想说"我有三个孩子"，可以说"I have middle-finger children."。

想表达"我看见十条蛇"可以说"I saw shoulder snakes"（Saxe 1981：307；图2.1是对Evans 2010：60–61的改编）。在网站www.culturecognition.com上可以观看一个说Oksapmin语的孩子向朋友演示该语言计数系统的简短视频。

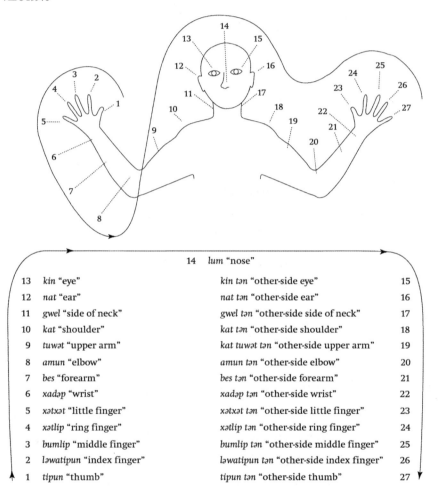

	14	lum "nose"	
13	kin "eye"	kin tən "other-side eye"	15
12	nat "ear"	nat tən "other-side ear"	16
11	gwel "side of neck"	gwel tən "other-side side of neck"	17
10	kat "shoulder"	kat tən "other-side shoulder"	18
9	tuwət "upper arm"	kat tuwət tən "other-side upper arm"	19
8	amun "elbow"	amun tən "other-side elbow"	20
7	bes "forearm"	bes tən "other-side forearm"	21
6	xadəp "wrist"	xadəp tən "other-side wrist"	22
5	xətxət "little finger"	xətxət tən "other-side little finger"	23
4	xətlip "ring finger"	xətlip tən "other-side ring finger"	24
3	bumlip "middle finger"	bumlip tən "other-side middle finger"	25
2	ləwatipun "index finger"	ləwatipun tən "other-side index finger"	26
1	tipun "thumb"	tipun tən "other-side thumb"	27

图2.1　奥克萨普明语的计数方式

第二个问题是关于不同语言中复杂数词构成成分采用何种运算方法。

（B-2）多语素数词：采用何种运算方法？

先看（37）中拉丁语的数词。

(37)
1	unus（M），una（F），unum（N）	拉丁语
2	duo（M, N），duae（F）	
7	septem	
8	octo	
9	novem	
10	decem	
11	undecim	
12	duodecim	
17	semptendecim	
18	**duodeviginti**	
19	**undeviginti**	
20	viginti	
100	centum	
200	ducenti	
300	trecenti	

首先，这些语料说明了复合数词的构造中涉及两种数学运算，这在英语和上述其他例子中也有显示：11到17由加法运算构成，200到300由乘法运算构成。但是请注意18和19。如果18和19像其他一样由加法构成，那么它们应该是"octo-decim（8+10）"和"novem-decim（9+10）"。但实际不是这样，而是"duo-de-viginti（20-2）"和"20-1"。如第一章所述，这些数词是由减法运算构成的。有趣的是，在过去几个世纪里，这种少见的减法运算在拉丁语的后代语言中已经消失了，拉丁语的后代语言都开始采用加法运算，如意大利语中的18"diciotto（10+8）"和19"diciannove（10+9）"。

减法运算需要以更大的数字为参照点进行，爱沙尼亚语是一个类似的

"前指型（forward-looking）"系统。"teist（第二）"是一个不规则的序数词。

（38） 1　üks　　　　　　　　　　　　　　　　爱沙尼亚语
　　　 2　kaks
　　　 10　kümme
　　　 11　üks teist kümmend "one of second ten"
　　　 12　kaks teist kümmend "two of second ten"
　　　 20　**kaks kümmend** "two ten"
　　　 21　kaks kümmend üks "two ten one"
　　　 22　kaks kümmend kaks "two ten two"

　　21、22及其后数字的数词都是用常见的加法运算构成的。但注意观察11、12的构造，它们并不是在前一个"十"上的加法操作，而是在下一个较大的十（即"二十"）上进行减法操作。数字20是"两个十"，11是"第二个十中的一个"，12是"第二个十中的两个"①。
　　数词构造中第四个基本的运算方式是除法，该操作很罕见但也存在。梅泰语中，表达50的数词是"yaŋ-khəy（100的一半）"。
　　第三个问题是关于多语素数词的构成语素之间的语序。

（B-3）多语素数词：构成语素的语序
　　比较下列英语、德语和土耳其语数词中构成语素的语序（高位成分用大写标注）。土耳其语中，on＝10，yirmi＝20，otuz＝30，yüz＝100，bin＝1,000。

---

① 德语中时间的表达方式也是类似。如"3:30"不仅可以参照过去时间"drei dreissig"（三点三十），也可以参考即将到来的时间"halb vier"（差半小时四点）。荷兰语也是这样。法语表达"9:40"用"dix heures moins vingt"（差二十分钟十点）；英语的"4:50"是"ten to five"（差十分钟五点）。这些例子都是一样，即某数值的确认是以其后的值为参照的，而非其前的值。

（39）	德语	英语	土耳其语
14	vierZEHN	fourTEEN	ON dort
19	neunZEHN	nineTEEN	ON dokuz
21	ein-und-ZWANZIG	TWENTY-one	YIRMI bir
38	acht-und-DREISSIG	THIRTY-eight	OTUZ sekiz
121	HUNDERT-ein-und-zwanzig	HUNDRED-and-twenty-one	YÜZ yirmi bir
1100	TAUSEND-ein-hundert	ONE-THOUSAND-and one-hundered	BIN yuz

德语中，99之前的数词是低位语素位于高位语素之前。100以后的则是语素"百"居先。英语中19之前的数词与德语表现一致，20之后的数词则是高位语素位于低位语素之前。土耳其语中高位语素一直位于低位语素之前。这些例子显示了一个跨语言的倾向共性：高位语素倾向于位于低位语素之前。这种语序有其理据性：假若最重要的信息应该先传递给听者，那么提供了数量大概信息的高位数居首会更有效，其后的第二个构成成分再进一步说明具体信息。

综上，我们已经讨论了语言中的单语素数词和多语素数词的表现，也讨论了复杂数词内部的构成语素（尤其是进位制）、构成语素之间的运算方式以及构成语素之间的语序。

所有这些都与数词的形态结构有关。语言中有多少数词？有些语言只有很少的几个数词，如瓜纳语（一种南美洲的阿拉瓦克族语言），只有表达1–5的数词。再如，据报道，皮拉哈语（巴西）没有数词。

基于我们的上述讨论和已有文献的相关研究，可以获得如下的共性表达。

（A）数词的有无

共性18：大多数（并非全部）语言都有大量的数词。

（B）数词的结构表现

共性19：所有语言都有一些单语素的数词。

共性20：最常用的进位制是10和20。

共性21：对于四种基础运算方法——加法及其反向运算减法，乘法及其反向运算除法——而言，反向运算（即减法和除法）的存在蕴涵两个正向运算的存在，乘法运算的存在蕴涵加法运算的存在。（Greenberg 1978a：257—258）

共性22：基于加法运算构成的数词，其内部构成语素倾向是高位语素居于低位语素之前。（参看Greenberg 1978a：273）

2.5 哪一种？

2.5.1 反义形容词

接下来我们将从数量问题转向质量问题，本节和下一节讨论用来描述事物的形容词。首先从反义形容词开始，请看（40）。

（40）（a）old – young　　　　　　　　　　　　　　　　英语
　　　（b）tall – short
　　　（c）large – small
　　　（d）deep – shallow
　　　（e）fast – slow
　　　（f）wide – narrow
　　　（g）thick – thin
　　　（h）much – little
　　　（i）far – close

上述每对形容词彼此意义相反。如（41）所示，人不能既年长又年轻，树不能既高又矮，湖不能既深又浅。

（41）（a）His mother is **not old**; she is **young**.
　　　（b）The gardener thought he had planted a **tall** tree but the tree grew up to be **short**.
　　　（c）The captain figured the lake would be **deep** but it turned out to be **shallow**.

但是，（42）例中的用法似乎又并不矛盾。

（42）（a）How **old** is this child?
　　　（b）How **tall** is Grumpy the Dwarf?
　　　（c）How **large** is a speck of dust?
　　　（d）How **deep** is this puddle?
　　　（e）How **fast** can a sloth climb?
　　　（f）How **wide** is a human hair?
　　　（g）How **thick** is this yarn?

可以看到，（42）中形容词不同于其一般用法：（42a）中的"old"用于并不年长的孩子；（42b）中的"tall"用于身高并不高的小矮人。（42）中其他例子的形容词也同样都是用于本身并不具备该属性的对象：尘点并不大，地上的积水坑也不深，树懒爬得不快，头发也不宽，纱线也不厚。

一对反义形容词中只有表示"更大范围/更高程度"那个成员可以获得这种中性（neutral）解读，表示"更小范围/更低程度"的一方不可以。如问"讲座时间有多长？"时，说话者对讲座时间的长短本身没有预期。但是，如果问"讲座时间有多短？"，说话者具有预期偏向——即已经知道讲座很短。也就是说，即便说话者预期事物的质量或数量有消极性，也可以使用积极义形容词提问，而消极义形容词却不可用于这种情况：

（43）（a）I am told there is a gas station nearby. How **far** is it?
　　　（b）? I am told the gas station is far away. How **close** is it?

以上表明，每对反义形容词中都有一个成员有两种用法：一是表示某属性维度的一个极性取值，如（41）中的用法；一是具有中性义，指称整个属性维度，如（42）和（43）中的用法。这两种用法可以图示如（44）。

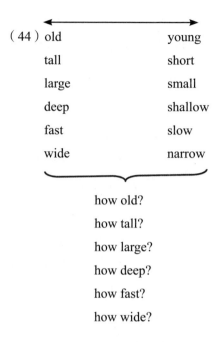

这些形容词的名词形式也用来表达相同的中性义，如（45）所示的"length（长度）""width（宽度）"等指的是整个维度。

（45）I am measuring the **length** of this mosquito.

Note the tiny **width** of this hair.

Psychologists research human **happiness**.

Let's check the plums for **ripeness**.

以上观察可总结为：

（46）英语中，每对反义形容词中有一个成员可以拥有极性义和中性义，另一个成员只有一个极性义。

反义形容词成员之间的不对称性还有另外两个表现：形式和频率。首先，一对反义形容词中，其中一方有时是基于另一方派生而来，如：

（47）happy–unhappy　　（but not * unsad for happy）　　英语

ripe–unripe　　　（but not * ungreen for ripe）

wise–unwise　　　　　　（but not * undumb for wise）
familiar–unfamiliar　　　（but not * unstrange for familiar）

这种情况下，具有中性义的一方通常是派生的基础。据此，（46）可以扩展如下：

（48）英语中，每对反义形容词中有一个成员同时拥有极性义和中性义，另外一个只有极性义。如果这两个形容词间具有派生关系，那么有中性义的一方是另一方派生的基础。

（48）显示，反义形容词的双方在意义范围和形式的复杂度这两个属性上相互区别。除此之外，还有一个因素是频率：基于英语的研究已经发现，"good""many""long""wide"和"deep"等比它们的反义词在文本中的出现频率更高（Greenberg 1966c：53）。因此，（46）可以进一步扩展：

（49）英语中，一组反义形容词A-1 和A-2，如果A-1同时拥有极性义和中性义，那么：
　（a）如果这两个形容词之间有派生关系，那么A-1是A-2派生的基础。
　（b）如果两个形容词之间具有使用频率的差异，那么A-1的使用频率更高。

那么，以上的这些特征是否仅为英语独有呢？跨语言研究已经显示，类似表现也存在于其他语言中。Joseph Greenberg首先指出这些相关性，并以豪萨语为例说明。豪萨语中，"wide"义表示为"有宽度"；"narrow"义表示为"没有宽度"；同样，"shallow"义是"缺乏深度"。西班牙语中，表"deep"义是"profundo"，"shallow"义是"poco profundo（有一点儿深）"。与英语一样，西班牙语的反义形容词之间也存在派生关系。

Jessica Wirth（1983）进一步验证了29种语言中形容词的中性用法与其形态复杂度之间的关联。下面是她的一些例子。

（50）（a）　　　　　　　　　'abundant'　　　'scarce'
　　　Gêgbě语　　　　　　　sù nà gbɔ　　　**mú** sù nà gbɔ
　　　巴纳拉语　　　　　　　cure　　　　　　cure **ejque**
　　　拉帕努伊语　　　　　　rahi　　　　　　**taʔe** rahi
　　（b）　　　　　　　　　'ripe'　　　　　'unripe'
　　　德语　　　　　　　　　reif　　　　　　**un**-reif
　　　丹麦语　　　　　　　　modne　　　　　**u**-modne
　　　Gêgbě语　　　　　　　sî　　　　　　　**mú** sîò
　　　约鲁巴语　　　　　　　pọn　　　　　　**ko** pọn
　　　阿拉伯语　　　　　　　mistiwiy　　　　**miš** mistiwiy

　　托克皮辛语（新几内亚以英语为基础的一种克里奥尔语）也提供了这样的例子：表"好"义是"gut"，表"坏"义是"nogut"。

　　不过，尽管英语中反义形容词具有（49）所述的这种关联，但跨语言中反义形容词在语义、形式复杂度和频率上的关联仍缺乏一定的证据。比如豪萨语、Gêgbě语以及（50）中提到的其他语言，我们有其形态的数据，但还不清楚作为派生基础的形容词是否具有中性义、是否具有更高的使用频率。我们知道英语中作为派生基础的词有中性意义，而且使用更频繁，但这不能说明其他语言也是相同的情况。这三者间的关联性还没有在更大的语言样本中得到检验。

　　意义更广泛、形式更简单与使用更频繁这三个特征的关联也平行地见于其他语义域的词汇形式中，如前文讨论过的身体部位词、亲属称谓词、代词和数词等。经常被指称的身体部位倾向于具有简短、单语素结构的词汇形式；经常使用的亲属称谓一般也是单语素结构；单数形式以及使用更为频繁的代词形式通常都短于复数形式；所指数量较小的、使用大概也更频繁的数词也往往是单语素结构。一组反义词中，结构（包括意义和形式）更简单和使用更频繁的一方被称为无标记（unmarked）成员，另外一方是有标记（marked）成员。

　　除了组合简单性（syntagmatic simplicity, 简单意义和简单形式）和频率间的关联外，无标记成员常常还具备一个特征，即具有更多的特征对立/区分。如身体部位词中，上半身部位词比下半身部位词的区分更为细致：英语和其他语言都有专门的词语指称每个手指，但脚趾却没有。再如亲属称谓词中，近亲一般要区分性别，如"father（父亲）"和"mother（母亲）"，"sister（姐/妹）"和"brother（兄/弟）"，但像"cousin（表亲）"的远亲则没有性别的区分。代词也同样如此，比如单数更容易获得性的区分。有更高使用频率的所指数量较小的数词，也更倾向于拥有性的区分。如拉丁语中"1、2、3"的数词形式分别为"unus""duo"和"tres"，三者都有性的区分［详参2.4节（37）例］。上述无标记的成员比有标记成员拥有更多子类的现象，我们称之为聚合复杂性（paradigmatic complexity），它可以进一步帮助我们测试无标记成员的地位。

如果反义形容词构成有标记–无标记对立的认识是正确的，我们会预期无标记形容词比有标记形容词具有更强的聚合复杂性。事实上，也确实存在这样的证据：无标记的形容词往往具有语义对立形式，而有标记的往往不做区分。请看下面的英语例子：

（51）（a） tall – short
            long – short
       （b） hard – soft
            loud – soft

（51a）中，垂直和水平维度的延伸都各有单独的词语表达，而相反的语义只由同一个词表示。（51b）中，更加凸显的无标记语义在触觉和听觉维度各有区分，相反的语义却只有一个形式。

（51）所示的模式也见于其他语言中，但也有反例。英语中，"young"和"new"的有生/无生的区分在"old"中中和了，尽管这组反义词中"old"是无标记成员（它既有极性义也有中性义）。德语和丹麦语也是如此："old（老/旧）"义中性状主体的有生与否并未得到区分，但相反的极性义上该参项得到了区分：

（52）　　　　　　'old'　　　　　'young/new'

德语：　　alt　　　　　jung　　　　（指人）

　　　　　alt　　　　　neu　　　　（指物）

丹麦语：　gammel　　　ung　　　　（指人）

　　　　　gammel　　　ny　　　　（指物）

小结一下，一些语言中，反义形容词成员的属性常呈现出聚集表现。总体而言，这些聚集表现其实与成员的标记性模式有关。不过，反义形容词中的组合简单性、聚合复杂性和频率三者之间的关联仍需在更大和更具代表性的语言样本中验证。

针对反义形容词的讨论，回答本章开头提出的那两个基本问题，反义形容词在具体语义是否获得词汇表达及其词汇形式的形态结构上表现如何？没有证据表明语言里一定存在反义词，但是关于其形态结构，我们可以得到共性23的概括。

共性23：在一些语言中，对于一对反义形容词A-1和A-2而言，如果A-1同时拥有极性义和中性义，那么

（a）如果二者具有派生关系，那么A-1是A-2派生的基础。

（b）如果二者具有使用频率的差异，那么A-1的使用更为高频。

（c）如果二者之一具有更多的形式子类，那么是A-1具有更多的形式子类。

共性23其实是对下述蕴涵共性的合并表达：

（52）（a）如果一方具有更高的频率，那么它也具有中性义、更简单的形式和更多的子类。

（b）如果一方具有中性义，那么它也具有更简单的形式、更高的频率和更多的子类。

（c）如果一方具有更简单的形式，那么它也具有中性义、更高的频率和更多的子类。

（d）如果一方具有更多子类，那么它也具有中性义、更简单的形式和更高的频率。

共性23表明语言中可能出现的一种模式，但未能说明该模式的分布信息：哪些语言可能具有这样的表现？该问题还有待进一步回答。因为它是关于一种语言的两种不同结构（一对反义词）的特征分布，故是一个聚合性蕴涵共性而不是组合性或自反性蕴涵共性（详参第一章1.2.1节）。

2.5.2 颜色词

词语与其所描述的物体、性状或事件之间的关系表现是词汇类型学研究中最有趣的方面之一。语言的词汇系统是如何反映世界事物间的客观界限的？词汇系统又在多大程度上是基于这种客观界限来区分的呢？

上面讨论过的各个语义域的词汇表达形式显示，现实世界存在独立的实体：亲属称谓和代词指称的人都是不同的实体。身体部位的分离相对没那么清晰，但它们都是相连的。还有一些语义域内部本身没有界限，如尺寸、质量评价（"好""坏"）、温度、声音、质地、味道和气味等，只是语言为其提供了具体的区分而已。

颜色就是这类标量维度（scalar dimension）之一，如彩虹呈现出一些色带但其边界是模糊的。因此，你可能会想，用语言命名颜色时，对颜色光谱的划分可能也是任意的。在看到相反的证据之前，人类学家和语言学家们曾经也的确这样认为。但在20世纪六十年代末，这个观点第一次接受了大规模实证数据的挑战。加州大学伯克利分校的两位人类学家——Brent Berlin和Paul Kay，收集了98种语言的颜色词汇，发表了颜色词研究的突破性成果（1969，1991）。

Berlin 和 Kay的两项主要发现均表明跨语言中颜色词的差别不是任意的。第一，他们发现，语言中的基本颜色词是有限的，不超过11种颜色。第二，他们发现尽管具体语言中基本颜色词的数量不同，但存在一个普遍的等级序列制约具体语言中颜色词的选择。共性24是跨语言有限的基本颜色词的清单；共性25是在具有哪些基本颜色词上所遵循的限制。共性25是一条非限制性共性：所有语言都有表示黑色和白色的词语。此外，它还表达了一系列蕴涵共性：如果一种语言中某颜色由基本词来表达，那么该颜色左边的颜色在该语言中也一定由基本词来表达。

共性24：基本颜色范畴的清单：黑、白、红、黄、绿、蓝、棕、粉、紫、橙、灰。

共性25：基本颜色词的蕴涵关系（Berlin and Kay 1969：5）如下：

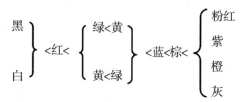

下面是一些语言中的例子。

黑、白：贾莱语（巴布亚新几内亚）

黑、白、红：蒂夫语（尼日利亚）

黑、白、红、黄：伊博语（尼日利亚）

黑、白、红、绿：伊比比奥语（尼日利亚）

黑、白、红、黄、绿：塞尔塔尔语（墨西哥）

黑、白、红、黄、绿、蓝：平原坦米尔语（印度）

黑、白、红、黄、绿、蓝、棕：内兹佩尔塞语（华盛顿州）

共性24和共性25总结的规则很强大。第一，这11种颜色词是从光谱中选择出来的，而光谱的区分可以是无限的。第二，这11种颜色词逻辑上可能的组合有2048种（如"只有棕色""只有黑色和粉红色""只有红色、蓝色和棕色"等等）。然而，这个等级序列只允许很少的组合可能：22种。这种情况代表了科学难题的一个范式：可能存在与实际发现之间的巨大差距。

自1969年以来，更多学者对颜色词进行研究并修正了一些最初发现（见 Hardin and Maffi 1997；Kay et al. 2009）。人们也发现了一些例外，比如，基本颜色词中还应该包括青绿色，它至少存在于查库尔语（一种高加索地区Nakh-Daghestanian语言）中；对颜色词的等级序列也做了一定的修正，不再认为白色和黑色是普遍存在的，因为有的语言如皮拉哈语中，根本没有颜色词（Everett 2008：119）；灰色在这个等级中的位置也可能更高。

更重要的是，这项研究的基础也受到了一些研究者的质疑（Lucy 1997；Wierzbicka 2008）。这些质疑主要与数据的性质有关。Berlin和Kay首先向本族语者展示蒙赛尔色卡，然后要求他们命名这些颜色。被试提供的这些词语就被认为是该语言里的颜色词。不过，我们怎么知道被试提供的这些词没有其他更基本的含义呢？比如恰好是具有该颜色的某种事物呢？从不同语言中得到的词语在所指范围上也一定有重叠，在确定其为基本颜色词之前，我们需要进一步调查每种语言里这些词的典型所指。事实上，并非所有的文化都关注色彩，颜色概念可能不是所有语言都有的语言范畴。Wierzbicka结合澳大利亚语言中的瓦尔皮里语说明了这种观点（2008：420）：

> 瓦尔皮里人当然能识别我们所说的"颜色"，对于我们区分的不同颜色之间的差异他们也非常敏感。然而以语言学的标准来看，我们认为是"颜色"的东西（如棕色或紫色），他们可能会视作"看起来像其他的事物的事物"（如土地或烟）。

John Lucy（1997）提供了一个例子，他认为其情形跟Berlin和Kay的实验类似。假设有一张描绘有各种各样行李的图表，该图是机场用于帮助乘客找回丢失的行李的。假设你将这个图呈现给使用不同语言的人，指着各种图片并请他们说出对应的事物。你并不能确定所得到的答案就是类似于"行李袋""公文包"这样的词。反过来，被调查者提供的可能是描述类似物品的词语如"大件物品""像一所房子"等。因此，根据这样一个测试，我们不能建立一套"行李词共性"，因为该调查持有这样的预期偏见：行李的不同概念和种类是所有文化都具有的。利用色卡来调查颜色词也同样可能存在这样的问题。

尽管如此，人类语言所共有的可用的基本颜色词是有限的，而且各种语言在具有哪些颜色词上也仍然存在一定的偏好，这似乎没有争议。结合上文提到的大量的逻辑可能性，可能情况和实际表现之间巨大的差距该如何解释呢？为什么人类语言中只有有限的基本颜色词？为什么有些颜色会被优先选择？为什么具体的语言会从众多颜色中挑选出某个或另外一个呢？

前两个限制与颜色的物理属性和人类视觉系统感知颜色的方式有关。第三个问题——为什么一种语言选择了某组颜色而非另一组，可能与社会性有关。Berlin和Kay指出颜色词的复杂性和文化的复杂性之间具有相关性：技术欠发达文化中使用的语言，如新几内亚地区，颜色词更为简单。一般认为，如果人们不仅可以识别自然存在的颜色，而且还能创造和使用这些颜色，那么他们对颜色的辨别度会更高。

我们的词汇调查显示，人类对现实的感知而非现实本身构成了词语意义和结构的基础。一个语言的词汇系统是一个思维的仓库，是我们对世界的感知和解读的仓库。思维创造了词汇，这是毫无争议的。但一个相关的问题随即出现：这是一个单向因果关系吗？还是词汇反过来也可以影响思维？语言切分世界的方式会影响我们对现实的感知吗？

日常生活中，我们认为答案是肯定的，并且也常常这样做，比如，如果某意思有几个可替换的表达方式，我们会选择带来积极解读的那个。为什么人们喜欢用"如果我出了什么事"，而不是"如果我死了"？为什么军事文件里用"间接伤害"来指代平民伤亡？为什么说"视觉障碍"而不是说"盲人"？选择这些委婉表达，说明我们担心更直接的表述会误导人们的想法。

但是，当语言不能提供多种表达方式的时候怎么办呢？考虑到语言的多样性，著名的俄罗斯裔美籍语言学家Jakobson说："语言本质的差异在于它们必须传达什么，而非它们可能传达什么"（引自Deutscher 2010：151）。例子比比皆是。土耳其语中，关于某人的一段长长的对话可能都不用涉及其性别特征，如我们上面提到的，土耳其语中第三人称单数代词没有性的区分。这在英语中是不可能的——语言要求我们必须在"he"和"she"之间做出选择。这是否意味着说英语的人会从性别的视角观察世界而土耳其人不会呢？

某些层面上，语言显然决定思维：使用英语的时候，说话者必须区分性别。如Dan Slobin（2003：158—161）所说的"即时思维（thinking for speaking）"，这就要求说话者在使用某语言时，采用适用于该语言的特定思维模式。换句话说，如果我们想要用某种语言表达某些想法，我们需要按照该语言的方式来思考。

语言对思维的影响是否是更深的、非语言层面的呢？英语母语者对性别因素的考虑仅仅是在使用第三人称代词时出现，还是会贯穿其对整个世界的认识呢？据Benjamin Whorf和Edward Sapir影响力极大的语言相对论假设，答案是肯定的。该观点认为语言对思维有重大的影响。我们该如何验证这一假设呢？证明语言影响非语言思维和行为的关键证据又是什么？

基于大量赞成或者反对语言相对论的实验证据，我们介绍下面这项关于颜色辨认的近期研究。心理学家Jonathan Winawer和他的同事（2007）设计了一个实验来测试英语和俄语的被试区分不同深度蓝色的方式。关键点在于俄语中"深蓝"和"浅蓝"有专门词汇，分别为"goluboj"和"sinij"，但英语只有"blue"一个词。被试可以看到三张色卡，上面一张，下面两张，任务是确定下面的两张色卡中哪一张与上面一张色卡的颜色一致。研究者感兴趣的是被试的反应时长，即被试做出正确选择的难易度。结果表明，对于俄语被试，如果下面的两张色卡分别是深蓝和浅蓝，比起两张都是深蓝或都是浅蓝，判断用时会更短；对于英语被试，两种情况没有差异。因为俄语有区分颜色深浅的词，所以其母语者在对颜色进行感知时也会做出相应区分。Winawer等得出下面的结论："并非英语母语者不能区分深蓝和浅蓝，而是俄语母语者会不可避免地对它们进行区分。"（7783）

Stanley Witkowski and Cecil Brown（1982：411）基于其他相关实验也持类似观点："我们认为，词汇的凸显性反映和放大了我们对于颜色对象固有的物理感知的凸显性，并因此影响与颜色相关的行为。"语言不能决定人们看待世界的方式，但它可以通过聚焦世界的某些方面对现实做出调整。

探讨不同语言词汇系统间的巨大差异可以开阔视野。如果我们只知道一种语言，或许会觉得语言都是这个样子的。学习更多其他语言后，我们会发现有些现象只是我们更为熟悉而已，但它可能并非唯一选择；词汇反映现实的方式可以是多样的。

学习新的文化也是同样的体验。我们知道了有人喜欢食用牛脑、狗肉或奶油茶；有人可以不洗澡甚至没有厕所；有人见面问候是鞠躬而非握手。这些体验就像过去几个世纪人类天文知识的增长一样。在16世纪哥白尼的发现问世之前，人们以为自己所独有的地球是宇宙的中心。然而，哥白尼提出太阳是银河系的中心，地球的崇高地位被降级。后来，20世纪初，天文学家们意识到即使我们的银河系也不是至高无上的：它只是无数的星系之一，每个星系都包含数十亿个像太阳一类的恒星。这样我们才逐渐知晓地球在有着140亿年历史的宇宙中的正确地位。正如John Coleridge所说，人类已经习惯接受更广阔的世界。

在对宇宙知识的探求中，天文学家们掌握了关于宇宙的两个特点：一是其宽广的存在和形式的多样，二是多样的形式之上有普遍的物理定律起作用。确定变异形式并进一步寻求变异的限制是跨语言研究、跨文化研究以及宇宙研究的共性。接下来的一章，我们将继续观察词汇之外的语言结构，继续探寻这些问题。

本章小结

本章在引言部分设想了理想词汇系统的两个特征：（i）一切事物都有对应的词汇表达形式，（ii）词语的语音形式能直接表明词语的意义。

关于（i），我们看到"一切"的概念是模糊的；不过，无论"一切"如何定义，也没有一种语言能满足这个要求。一些事物确实可以在语言中获得词汇表达，但"事物"的清晰区分难以捉摸：语言在如何切分和范畴化这个世界上表现有别。在一种语言里获得命名的部分和种类在另一种语言中可能不一定如此。

关于（ii），我们看到语言会利用组合性。语素加合，各语素意义相加也可获得词语整体的近似语义，但是组合方式和程度各不相同。

就词汇的存在与否和组合表现而言，我们发现跨语言中其既有共性又有变异性，并提供了25条跨语言共性概括（共性1—共性25）。下面回顾其中的部分发现：

（A）词汇的表达

a. 差异

有些语言有独立的词汇形式指称脚趾和手指，有些语言则没有。

b. 共性

如果一种语言中有表达"紫"的词语，则也有表达"红"的词语。

（B）词汇的形态结构

a. 差异

有些语言的数词系统是20进位制，有些则不是。

b. 共性

如果一种语言中的第二人称代词复数由名词的复数标记构成，那么该语言第三人称代词的复数也同样由名词的复数标记构成。

此外，根据六个语义域的调查，我们可以获得关于词语的有无和形态结构的一个概括模式：标记性。尽管整个图景仍不完整，但主线已经清晰：词语在组合简单性、聚合复杂性和频率三个特征上呈现出聚集倾向。例如，上半身身体部位词的词汇结构更简单，形式更多样，使用更频繁；血亲亲属的称谓结构更简单，具有更多下位区分，使用更频繁；代词的单数形式一般是单语素结构，有性的区分形式，使用更频繁；较小的数词一般是单语素结构，有性的区分，使用更频繁；反义形容词所指维度更为凸显的一方通常形态更简单，子类更多，使用更频繁。在后面句法、形态、音系的各个章节（第4章4.2.2.2节，第五章5.3节，以及第7章7.3节）中，我们将继续讨论标记将继续讨论这类标记模式。

练习

1. 身体部位词经常表现出一词多义：它们会有扩展意义和比喻意义。如下是关于finger的一些例子：

   （a）The fingers of this glove are too tight for me.

   （b）A long finger of the island reaches far into the sea.

   （c）The fingering of this violin piece is very complex.

（d）Joe likes to have a finger in every pie.

类似的意义扩展也在hand一词中有所体现，比如hands of the clock或者Give me a hand。请找出head，face，shoulder，leg和foot等词的类似用法，并且指出任一词语不同用法的共性特征。将它与其他语言中的类似例子进行比较。

2. 此题与颜色词的特殊用法有关：

（a）颜色词有时候被用在习惯表达中，它们可以描述一些实际颜色和词本身意义不相符的事物，比如white wine。

（b）一些颜色词专门用于某些特定事物，比如blond仅仅用来描述hair和wood。

（c）颜色词也可以有隐喻性用法，比如green with envy。

针对上述不同模式，请找出英语中的其他例子并且说明这些特殊用法的理由。同时，在其他语言中找出相关例子并和英语进行比较。

3. 像minute，hour，day，week，month，year，decade，century这些词旨在对持续的时间进行切分。那么，它们在多大程度上依赖于自然世界的划分？

4. 关于代词的2.3.2一节中，作者构拟了四个蕴涵共性规则（共性14、共性15、共性16、共性17）。请画出各个规则的四分表。

5. 下面是西尔拉·波波卢卡语（墨西哥的一种Mixe-Zoque语言）中的代词。请问，本书提及的哪种语言与之有相同类型的代词系统？

单数	第一人称	ʔʌč	复数	第一人称	ʔʌčtam
	第二人称	mič		第二人称	mičtam
	第三人称	heʔ		第三人称	heʔyah
对比	čimpa 'dog'				
	čimpayah 'dogs'				

扩展阅读

1. 关于身体部位词，可参Language Sciences 2006：28：2—3，其中提供了十种语言的相关数据。
2. 关于亲属称谓词，可参Jonsson 2001。
3. 关于代词，可参Bhat 2004, Siewierska 2004, Daniel 2005等；此外，Völkel 2010作为汤加文化的经典之作，阐述了汤加语精细的代词系统是如何与高度层级化的社会结构相关联的。关于代词系统的社会基础，也可参见Brown and Gilman 1960。
4. 关于数词，可参Hurford 1975, 1987和Wiese 2003；关于数词系统的例外情况，可参Hammarström 2010和Hanke 2010；此外，www.zompist.com/numbers.shtml还提供了5000多种语言中1至10的数字列表。
5. 关于颜色词，可参数据库www.icsi.berkeley.edu/wcs；以及Deutscher 2010对颜色词研究的历史和现状所做的精彩论述。
6. 关于其他语义场的词汇，可参Lehrer 1974（"烹饪"类词汇）；Newman 1998（"给予"类词汇），2002（"坐、站、躺"类词汇），2009（"吃、喝"类词汇）；Talmy 2007和Filipović 2007（"运动"类词汇）；Deutscher 2010（"空间、性别、颜色"类词汇）；关于温度域词汇，可参Temperature in language and cognition工作坊的相关资料（http://ling-asv.ling.su.se/mediawiki/index.php/Main_Page），而且Koptjevskaja-Tamm 2008和Evans 2011对该领域的研究进行了详尽综述。
7. 关于语言和文化，可参Enfield 2002; Wierzbicka 1997; Boroditsky 2009; Niemeier and Dirven 2000 ; Gentner and Goldin-Meadow 2003; Evans 2010; Deutscher 2010。
8. 关于意义和思维的大众化读物，可参Jackendoff 2012。
9. 关于句子领属的跨语言研究，可参Stassen 2009。

第三章　词的组合：句法类型学

本章概要

语言中一些句法上的差异和相似之处会通过跨语言调查被记录下来。3.1节为引言，3.2节将以关系小句中的复指代词、分类词、一致与管辖为例阐述跨语言选择词义与词形的相同和不同之处。3.3节阐述语序的使用频率和句子中主语、宾语、动词和其他短语之间统计学意义上的关系。有关"主语"这个概念，3.4节提出了语法范畴是否可以从跨语言角度来定义的问题。

关键词

关系小句 relative clause

复指代词 resumptive pronoun

分类词 classifier

一致关系 agreement

一致控制项 agreement controller

一致目标项 agreement target

一致特征 agreement feature

可及性等级 Accessibility Hierarchy

生命度等级 Animacy Hierarchy

格 case

管辖 government

配置 alignment

主格 nominative

受格 accusative

施格 ergative

通格 absolutive

主语 subject

3.1 引言

假设你想使用你并不知道的语言表达时，该怎么办呢？如果你手里有一本字典，你会如何把这些单词组合在一起形成句子呢？一种可行的办法是先选择一串单词，这些单词能表达特定的意义，然后按一定的逻辑将它们组合在一起，如：把重要的词放在那些不太重要的词之前。如果只是为了传达近似的意义，这种方法是可行的。但是这样的句子从结构上看肯定不够好，原因有以下三点：

（a）不同语言会选择不同的词汇来表达一个给定的意义；

（b）不同语言会选择不同的词形来表达一个给定的意义；

（c）不同语言会选择不同的语序来表达一个给定的意义。

这种对词、语序和词形的选择叫做句法：跨语言在句法结构上的差异和相似之处是本章的主题。

下面具体阐述上文提及的三个方面的差异。

（A）跨语言选词的差异

思考下列英文句子以及它们翻译成塞尔维亚—克罗地亚语、俄语和现代标准阿拉伯语的句子。（在阿拉伯语句子中的第二人称形式为男性主语。在塞尔维亚—克罗地亚语例句中，不标明音调。）

（1）

英语	塞尔维亚–克罗地亚语	俄语	阿拉伯语
I **am** a student.	Ja **sam** student.	Ja učenik.	ʔana tʸa:lib
You **are** a student.	Ti **si** student.	Ty učenik.	ʔanta tʸa:lib
He **is** a student.	**On je** student.	**On** učenik.	huwa tʸa:lib

上述的每个英语句子都由四个单词组成，塞尔维亚–克罗地亚语句子由三个单词组成，而俄语和阿拉伯语的句子仅由两个单词组成。是什么造成了它们之间的差异？让我们先来观察一下上面英语和塞尔维亚–克罗地亚语句子中的粗体字，它们是动词"to be"（称为系动词）。它们在英语和塞尔维亚–克罗地亚语中都出现了，但它们并没有在俄语和阿拉伯语中出现（虽然俄语是斯拉夫语的一种，和塞尔维亚–克罗地亚语有很密切的联系）。这并不是因为俄语和阿拉伯语都没有"to be"动词，在这些句子的过去时态中，系动词还是会出现的，如：俄语的Ja byl učenik和阿拉伯语的ʔana kuntu tʸa:lib 'I was student'。只是这些语言（还有很多其他的语言）在现在时态句子中不使用系动词而已。

除了时态，还有一些其他的因素也可能会决定系动词在句子中的缺失。在匈牙利语中，当主语是第一或第二人称的时候会使用系动词。但当主语是第三人称的时候，系动词就不使用了。在粤语中，当谓语是名词时会使用系动词，如"我是一个学生"；但是当谓语是形容词时就不使用了，如"我很懒"。

除了系动词的有无之外，还有另一个因素造成了句子长度的不同，即是否使用不定冠词。在这个方面，英语和其他三种语言都不相同，英语有a/an，而其他三种语言没有。①

这种不定冠词的有无代表了一种跨语言的差异，这点与系动词不同。像上面所说，俄语和阿拉伯语中有系动词，只是在现在时句中不使用系动词。然而，不定冠词在俄语、塞尔维亚–克罗地亚语和阿拉伯语中均不

---

① 语言之外，人文方面也存在类似系动词和不定冠词的差异。黄油就像是系动词，美国和中国西藏菜肴都会用到黄油，但用法不同：西藏用黄油给茶调味，而美国则不然。同理，酱油就像是不定冠词，它是中国菜肴的一个重要材料，而传统美国菜肴却从不用它。

存在：在这些语言中没有与"a/an"对应的词。系动词的例子说明不同语言中的句子类型决定了词汇范畴的分布。不定冠词的例子说明了不同语言中的词汇范畴也各有不同，即词汇范畴在各种语言中的分布不同。

（B）跨语言词形选择的差异

虽然我们选择了一个单词作为一个句子的一部分，但是由于语言种类的不同，它们的形式也会有所差异。请看下面用日语、西班牙语、斯瓦希里语来翻译英语的例子：

（2）

英语		日语		西班牙语		斯瓦希里语	
small	spoon	tiisai	saji	cuchar-**a**	pequeñ-**a**	**ki**-jiko	**ki**-dogo
small	spoon-s	tiisai	saji	cuchar-**a-s**	pequeñ-**a-s**	**vi**-jiko	**vi**-dogo
small	child	tiisai	kodomo	niñ-**o**	pequeñ-**o**	**m**-toto	**m**-dogo
small	childr-en	tiisai	kodomo-tati	niñ-**o-su**	pequeñ-**o-s**	**wa**-toto	**wa**-dogo

英语和日语是两种不相关的语言，它们的形容词词形不会随名词的单复数形式而变化。在日语中，只有"kodomo（孩子）"有复数形式，"saji（勺子）"没有；而且，不管这个名词是复数还是单数，形容词的词形都不变。其他两种同样没有关联的语言虽与英语和日语不同，但是它们却有相似之处。西班牙语中的名词（例子中的第一个单词）是有性别标记的（-o代表阳性，-a代表阴性），它们的复数要加后缀-s。形容词是名词的镜像反映：它的词尾随着名词性数的变化而变化。斯瓦希里语的名词（例子中的第一个词）也有性数变化，尽管性和数合为一个语素（下面例句中的1和7用来表明性别分类）：

（3） ki-　　singular, Class 7（单数类）　　　　　　斯瓦希里语
　　　vi-　　plural, Class 7（复数类）
　　　m-　　singular, Class 1（单数类）
　　　wa-　　plural, Class 1（复数类）

西班牙语和斯瓦希里语的形容词都说明了语法的一致性：形容词的性数和名词一致。

语法一致是指句子中一个词的形式变化取决于另一个词。还有另一种语法模式是指一个单词决定了另一个单词的形式。

（4）（a）英语：　　　　　　　　德语：
　　　　I follow **him**.　　　　　Ich folge　**ihm**.
　　　　　　　　　　　　　　　　I　follow　he. **DAT**
　　（b）英语：　　　　　　　　法语：
　　　　dissatisfied **with** something　　mécontent　**de**　quelque　chose
　　　　　　　　　　　　　　　　dissatisfied **GEN** some　　thing
　　（c）英语：　　　　　　　　俄语：
　　　　three **boys**　　　　　　tri　　mal'chik-**a**
　　　　　　　　　　　　　　　　three　boy-SING.**GEN**

以上例子说明在不同语法格选择上的跨语言差异性，尽管充当不同格形式的词有相同的意思。英语中，动词"to follow"后跟充当补足语的直接宾语格，称为受格。德语的补足语要以间接宾语形式出现，称为与格。英语中，形容词"dissatisfied"需要工具前置词"with"，法语则是用属格前置词"de"。英语中，数字"three"后接主格形式的名词，而在俄语中，"tri"后的名词必须以领格的形式出现。

例（2）和（4）都是一个词决定了另一个词的形式的例子，但是它们也有区别。例（2）中的名词和形容词的数和性的特征都是一致的。但例（4）并不是这样的：在英语与德语中动词"follow"不存在直接宾语形式和间接宾语形式，俄语中数字"tri"也不存在领格形式。换句话说，在（4）中，其他词的格形式不能反映处于支配地位的词形。就像上面所提到的，（2）的模式叫做一致，而（4）叫做管辖。英语和法语的例子都说明，格的形式不一定是词缀，也可以是前置词。

总之，（2）和（4）表明跨语言在形容词和名词是否存在一致关系方面有所区别，而且由于管辖的作用，一些词决定另一些词形式的情况也有不同。①

了解了不同语言在选择词汇和词形上的异同后,让我们看看句法变化的第三个参数:语序。

(C)跨语言语序的差异

再次回顾一下例(2),除了显示形容词和名词在形式方面的一致之外,还告诉我们名词与形容词之间的先后位置不同。在英语和日语中,形容词在名词前;在西班牙语和斯瓦希里语中,形容词在名词后。

在第一章的1.1节中,我们列举了不同语言中词的顺序是不同的。印地语、日语、土耳其语的句子遵从SOV(主语、宾语、动词)的顺序,与阿拉伯语和拉帕努伊语VSO(动词、主语、宾语)的顺序相反。这里分别举一个SOV和VSO类型的语言。

(5)(a) Subject & Object & **Verb** 阿伊努语
   Totto amam esose. 'The mother borrowed rice.'
   mother rice **borrowed**

  (b) **Verb** & Subject & Object 萨摩亚语
   Sa **sogi** *e* Ioane le ufi. 'John cut the yam.'
   PST cut SBJ John the yam

到这一节为止,我们见证了不同语言的句法结构中词、词形以及语序的选择有相同和不同之处。我们可以总结如下存在式命题:一些语言中名词和形容词的词形要保持一致,一些语言却不是;一些语言把动词放在句子的结尾,一些语言把动词放在句子开头。

但是,不同种类语言中这些结构的分布形式是怎样的?尤其是它们的频次如何,又在什么样的条件下出现?本章的主要目标就是阐述这些问题。

---

① 两种模式的区别就好比A学校的校长要求学校全体老师都要穿着和他一样的服装,B学校的校长规定学校全体老师都要统一穿着制服,而这种制服不同于他自己的服装。

3.2 词及词形的选择

3.2.1 选什么词？

我们已举例说明，不同语言表达同一个意思的句子在选词方面会有所不同，见例（1）。首先，如上所述，四种语言中全都有表示"to be"含义的系动词，但英语和塞尔维亚-克罗地亚语中现在时态会出现系动词，而在俄语和阿拉伯语中没有。这表明不同语言可能共有一类词，但是在这些词的分布方面存在区别。其次，不定冠词只存在于英语中，而在其他三种语言中没有。这两种情况说明，一种语言内部词的分布有所不同，跨语言中词类的分布也存在差异。接下来让我们再看看这两种情况的其他例子。

3.2.1.1 复指代词

正如本章开头所述，当我们造句时，我们是依据所要表达的意思来选词的，所以每一个单词都是我们想要表达的意思的一部分。如果我想说"这个苹果甜"，我就必须选择"苹果"和"甜"。然而并不是句中所有的词都可以从语义层面来解释。系动词在语义上就不具有特定的意义，如上文所示，"I am a student"这句话，在英语和日语中需要有系动词，在塞尔维亚-克罗地亚语和阿拉伯语中虽不需要，但句子的意思也可以理解。当然动词"to be"可能在使用过程中也表示一定意义，就像"I am"这句话中，"am"表示存在，但在判断句中，存在意义就消失了。

我们现在来思考另外两个例子，有些单词虽然是句子的必要成分，但在语义层面上却是羡余的，一个是代词，一个是名词。我们先从代词入手，请思考以下例句：

（6）（a）The man was my uncle; I gave milk to **him**.　　　　英语

　　　（b）？The man that I gave milk to **him** was my uncle.

这两句话中，"him"具有不同的作用。在（6a）中，它指代"the man"。在（6b）中，它并没有指代作用，"that"已经回指句子前面的"the man"，"him"是看似多余的成分。

句子（6b）过于口语化，在相对正式的英语表达中，不会出现"him"，如：The man that I gave milk to ___ was my uncle。因为这个成分对构成这句话的意义不产生影响，去掉它似乎合情合理。然而，在一些语言中，这个代词是必须存在的。以下为波斯语的关系小句结构。

（7）mardi ke man shir-râ **be u** dadâm　　　波斯语
　　　man　that　I　milk-ACC　**to him**　gave:1S
　　　'the man that I gave milk to'

这个短语没有"u"就不符合语法规范。

其他语种的关系小句，也会使用这些所谓的复指代词。在一项经典的对关系小句结构的研究中，Keenan和Comrie发现了26种这样的语言。他们发现在这些语言中，复指代词在各式关系小句中的分布都有清晰的模式。我们以波斯语的一组句子为初步例证。

（8）（a）主语关系化，没有代词：　　　　　　波斯语
　　　mardi　ke　az　Irân　amâd
　　　man　that　from　Iran　came:3S
　　　'the man that came from Iran'
　　（b）直接宾语关系化，代词可选：
　　　mardi　ke　man　（**u - ra**）　zadam
　　　man　that　I　（**him-ACC**）　hit:1S
　　　'the man that I hit'
　　（c）间接宾语关系化，需要代词［重复例句（7）］：
　　　mardi　ke　man　shir-râ　**be u**　dadâm
　　　man　that　I　milk-ACC　**to him**　gave:1S
　　　'the man that I gave milk to'

（8a）没有复指代词；在（8b）中，复指代词可用可不用；而在（8c）中，复指代词则是必要的。区分这三种结构的依据是什么？在（8a）中，开头的名词mardi 'the man' 在该关系小句中作主语（the man came from Iran）；在（8b）中，它作为该句的直接宾语（I hit the man）；

在（8c）中，它则作为该句的间接宾语（I gave milk to the man）。如果要使用标准术语，在（8a）中，主语被关系化，在（8b）中，直接宾语被关系化，在（8c）中，间接宾语被关系化。

如Keenan和Comrie的研究，这26种语言的关系小句使用复指代词存在一种相似的模型——这些代词的分布遵循了可及性等级序列（Keenan and Comrie 1977：66）。

（9）可及性等级序列
SU > DO > IO > OBL > GEN > OCOMP

这个序列的每一范畴都代表了一个可被关系化的成分。SU表示主语（如：the man **who** arrived）；DO表示直接宾语（如：the man **whom** I hit）；IO表示间接宾语（如：the man **to** whom I gave a book）。OBL表示旁格宾语（oblique object）（如：the table **on which** I placed the book）；GEN表示属格（possessor phrase）（如：the man **whose** son is a student）；OCOMP表示比较宾语（如：? the man **who** my brother is taller **than**）。

这是跨语种规律：越靠近等级范畴右侧，复指代词出现的倾向性越强。

共性1：（a）如果在一种语言中，复指代词在等级范畴的任意一点上必须要出现，那么在该点右侧范畴内都必须出现。
（b）如果在一种语言中，复指代词在等级范畴的任意一点上可有可无，那么在该点左侧范畴内就不一定出现。

Keenan and Comrie（2005：495—496）在对166种语言的研究中发现，有5种语言（约3%）中会用复指代词作为关系化主语（"the man that **he** arrived"）。更低等级的关系化旁格宾语（"the man that we talked about **him**"），百分比更高，在112种语言的样本中约18%（20种语言）使用了复指代词作为旁格宾语。

在共性1中隐含了5个连锁性范式的蕴涵关系：复指代词作为关系化主语（SU）的使用蕴涵关系化直接宾语（DO）的使用；复指代词作为关系

化直接宾语（DO）的使用蕴涵关系化间接宾语（IO）的使用；等等。据此，可以预测一些语言类型，也可以排除一些语言类型。+代表了代词的必要性或者可有可无，-代表缺失。注意，正如共性1（b）中所述，代词复指的必要性在该等级上向右增强。

（10）（a）预测类型

	SU	DO	IO	OBL	GEN	OCOMP[①]
TYPE I:	−	−	−	−	−	−
TYPE II:	+	+	+	+	+	+
TYPE III:	−	+	+	+	+	+
TYPE IV:	−	−	+	+	+	+
TYPE V:	−	−	−	+	+	+
TYPE VI:	−	−	−	−	+	+
TYPE VII:	−	−	−	−	−	+

(b) 可排除的类型

*TYPE i:		+	−	+	+	+
*TYPE ii:	−	+	−	−		

等等

波斯语是第三类型语言。如（8）中所示，复指代词不能作为关系化主语。波斯语中代词的使用始于关系化直接宾语，而且代词是可用可不用的，但是在关系化间接宾语及其等级右边的类型都必须使用。

希伯来语是另一种第三类型语言。下面是有关上述六种类型的关系小句的例子（Dina Crockett，个人交流）。

（11）（a）主语关系化，没有代词：　　　　　　　　　希伯来语

    ha-ish she-ba me-iran
    the-man that-came from-Iran
    'the man who came from Iran'

---

① 译者注：原作中该表有误，上下未对齐，译文做了对齐处理。

（b）直接宾语关系化，代词可选：

　　ha-ish　　　she（-oōōto）　　hiketi
　　the-man　　that（-him）　　I:hit
　　'the man that I hit'

（c）间接宾语关系化，需要代词：

　　ha-ish　　　she-natati　　**lo**　　　chalav
　　the-man　　that-I:gave　　**to:him**　milk
　　'the man that I gave milk to'

（d）旁格宾语关系化，需要代词：

　　ha-ish　　　she-naasati　　ito
　　the-man　　that-I:traveled **with:him**
　　'the man that I traveled with'

（e）领属语关系化，需要代词：

　　ha-ish　　　she-ha-ben　　**shelo**　　hu　　　student
　　the-man　　that-the-son　　**his**　　is　　　student
　　'the man whose son is a student'

（f）比较对象关系化，需要代词：

　　ha-ish　　　she-yochanan joter　　garo-ha　　**mimenu**
　　the-man　　that-John　　more　　tall　　　　**from.him**
　　'the man that John is taller than'

第四类语言是豪萨语。复指代词并不适用于关系化成分为主语或者直接宾语的情况，复指代词可以出现在关系化间接宾语句中，在其以右的等级范畴中都是必须出现的，如在关系化属格中（Newman 2000：537—538）。

（12）（a）主语关系化，不需要代词：　　　　　　　　豪萨语

　　mùtumìn　　dà　　bâ　　shi　　dà　　　kuɗī
　　the.man　　that　not　　he　　with　　money
　　'the man that has no money'

（b）直接宾语关系化，不需要代词：

zōbèn　　　dà　　　ya　　　βōyḕ
the　　　　ring　　that　　he　hid
'the ring that he hid'

（c）间接宾语关系化，代词可选：

likitàn　　　dà　　na　　gayà　wà
the.doctor　that　I　　tell　to

或者：

likitàn　　　dà　　na　　gayà　masà
the.doctor　that　I　　tell　to:him
'the doctor I told it to'

（d）领属词关系化，代词必选：

mùtùmin　　dà　　ruwā　ya　rūshè　gidan-**sà**
the:man　　that　rain　it　destroyed　house-**his**
'the man whose house the rain destroyed'

注意在（12a）中，有主语代词shi，但是它不是复指代词。在其相应的主句也有这个词，如（13）所示：

（13）mùtumìn　bâ　shi　dà　　kuɗī
　　　the.man　not　he　with　money
　　　'The man has no money.'

为什么复指代词在关系小句中的分布需遵循可及性等级？我们知道含有复指代词的关系小句，其字面含义要更明确。如："the man that I hit him"包括了一个自身能够被理解的主句："I hit him"。但是在"the man that I hit"这个结构中包含了一个小短句："I hit"。换言之，代词的出现使从句成分更清楚。

若含有复指代词的关系小句更容易理解，我们或许可以通过添加复指代词使难以理解的句子意思更清楚。可及性等级越向右，理解越困难，在多数语言中，关系化并不能在等级轴上所有节点实现，在等级低的节点上关系化往往无法实现。英语的关系化可以延伸到属格关系成分（the man whose sister arrived），但是比较对象的关系化（the man that John is taller than）就不大合适了。在巴斯克语中，只有最左边的三种成分能够被关系化：主语、直接宾语和间接宾语。在这种语言中，"the man that I talked to""the man whose book I am reading"和"the man that John is taller than"这样的结构并不存在。

跨语言中可及性等级越低结构越复杂，这也解释了复指代词的分布。复指代词在这些句子中的出现使这些复杂的关系小句结构更容易得到理解。但可及性等级范畴越往右，关系小句的结构越复杂越难理解吗？这一假设仅仅是基于各种语言中这些结构逐渐减少的现象得出的。还有可能来自句子理解方面的原因，这些将在第六章（6.4.1）中介绍。

本节讨论的是关于词的不同用法，如：在同一种语言中同一词类在不同结构中的分布，以及在不同语种中不同结构中的分布。复指代词为我们提供了第一个例子：第三人称代词几乎存在于所有的语言中，而尽管它们基本上都是作为有意义的实词来使用的，但是在一些语言中它们在关系小句中也作为无意义语法标记使用。我们所列举的第二个例子表明名词中也存在相似的现象。

3.2.1.2 分类词

英语名词如何变成复数形式？在大多数情况下，我们只需要添加复数语素-s（或者语素变体，例如-z, -əz），为该名词添加后缀。

（14）（a）Jack has delivered the tulip-**s**.　　　　　　　　英语
　　　（b）Two nail-**s** will be enough.
　　　（c）The ox-**en** returned from the meadow.

但是这种简单方式并不总是可行的。如果你想要将某些名词转化为复数形式，如"coffee"和"wine"，而它们没有实体可以用来被复数化。复数预设了某样事物可以被分成一个或多个单位，但是名词

"coffee"和"wine"并没有可划分的单位，它们属于无界名词。因此，只能将"coffee"和"wine"的计量单位变成复数形式，例如"two cups of coffee""a pot of coffee""two glasses of wine"或者"ten carafes of wine"。

在跨语言中，集体名词要使用计量单位才能变成复数形式已被大家所认可。下面是一些例子。

(15) 英语　　　　　　　　　　　俄语

　　　three　　　　　　　　　　tri　　čaški　čaja
　　　cups of tea　　　　　　　three　**cup**　tea
　　　three **sheets**　　　　　　tri　　**lista**　bumagi
　　　of paper　　　　　　　　　three　**sheet**　paper

　　　朝鲜语　　　　　　　　　　日语

　　　cha　se　　**jan**　　　　　kotsya san　　**hai**
　　　tea　three　**cup**　　　　　tea　　three　**cup**
　　　jongi　se　　**jang**　　　　kami　san　　**mai**
　　　paper three　**sheet**　　　　paper　three　**sheet**

这些例子表明在这四种语言中集体名词的复数形式有一个共同的模式。但它们之间也存在一个巧妙的差异。当涉及可复数化的名词，即本身就是有界名词时，例如"chair"或者"child"，可直接将这些可数名词变成复数形式，正如 (16) 所示的英语和俄语的例子，而朝鲜语和日语则使用与集体名词相同的结构。

(16) 英语　　　　　　俄语　　　　　　　朝鲜语　　　　　　　日语

　　　three chairs　　tri　　stula　　　euija　se　　**gae**　　isu　　san　　**kya**
　　　　　　　　　　three chairs　　　chair three　**CLF**　　chair three　**CLF**
　　　three children　tri　　rebjonka　　ai　　se　　**myeong**　kodomo san　**nin**
　　　　　　　　　　three children　　child three　**CLF**　　child　three　**CLF**

这里我们要注意在朝鲜语和日语的例子中被额外标注了CLF（分类词）的词，因前面表"chair"和"child"义的词的不同而有不同选择：不同的名词会有不同的CLF。在朝鲜语中，"椅子"和"桌子""水果"等一样，要用"gae"，在日语中，"桌子"和其他带腿的家具一样要用"kyaku"；在朝鲜语中，"孩子"和"女人""人"等要用"myeong"，而日语中则用"nin"。因为这些元素反映了名词的分类，它们被称为名类词（sortal classifiers）或数类词（numeral classifiers）。在日语和朝鲜语的语法术语中，数类词被视作量词（counters）。

跨语言在使用数类词时，关于选用什么样的结构存在较大的差异。如上所述，它们会决定名词的分类。有些语言有数类词，有些根本就没有。分类词的数量从1（宿务语）一直到200甚至更多（越南语和缅甸语）（Rijkhoff 2002：77）。这些分类词可能是必须要有的，或可有可无的，它们不仅可以伴随带有数词的名词出现，也可以与带有其他跟随词的名词一起出现，如指示词，即使与名词单独出现也可以。尽管如此，在有无分类词和其使用方面依旧存在一些跨语言共性。我们稍后讨论三个词类的共性，两个关于跨语言分类词的分布，一个关于分类词的语义特征。

（A）哪些语言有数类词？

数类词在跨语言中并不是广泛存在的。在一个400种语言的样本中，David Gil发现了260种（超过了一半）语言缺少这种分类（Gil 2005：226）。Gil发现它们在全球范围的地域分布极其广阔，主要集中在东亚和东南亚（更多有关分类词的分布研究，可见Aikhenvald 2000：121—124）。地域分布表明了语言接触所带来的效应，除此之外，数类词的存在是否与该语言的其他语法特点有关，在文献中也提及类似的相关性［其中一个样本，请在"语言共性档案"（THE UNIVERSALS ARCHIVE）①中搜索"classifier"］，我们看下面的两个假设。

共性2：所有拥有数类词的语言也同时拥有量词（measural classifiers）。
　　　　（Greenberg 1977：285）

---

① 译者注：https://typo.uni-konstanz.de/archive/intro/，访问日期2021-7-21。

共性3：大多数拥有数类词的语言，在名词复数标记方面要么可有可无，要么没有复数标记。（Greenberg 1977：286）（Mary Sanches摘录）

共性2提到量词：这些分类词是用来测量不可数名词的，而不是给可数名词分类的。这条共性有点奇怪：难道不是所有的语言都有量词的，例如"a cup of coffee"中的"cup"？如果是这样，那么这条共性本身并没有意义，因为它的前提无条件存在于所有语言中。然而，Greenberg注意到几种美洲印第安语和一些新几内亚语没有量词。（1977：185）因此，所建议的这种规律具有实证意义，可以基于此开拓有量词的人类语言的子分类。量词出现的频率远远超过数类词，这表明了从历时视角来看数类词是处于次要地位的。它们应该是从量词中发展而来的，并从修饰不可数名词到修饰可数名词进行演化的。

根据共性3，有数类词的语言中名词倾向没有必需的复数形式，朝鲜语可以说明这点。

（17）（a）i   euija   'this chair'   朝鲜语
             this chair
       （b）i   euija（-deul）'these chairs'
             this chair（-PLU）

复数标记"deul"可以选择性使用。即使没有"deul"，一个名词短语也可以被理解为复数形式。尽管这条共性适用于许多其他语种，却也存在这样的语言，在使用分类词的同时，必须在名词上添加复数后缀。关于这点，请参考"语言共性档案"的"classifier"部分。

（B）数类词的语义特征

参照与日语分类词hon同现的名词。（Lakoff 1986：25—30）

（18）（a）sticks, candles, trees, dead snakes
       （b）hits in baseball
       （c）shots in basketball

（d）Judo matches

（e）verbal contests between a Zen master and his disciple

（f）rolls of tape

（g）telephone calls

（h）letters

（i）movies

（j）medical injections

第一眼看上去，这种分类似乎相当随意——同一组的词彼此之间有什么关系？然而，它们的确有相似之处。其中一个重要的规则是相似性：各个名词具有某些相同的性质。"sticks""candles""trees"和"dead snakes"的相似之处在于它们都是细长的坚硬物体。"judo matches"和"verbal contests"之间的相似之处在于它们都是关于人与人之间的竞赛。

但是相似性并不适用于所有的物体。比如说一卷磁带不是一个细长的坚硬物体，只有它的一部分（磁带），且展开了才是细长状的。但是这一整卷也用hon修饰，整个物体被归为一类只因其部分的相似性，只有这一部分会被分类。以棒球为例，它们自身也不是细长的坚硬物体，但是却与拥有这些性质的球棒联系在一起。在这些例子中，转喻将这些东西联系在一起——局部的特性转移到整体上，源自局部与整体的关系（partonomy）。这些被Lakoff称为相同经验领域（即人类同种经验的一部分），这些领域里的事物被归为一类。

在以上日语例子中出现的相似性和局部与整体关系在许多语言中都有出现，也是用分类词对名词分类的。用一条跨语言共性来归纳这个事实：

共性4：在许多语言中，名词类别是由分类学上的关系或者分体法上的关系决定的。

这两个分类的标准——分类学（taxonomy）和分体法——在我们有关身体部分的术语研究中很明显（第二章2.2）。在一些语言中，由于手指和脚趾的形状相似，常用同一个词语表达。但是单词"leg"中也包括了"thigh"和"foot"，这样分类不是因为其相似性，而是因为都是同一整体的一部分。

一般来说，分类词是多余的——它们清晰地描述了名词所属的分类（例如在"child three human"[①]中，等等）。然而，在其他情况下，它们起了添加意思的作用。与分类词一起使用的名词可能没有特定的类别，取而代之的是，分类词将名词归入这一个或其他类别里，而不是简单地重申名词所属的类别。以下数据可以说明分类词促成的分类，以泰语为例。[②]

（19）（a）klûay   sìi   **bay**   'four bananas'   泰语
              banana four **CL（round thing）**

     （b）klûay   sìi   **wîi**   'four bunches of bananas'
              banana four **CL（bunch）**

     （c）klûay   sìi   **ton**   'four banana trees'
              banana four **CL（long vertical thing）**

泰语中的"klûay"这个单词并不是指一只香蕉、一串香蕉或者一棵香蕉树，是分类词使单词本身含义具体化了。

这些带有分类词的短语"two cups of tea"和"two tables"的结构是相似的，因为它们都包括一个词。问题是说这些语言的人是否将"table""chair"和"child"视作没有形状的东西，等同于"tea"或者"wine"。但是有迹象表明事实并非如此。如果在日语和高丽语中将"apple"这个词视为无形状的，像"round apple"这样的表达方式就不可能出现。假设"apple"是没有形状的，那么它就会与形容词"round"冲突。就像（20）所示，这样的表达方式在朝鲜语或者日语中是存在的，人

---

① 译者注：原书如此。

② 基于分类学和分体法的分类在日常生活中也比比皆是。假如你在食杂店找葡萄干，你兴许可以在放置干杏、坚果、核桃等的货架上找到葡萄干。道理就是相似性：它们都属于小块儿的可直接食用的天然食品。你或许也可以在放置烘焙调和物和白砂糖等的货架上找到葡萄干，虽然它们并不属于同类食物，却很可能被一块使用。假如你要烤蛋糕，就可能需要葡萄干。再比如，假如你去五金店找锤子，你会在哪找到它呢？兴许在工具货架上，像耙子和铁锹；也可能在放置钉子的货架上。首选相似性，其次为分体法：锤子和钉子是一个动作的两个部分。分类学和分体法是人类概念化这个世界的重要工具，当然也是分类词进行分类的基础了。

们会说"round apple",但是不能说"round water"之类的。

（20）（a）dongeura　sagwa　'round apple'　　　　　　朝鲜语
　　　　　　round　　　apple

　　　（b）marui　　ringo　'round apple'　　　　　　　日语
　　　　　　round　　apple

也许在这些语言中,分类词用来量化像"apple"这样的名词时,这些名词可能会被概念化为不可数名词。当与形容词一起出现表示形状或者大小时,它们又被作为可数名词。一个名词有时能够被作为不可数名词,有时又是可数名词,英语能说明这一点。（21）表明"egg"可以作为可数名词和不可数名词。同样,（22）中"house"也是如此。

（21）（a）Jim bought two eggs.　　　　　　　　　　　英语
　　　（b）Jim had egg on his chin.

（22）（a）For two-million dollars, you get a lot more houses in this neighborhood than in the suburbs.
　　　（b）For two-million dollars, you get a lot more house in this neighborhood than in the suburbs.

再看看英语单词"suggestion"和"advice"。它们的意思差不多,但是"advice"是一个不可数名词,在变成复数形式时需要量词,而"suggestion"是可数名词。

（23）（a）The principal offered suggestions to the teachers.　　英语
　　　　　* The principal offered bits of suggestion to the teachers.
　　　（b）* The principal offered advices to the teachers.
　　　　　The principal offered bits of advice to the teachers.

一些意义相同的名词在不同的语言中并非都是可数名词,这也进一步说明可数名词和不可数名词之间的界限有时很模糊。英语单词"information"本身并没有复数形式,它的复数形式并不是"informations",而是使用了量词："bits of information"。但是在德语中，这个单词的复数形式是有规则变化的："Information-en"。与此相类似的，如在德语中，对应"advice"的"Rat"的复数形式为"Rate"，而在英语中并非如此。

这些例子表明可数变化不成定律，从某种程度上来说是取决于旁观者的判断。当然事物本身特性可能会影响可数名词和不可数名词的划分，但是更多的是由人的主观阐释决定的。

这一部分主要说明在不同的语言中词的使用有所不同。除代词之外，分类词也说明了词的不同的用法，因为在很多情况下分类词本身是独立的名词。这一点不仅适用于量词，例如英语单词"cup"，还同时适用于数类词。在（24a）中，朝鲜语"saram"是一个名词，含义为"person"。在（24b）中，它是"persons"的分类词，例如"workers"；让人惊讶的是，在（24c）中，它是自身的分类词。

（24）（a）saram　　se　　myeong 'three persons'　　　　朝鲜语
　　　　　person　three　CLF
　　　（b）ilkkun　　se　　saram 'three workers'
　　　　　worker　three　CLF
　　　（c）saram　　se　　saram 'three persons'
　　　　　person　three　CLF

然而，不是所有的分类词都可以作为名词独立使用的，如：在（24a）中提到的分类词"myeong"在朝鲜语中就不能作为一个名词使用。因此在一些语言中，有些分类词是作为与名词区分开来的一个独立的词类。在这种情况下，不是名词在跨语言的不同导致文中的分布差异（与上文的系动词的分布情况类似），而是跨语言词类的分布差异，如同冠词那样。

3.2.2 选择什么样的词形？

我们已经看到，选择必要的词组成一句话去表达想要的意思是远远不够的。可能还需要其他一些词，例如复指代词或者分类词，即使它们没有语义层面的意义。

但是，我们在3.1节中看到，即使词的选择是符合语法规则的，句子也不一定符合语法规则。词必须在特定的语境中以正确的形式出现。正如跨语言比较中词的选择有所不同，词形的选择也存在跨语言的差异，详见（25）。动词"met"在（ⅰ）和（ⅱ）中有相同或者不同的形式吗？名词短语"I"和"the tall teacher"有相同或者不同的形式吗？

(25)（a）（ⅰ）I MET <u>the tall teacher</u>.　　　　　　　　英语

　　　　　（ⅱ）<u>The tall teacher</u> MET me.

　　（b）（ⅰ）**Saja** <u>MENTEMUI guru tinggi itu</u>.　印尼语
　　　　　　　I　　　met　　　teacher tall　the
　　　　　　　'I met the tall teacher.'

　　　　　（ⅱ）<u>Guru tinggi itu</u> MENTEMUI **saja**.
　　　　　　　teacher tall　the　met　　　me
　　　　　　　'The tall teacher met me.'

　　（c）（ⅰ）**Ego** <u>magistrum magnum</u> CONVENI.　拉丁语
　　　　　　　I　　teacher　　tall　　　met
　　　　　　　'I met the tall teacher.'

　　　　　（ⅱ）<u>Magister magnus</u> **me** CONVENIT.
　　　　　　　teacher　　tall　　I　　met
　　　　　　　'The tall teacher met me.'

在英语和印尼语中，（ⅰ）和（ⅱ）动词形式没有区别。但在拉丁语中，就有两种不同的形式："conveni"和"convenit"。这是因为（ⅰ）中的主语是第一人称"I"，而在（ⅱ）中是第三人称"the tall teacher"。这两个动词形式互换将使句子不符合语法规则，如：* Ego magistrum magnum convenit。在3.2节中提到，这个语法形式称为"一致关系（agreement）"，拉丁语中的动词要和主语的人称保持一致（数也要一致，但是例子中并未体现）。

关于名词短语，如在（ⅰ）中，"I"是主语，"the tall teacher"是宾语；在（ⅱ）中，与（ⅰ）刚好相反。在印尼语中，不管"I"和"the tall teacher"哪个为主语，哪个为宾语，形式都不变。但在英语中"the tall teacher"不论为主语，还是宾语，形式都不变；但是代词的形式变了，"I"为主语，"me"为宾语。在拉丁语中，代词和名词短语都有不同的形式："ego"和"me"是代词，"magister magnus"和"magistrum magnum"是名词短语。（*Ego magister magnus conveni和其他组配方式都不符合语法规则）。我们在3.1节中提到，格的形式取决于动词或者句子的其他成分，这叫做"管辖（government）"。在印尼语中，动词不管辖主语和宾语的格形式；在英语中，动词不管辖名词性的主语和宾语，但是管辖代词（如"I"和"me"）；在拉丁语中，代词和名词短语的格形式都由动词管辖。

在（2）中给出有关一致的例子，我们知道在西班牙语和斯瓦希里语中，形容词和名词要在性和数上保持一致；但是在英语和日语中并非如此。在（25c）里，拉丁语中的动词和主语在人称与数上是一致的，但在印尼语或者英语的过去时态中并不保持一致。这表明了一致性模式因语言不同而不同。管辖也与此同理。在（25c）的拉丁语例子中，动词管辖句子的主语和宾语的格形式。在（4）里的英语、德语、法语和俄语的句子说明了动词、形容词和数词都能管辖格形式。总之，这些小样本例子也说明了词的选择、一致和管辖存在跨语言差别。我们的任务是在跨语言中找出两种形式中的共性。

3.2.2.1 一致

一致性模式包括一致目标项（agreement target，即要求一致的成分，如：动词或者形容词），一致控制项（agreement controller，即目标项要与之一致的成分，比如与动词搭配的主语，或者与形容词搭配的名词），和一致特征（agreement feature，这是目标项从控制项上拷贝过来的特征，比如人称、数和性）。但是，跨语言对这种变化有约束。这节我们简单看一下一致和约束一致的因素在跨语言方面的区别。首先，我们了解一下让动词一致的可能的控制项（controllers）；然后，再看一下不同的目标项（targets）怎样体现它们不同的一致特征（agreement features）。

上文所示，英语中动词的过去形式和句子的论元成分没有一致上的关系，但是动词的现在时态是存在一致关系的，动词"to be"很好地说明了这一点。这个动词与主语的单数形式、人称是一致的。

（26）I　am　　　　　　　　　　　　　　　　　　　　　　英语
　　　 you are
　　　 he is
　　　 we are
　　　 you are
　　　 they are

除了主语一致外，动词也可以和句子中的其他论元成分一致。（27）的数据说明了在斯瓦希里语中，动词要和主语的人称、数上保持一致，也要和直接宾语的性保持一致（Lehmann 1982：212）。

（27）Ni-li-mw-ona　　　　　　m-toto.　　　　斯瓦希里语
　　　 SBJ.1S-PST-OBJ.CL.1-see　　CL.1-child
　　　 'I saw the child'

黎巴嫩阿拉伯语（Lebanese Arabic）中控制动词一致的论元成分更多。（28）表明了动词要与主语、直接宾语的性保持一致（男性主语的一致性的标记为零形式，标成0）。

（28）　　　　　　　　　　　　　　　　　　　　　　　　黎巴嫩阿拉伯语
　　　（a）huwwe šaaf-**0-u**　　　　la　　　　l walid
　　　　　 he　　saw- **MSC.SBJ -**
　　　　　　　　　MSC.OBJ　OBJ.MRK　the boy
　　　　　 'He saw the boy.'
　　　（b）hiyye šaaf-**it-u**　　　　　la　　　　l walid
　　　　　 she　　saw- **FEM.SBJ - MSC.OBJ**　OBJ.MRK　the boy
　　　　　 'She saw the boy.'

（c）huwwe šaaf-**0-ha** la l bint
　　　he　　saw-**MSC.SBJ - FEM.OBJ** OBJ.MRK the girl
　　'He saw the girl.'

（d）hiyye šaaf-**it-ha** la l bint
　　　she　　saw- **FEM.SBJ - FEM.OBJ** OBJ.MRK **the girl**
　　'She saw the girl.'

（29）显示了动词和主语、间接宾语在性上保持一致（Samir是男名，Salma是女名）。

（29）　　　　　　　　　　　　　　　　　　　黎巴嫩阿拉伯语

（a）la Samir huwwe baåt-**0-lu** l walad
　　　to Samir he　sent-**MSC.SBJ-MSC.INDOBJ** the boy
　　'He sent the boy to Samir.'

（b）huwwe baåt-**0-la** l walad la Salma
　　　he　sent- **MSC.SBJ- FEM.INDOBJ** the boy to Salma
　　'He sent the boy to Salma.'

上述关于英语、斯瓦希里语、黎巴嫩阿拉伯语的例子说明了以下几条蕴涵共性：

共性5：控制项等级（Controller Hierarchy）
在绝大多数的语言中，
（a）如果动词和间接宾语一致，那它也和直接宾语一致。
（b）如果动词和直接宾语一致，那它也和主语一致。

共性5阐述了两种较常见却不普遍的模式，因为有些语言中动词和间接宾语一致，但却不和直接宾语一致；还有与直接宾语一致，但却不和主语一致的（更多讨论和例子见Siewierska and Bakker 1996，尤其是122—123）。

根据（a），尽管（在与宾语有一致关系的语言中——译者注）绝大多数语言中动词与间接宾语保持一致，而且也与直接宾语一致，这种被理解为范式上而非组合性的共性。这也就是说，在双宾语的句子中（既有直接宾语又有间接宾语），动词和间接宾语一致可能优先于和直接宾语一致。这在（29）里的黎巴嫩阿拉伯语中得到体现，在这种语言中，动词分别有与直接宾语和间接宾语一致的情况，但在双宾语结构的句子里，动词和间接宾语一致，不和直接宾语一致。

那怎么解释主语一致优先于直接宾语与间接宾语一致？

动词一致的历史起源为这个问题提供了线索。动词一致的标记从指话题化名词短语的人称代词中演变而来。以英语为例，"John, he is a friend of mine"。在一些语言中（如阿拉伯语和斯瓦希里语），一致性标记仍然有回指代词的功能，它们所指的名词短语可有可无。这个回指功能可能随着时间的流逝而消失，因为一致性标记反复重复一些名词短语在句子中也出现的特征。

如果动词一致标记的起源与话题化有关，我们可以预计动词一致主要发生在最有可能成为话题化对象的名词短语上。其中最重要的是主语：话题化倾向于具有明确定义的名词短语，而及物句的主语通常具备这一特点。这表明动词应该最常与主语一致，这是一个事实。直接宾语通常不定指，但存在一个显著共性：如果某语言动词与不定指宾语一致，那么动词也会与定指的宾语一致。如黎巴嫩阿拉伯语：（28）中的示例显示了动词与定指的直接宾语（"the boy""the girl"）一致，但如果宾语是不定指的，则不与之一致。在给定的句子中，动词与间接宾语的一致优先于与直接宾语的一致［如上文的（29）所示］，这可能与间接宾语是有生命的，而直接宾语大多无生命有关。有生命的名词短语通常比无生命的名词短语更常作为话题语。

总结一下：跨语言倾向动词一致的控制项（verb-agreement controllers）与共性5中所提到的控制项等级（Controller Hierarchy）保持一致（这也是在3.2.1.1节中提到可级性等级范畴的一个部分）。另外，还有另一个跨语言一致结构等级，它不是约束一致控制项，而是通过约束各种控制目标项展现出来的一致特征。一致等级是由Greville Corbett提出的（2006：206—

237；2011：190—196），具体如下。

在美式英语中，名词"committee"和单数动词一致；但是，就像Corbett指出的，在英式英语中通常和复数动词一致。

（30）（a）The committee **has** met. 　　　　　　美式英语
　　　（b）The committee **have** met. 　　　　　　英式英语

换句话说，在美式英语中，动词一致告诉我们主语名词为单数形式，而在英式英语中，名词的复数意义决定了一致性，因为"committee"包含了不只一个个体。语义一致性还适用于关系代词和回指代词：

（31）（a）the committee **who** have met
　　　（b）The committee have met. **They** have come to a decision.

但是，语义一致不可以说明所有的控制目标，因为指示词必须是单数形式："this committee"，而不是"these committee"。

另一个说明一致性控制项如何区分形式或语义是否一致的例子是德语单词"Mädchen（女孩）"。这个名词以"-chen"小型后缀结尾，像这类名词形式在德语中是中性的。定冠词、不定冠词、指示代词和形容词如实地反映了名词的中性特征，关系代词也不例外。

（32）（a）das　　　　Mädchen　　　'the girl' 　　　　　德语
　　　　　the.NEU　girl
　　　（b）ein　　　　schönes　　　Mädchen　　　'a pretty girl'
　　　　　a.NEU　**pretty.NEU**　girl
　　　（c）dieses　　　Mädchen　　　'this girl'
　　　　　this.NEU　girl
　　　（d）das　　　　Mädchen，　　**das**　　　angekommen　ist
　　　　　the.NEUT　girl　　　　　that.NEU　arrived　　　　is
　　　　　'the girl that arrives'

但是，在口语中，回指代词的阴性形式"sie"比中性的"es"更常用。

（32）（e）Das　　　　Mädchen ist angekommen. **Sie/es** ist von　　Berlin.
the.NEU girl　　　is arrived　　　　**she/it** is from Berlin
'The girl has arrived.　　　　　　She is from Berlin.'

基于来自世界各地的各种语言中的例子，Gorbett提出了以下一条跨语言共性（2006：207；2011：191）。

共性6：一致关系等级（The Agreement Hierarchy）。
定语 > 谓语 > 关系代词 > 人称代词

任何一个允许其他一致存在的一致控制项，从它沿着一致等级向右移时，语义一致的可能性不断地增加（它的竞争项并未减少）。

越靠近一致等级范畴的右边，越可能与句中成分在语义上一致，尤其是回指代词，因为它离控制项的句法距离比较远，说话者就容易忘记形式而突显意义。因此，就如德语"das Mädchen"，名词的中性形式需要中性形式的冠词、指示代词、形容词、关系代词与之保持一致，但回指代词离它比较远，就自然而然地选择了回指代词的阴性形式。

3.2.2.2 管辖

在一个有两个名词短语作为论元的句子中，如"Jill hit Joe"，听者怎么知道谁打了谁呢？是"Jill"打了"Joe"，还是"Joe"打了"Jill"？在英语中，语序是最明显的标志，一般情况下，主语在宾语之前。

但是有一些英语句子的语序是多余的，如上文（25a）的例子，有额外的区别主语和宾语的标记。例（33）也可说明：

（33）（a）I am hiring Joe.　　　　　　　　　　　　　　　英语
　　　（b）Joe is hiring me.

除语序外，还有动词一致："am"用于第一人称单数主语，"is"用于第三人称单数主语。除此之外，"I"和"me"也是不同的。英语中大多数人称代词有不同的主语和宾语形式：第一人称单数主语用"I"；宾语用"me"。名词短语的不同形式（如代词）由句中的动词决定，这被称为格形式（case forms）。主语的格形式被称为主格；直接宾语的格形式被称为受格。及物动词像"hit"和"hire"被认为管辖主语的主格和直接宾语的受格。在（4）中，动词、形容词和数词都可以是管辖者（governors）。

格在区分主语和直接宾语上起了很大的作用，它能帮助听者理解句子。但是，英语中的代词不仅在及物句中有特殊的格形式和区别性的功能，而且在仅有一个名词性论元的不及物句中也有特殊的格形式。

（34）（a）**I** resigned.（***Me** resigned.） 英语
　　　（b）**He** resigned.（***Him** resigned.）

（34）中，不及物句中的主语是主格形式。但是从逻辑上来讲，没有理由一定要是主格，为什么不是受格，就像（35）中一样？

（35）（a）**Me** resigned.
　　　（b）**Him** resigned.

我们可以认为这种选择与语义有关：及物动词的主语和不及物动词的主语都是动作的施事或发出者，它们是主动发出动作的。这正如及物动词如"hit"和"hire"的主语，以及其他一些不及物动词如"resign"和"leave"的主语。但是，正如（36），不是全部的不及物动词都有意愿性主语（volitional subject）。

（36）（a）She **fell over.** 英语
　　　（b）He **burst into laughter.**

在这些句子里，主语的指示对象是一个动作的承受者，而不是发起者。从语义上来说，他们是受事，所以更像及物句子里的直接宾语而不是主语。

一些不及物动词有像施事一样的主语，也有像受事一样的主语。我们可能会期待在不及物句子中，施事性主语是主格形式，而非施事性主语是受格形式，正如（37）：

（37）（a）及物动词句： 伪英语①

He hit **her**.

（b）不及物动词句：

——主语是施事：**He** resigned.

——主语是受事：**Her** fell over.

实际英语中并非如此。但是，如果我们看一下其他语言中主语和宾语的格标记，我们就会发现，除了英语这种模式外，其他两种似是而非的情景也存在。换言之，所有不及物主语都像（35）一样以受格形式标记，或者一些不及物主语用及物句中的主格形式和像（37）中宾语形式标记。下面的图分别用（38b）和（38c）展示了这两种选择，（38a）中演示了英语中的结构：

（38）②（a）受格配置：

A和S是主格

P是受格

（b）施格配置：

A是施格

P和S是通格

（c）活动配置：

A和S_A是施格（agentive case）

P和S_P是受格（patientive case）

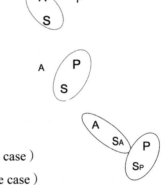

---

① 译者注：作者为了说明施通格配置而设计的一个英语中不存在的例子，如（37b）的受事主语句。

② 缩写如下：

A (Agent) = 施事

P (Patient) = 受事

S = 不及物句中的唯一论元

S_A = 施事与主格对齐

S_P = 受事与主格对齐

受格和施格标签都是以同体系中其他两个成分的格命名的。这里是（b）和（c）真实的语料。（0为零格标记）

（39）萨摩亚语的施格配置（Langacker 1972：174）

(a) E　　sogi　e　　le　tama　0　　le　ufi.
　　 PRS　cut　**ERG**　the　boy　**ABS**　the　yam
　　 'The boy cuts the yam.'

(b) E　　　pa'ū　　0　　le　ufi.
　　 PRES　fall　　**ABS**　the　yam
　　 'The yam fell.'

（40）格鲁吉亚语的活动配置模式（Comrie 2005a：399）

(a) nino-**m**　　　ačvena　　　surat-eb- i　　　gia-s
　　 Nino-**AGT**　showed　　　picture-PL- PAT　Gia-DAT
　　 'Nino showed pictures to Gia.'

(b) nino-**m**　　　daamtknara
　　 Nino-**AGT**　yawned
　　 'Nino yawned.'

(c) vaxt'ang- **i**　　ekim-i　　　igo
　　 Vakhtang-**PAT**　doctor-PAT　was
　　 'Vakhtang was a doctor.'

很多语言是三种类型的混合，令人惊讶的是，英语本身就是一个例子。

（41）(a) 不及物句：**She**$_s$ is running.　　　　　　　　　　　英语
　　　　　　　　　　 He$_s$ is running.
　　　(b) 主动句：**She**$_A$ followed **him**$_P$.
　　　(c) 被动句：**He**$_P$ was followed by **her**$_A$.

如果我们将（41a）和（41b）进行对比，这个结构就是受格形式，S和A都是在主格的位置，而P在受格的位置。但当（41a）与（41c）比较时，这种配置是施格形式①：S和P在主格的位置上。可能因为在文本中主动句出现的频率远超被动句，事实上，被动的结构更为复杂，所以英语被认为是一种主受格语言而不是施通格语言。

在英语中，施格结构还出现在其他语法成分中。施格的基本准则是S和P与A相对。S和P不一定需要格标记：也可以在语法的其他方面有所体现。请看下面英语构词的例子：

（42）（a）名词从不及物动词派生出来的，加-er：　　　　英语
　　　　　　runner，sleeper，speaker等
　　　（b）名词从及物动词派生出来的，加-er：
　　　　　　employer，reader，reporter等
（43）（a）名词从不及物动词派生出来的，加-ee：
　　　　　　attendee，retiree等
　　　（b）名词从及物动词派生出来的，加-ee：
　　　　　　employee，nominee，parolee等

动词加上后缀"-er"派生出的名词，可作为不及物动词的当事或及物动词的施事。但是动词加上后缀"-ee"派生出的名词，加在不及物动词后依旧可作为该动词的当事，但如果"-ee"加在及物动词后，则只能作为该动词的受事，而不是当事。举个例子，"a reader"指读书的人，但"an employee"不是雇主，而是被雇佣的人。因此，起源于"-er"的名词遵从受格模式，起源于"-ee"的名词则遵从施格②模式。

以上提到三种格标记体系——受格配置、施格配置和活动配置——没有穷尽所有逻辑的可能性。即便我们不考虑类似活动配置中一个论元类型可以分成两个子类型的情况，还是有其他三种可能。（44）列出了五种不可再划分的论元配置。同一格标记用黑体加粗字体标出。

---

① 译者注：原文有误，应为"通格"形式。S和P类似主语。
② 译者注：这里的"施格"应该是施格语言中的受事"通格"。

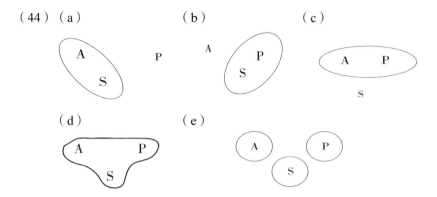

在（45）中，以上几种类型用真实和想象的英语例子来加以说明。

(45)（a）**He** hit him. （b）He hit **him**. （c）He hit **he**.
He ran. **Him** ran. Hoo ran.
（d）**He** hit **he**. （e）He hit him.
He ran. Hoo ran.

（44a）和（45a）体现了受格配置，（44b）和（45b）的例子体现了施格配置。在这两种类型中，三个名词短语中有两个划为一类。这与（44c）（45c）是一样的，但不同之处在于（44c）（45c）中及物动词的主语和宾语格标记一样，不及物动词的主语不一样。在（44d）（45d）中，这三个名词短语具有相同的格标记；在（44e）（45e）中，这三者又都不同。

这五种配置在跨语言中出现频率有较明显的倾向性。受格模式比施格模式更多，活动模式的组配很罕见（Comrie 2005a：399）。因此，可以得出如下统计性共性：

> 共性7：在大多数语言中，格标记以受格配置或施格配置为主，其中以受格配置更常见。

这五种在逻辑上可能的配置呈不均匀分布是有一定道理的。如果格标记主要用于区别及物句子中的主语和宾语的话，受格和施格模式［（44a）和（44b）］都是同等有用的，它们都完成了这项任务。但是当主语和宾语用同样的格标记时［如（44c）和（44d）］，格标记就不能完成这个任务。最后，（44e）确实区分了主语和宾语，但它还区分不及物句子的主语，而它们并不出现在同一个句子中，所以不需要不同的标记。

为什么受格配置要比施格配置更多？这是个公认的问题。同样令人惊讶的是活动组配非常罕见，尽管活动组配在语义层面最具辨识度，因为它区别了不及物动词的当事主语和非当事主语，而受格和施格配置都没有这种区分。受格配置将不及物主语的非施格标记归入施事标记，而施格配置却恰恰相反：将不及物的主语在标记上统一为施格①。

本节讨论了句子构造在词和词形上的选择。一旦选择了合适的词和词形，下一个问题就是关于放置它们的顺序问题了。这就是下一节的主题。

3.3 语序

词是怎么排列的？有许多可能性，但是仅有一些会在跨语言中出现。首先，我们会考虑一些符合逻辑的排列，并观察它们在跨语言中的分布情况。本书的调查会得出这样的判断，如：语序结构X在跨语言中是（不）常见的。其次，我们会总结一些蕴涵共性来表明各种语序之间存在相关性，它们并不是杂乱无章的，某些联系出现的频次更高。本书的调查会得出这样的结论，类似"在所有（或大多数）语言中，如果有语序结构Y，那么就也有语序结构X"。由于术语"order"的意思有点模糊不清，我们会用术语"线性语序（linear order）""线性模式（linear pattern）"或者"线性化（linearization）"取而代之。

（A）线性语序模式的频率

词的线性语序的逻辑可能性可通过语序结构的术语和这些术语之间的语序关系来加以判定。这里罗列了逻辑顺序的所有可能性：

线性语序模式的术语

---

① 译者注：原文有误，应该是将不及物的主语在标记上统一为通格。

1. 词类（例如："名词"）
2. 短语和小句的类别（例如："名词短语"）
3. 单个词项（例如："男孩"）
4. 位序（例如："句中任何第一个词后"）

线性语序模式的关系

5. 前置不管是否毗邻（"把A放在B前不管距离多远"）
6. 毗邻不管先后（"把A放在B旁边不管在前或是在后"）
7. 既前置又毗邻（=直接前置）（例如："把A放在B前"）
8. 既不前置也不毗邻（"自由语序"）（"把A放在任何地方"）
9. 居中位置（例如："把A放在B的成分中间"）

我们看一些例子。

1. 基于词类的线性语序

基于词类的语序的例子是无所不在的。例如，英语语法不需要列出所有的像"in, on, over, below"等放在名词短语前的前置词，因为我们用一条总的规律概括就够了，即前置词须前置。同理，另一条基于词类的语序规则说指示词须前置于名词，这就简单地概括了"this, these, that, those"等词须置于名词前的语序规律。

2. 基于短语和小句类别的线性语序

注意下面句子中的粗体字。

（46）（a）Jack picked **three juicy plums** off the tree. 英语
（b）**Three juicy plums** were picked off the tree by Jack.

"three，juicy，plums"三个词的语序是基于词类规则排列的，数词在形容词前，形容词在名词前。但请观察这三个词组成的短语相对于句子其他部分的语序。用什么来解释这个词在动词后的位置（46a）和它们在动词前（46b）的位置？理由是它们是一个更大的整体的一部分，一个名词短语在（46a）中是宾语，在（46b）中是主语。英语有一条规则，就是宾语在动词之后，而主语在其之前。因此这三个词既是短语的一部分，又是句子的一部分：它们是以句子的一部分（短语）的名义进行移动的。

除了短语，线性语序原则还适用于更大单位的句子成分。如以短语为基础的规则一样，以小句为基础的规则以出现在小句里的词排序并把它们统一放在相应的位置。这就好像搬家时，我们把家里所有的家具都放在一起然后整个搬到另一个新的地方，而不是一个个分开搬。对整体作用的同时，也作用于局部。

下面是小句语序的一些例子：

（47）（a）Jack climbed the plum tree **that was closest to the garage**.
（b）Jack promised to send me his latest book **but he has not done so**.

这些粗体字为什么出现在这些位置上？它们的语序没有遵从任何词类语序，而是由这些词共同组成的小句的特定位置决定的。英语中的关系小句跟在名词后面修饰名词，而"but"引导的小句则跟在主句后面。

3. 基于单个词位的线性语序

通常情况下，词是按照其分类或整体–部分（partonomic）上的特征进行排列，也就是根据词类或短语和小句类的更大单位进行排列。然而，在少数特殊情况下线性化规则也适用于单词，以英语附置词"ago"为例。正如上文提到的，英语附置词通常被放在名词前面，如"before last year"。但是"ago"是一个后置词，如"a year ago"。英语语法必须特别注明"ago"这个词的位置的特殊性。

请看下面这个更复杂的来自他加禄语的例句（Schachter and Otanes 1972：414）。

（48）Nagtatrabaho　**nga**　rin　daw　　　kay roon.　　他加禄语
　　　 work　　　　 **indeed**　too　they（say）you　there.
　　　 'They say it is true that you are working there too.'

这个句子中一些词的语序遵循了基本的词类语序模式。他加禄语是一种"动词置前"的语言，所以例句以动词"nagtatrabaho 'work'"开头。"kayo"和"roon"的语序，即把"你"放在"那里"之前，这些都遵循了基本的主语置于副词前的规则。而例句中3个黑体字的顺序很独特，无章可循。语法规则必须对这些特殊的词做一些备注，如："nga"必须放在"rin"之前，且它们两个必须放在"daw"之前。他加禄语中没有任何词可以在这些句法位置上替换这些词，因此无法将它们归入已知的词汇类别。

4. 基于位序的线性语序

请看下面他加禄语（Schachter and Otanes 1972：183—193）的例子。例句中"siya（he）"出现的位置遵循了什么规则？

（49）（a）Masaya **siya** ngayon.　　　　　　　　　他加禄语
　　　　　 happy　 **he**　 today
　　　　　'He is happy today.'

　　　（b）Hindi **siya** masaya ngayon.
　　　　　 not　 **he**　 happy　today
　　　　　'He is not happy today.'

　　　（c）Bakit **siya** hindi masaya ngayon?
　　　　　 Why　 **he**　 not　 happy　today
　　　　　'Why is he not happy today?'

根据（49a），"siya"应该跟在谓语"masaya（happy）"后面，但是在（49b）里这个规则不适用，"siya"放在"hindi（not）"后，谓语"happy"跟在"hindi"后面。但"siya"不一定会跟在谓语或者否定词后面。在（49c）中，"siya"跟在"bakit（why）"后面，而否定词和谓语都依次跟在"siya"后。所以我们可以得到一个规则："siya"跟在句子的第一个任何性质的词后，也就是说"siya"一直处于句子的第二个句法位置。

位序决定词的位置，无论是句子的第二个位置，还是第三个位置，我们尚无法解释，这样的位序规则在跨语言中并不常见。现实中它们也不常见，目前只发现了在第一个位置、最后一个位置和第二个位置的情况。他加禄语属于"第二位置"的语序，德语中也有类似例子。下面是关于"Julia saw a dog in the garden"的三个德语版本。

（50）（a） Julia **sah** einen Hund im Garten. 德语
　　　　　　 Julia saw a dog in.the garden.
　　　（b） Einen Hund **sah** Julia im Garten.
　　　　　　 A dog saw Julia in.the garden.
　　　（c） Im Garten **sah** Julia einen Hund.
　　　　　　 In.the garden saw Julia a dog.

动词跟在不同类型的短语后面，（50a）中在主语后，（50b）中在宾语后，（50c）中在副词短语后。因此，动词的位置不能根据词类来确定，但它却总跟在第一个短语后面，不管这个短语是由一个单词或者更多单词组成的。若将动词放在两个短语后面，或把动词放在句首，那么这个句子就不符合语法规范。

（51）（a） *Julia einen Hund **sah** im Garten. 德语
　　　　　　 Julia a dog saw in.the garden.
　　　（b） ***Sah** Julia einen Hund in.the Garten.
　　　　　　 Saw Julia a dog in.the garden.

这种要求一个成分放在第二位置的语序模式被称为"瓦克纳格尔定律（Wackernagel's Law）"，这一定律是由瑞士语言学家Jacob Wackernagel（1853—1938）发现并以他的名字命名的。在这种位序语序模式里，一个特定的成分如他加禄语里的代词主语、德语里的动词等，跟在句子任意第一个成分后面。

总而言之，词的语序通常是由上一级词类或词组（词、短语或小句类别）决定的。基于单个词的线性语序和基于位序语序来安排词的位置的语序模式都是很少见的。我们接下来将会介绍词的线性关系。

5. 先后关系而非毗邻关系

词之间存在怎样的逻辑上可能的先后关系？下面是一个普遍的线性语

序命题：

（52）形容词直接前置于名词。

这个命题有两个限制条件：形容词放在名词之前，而且两者属毗邻关系，但两者的先后和毗邻关系是可分的，也就是说两种实体不以对方的存在为前提。

比如，举一个非语言学的例子。你读完晨报后马上或者过了一会儿就看电视新闻，这两个活动之间存在线性先后关系，一个活动接着另一个活动展开，但并不一定一个紧接着一个。某些天你可能先看报纸或先看电视新闻，但是你决不会在这两项活动中间吃早饭。那么这两个活动属于毗邻关系，先后顺序是可变的。

先后毗邻关系包括先后和毗邻，是单个语言语序模式的一种情况。但是跨语言中通常是遵循先后关系或毗邻关系，很少同时遵循以上两种关系。以跨语言先后关系模式为例，我们选取句子的三个基本成分：主语、宾语和动词。这三个成分可以产生六种符合逻辑的排列顺序：主宾动（SOV），主动宾（SVO），动主宾（VSO），动宾主（VOS），宾主动（OSV），宾动主（OVS）。这六种排列顺序在简单的陈述句中是最基本的模式，但它们出现的频率不同。Dryer在一个1228种语言样本的研究中发现了这些模式的分布情况（2005a：330）：

S＆O＆V：497种语言；
S＆V＆O：435种语言；
V＆S＆O：85种语言；
V＆O＆S：26种语言；
O＆V＆S：9种语言；
O＆S＆V：4种语言；
没有特定顺序的：172种语言。

这些数据说明了两点：第一点就是SVO和SOV是目前最为普遍的模式，这两种模式最特殊的地方就是主语都前置于宾语和动词；第二点VSO

是继SVO和SOV模式后较为普遍的模式，VSO与这两种模式有一个共同点就是主语前置于宾语，但不前置于动词。

因此，在描述两种最普遍和三种最普遍的语序模式时，我们只需说明线性的先后关系（"A出现在B之前"），不用考虑毗邻关系（"A出现在B旁边"）。

S & O & V：497种语言 ⎫
S & V & O：435种语言 ⎬ 主语在宾语和动词之前 ⎫
V & S & O：85种语言　　　　　　　　　　　　 ⎬ 主语在宾语之前
V & O & S：26种语言　　　　　　　　　　　　 ⎭
O & V & S：9种语言
O & S & V：4种语言

6. 毗邻关系而非先后关系

SOV和SVO这两种最普遍的模式还有另一个共同点：动词和宾语之间的线性先后关系不同，但这两个成分是相互毗邻的（第四种和第五种最普遍的模式，即VOS和OVS也体现了这种毗邻关系）。

S & O & V：497种语言 ⎫
S & V & O：435种语言 ⎬ 宾语和动词毗邻
V & S & O：85种语言
V & O & S：26种语言①
O & V & S：9种语言
O & S & V：4种语言

主宾动和主动宾模式的这一条共性特征是无先后的毗邻：动词和宾语是相邻的，无论谁先谁后。

在Dryer的样本中可以看到，在大多数语言中，动词和宾语出现在毗邻位置，这一现象也是二十世纪上半叶德国语言学家奥托·贝哈格尔（Otto Behaghel）所提出的著名语序排列规则，首要的法则是：语义相近的成分

---

① 译者注：第四行和第五行这两种语言的宾语和动词也同样毗邻。

会被排放在相近位置。换而言之，语义相近的成分，其位置也相邻。

许多事实证明宾语和动词之间的语义关系比它与主语之间的语义关系更为紧密。及物动词经常会随着宾语的不同而发生变化，而主语不会影响动词的选择。比如，英语以及其他很多语言中，根据食物是固体的还是液体的，选择"eat"或"drink"，而不会因为谁食用而使其动词发生改变；选择"kills"或者"assassinates"取决于宾语位置被害者的社会地位，而不是主语（凶手）的身份。

除了宾语和动词，形容词和名词是另外两个位置毗邻的成分。不同语言在两者先后关系上有所区别。通过（2）我们可以看到，在日语和英语中形容词前置于名词，而在西班牙语和斯瓦希里语中形容词在名词之后。在大部分情况下，形容词和名词属毗邻关系。

7. 既先后又毗邻
8. 既不先后也不毗邻（"自由语序"）

文献中显示没有一种模式是先后毗邻（immediate precedence）的，即没有两个词或者其他句子成分必须毗邻且必须按照固定的先后顺序排列。因此，让我们一起来看最后一个模式：自由语序。

正如前面Dryer的图表所示，在1228种语言中有172种语言对其主语、宾语和动词没有固定的语序模式要求。在这种"自由语序"的语言中，主语、宾语和动词这三个成分可以以相同的频率随意出现在六种语序组合当中。比如，今天的英语是严格的SVO语言，而在大约一千三百年前的古英语时期主语、宾语和动词的六种语序组合都可以出现。以下六个句子都表示"The man slew the king"。

（53）（a）SVO：Se man sloh thone kyning. 　　　　古英语
　　　（b）SOV：Se man thone kyning sloh.
　　　（c）VSO：Sloh se man thone kyning.
　　　（d）VOS：Sloh thone kyning se man.
　　　（e）OSV：Thone kyning se man sloh.
　　　（f）OVS：Thone kyning sloh se man.

"自由语序"的语言在短语的线性语序上会有一些限制，但是这些限制不能用主语、宾语和动词类别加以定义。这些语言有不同的特征。以匈牙利语为例，主语和宾语可能会出现以上六种语序组合，但是有一个先后毗邻限制：句子的焦点成分（即与句子其他成分相比，被强调的那个成分），不论这个成分是主语、宾语或者其他，必须与动词相邻并放在其前面。因此，在这种语言中，与名词短语相关的线性语序不是主语和宾语，而是焦点和非焦点。这些分类不顾主语和宾语。语序完全自由的语言即使存在也是很少见的。

9. 居中语序

上文中提到了看早报和看电视新闻的例子来说明两种时间关系，这两种关系将世界上的事情连在一起，即先后顺序和毗邻关系。然而，语言中还存在第三种相关的模式。假设你看了报纸的一部分，然后去看了会儿电视新闻，还没看完电视新闻你又回来看剩余的报纸。这样就把两件事情分成连锁的几个部分，一个事物的一个或多个部分连着另一个事物的一个或多个部分。

这种线性模式在语言中也存在，但并不常见。词与词之间不会出现这种居中情况，但在短语中有可能会出现，尽管出现的可能性较小，并且形式比较简单，通常是一个短语被分成两部分后中间插入另一个短语。以法语的否定表达为例，如，"Je **ne** sais **pas**（我不知道）"。这个否定词包括两个部分："ne" 和 "pas"，动词置于两者之间。也许由于这个模式比较复杂，这种模式在今天的法语口语里被简化了，只保留了否定词的第二个部分，如："Je sais pas"。除了连锁，新的规则还包括了先后毗邻这一特点：否定成分直接跟在动词之后。

居中的另外一种情况，就是插入，即前置词放在短语中。Dryer 引用了通皮沙肖尚语的例子（Dryer 2005b：346）：在句子 "He died from a mean cold" 中，短语 "from a mean cold" 可以表达成 "cold.OBJ from mean.OBJ"。其中前置词 "from" 放在名词短语 "mean cold" 中，并且管辖在它之前的名词和在它之后的形容词的格。

目前我们可以总结出跨语言中常见的一些线性模式，而其他的模式很罕见，甚至根本就不存在。这仅仅说明了这些模式的量化分布。现在，让我们来看一下哪些条件决定了一种语言倾向于某种特定语序模式。换言之，就是寻找类型学的蕴涵关系。

（B）线性语序的集群模式：关系配对（correlation pairs）

第一章的第一节给出了两个线性例子：印地语、日语和土耳其语是SOV的语序模式；阿拉伯语和拉帕努伊语是VSO的语序模式。除此之外，这些语言在其他两种语序方面也有所区别：领有者和被领有者、附置词和名词短语。见下例：

（54）印地语，日语，土耳其语　　　　阿拉伯语，拉帕努伊语
　　　S & O & V　　　　　　　　　　V & S & O
　　　领有者 & 被领有者　　　　　　 被领有者 & 领有者
　　　名词短语 & 附置词　　　　　　 附置词 & 名词短语

此外，两种语言的另一对成分在线性语序方面也存在一个共同的区别：在SOV语言中关系小句一般前置于名词，而在VSO语言中关系小句一般跟在名词之后。以土耳其语和拉帕努伊语为例（关系小句置于括号之中），如：

（55）（a）关系小句和名词（Underhill 1976：276）　　土耳其语
　　　　　[yemeğe gelen]　　adam
　　　　　[to.dinner coming]　man
　　　　　'the man who came to dinner'
　　　（b）名词和关系小句（Chapin 1978：149）　　拉帕努伊语
　　　　　te　　tani　rapanui　　　　　[noho oruga　o　　te　miro]
　　　　　the　other　Rapa.Nui.people　[stay upon　GEN the boat]
　　　　　'the other Rapa Nui people who stay (ed) on the boat'

（56）以SOV语序的阿伊努语和VSO语序的斐济语为例，来展现四组成分的一致性语序。斐济语的语料来自鲍马地方语（Dixon 1988：300，120，152，43）。

（56）（a）主语+宾语+动词 阿伊努语
Totto amam esose. 'The mother borrowed rice.'
Mother rice **borrowed**.
（b）领有者+被领有者
sapo ninkarihi 'sister's errings'
sister **earrings**
（c）名词+附置词
pis ta 'at the shore'
shore **at**
（d）关系小句+名词
Tokaci wa ek **perekur**
Tokaci from come young.person
'the young man who came from Tokachi'

（57）（a）动词+主语+宾语 斐济语
e aa **raici** Mere o Jone 'John saw Mary'
3SG PST see Mary the John
（b）被领有者&领有者
a ligai Jone 'John's hand'
the hand John
（c）附置词+名词
i-na oro 'to the village'
to-the village
（d）名词+关系小句
a pua'a 'eirau 'auta
the **pig** 1DU.EXCL. brought
'the pig which we two brought'

对于这四种相关性，（58）列出了以下表格：

（58）印地语、日语、土耳其语、　　阿拉伯语、拉帕努伊语、
　　　阿伊努语　　　　　　　　　　斐济语
　　　S&O & V　　　　　　　　　　V&S & O
　　　领有者 & 被领有者；　　　　　被领有者 & 领有者；
　　　名词短语 & 附置词；　　　　　附置词 & 名词短语；
　　　关系小句 & 名词　　　　　　　名词 & 关系小句

这些语序组合在语言中很普遍。Matthew Dryer在对几百种语言的大量样本中发现了以下蕴涵共性：

<u>主语、动词、宾语和领有结构</u>（Dryer 2005c：350）
（a）如果一种语言是OV语序，那么这种语言的领有者通常放在被领有者之前。
（b）如果一种语言是VO语序（不仅限于SVO），那么这种语言的领有者通常放在被领有者之后。

<u>主语、动词、宾语和附置词短语</u>（Dryer 2005d：387）
（a）如果一种语言是OV语序，那么这种语言通常是后置结构；如果一种语言是后置结构，那么这种语言通常是OV语序。
（b）如果一种语言是VO语序，那么这种语言通常是前置结构；如果一种语言是前置结构，那么这种语言通常是VO语序。

<u>主语、动词、宾语和关系小句结构</u>（Dryer 2005e：391）
（a）如果一种语言是VO语序，那么这种语言的关系小句通常放在名词之后。
（b）如果一种语言的关系小句放在名词之前，那么这种语言通常是OV语序。

正如第一章第一节中所说，宾语和动词、领有者和所有格、附置词和名词短语、关系小句和名词中心语这四对组合的语序关系是很复杂的，令人费解。如果这些成分和它们的种类一样区分明显，那么它们的语序为什么又如此相似呢？答案是：尽管它们有区别，但是它们仍存在相似的地

方。因此，找出一个关键的属性，它能把宾语、领有者、附置词的名词短语补足语、关系小句归到一类，把动词、被领有者、关系小句的先行词归到另一类。这是一项极具挑战性的工作。

在第一章我们也提到，文献中有许多不同的理论，其中，有提议称把句法成分分成两个大类：中心语和从属语。中心语是句子不可或缺的部分，从属语则是句子可有可无的部分。

（59）中心语：　　　　从属语：
　　　动词　　　　　　宾语
　　　附置词　　　　　名词短语
　　　被领有者　　　　领有者
　　　名词　　　　　　关系小句

根据这个理论，中心语类和从属语类为那些不同的成分找出了相同之处，解释了它们相似的线性语序特征（参看Vennemann 1973）。四组成分组合的语序是根据两种形式来排列的：要么从属语类放在中心语类之前（OV语言），要么中心语类放在从属语类之前（VO语言）。然而这个提议也引起了极大的争议。这个提议到底存在什么问题呢？这些成分有什么其他解释呢？我们将会在第七章第三节对这些问题进行阐述。

现在，让我们对语序的讨论做个小结。在这章的序言中提到，我们正在寻找两种普遍的共性：单个语序模式的频率以及各种语序出现的分布规律。我们阐明了一些有关常见和不常见的线性语序模式的共性，并用数据证实了不同语序结构之间的蕴涵关系。

共性8：单位性质
（a）常见的
　　　• 基于词类的语序
　　　• 基于短语和小句的语序
（b）罕见的
　　　• 基于单个词的语序
　　　• 基于位序的语序

共性9：关系

（a）常见的

　　-先后模式

　　-毗邻模式

（b）罕见的

　　-先后毗邻模式

　　-居中语序

共性10：线性化模式的分布

（a）在大多数OV语言中，名词短语在附置词前，领有者在被领有者前，关系小句在名词前。

（b）在大多数VO语言中，附置词在名词短语前，被领有者在领有者前，名词中心语在关系小句前。

3.4 句法范畴

正如我们前面看到的，跨语言不只在句法组合方面存在差异，它们甚至在更为基本的句法聚合类（词类、短语类）层面就已经存在差异了。有些语言有分类词，有些没有。那么，那些最基本的类别呢？如主语、宾语、名词、动词和形容词？它们在所有语言中都存在还是只存在部分语言中？

文献中有大量数据尝试解决这些问题，这些数据有不同的解读，这里我们只涉及一个范畴：主语。在本章的最后提供了探讨跨语言其他句法范畴的相关文献。

"主语"这个术语贯穿本章节。在可及性等级（3.2.1.1）和控制项等级（3.2.2.1 共性5）中，主语的地位最重要。同样，一些语序规律也涉及主语的关键性作用。这表明，主语是跨语言普遍存在的范畴。事实上，情况并非如此，在文献中，跨语言所指的主语一般由语义决定，在动作参与者中，更具活力的名词短语被指定为主语。但这种语义定义并不总是符合形态句法性质。例如，在英语被动句中，更积极的参与者用"by短语"表达，不具有主动句中主语的形式特征：它既不置于动词前，又不管辖动词的一致。

我们这里讨论的是一个非常普遍的、基本的语言类型学和一般语法描述的问题。如何给不同结构单位命名并归类呢？如语素、单词、短语和小句？在任何分类中都一样，当事物有一定的相似特征就会被分为一类。然而，共同的特点是形成某一类别的必要条件，但并不足够。例如在英语中，一些以s开头、l结尾的单词，"skill" "seal" "seagull"等等。尽管它们有两个共同点，但它们不能成为同一英语语法范畴，因为没有什么可以用来进一步解释的。对事物进行归类的真正目的是有利于找出共性规律。就如Frans Plank所说："语法范畴是合理的……如果语法规则以它们为参考的话；或者说，如果语法范畴能更好地说明语法规则"（Plank 1984：491）。换句话说，分类不是终极目标。其目标是概括出规律，分类只是作为此目标的一个工具。一个范畴的价值体现在其成员拥有共性的数量。如果某一范畴能够帮助归纳出一条共性规律，就说明了它存在的合理性；而这个范畴帮助归纳的共性规律越多，它就越有用，也更具存在的合理性。

在英语中，"主语"这个范畴是最有用的，因为它将有共同特征的名词短语组合在一起，且一个特征紧接一个特征出现。首先，在大多数的句子中同样的名词短语用人称代词主格（我、他、她、我们、他们）形式，如果出现在现在时态中，且动词要与其保持一致，须置于动词前。其次，除了这些看起来一目了然的特性外，如格一致和语序等编码特征，作为主语的名词短语在其他方面也具备共同特征。例如，在一组并列小句中，第二个小句中被省略的名词短语一定是主语。如"Sue helped Jill do her homework and then left the house"这句话中，我们可以理解为Sue是那个离开房子的人，而不是Jill。同时，主语还控制反身代词，但是它们自身不能为反身代词（例如："Peter shaved himself, *Himself shaved Peter"）。因此，主格标记、动词一致、语序、并列结构中的省略反身代词等都可以作为主语的重要参考，这足以将"主语"作为英语的一个范畴。（更多关于主语范畴与主语特征不匹配情况的细节分析，包括存在于英语言内部的，详见Newmeyer 2003）

但是主语这个概念是否能作为解释跨语言共性的有用工具呢？例如：

在受格配置的语言中，如英语，这个术语用于表示及物动词的施事和不及物动词的唯一论元（当事）。但是什么是施格语言中的主语呢？是及物句中施格标记的A吗？或是通格标记的P或S？

如果我们发现在所有的人类语言中，上面提到的主语这五种特征紧密联系在一起如同在英语中一样，那么主语就是一个普遍的范畴。然而，有两个原因说明并不如此。第一，某些特征根本不适用于一些语言，如越南语，论元既没有格标记也没有与动词的一致关系，主语的概念并不能通过格标记和动词一致来说明。

第二，尽管所有英语主语的特征都存在于另一种语言中，这些特征也不可能完全像英语一样进行匹配，每个特征都可能创造出一套不同的名词短语。在一些语言中，格标记和动词一致牵涉到同一类名词短语，但语序不一定。以德语和俄语为例：主格标记和动词一致大体上指向同一类名词短语，但是语序的情况却比英语复杂得多，因此，它不足以为确定主语提供参照标准。

在其他语言中，格标记和动词一致甚至也分属不同类别名词短语。参考尼泊尔语［Bickel 2011：400（Bickel的"NOM"在这里改为了"ABS"）］：

（60）（a）ma　　ga-ẽ　　　　　　　　　　　尼泊尔语
　　　　 I.**ABS**　go-**1SG.PAST**
　　　　'I went.'

　　　（b）mai -**le**　　timro　　ghar　　　dekh-ẽ
　　　　 1SG -**ERG**　your　　 house.**ABS**　see-**1SG.PAST**
　　　　'I saw your house.'

以上格标记属于施格配置，通格S和P都为零标记，施语A有施格后缀"le"。然而，动词一致是受格的特征（accusative-style）：在两句中，动词都与"I"保持一致，如：（60a）中的通格"I"和（60b）中的施格"I"。这是一个相当典型的例子：受格的动词一致在施格语言中较为常见。（Siewierska 2005b：406）。

英语单个范畴中不同成分缺乏统一，与其说是跨语言例外，倒不如说是规则使然。经典论文Paul Schachter（1976）表明，在他加禄语的及物句中，英语主语的一些特点表现在语义角色上（在他加禄语语法中，这个术语指更为积极的参与者），而英语主语的其他特点存在于话题语（Topics）上（说话者和听话者都知道的名词短语）。例如，反身是由行为者而非话题语控制的，但是只有关系小句的话题语才能被关系化不论它们是否为行为者。见（61）和（62）。

在（61）中，TM代表话题语标记，即附置词ang（Schachter and Otanes 1972：138）

（61）Sinaktan ko ang   aking sarili.   他加禄语
   hurt   I TM   my self
   'I hurt myself.'

在（61）中，这句话的行动者即代词"ko"，控制反身；话题语被反身化。从这个意义上讲，他加禄语的行为者很像英语中及物句的主语。

如果我们看（62）中的关系化就会觉得这一结论是有问题的。正如在3.2.1.1中的可及性等级，主语是最常见的关系化名词短语成分。基于反身化的证据来看，行为者更像主语，我们会期望关系小句中的行为者被关系化。然而，在他加禄语中不是行为者，而是话题语被关系化；只有当行为者也恰巧是话题语时，它才可能被关系化。在（62a）和（62b）中，"newspaper"被关系化了。（62a）是合乎语法的，因为"newspaper"是关系小句的话题语，用动词前缀bi-标记。相反，（62b）是不符合语法的，因为这里的"the man"是关系小句的话题语而不是用动词前缀bu-标记的"the newspaper"（Schachter 1976：500）。

注意下列缩写：TM =话题标记；AM =行动者标记；GT =动词标记表明话题是目标论元（goal argument）（即受事）；AT =动词标记表明话题是行动者论元。［在（62a）和（62b）中，中心名词"newspaper"前冠以话题标记"ang"，但这并不相关，因为这与主句话题相关。］

（62）（a）Interesante ang diyaryong [bi-nasa ng lalaki]　　他加禄语
interesting TM newspaper GT-read AM man
'The newspaper that the man is reading is interesting.'

（b）* Interesante ang diyaryong [bu-masa ang lalaki]
interesting TM newspaper AT-read TM man
'The newspaper that the man is reading is interesting.'

因此，在他加禄语中，英语主语的两大特征：控制反身化和控制关系化，被割裂成两大类名词短语类型——行为者和话题语，而不是像在英语中适用于同样的成分。

所以我们可以概括出主语范畴的普遍性是什么吗？没有任何一个或一组特征可以定义所有语言的主语。一种语言中能作主语的成分可能都集中在一种名词短语中，而在其他语言中则可能分散在几种名词短语中，而且可能有些特征根本就不存在。如果我们从英语主语的特征着手，我们会发现在其他语言中，我们不得不提出多种主语，而且每一种都独立成类：一种要格标记，一种要动词一致，一种表反身，等等。Balthasar Bickel（2011：401）说过，像主语、直接宾语、间接宾语这些语法关系最好以特定语言的规则为准绳，不同语言中的这些类群有所不同。与此同时，其他语言学家也至少对传统意义上的跨语言范畴的可行性提出了质疑。（例如：Croft 2001，Haspelmath 2010）

这些结论强调定义的重要意义：如果继续使用类似"主语"这种传统跨语言范畴的标签，类型学家必须将他们所研究的跨语言术语界定清楚。在第四章和第五章有关范畴的章节将会有更多关于这个问题的讨论。

本章小结

在这一章中讨论了10种跨语言共性规则，一些是基于频率统计的命题，一些是蕴涵命题。关系化和复指代词的分布符合可及性等级规则（3.2.1.1）。有数类词的语言也有量词，而且总体上讲，复数名词不是必有标记，这些语言中的名词类别主要是由分类学和分体法的关系来界定

（3.2.1.2）。动词一致的管辖者提供蕴涵关系，而动词一致是基于形式还是基于语义取决于动词一致等级（3.2.2.1）。

从不同的配置模式来看，受格配置是最常见的，其次是施格配置（2.2.2）。此外，某些线性化模式比其他线性化模式更常见，某些句法成分的语序有更强的统计倾向性（3.3）。主语范畴无法通过跨语言形态句法特征进行定义（3.4）。

练习

1. "wine"和"coffee"这样的名词不可数，它们的复数形式通常需要借助量词。但是，饭店服务生在顾客点餐后，向厨房报单时可能会说"Two wines and three coffees, please!"你如何解释？
2. 3.2.2.2从受格配置和施格配置的视角讨论了英语派生词缀-er和-ee，试分析词缀-able（如readable，tolerable，perishable等）。
3. 本章认为英语语序、格标记和动词一致都是英语主语的特征。"there-be"句型也是如此么？如"There is a lion on the loose"。
4. 下面是来自瓦尔马特亚里语的一组数据（Merrifield et al. 1987:#214）。

    A. 什么配置决定格标记？

    B. 翻译下列句子：

    （a）The dog trod on the man with his foot.

    （b）The goanna saw the man.

    （c）The dog bit the man on his foot.

    （d）The man saw the goanna.

   （1）kunyarr　pa　laparni

     　　dog　　 it　 ran

     'The dog ran.'

   （2）kunyarr　pa　laparni　manajarti

     　　dog　　 it　 ran　　 stick

     'The dog ran with a stick.'

（3）kunyarr　pa　pinya　nganpayirlu　kurraparlu
　　　 dog　　he　hit　　man　　　　 hand
　　　 'The man hit the dog with his hand.'

（4）kakaji　pa　laparni
　　　 goanna　it　ran
　　　 'The goanna ran.'

（5）nganpayi　pa　kurrapa　pajani　kakajirlu
　　　 man　　　 it　hand　　　 bit　　goanna
　　　 'The goanna bit the man on the hand.'

（6）kunyarr　pa　pinya　nganpayirlu　manajartirlu
　　　 dog　　he　hit　　man　　　　 stick
　　　 'The man hit the dog with a stick.'

（7）mana　pa　nyanya　nganpayirlu
　　　 stick　he　saw　　man
　　　 'The man saw the stick.'

（8）jirnal　pa　kanyjirni　nganpayirlu　jinarlu
　　　 spear　he　trod　　　man　　　　 foot
　　　 'The man trod on the spear with his foot.'

（9）jirnal　pa　kanyjirni　nganpayirlu　puutjartirlu
　　　 spear　he　trod　　　man　　　　 boot
　　　 'The man trod on the spear with his boot.'

5. 下列来自卢伊塞诺语（Langacker 1972：69）的数据，除了格标记和动词一致之外，在动词的选择上也遵循着一种有趣的模式。试分析其格标记、动词一致、动词选择的规则，并找出其背后的配置模式是什么。

（1）nóo kwótaq　　　　　　　　　　　'I am getting up.'

（2）húnwutum ʔehéŋmayumi qeʔéewun　'The bears are killing the birds.'

（3）čáam tóowwun ʔehéŋmayi　　　　 'We see the bird.'

（4）húnwutum óoraan　　　　　　　　'The bears are running.'

（5）čáam wuváʔnawum ʔehéŋmayumi　 'We are hitting the birds.'

（6） nóo pókwaq　　　　　　　　'I am running.'
（7） ʔehéŋmay wíilaq　　　　　　'The bird is flying.'
（8） čáam móqnawun húnwuti　　'We are killing the bear.'
（9） húnwut wuváʔnaq čáami　　'The bear is hitting us.'
（10） čáam waráavaan　　　　　'We are getting up.'
（11） nóo húnwuti móqnaq　　　'I am killing the bear.'
（12） húnwut néy tóowq　　　　'The bear sees me.'
（13） čáam wótiwun húnwuti　　'We are hitting the bear.'
（14） nóo qeʔéeq húnwutumi　　'I am killing the bears'
（15） ʔehéŋmayum wáapaan　　'The birds are flying.'
（16） nóo hunwúti wótiq　　　　'I am hitting the bear.'
（17） húnwutum čáami tóowwun　'The bears see us.'
（18） nóo húnwuti tóowq　　　　'I see the bear.'
（19） čáam ŋóoraan　　　　　　'We are running.'
（20） húnwut pókwaq　　　　　'The bear is running.'

扩展阅读

- 有关日语分类词，可参Downing 1996。
- 有关Noam Chomsky最简方案框架下的跨语言系动词句子的理论研究，可参Dalmi 2010。
- 有关一致关系，Lehmann 1982有篇经典论文：On the historical evolution of agreement markers analyzed in the Minimalist framework，可参Gelderen 2011。
- 有关格，可参Malchukov and Spencer（2009）编辑的综合手册。
- 有关词性，诸如名词、动词等，可参Hengeveld 1992; Vogel and Comrie 2000; Evans 2000; Evans and Osada 2005, 其二人就同一问题在 *Linguistic Typology* 上也有讨论；Langacker 2008：93—127; Dixon 2010：37—114; Bisang 2011。
- 有关句子成分语序关系的系统清晰的描述，可参Dryer 2007。最新的有关语序研究的报告可参Song 2012。

第四章　词的解析：形态类型学

本章概要

本章主要讨论跨语言中罕见或常见的形态类型，并对语素的形式、意义、共现模式、语素顺序进行了跨语言的归纳，进而讨论形态类型学的部分关键术语在跨语言研究中的有效性。

关键词

词 word

语素 morpheme

语素变体 allomorph

分析型结构 analytic structures

综合型结构 synthetic structures

黏着 agglutination

融合 fusion

前缀 prefix

后缀 suffix

中缀 infix

内缀 introfix

同义关系 synonymy

一词多义 polysemy

零语素变体 zero allomorph

零语素 zero morpheme
重叠 reduplication
相关原则 the Relevance Principle
派生 derivation
屈折 inflection
附着语素 clitic
合并 syncretism
单义语素 monosemous morphemes
多义语素 polysemous morphemesy
累加式 cumulative patterns
分裂式 separatist patterns

4.1 引言

　　第三章我们讨论了词如何组成句子。本章我们将讨论语素如何组成词。虽然第二章已经出现了由更小的意义单位组成词的例子，现在我们要更系统地讨论结构形态学。其中最基本的问题是：在不同语言中，语素如何组合从而形成符合语法规则的词？

　　回答这个问题的最佳方法是通过考察不合语法的词并确定它们不合规则的原因。在例（1）中，带有标记的英语词的正确形式见右一栏。[①]

（1）（a）*bright-ing　　　bright-en-ing　　　　　英语
　　　　　*bak-ed-ing　　　bak-ing
　　　　　*fast-ly　　　　　fast
　　（b）*ox-es　　　　　　ox-en
　　　　　*/lɔv-t/　　　　　/lɔv-d/（=loved）
　　　　　*im-tolerable　　in-tolerable

---

① 这三种要求同样适用于语言内外的任何复杂对象的符合规则性。例如，做好一道菜，你必须使用正确的配料。配料必须采取正确的形式（像黄油棒可能需要融化，西红柿可能需要切碎等），它们必须以正确的顺序投放并混合在一起。或者如果你想做一件家具，你需要合适的木头，它们的大小和形状必须正确，而且它们必须按照给定的顺序组合在一起。

（c）*ed-cook　　　cook-ed
　　　*cook-ed-un　　un-cook-ed
　　　*ing-play　　　play-ing

三组例子分别代表构词中的三种错误。在（1a）中，一个语素缺失（*bright-ing）或一个语素本不该出现（*bak-ed -ing, *fast-ly），说明词结构的要求之一就是选择正确的语素。

（1b）显示，选择正确的语素是不够的，还要保证选定语素形式的正确性。复数语素、否定前缀和过去时后缀有多种形式，形式的选择取决于一定的环境，例如名词ox的复数加-en，而不是（e）s；过去时语素在浊音后必须为/d/而不是/t/，比如loved；形容词tolerable的否定形式是用前缀in-而不是im-。

（1c）说明正确语素的正确形式仍然不能确保一个词符合语法规则，语素必须按照正确的顺序排列。因此，词缀-ed 和 -ing 必须是后缀而 un- 是前缀。

总之，符合语法规则的词必须以正确的顺序、正确的形式并由正确的语素组成。这个基本原则也适用于句法，第三章讨论过句子结构是否符合语法规则取决于词的选择、词的形式（如受到一致关系和支配关系的规定）和词的顺序。

以上为我们展示了不同语言形态中的三个不同的基本维度：语素、语素形式以及语素顺序。不同语言在这三方面的确各有不同。请看以下例句。

（A）语素选择的跨语言差异

下面是泰语和土耳其语的两个句子。

（2）（a）Khãw nâŋ loŋ.　　　　　　　　　　　　　泰语
　　　　　he　sit　down
　　　　'He sat down.'
　　　（Comrie 1990：773; 标点为新增）

（b）Gít-me-di-m.　　　　　　　　　　　土耳其语
　　　go-not-PST-1S
　　　'I didn't go.'

以上泰语例句由三个单语素的词组成；土耳其语例句是一个由四个语素组成的词。像泰语这样形态结构简洁的，称为分析型结构①，像土耳其语这样词语结构复杂的，称为综合型结构。普通话、苗语、楚克奇语（Chuckchi）和匈牙利语中也有这样的例子。

（3）分析型结构

（a）Nèi chǎng yǔ   xià   de   hěn dà.　　普通话
　　 that CLF rain descend EXTENT very big
　　 'That rain came down hard.'
　　（Li and Thompson 1981：92；简化标注，标点为新增）

（b）Daim ntawv ko   yog kuv txiav hov.　　　苗语
　　 CLF paper there is I   cut   really
　　 'I cut that piece of paper.'

（4）综合型结构

（a）Tə-meyə-levtə-pəγt-ərkən.　　　　　　　楚克奇语
　　 1S-big-head-ache-IMPF
　　 'I have big headaches.'
　　（Iturrioz Leza 2001：716；标点为新增）

（b）leg-meg-veszteget-het-etlen-ebb-ek-nek　　匈牙利语
　　 SUP-PRF-bribe-POSS-PRIV-CMP-PL-DAT
　　 'to those who are least bribable'

分析型和综合型结构——语素与词一对一的关系或多对一的关系——并不能严格地将所有语言分成这两类：这两种类型也可能在一种语言中共存。尽管英语倾向于分析型（如：We love spring.），但仍然存在多语素

---

① 译者注：用"孤立型"更为准确，下同。

词，比如"anti-dis-establish-ment-arian-ism"包含六个语素。同样，普通话总体上属于分析型，但也有多语素复合词，例如"kāiguān"（开关）。语言被贴上分析或综合的标签并不是它们只有某一种结构类型，而是因为某一种类型处于优势地位。①

如果一种语言允许多个语素组成一个词，那么什么样的语素可以在一个词中共现？语素有两个基本类别：词干（stem）和词缀（affix）。词干负载着词的主要含义，而词缀添加相关的语法信息，如这个词是名词还是动词，是单数还是复数。在"impossible"这个词中，"possible"是词干，"im-"是词缀。在"childlessness"这个词中，"child"是词缀"-less"的词干，"childless"是词缀"-ness"的词干。单语素词干有一个特殊的术语，如"possible，child"：它们是词根（root）。

给定词干和词缀，会出现三种逻辑上可能的词的结构：

（i）词干加词干

（ii）词干加词缀

（iii）词缀加词缀

下面是对应的例子：

（5）词干加词干（被称为复合词）

  （a）black-board   英语

     high-school

  （b）ma'ta-hari 'sun'   马来语

     eye-day

     o'rang-oe'tan 'ape'

     man-forest

---

① 这与标记语言 SVO 或主宾一致规则类似：SVO 语言也有其他词序，宾格语言也可能有施格结构，但它们都是根据其主要模式归类的。（译者注：准确的表达或许是，宾格语言也可能有通格结构。）

(6) 词干加词缀
  (a) ten-**th**   英语
    un-grate-**ful**
  (b) jang -sapoe'loe 'tenth'   马来语
    ORD-ten
    dja'lan-**in** 'make somebody walk'
    walk-**CAUS**

(7) 词缀加词缀
  (a) **től-em** 'from me'   匈牙利语
    from-my
    (compare with kert- **től**   'from garden'
          garden- **from**
        kert- **em**   'my garden'
          garden- **my**)
  (b) **nek-ed** 'to you'
    to-your
    (compare with Billy- **nek** 'to Billy'
          Billy- **to**
        kert- **ed** 'your garden'
         garden- **your**)

这是形态学中关于语素选择的第一个可能的跨语言变化的参项：

  (a) 词干和词缀

  在一种语言中，什么类型的词干与词缀的组合是可能的？

  根据例（2）—（4）可知，语言的差异表现在词语结构是否容纳多个语素。对于多语素词来说，其语言并不设定一个词所能容纳的语素的数量；相反，词的词缀数量与它们要表达的意义数量相关。如果一种语言中有词缀，可以预见，如果单个词缀的含义简单，在一个词中则需要使用更多的词缀来传达整个词语的意义，而非用单一语素同时传达一个以上的意义。如（8）所示。

（8）（a）ev- **ler - i**   'the houses（ACC）'   土耳其语
    house- **PL - ACC**
  （b）dom- **os**   '(the) houses'   拉丁语
    house- **PL-ACC**

在土耳其语中，数和格由不同的词缀表达，因此表达数和格意义时需要两个不同的词缀。而在拉丁语中，一个词缀就足够了，因为它能同时负载数和格两个意义。土耳其语的词缀类型称为分裂式[①]；拉丁语是累加式。

因此，影响词缀选择的一个因素是每个词缀有多少意义，另一个因素是词缀的意义属性。拉丁语的例子（8b）表明一个词缀可以同时包含多个义素，一个词缀可能有多个含义。例子（9）显示了拉丁语词"uxor'wife'"的复数格的词形变化。

（9）主格：uxor- **es**   'wives（NOM）'   拉丁语
  宾格：uxor- **es**   'wives（ACC）'
  属格：uxor-**um**   'of wives'
  与格：uxor- **ibus**   'to wives'
  离格：uxor- **ibus**   'from wives'

后缀-es有主格和宾格两种含义，-ibus可能是与格或离格。换句话说，后缀-es和-ibus是多义的，与此相反，后缀-um是单义的（至少在这个例子中），仅代表属格。词缀选择时，多义词缀可以出现的语境数量必定比单义词缀可以出现的语境数量要更多。

总之，除了（a）词干加词缀的可能组合，我们界定了另外两个语言参项——或者更准确地说，每一个组合结构——都有可能不同。两者都与词缀的意义有关，当然也影响了表达特定意义的词缀的选择。

---

① 译者注：黏着语的功能在同一结构中大都为一对一，这是黏着语形态学上的基本倾向。

（b）分裂词缀 vs. 累加词缀

一个词缀同时只能具有一个意义还是具有多个意义？

（c）单义词缀 vs. 多义词缀

一个词缀只具有一个意义还是有多个可选的意义？

以上例子说明不同语言在选择语素组合成词时可以具有怎样的差异，接下来看一下对这些语素具体形式的选择。

（B）语素形式选择的跨语言差异

如同以上与英语有关的示例（1b），除了语素的语义，选择语素构成词还取决于它们的形式。词缀具有适合每个特定环境的变体形式。语素变体的不同取决于音系环境，如例（10）。

（10）（a）cat-s　　　　　/ kæt-s/　　　　　　　英语
　　　　　dog-s　　　　　/ dɔg-z /
　　　　　kiss-es　　　　 /kIs-əz/
　　　（b）adam-lar　　　 'men'　　　　　　　　 土耳其语
　　　　　man-**PL**
　　　　　ev-ler　　　　　'houses'
　　　　　house-**PL**

在英语中，复数的三个主要语素变体受词干尾音的影响。在土耳其语中，复数后缀也有变体形式：土耳其语是元音和谐语言，后缀的元音需与词干元音的前后相一致。

除了语音条件变体，一个语素可能根据词汇环境的不同而发生形式变化，即它被添加到什么样的词干上，而无关词干的音系组成。例如（11）中的塞尔维亚-克罗地亚语单数格变化。0代表零语素，缺乏明确意义的表达。

（11）　　　　　 'woman' 'student' 'money'　　塞尔维亚–克罗地亚语
　　　　主格：　 žèn-a　　student-0　nòvac-0
　　　　宾格：　 žèn-u　　student-a　nòvac-0

属格：	žèn-e	student-a	nòvc-a
与格：	žèn-i	student-u	nòvc-u
工具格：	žèn-om	student-om	nòvc-em

以上三个名词每个格形式都有些不同，其中只有一个后缀是相同的：除了 nòvc-em 中可能存在语音条件变体之外，工具格的标记都是 -om。另一方面，宾格的变体最多，有 -u、-a 和零标记三个变体。主格、属格、与格都有两个变体，如 "student" 和 "money" 用同一个后缀，而 "woman" 用另一个后缀。这里不涉及音系条件。（11）中的格范式被称为格变化（词尾变化）；带有格变化词尾的名词叫做被变格。

根据以上塞尔维亚–克罗地亚语的例子可知，除了工具格词缀形式单一，其他格具有不同的词缀变体。相反，有同义变体成套的不同形式表达相同的宾格或与格等意义。其他形式的词干和词缀的组合是不符合语法的，如 student 的与格如果用与格词缀 žena 组成 *student-i，是不合语法的。

塞尔维亚–克罗地亚语有许多格词缀的变体形式，而其他语言没有。在芬兰语中，除了一些语音条件的语素变体，每个格词缀都有一个不依赖于名词的单一的不变形式。

（12）		'cupboard'	'Matti'	'school'	芬兰语
	主格：	kaappi-0	Matti-0	koulu-0	
	属格（'of'）：	kaapi-n	Mati-n	koulu-n	
	从格（'from'）：	kaapi-sta	Mati-sta	koulu-sta	
	位置格（'at'）：	kaapi-lla	Mati-lla	koulu-lla	
	在内格（'in'）：	kaapi-ssa	Mati-ssa	koulu-ssa	

有变体形式和没有变体形式的语素可以出现在同一种语言中。英语中，过去时语素[①]具有语音变体和词汇变体（如 bake-d vs. came），但也有不变语素如 -ing。

继以上列出（a）（b）和（c），可得出下一个跨语言参项（d）：

---

① 译者注：应为完成体语素，过去时是由助动词 was 或者 had 等表达的。

（d）词缀形式的不变性vs.变异性

词缀具有单一的形式还是具有变体？

参项（d）与（b）（c）密切相关，三者都关乎符号系统研究中的一个基本问题：形式和意义之间的数量对应（一对一，一对多，等等）。通过探寻一个词缀可以同时传达一个语义成分或是多个语义成分，参项（b）探讨了词缀的形式—意义组合关系。如（13）所示。

（13）分裂词缀vs.累加词缀

（a）分裂词缀：形式-1 – 意义- 1

（b）累加词缀：形式-1 – 意义-1和 意义-2……

参项（c）和（d）探索词缀的形式与意义之间可能的多对一的关系，涉及词形变化的形式—意义关系。

（c）有关词缀的一缀多义：单一的词缀形式有多个其他的意义；

（d）有关词缀的同义关系：同样的词缀意义有多个表达形式。图解见（14）和（15）。

（14）单义词缀 vs. 多义词缀

（a）单义词缀：形式-1 – 意义-1

（b）多义词缀：形式-1 – 意义-1 或 意义-2……

（15）单一形式 vs. 同义词缀

（a）单一形式：形式-1 – 意义-1

（b）同义词缀：形式-1 或形式-2 – 意义-1

在选择正确的语素形式时有一个进一步的、可能意想不到的问题是，对于某一词缀意义，是否存在一个可用的形式来表达它。为研究这个问题，看一下拉丁语中"uxor'wife'"这个词的单数格的词形变化。

（16）主格：uxor　　　　　'wife（NOM）'　　　　　　　拉丁语

宾格：uxor-**em**　　　'wife（ACC）'

属格：uxor-**is**   'of wife'
与格：uxor-**i**   'to wife'
离格：uxor-**e**   'from wife'

词缀的库藏似乎不完整，没有表达主格的词缀。或者换句话说，主格词缀是零，没有任何词缀形式，uxor-0。其他零词缀的例子，请参阅（11）和（12）。这就产生了词缀选择的下一个参项。

(e) 显性词缀vs.零词缀

哪种词缀有显性形式，哪种词缀是零词缀？

这一点也同样有一些跨结构和跨语言的变体。注意下面这些例子中单数和复数的标记。

（17）   单数   复数
      拉丁语：   uxor 'wife'   uxor-**es** 'wives'
      南巴拉萨诺语：   kahe-**a** 'eye'   kahe 'eyes'
      斯瓦希里语：   **ki**-su 'knife'   **vi**-su 'knives'
      普通话：   ren 'man'   ren 'men'

在拉丁语中，复数有词缀而单数没有；南巴拉萨诺语与拉丁语相反，单数有词缀复数没有（至少在这个例子中）；斯瓦希里语中的单数和复数都有词缀；普通话中的单复数都没有词缀。

下面是相关可选模式的图示：

（18）显性词缀和零词缀

    （a）显性词缀：形式-1 – 意义-1

    （b）零词缀：0 – 意义-1

自然有人会怀疑相反的不平衡关系是否会发生，即无意义的词缀。虽然语素包括词缀并负载意义，词语内还是有些语音成分并不承担语义功能。如德语一些复合词中间的s，如"handlung-s-fähig（action-s-capable）"或者

"arbeit-s-los（work-s–less）"，这些s尽管无意义，有些时候也被认为是语素[①]。

以上介绍了词干和词缀构成词时的各种变化以及词缀形式变化的例子，接下来我们讨论本节开头提到的形态变化的第三个维度：语素的顺序。

（C）语素顺序的跨语言差异

不同语言在词语中语素的顺序上很不相同。如例（6）中，表示顺序的标记在英语中属于后缀（比如ten-th），但在马来语中属于前缀，即使是同样意义的词缀在不同语言中的顺序也可能不同。以下是几种语言中词缀顺序不同的一些同义词。

（19）（a）英语　　　　　匈牙利语
　　　　　im-patient　　türelm-**etlen**　　（türelem 'patience'）
　　　　　im-probable　valószínü-**tlen**　（valószínü 'probable'）
　　（b）英语　　　　　他加禄语
　　　　　beauti-**ful**　　**ma**-ganda　　（ganda 'beauty'）
　　　　　oil-y　　　　　**ma**-langis　　（langis 'oil'）
　　（c）英语　　　　　基库尤语
　　　　　teacher-**s**　　**a**-rutani　　（-rutani 'teacher'）
　　　　　buyer-**s**　　　**a**-guri　　　（-guri 'buyer'）

语素顺序不仅在跨语言中是多变的，在同一种语言内部也是如此：比如英语既有前缀又有后缀，如im-patient，child-less，un-educat-ed。

词缀除了可以位于词干之前或之后外，还有更多复杂的类型。第三章3.3节介绍了句法中的内嵌语序的例子：一个单位放置在另一个单位的构成部分之间。这种类型在语素顺序中也存在：一个词缀可以出现在词干内部、外部，或者也可以环绕词干。前者称为中缀，见（20）。

[①] 译者注：一种构词上的纯形式语素。

（20）（a） gap 'to cut'   g-**an**-ap 'scissors'   卡都语
　　　　　 panh 'to shoot'   p-**an**-anh 'crossbow'
　　　　　 piih 'to sweep'   p-**an**-iih 'broom'
　　　　　（Merrifield 1987：#19）

　　　（b） gafutan 'grab'   g-**in**-afut 'grabbed'   阿格塔语
　　　　　 hulutan 'follow'   h-**in**-ulut 'followed'
　　　　　（Merrifield 1987：#18）

契卡索语就有环式词缀这种类型，如（21a）。俄语中也有环式词缀。形式"do-"通常作为完整体前缀（如 **do**-pivat 'to drink up'），"-sja"是反身后缀（如 myt'-**sja** 'to wash oneself'）；但在例（21b）中两个词缀都是表达词语意义所必需的（Brown 2011：494）。

（21）（a） a. chokma   'he is good'   契卡索语
　　　　　　 ik-chokm-**o**   'he is not good'
　　　　　 b. lakna   'it is yellow'
　　　　　　 ik-lakn-**o**   'it is not yellow'

　　　（b） a. ždat' 'to wait'   俄语
　　　　　　 do-ždat'-**sja**
　　　　　　 up.to-wait.INF-**REFL**
　　　　　　 'to wait for a long time（with success）'
　　　　　 b. * **do**-ždat'
　　　　　　 up.to-wait.INF
　　　　　　 * ždat'-**sja**
　　　　　　 wait.INF-**REFL**

下面这个德语例子与俄语的例子有所不同，词缀"ge-, -t（或-en）"一起构成动词的分词形式，二者任何时候都缺一不可。

（22）（c）a. **ge**-ledig-**t** 'settled' 德语
　　　　　ge-schrieb-**en** 'written'
　　　　b. * **ge**-ledig
　　　　　* **ge**-schrieb
　　　　　* ledig-**t**
　　　　　* schrieb-**en**

连锁语序的第三种类型更加复杂：词干和词缀都不是连续的。这一类型被称为是"内缀（或嵌入词缀）"，是闪含语系的特征。在希伯来语中，前缀加词干中插入一个元音i来表达致使意义。元音i在这里不是简单的中缀：它替换了非致使动词的两个a-元音（Merrifield 1987：#20）。

（23）qaraʔ 'read'　　**hi**-qr-**i**-ʔ 'make read' 希伯来语
　　　raqad 'dance'　 **hi**-rq-**i**-d 'make dance'
　　　šaʔal 'borrow'　**hi**-šʔ-**i**-l 'lend'

除了词缀与词干间的三种线性顺序——之前、之后、内嵌，还有一种根据时序关系安排词内部词缀的情况。正如第三章3.3节中所做的比喻，除了可以在看电视新闻前读报纸、看电视新闻后读报纸、看电视和读报纸交替进行外，也可以一边看电视新闻一边读报纸。这种同时发生的顺序在句法中不存在，因为按照定义，每个词都必须独立发音，一个词不能加在另一个上面。但是，对于语素来说却不同。声音特征，比如词调和重音，是加在词之上的而不是位于它们之前或之后，而且如果这个超音段特征改变了词的意义，它们便具备语素地位，从而产生了非线性的、同时出现的语素。

在一些语言中，语法意义确实可以通过超音段成分来实现。以英语为例，重音位置的不同可以区分名词和动词。在基西语（一种坦桑尼亚的尼日尔—刚果语）中，词中最后一个音节的音调低和高可相应表达惯常义和过去时意义（Bickel and Nichols 2005：86）。

（24）（a）名词： 动词： 英语

　　　　tórment tormén255t

　　　　áddress addréss

　　　　púrchase purcháse

　　（b）a. Ò　cìmbù .　'She（usually）leaves.' 基西语

　　　　　 3SG leave. PRES. HABITUAL

　　　　 b. Ò　cìmbú .　'She left.'

　　　　　 3SG leave. PST. PFV

基于以上讨论，第一个（a）与词干和词缀的结合有关，接下来两个涉及语素的多个意义［累加式、分裂式（b）、单义和多义关系（c）］；第四（d）和第五（e）涉及语素的多种形式和零形式。上面的调查数据引出了跨语言中形态变化的第六个参项，即关于语素的时间顺序。

（f）语素的顺序

　　语素是按照什么样的时序关系排列的？

以上我们已经看到在（a）—（f）这六个参项上，跨语言间和语言内部不同的形态类型的分类。这些语言例句说明人类语言中存在一些规律。由此我们可以获得一些存在式命题，如"有些语言中的单个词缀可以同时表达多个意义"或者"有些语言具有一些前缀"。但是这些类型在跨语言中出现的频率和出现的条件是什么？接下来，我们将尽可能地从定量、定性角度充实这些存在式命题。一方面，搜索文献来看某些类型是否比其他类型发生得更频繁。另一方面，寻找非限制性或蕴涵共性，即某一类型或另一类型出现的条件。

4.2 语素和语素形式的选择

4.2.1 选择哪些语素？
4.2.1.1 词干和词缀

我们现在要解决的问题是：如果我们要构建语言中的一个词，关于语素组合的跨语言限制是什么？

在前一节中的六个变化参项中，前三个参项与此相关。

（a）词干和词缀
　　构成词时可用的词干和词缀
（b）分裂词缀和累加词缀
　　词缀只有一个意义还是多个意义
（c）单义词缀和多义词缀
　　词缀只有一个确定的意义还是有多个可选的意义

关于（a）词干和词缀：如上文第（3）提到的汉语普通话和苗语的例子，有些语言没有任何词缀。这意味着原本存在的三种逻辑上可能的词的类型：

（a）词干+词干
（b）词干+词缀
（c）词缀+词缀

在这些语言中不存在第二种和第三种类型[①]。但是，通过使用第一种选择，这样的分析型（或孤立型）语言也会具有多语素词：复合词（Li and Thompson 1981：47；Whitelock 1982：40）。

（25）（a）féi-zào　　　　　'soap'　　　　　　　　　　　　普通话
　　　　　fat-black

[①] 译者注：说汉语中不存在"词干+词缀"类型的词，这是作者不了解汉语而形成的错误观点。汉语中有"桌子""石头"这样的由"子、儿、头"等词缀构成的词。

  rù-shén   'fascinated'
  enter-spirit
（b）sawv-ntxov   'morning'   苗语
  get.up-early
  tsaus-ntuj   'night-time'
  dark-sky

  名词并入是复合的一个基本类型：动词与其名词论元之一复合，比如英语中的baby-sit。与动词组合的名词论元并不是任意的。Marianne Mithun在她的一百种语言构成的样本库中，发现了以下有压倒性优势的蕴涵共性（1984：875）：

  共性1：如果在一种语言中，不及物动词合并它的单论元（以下简称S合并——译者注），那么及物动词就合并它们的受事论元（以下简称P合并——译者注）。

  共性2：几乎不存在及物动词施事的合并。

  也就是说，在一些语言中，如果存在"to wind-blow"意思是"吹风"的动词形式，那么也会存在"to letter-write"意思是"写信"的动词形式；没有或鲜有语言存在"to teacher-punish"意思是"给老师惩罚（比如children）"的动词形式。斐济语存在P合并的例子（但是很明显没有S合并的例子）。（Dixon 1988：227，Aikhenvald 2007：14；下例标注简化）

（26）（a）P not incorporated：   斐济语
   e 'ani-a a   uto
   he eat-it the/some breadfruit
   'He is eating/the/some breadfruit.'
 （b）P incorporated:
   e **'ana-uto** 'He is eating breadfruit.'
   he **eat-breadfruit**
   'He is eating breadfruit (breadfruit-eating).'

既有P合并又有S合并的语言是图斯卡罗拉语；Mithun的例子包括P合并的"ice-throw"和S合并的"good-day.be"（1999：44—47）。

由于被合并的名词通常是及物动词的受事或不及物动词的主语，但不会是及物句子的施事，这种类型属于施格。即使在宾格语言中这也是词语构成的一个常见类型，这也支持了第三章3.2.2.2节中的观点。

如果我们区分（27）中提到的两种英语词缀类型，可以得到关于词干+词缀模式的一个蕴涵共性：

（27）（a）派生： 英语

resource-**ful**

child-**less**

demonstrat-**ion**

（b）屈折变化：

resource-**s**

pretti-**er**

swimm-**ing**

如-ful，-less，-(t)ion这样的词缀叫做派生词缀：它们能够改变词干的词类，比如由名词派生形容词，或由动词派生名词。屈折词缀如-s，-er，-ing，很少改变词义，但可增加语法信息，比如一致性关系、比较级、体等。并不是所有的语言都有派生词缀，但有屈折变化的语言都有派生现象。

共性3：如果一种语言有屈折变化，就有派生现象。（Greenberg 1966a：#29）

换句话说，对于语言来说，使用词缀创造新词似乎比用它们来修饰已有词语的意义更重要。

上文提到的第三种可能的词的结构：仅由词缀构成词，见例（7）中的匈牙利语；这是一种很少见的类型。历史上，它源于名词词干加词缀结构，词干独立的名词性地位后来逐渐让位于词缀地位。

4.2.1.2 词缀：累加和合并

以上我们对派生词缀和屈折词缀的区别可以进一步支持一个跨语言共性，该共性与参项（c）分裂词缀和累加词缀相关：词缀仅具有一个意义还是同时具有多个意义。有些词缀的语义类型比其他词缀更倾向于累加，即由一个单一词缀表达。下面是Frans Plank（1999）提出的两个共性，一个是关于分裂词缀的倾向性，另一个是关于累加词缀的倾向性。

共性4：派生词缀和屈折词缀没有联合的累加范例。（Plank 1999：290—292）

共性5：人称和数经常由累加词缀而不是分裂词缀标记。（Plank 1999：292）

共性4强调了派生词缀和屈折词缀的差异。它意味着，没有哪个语言中的词像英语中的speaker一样由词干加派生词缀组合而成①，但在复数形式speak-lut中，词缀-lut综合了去动词的名词化词缀-er和复数词缀-s。

共性5 的作用可见于拉丁语和土耳其语。例（8）中，两种语言的名词词形变化不同，拉丁语累加了数和格，例如dom-os（房子 ACC）中 -os 表明复数和宾格，而土耳其语有单独的复数词缀（-lar /-ler）和宾格词缀-i，如"ev-ler-i（房子 ACC）"。下面来比较一下"去"义动词过去时的词形变化：

（28）拉丁语　　　　　　土耳其语

S1　ambula-ba-**m**　　　git-ti-**m**

S2　ambula-ba-**s**　　　git-ti-**n**

S3　ambula-ba-**t**　　　git-ti-**0**

P1　ambula-ba-**mus**　　git-ti-**k**

P2　ambula-ba-**tis**　　 git-ti-**niz**

P3　ambula-ba-**nt**　　　git-ti-**ler**

---

① 译者注：作者的判断有误。普通话中的"记者、强化"等都是词干加派生词缀构成的派生词。

两种语言的过去时都用一个单独的词缀标记：拉丁语的-ba和土耳其语的-ti。两种语言中标记人称和数的词缀都不是分开的，两个范畴共用一个词缀。尽管土耳其语总体上是黏着型的，即使用分裂词缀。Plank指出人称和数的联合表达可能是因为名词性复数不用于第一和第二人称，正如第二章2.3.2节中讨论的，"we"通常指称的并非是一个以上的"I"，而复数的"you"指称的也不一定是一个以上的听者。

接下来我们讨论第三个问题，（c）单义词缀和多义词缀。首先看一下德语定冠词词形变化表。

（29）

	单数			复数			德语
	阳性	阴性	中性	阳性	阴性	中性	
主格	der	die	das	die	die	die	
宾格	den	die	das	die	die	die	
属格	des	der	des	der	der	der	
与格	dem	der	dem	den	den	den	

以上24种词形变化由两个数、三个性（阳性、阴性、中性）和四个格（主格、宾格、属格、与格）决定；但是总体而言只有四分之一的区别形式：der、die、das、den、des和dem①。除了des，其他均有多重角色，具有多个意义。注意以上在性、数、格所表现出的部分差异，但并不是没有一点共性。例如，对于主宾格的单数形式而言，其阳性和中性是区分的，但在属格和与格上，阳性和中性不再区分；属格和与格在阳性和中性上不同，但阴性上相同。

同一形式的多种用法是巧合还是另有原因？每当同一形式具有多种意义时，这个问题就会出现：这些形式是一词多义还是同形异义？一词多义时这些意义是相关的，而同形异义时的形式相同纯属巧合。在英语中，"bear"就是一个典型的同形异义的例子，具有名词"熊"和动词"承受"两个意义。"school"可以指教育机构的建筑，也可以指教育机

---

① 译者注：这里列出了6种形式，但上表中的总数为24种形式，而实际形式上只有这6种具有区别性，占总数的1/4。

构本身，但这两个意义是相关的，因此"school"是一词多义而不是同形异义。以上五个具有多种语义的德语冠词是像bear一样是同形异义还是像school一样是一词多义？

其中一些形式看似偶然相同，更像bear代表着两种意义。为什么德语中定冠词单数阳性宾格形式den同样也是复数与格形式，单数阳性主格der也用于单数阴性与格和复数属格？这也许是偶然的巧合，属于同形异义。不过，在跨语言中也存在一些一个形式对应多个意义的类型。接下来我们讨论其中的两种类型。

（30）（a）复数形式中的性的多义性

复数格形式die、der、den三种性的形式相同，尽管它们单数格的三种性形式有所不同。

（b）主格和宾格在六个子范式中格的多义性

单数阴性的主格和宾格形式（die）、单数中性的主格和宾格形式（das）、复数的主格和宾格形式（die）均相同；主格和宾格仅在单数阳性时不同（der和den）。

在性、格等范畴中，范畴区分在某些语境中出现但在另一些语境中消失的现象称为合并（参看Baerman, Brown and Corbett 2005：34）。需要注意这里的限制条件，即该区分须在同一语言中的其他语境中出现。例如，芬兰语名词缺乏性的区分，但它不符合合并的界定，因为在该语言的任何地方都不存在语法上的性的区分。可见合并是表达特定意义的词形变化的不对称性的一个例子。

下面我们来看一下（30）的命题。（30a）描述了德语中性的合并。在第二章2.3.2节中我们也看到类似的人称代词的格的例子：俄语中，第三人称单数代词有三种性形式（on、ona和ono），但复数时没有性的区分（oni）。俄语还有另一个性合并的例子。单数名词和它们的形容词会根据性的不同而具有不同的格标记。除了属格，复数名词没有性的区分，形容词则完全没有性的区分。见例（31）。阳性形式是短语"first class"的词形变化，阴性形式是"first school"的词形变化。

（31）（a）　　　　　　　　　单数　　　　　　　　　　　　俄语

　　　　　　　　阳性　　　　　　　　　　　阴性

　　　　　　NOM perv-yj klass-0　　　　　perv-aja škol-a
　　　　　　ACC perv-yj klass-0　　　　　perv-uju škol-u
　　　　　　GEN perv-ovo klass-a　　　　 perv-oj škol-y
　　　　　　DAT perv-omu klass-u　　　　 perv-oj škol-e
　　　　　　INSTR perv-ym klass-om　　　 perv-oj škol-oj
　　　　　　PREP perv-om klass-e　　　　 perv-oj škol-e

（b）　　　　　　　　　　　复数

　　　　　　　　阳性　　　　　　　　　　　阴性

　　　　　　NOM perv-ye klass-y　　　　　perv-ye škol-y
　　　　　　ACC perv-ye klass-y　　　　　perv-ye škol-y
　　　　　　GEN perv-yh klass-ov　　　　 perv-yh škol-0
　　　　　　DAT perv-ym klass-am　　　　 perv-ym škol-am
　　　　　　INSTR perv-ymi klass-ami　　 perv-ymi škol-ami
　　　　　　PREP perv-yh klass-ah　　　　perv-yh škol-ah

　　复数形式性的合并看似是有道理的：单数的指称对象有清晰可辨的性，而由成员构成的多数事物的性也许是不同的。但是，复数形式的性合并并不是普遍类型。在Plank和Schellinger的300多种语言组成的样本库中，该模式是高频类型，但是有大约10%的语言违反了这一规律，它们的非单数形式的性的区分多于单数（Plank and Schellinger 1997）。他们的研究结果仍然与下面关于频率的陈述一致。

　　共性6：跨语言中，复数形式的性合并比单数更常见。

　　（30b）简述了德语冠词格合并的现象，主–宾格标记的多义性见（29）。俄语例（31）也展示了阳性和阴性复数名词以及阳性单数名词中的格合并。两个所谓的核心格的合并——主格和宾格，或者是施格和通格——是格合并中最常见的类型（Baerman et al. 2005）。

共性7：跨语言中，格合并最经常涉及的是两个核心格。

本节的问题是：如果我们想构造一种语言的一个词，语素组合的跨语言限制是什么呢？为了回答这个问题，以上讨论了七个跨语言共性。其中前两个是关于复合的特殊类型——合并。其余五个共性是关于词缀：派生和屈折之间的蕴涵关系（共性3），缺乏共同累加的派生和屈折词缀（共性4），人称–数累加的频率（共性5），复数性合并的倾向性（共性6），核心格的格合并（共性7）。

如4.1节所述，选择了正确的语素并不能保证词的合法性：因为有些词缀有多种形式，在特定语境中需要选择正确的变体。接下来我们就要讨论跨语言中语素变化有哪些类型？

4.2.2 选择语素的哪种形式？

4.2.2.1 重叠

4.2节参项（d）提到，词缀形式变化不一。英语中，比较级词缀-er（如"prettier"中）发音单一，而其他词缀有多个变体，例如复数词缀有多个变体/s/（如cats）、/z/（如dogs）以及/əz/（如kisses）；否定前缀也是如此，可能是im-（如im-possible）或in-（如in-tolerable）。

如果词缀有多个变体，音系可能是其选择条件。英语中的复数词缀发音是/s/、/z/还是/əz/，取决于它前面的语音的音系属性。但也有例外：fix-es发音/əz/和ox-en的/ən/与其音系环境无关。un-和in-的选择也是如此：如untenable和intolerable中，un-和in-都可以在/t/前面。以上变体的选择都受词汇条件限制。

词缀零变体、语音条件变体以及词汇条件变体这三种类型在其他语言中也普遍存在。以上提到的芬兰语中的格词缀是不变的，所有名词的属格都是-n。语音条件的变体以土耳其语为例：复数词缀是-lar还是-ler取决于词干的元音。在4.1节例（11）中，塞尔维亚–克罗地亚语的格变化例证了词汇条件的变体，如一些名词的属格词缀是-i，而其他词的属格词缀是-a。另外，古英语名词的复数宾格词缀也是如此，它有多个变体，包括stān-as

（石头）、sċip-**u**（船只）、feld-**a**（田地）、ēag-**an**（眼睛）、brōþor-**0**（兄弟）（引自 Plank 1999：305）。

词汇条件变体的规律性不强，词缀的形式变化不一，词干和特定变化的关系也很任意。为什么古英语复数宾格词缀有不同的变体，如-as、-u、-a、-an和零词缀；为什么stān（石头）选择-as而sċip（船）选择-u？尽管以上差异可能是由于词形变化的历史而引起的，不过，一些例子显示，跨语言中，非音系条件变体的选择还是遵循了一定的复现模式。在本节的其余部分和下一节，我们将会重点探讨两个常见的词缀变化类型。

以下是第一种类型（Schachter and Otanes 1972：363）。

（32）基本形式 　　　　　将行体形式 　　　　　　　他加禄语
　　　bigyan 'give to' 　　　　**bi**-bigyan 'will give to'
　　　iabot 'hand to' 　　　　 i-**a**-abot 'will hand to'
　　　ikagalit 'make angry' 　 ika-**ga**-galit 'will make angry'
　　　makita 'see' 　　　　　　ma-**ki**-kita 'will see'
　　　mangagsikain 'eat（PL）' 　mangag-**si**-sikain 'will eat（PL）'

乍看起来，语素变体似乎是任意的：将行体的词缀bi-、-a-、-ga-、-ki-和-si-之间差异很大。不过，细看可以发现，虽然语素变体彼此之间不相似，实际上每一个都与它们所添加的基式相似：词缀是基本词的一部分的复制。基式或它的一部分被复制的形态类型称作重叠。

重叠分布非常普遍；但是尤为有趣的是，在其形式属性和结构所表达的意义上都有复现的限制。请看以下例子。

（A）重叠的跨语言复现的形式属性

重叠在欧洲语言中也存在，但类型与（32）中的他加禄语有些不同。第一，欧洲的例子涉及整个词的重叠，形成了复合词或紧密结合的短语，如英语中的very very nice，an old old man，many many thanks，或he walked and walked and walked。相反，他加禄语例子展示的是部分重叠。第二，英语词可以重叠两次、三次甚至更多，而他加禄语的例子中只能重叠一次。

第三，英语或西方语言中这些结构的意义几乎都是表示强调。而在其他语言中，重叠有多种语义，如下：

（33）（a）así 'hand'　　　así-asíi 'hand by hand'　　　埃维语
　　　（b）quis 'who'　　　quis-quis 'whoever'　　　拉丁语
　　　（c）jang 'sheet'　　　jang-jang 'every sheet'　　　普通话①
　　　（d）gapó 'stone'　　　gapó-gapó 'small stones（in rice）'

　　　　　　　　　　　　　　　　　　　　　　　　　　　比考尔语
　　　　　　　　　　　　　　　　　　　　　（Mattes 2006：10）

完全重叠也许是普遍性特征；即使不是，下面的共性依旧成立：

共性8：如果一种语言有部分重叠，就也有完全重叠。

有些例子中，部分重叠和完全重叠不可区分。请看下面马绍尔语例句。

（34）（a）wah 'canoe'　　　wah-**wah** 'go by canoe'　　　马绍尔语
　　　　　wit 'flower'　　　wit-**wit** 'wear a flower'
　　　（b）kagir 'belt'　　　kagir-**gir** 'wear a belt'
　　　　　takin 'socks'　　　takin-**kin** 'wear socks'

四个重叠词的共同意义是"使用X"，X为基式。（34a）看起来是完全重叠。然而，如（34b）显示部分重叠也可以传达相同的含义，重叠基式最后的CVC部分。因为（34a）的整个基式只包含CVC，这些例子就与部分重叠一致了。

对于部分重叠而言，有三类限制，分别是重叠部分的语音构成、重叠部分在基式中的位置、重叠的次数。

首先，以下例子列举了重叠词缀的语音构成的变体。C、CV、CVC、CVCV是所有可能的重叠词缀的模式。12种可能性的所有子集（前、中、后位置上的四类）见下例（Moravcsik 1978：308—309）。

---

① 译者注：这个所谓的普通话的例子有点奇怪。

（35）重叠首缀

  （a）C-：gen 'to sleep' **g**-gen 'to be sleeping' 锡尔哈语

  （b）CV-：kuna 'husband' **ku**-kuna 'husbands' 帕帕戈语

  （c）CVC-：woman 'to bark at' **wom**-woman 'to be barking at'

                     阿兹特克语

（36）重叠尾缀

  （a）-CVC：pwirej 'dirt' pwirej-**rej** 'to dirty'

                     莫克莱斯语

  （b）-CVCV：erasi 'he is sick' erasi-**rasi** 'he continues being sick'

                     锡里奥尼语

（37）重叠中缀

  （a）-C-：raʔas 'to dance' raʔʔas 'to make someone dance'

                    叙利亚阿拉伯语

  （b）-V-：lup 'dry'   luʔup 'it becomes dry'

                    科尔达伦语

下面是一个强调普遍类型的共性概括：

共性9：重叠词缀的常见形式是辅音，一个音节，或两个音节。

  影响重叠结构的第二个因素是位置。所重叠的CV或V并非基式的任意部分。如（35）—（37）所示，在某些情况下必须是基式的开头部分，或是中间部分，或是结尾部分。例如，他加禄语动词 bingyan将行体形式必须是bi-bingyan；不能是bingyan-yan。不过，也有个别的例外。他加禄语中，动词maipabili［能够（某人）购买］有不同形式：mai-**pa**-pabili和maipa-**bi**-bili（Schachter and Otanes 1972：362）。在大多数情况下，重叠词缀紧邻它所复制的部分。

共性10：大多数情况下，复制词缀与基式之间有严格的顺序，可能是前缀、后缀、中缀；不过，每类中，它们都须紧邻其所复制的基式出现。

重叠结构的第三个方面涉及重叠次数。

共性11：部分重叠的重叠次数通常是有限制的，大多是单次重叠。

完全重叠却有些不同。如同英语中very，old 或 many可重叠任意次数一样，莫克莱斯语中有类似的语法化形式（Moravcsik 1978：312，313）。

（38）roar 'to give a shudder' 　　　　　　　　　　　　　　莫克莱斯语
　　　 roar-roar 'to be shuddering'
　　　 roar-roar-roar 'to continue to shudder'

在个别例子中，必须是三次重叠：

　　　 doau 'to climb' 　　　　　　　　　　　　　　　　　　莫克莱斯语
　　　 doa-doau-doau 'to continue to climb'
　　　 *doau-doau

下面我们来看一下语义表现。

（B）重叠的跨语言常见语义属性

如上所述，在西方语言中，重叠通常表示强调或量的增加，如very very 和 old old。这也是跨语言中部分重叠常见的语义特征，再如另一组他加禄语的例子（Gleason 1955：90）。

（40）基本形式：　　　　重叠：　　　　　　　　　　　　　　他加禄语
　　　 isá 'one'　　　　　　**i**-isá 'only one'
　　　 dalawá 'two'　　　　**da**-dalawá 'only two'
　　　 tatló 'three'　　　　**ta**-tatló 'only three'
　　　 píso 'peso'　　　　　**pi**-píso 'only one peso'

重叠词缀也有其他含义。它们对基式的语义贡献主要包括两类：一方面是实体的复数、动作的持续或属性的增强，另一方面是实体的减少或属性的减弱。这两个语义效果相互矛盾。在第一种情况下，语义强度变得比基式"更大"或者更强。第二种情况，语义强度变得"小"或更弱。见以下例子。

（41）增大

 （a）增加的数量

  1. mōk 'short'   阿塔卡帕语
   mōk-mōk 'short things'
   （Mithun 1999: 344）

  2. ren 'man'   普通话
   ren-ren 'everybody'

  3. hiʔ 'sand'   塞尔塔尔语
   hiʔ-hiʔ-tik 'very much sand'

 （b）重叠或持续的动作

  1. kōl 'rub'   阿塔卡帕语
   kōl kōl 'rub repeatedly'
   （Mithun 1999: 344）

  2. aló: tkan 'be full（SING）'   科阿萨蒂语
   alot-**ló**: -kan 'be full（PLU）'
   （Mithun 1999: 87）

  3. mu·tq 'lop off'   久乌戈特努特卡语
   mu-mu·tq 'lop off here and there'
   （Mithun 1999: 552）

 （c）强度

  1. dana 'old'   阿格塔语
   da-dana 'very old'

  2. dolu 'full'   土耳其语
   dop-dolu 'very full'

  3. dii 'to be good'   泰语
   díi -dii 'to be extremely good'

（42）减小

    （a）实体的小

        1. xóyamac 'child'　　　　　　　　　　　　　内兹佩尔塞语
        xoyamac-**xóyamac** 'small child'

        2. sqa'xaʔ 'horse', 'dog'　　　　　　　　　　汤普森语
        sqa'-**q**-xaʔ 'little horse', 'little dog'

        3. kwák 'my thing'　　　　　　　　　　　　　阿格塔语
        kwa-la-kwák 'my little thing'

    （b）减小的强度

        1. lutu 'to cook'　　　　　　　　　　　　　　他加禄语
        mag-**lutu**-lutu-an 'to pretend to be cooking',
        'to play cooking'
        （Shkarban and Rachkov 2007: 897）

        2. duduk 'to sit'　　　　　　　　　　　　　　印尼语
        duduk-duduk 'to sit doing nothing'
        （Ogloblink and Nedjalkov 2007: 1444）

        3. maji 'wet'　　　　　　　　　　　　　　　 斯瓦希里语
        maji-maji 'somewhat wet'

    （c）减弱的指代

        1. jama 'dress'　　　　　　　　　　　　　　 孟加拉语
        jama-**tama** 'dresses and affiliated things'

        2. havlú 'towel'　　　　　　　　　　　　　　土耳其语
        havlú **mavlú** 'towels and the like'[①]
        （Lewis 1967: 337）

        3. book-**shmuk**　　　　　　　　　　　　　　英语

  其他含义可能不完全适合以上的类别，但可能具有一定的相关性。例如，在萨利尚语中，重叠可能表示行为突然、偶然发生（Mithun 1999:

---

① 译者注：这个土耳其语的例子重叠表示"毛巾以及其他"，似乎没有语义减弱的功能。

494），这可能与表示强度有关。

在跨语言中重叠含义的多样性令人困惑，正如上所述，其语义具有矛盾性。这种矛盾性不仅体现在一种语言的重叠意义和另一种语言的相反，而且矛盾性的语义可能出现在同一语言中，有时同一结构有歧义的两种解释。在吕宋岛南部的菲律宾语，比考尔语即是如此（Mattes 2006：10）。

（43） 比考尔语
  （a）tumog 'wet' tumog-tumog 'soaking wet' 或 'wettish'
  （b）lugad 'wounded' lugad-lugad 'heavily wounded' 或 'a little wounded'

但是，Veronika Mattes认为两个相反的语义具有一个共同特性：数量变化。从这个角度而言，重叠可被视为一个标记偏离正常义的手段：通过标记"更多"或"更少"来表达偏离基式的正常含义。①

总结概括一下：

共性12：重叠跨语言最常见的意义是基式意义的在质或量上的增加。第二个最常见的意义是大小或强度的减弱。

小结一下，本节是关于词缀形式的选择：对于某词缀意义，在其可用形式中选择哪一个才是正确的？正如4.1节中（d）所讨论的形式的不变性与变异性：词缀只有一种形式还是有其他变体？以重叠结构为例：它涉及词缀的多个要素，重叠词缀的不同的语音形式取决于被重叠的部分的形式。

重叠有趣之处在于其形式–意义关系是典型象似的：形态形式的增加代表意思的增加。接下来我们关注另一个同样具有象似性的形态模式：形态简化代表意义虚化。

4.2.2.2 零形式

除了在多个可选形式中选择合适的词缀成分，还有另一个更根本的问

---

① 虽然在重叠中，重叠词缀的语音构成无疑取决于基式的语音构成，但重叠并不像语音条件变体，比如在 /t/ 和 /d/ 之间选择英语过去时语素（如 bake-d 和 love-d）。在语音条件变体中，大部分音位体是词缀所固有的，因此是所有变体所共有的，形式只受基式的轻微影响。相反，在重叠中，大部分的语音规范来自基式：同种变体的共享形式仅仅是一个模式，如 C 或 CV。

题：对于某意义而言，是否存在一种可用的形式来表达它？换句话说，当某词缀意义在寻求其表达形式时，或许会遇到多选一的窘境；或者，根本就不存在相应的形式。日常生活中也是如此，太多的选择和缺乏选项都可能是问题。我们将后一个问题阐述为参项（e）：

（e）显性词缀和零词缀

　　哪一类词缀有显性形式，哪一类有零形式？

零形式——一个意义缺乏显性表达——可能有两种方式。见下例。

（44）（a）lamb-s　　　　　　　　　　　　　　　英语
　　　　　 cow-s
　　　　　 sheep_
　　　　　 deer_
　　　（b）colon-us 'colonist'　　　　　　　　　　拉丁语
　　　　　 equ-us 'horse'
　　　　　 uxor_ 'wife'
　　　　　 consul_ 'consul'

英语的名词复数通常由后缀标记，但有些名词的基本形式既可表示单数也可表示复数，如sheep和deer。此时，零形式被作为复数词缀的语素变体。此种情况同样也适用于拉丁语名词的单数主格，在colon-us和equ-us中具有显性标记，在uxor 和 consul中没有标记形式。在这些情况下，同义显性对应形式的存在也可以支持零语素变体的假设。

以下情况却不相同。

（45）（a）复数　　　　单数　　　　　　　　　　英语
　　　　　 lamb-s　　　**lamb-_**
　　　　　 cow-s　　　 **cow-_**
　　　　　 school-s　　**school-_**
　　　　　 pen-s　　　 **pen-_**

（b）复数　　　　　单数　　　　　　　　　　　　　　　法语
　　　　fille-s　　　　**fille-** 'daughter'
　　　　maison-s　　　**maison-** 'house'
　　　　ligne-s　　　　**ligne-** 'line'
　　　　chambre-s　　**chambre-** 'room'

以上例子强调另一种不对称现象。

在（44）中，一些名词的某一范畴具有显性的词缀——英语中的复数，拉丁语中的主格，而另一些则没有显性词缀。因此零形式也是复数词缀的变体——语素变体。在（45）中，零形式与非零形式的变化不是出现在名词之间，而是出现在数范畴的两个取值（value）之间：复数有词缀，但单数没有。对于零语素变体，这里也有一个显性的对应形式，但它与零形式不是同义关系，而是它的反义形式：它指定范畴中的一个相反的取值。因此在这种情况下，零标记是一个语素，而不是语素变体。

为什么语言学家假定了零语素变体和零语素？在这两个例子中，我们的预期与研究发现都是相悖的。第一种情况，基于其他名词有显性词缀，我们预期另一些名词也有；第二种情况，我们预期显性词缀代表范畴的一个取值（单数），因为另一个值（复数）有显性词缀。当这些预期没有实现，我们假定零语素变体或零语素可以保持平衡或对称，否则失去平衡或不对称。

零语素变体很可能是在特定的语言中才出现的，而零语素的分布在跨语言中都比较普遍。这个模式是由三块组成，与我们讨论的反义词的标记性很相似（第2章2.5.1节）。

a. 组合的简单性

首先，如果考虑零语素代表的含义，我们发现它们比相应的显性词缀所表达的含义更"精简"。更确切地说，零标记词缀的意义少于显性标记词缀的意义。单数与复数意义的例子最典型，复数意义"不只一个"中包括单数的"一个"。

接下来看一下英语零标记的其他例子。

（a）形容词的原级没有标记，例如bright或pretty，但比较级有，如brighter，prettier；标记形式的意义蕴涵了无标记的形式（brighter的一定也是bright的）。

（b）动词肯定形式无标记，但动词的否定有标记（如he arrived 和he did not arrive）；而且否定动词的意义包括肯定动词的意义。例如，"他没有到达"可以意译为"他的到来并没有发生"。

（c）陈述句比疑问句的结构简单：He arrived 和Did he arrive？问句的意义蕴涵着相对应的陈述句：Did he arrive？意思是"我不确定'他到达了'这个命题的真实性"。

以下是其他语言结构中上述结构的零标记vs. 非零标记模式的例子。

（46）（a）单数零标记，复数有标记

  a. lenn 'lake' – lenn-**où** 'lakes'   布列塔尼语
   merc'h 'girl' – mer'c-**ed** 'girls'
  b. 3ya 'hand, arm' – 3ya=**tse** 'hands，arms' 曼南格语
   4thin 'house' – 4thin=**tse** 'houses'

（b）原级零标记，比较级有标记

  a. azkarr 'clever' – azkarr-**ago** 'more clever' 巴斯克语
   ederr 'beautiful' – ederr-**ago** 'more beautiful'
  b. kōrge 'high' – kōrge-**m** 'higher'   爱沙尼亚语
   'nūri 'dull' – 'nūri-**m** 'duller'

（c）肯定形式零标记，否定形式有标记

  a. tıka-vaa-aŋ 'He will eat.'   切梅胡埃维语
   eat-FUT-he
   kacu-aŋ tıka-vaa-**wa**? 'He will not eat.'
   not-he eat-FUT-**NEG**

（d）陈述句零标记，疑问句有标记

  a. ken-tze-n ari da 'is removing'   巴斯克语（北部）
   remove-NOM-LOC CONT AUX

ken-tze-n ari **dea** 'is removing?'
remove-NOM-LOC CONT **AUX.QU**

b. gör-mek 'to see' – gör-**me** -mek 'not to see'　　　土耳其语
gít-mek 'to go' – gít-**me** -mek 'not to go'

c. Juhani söi omenan . 'John ate the apple.'　　　芬兰语
John ate the.apple

Söi-**kö** Juhani omenan? 'Did John eat the apple?'
ate-**QU** John the.apple

形式的增加与意义的增加之间的对应关系在重叠结构上最为明显，这在4.2.2.1节已经阐述。接下来让我们比较一下英语和庞加西南语"chicken"的复数形式。

（47）（a）英语：　　　chicken　　　　chicken-**s**
　　　（b）庞加西南语：　manók　　　　manók-**manók**

在这两种语言中，更复杂的意义都有更复杂形式，但在英语中，形式增加（后缀-s）是任意的；在庞加西南语中，意义的改变（即在基式已有意义之上进一步增加该意义，至少有另一只chicken）得到反映：在已有基式之上进一步增加基式的相同形式（另一个manók）。①

不过，也存在一些与更简单的意义通常采用零标记这一论断相反的例子。如上所述，在斯瓦希里语和其他班图语语言中，单数和复数都加词缀，例如m-tu（男人）和 wa-tu（男人们）。同样的，斯瓦希里语中动词的肯定和否定形式也是如此，例如mi-ru（看），mi-nai（不看）。因此，形式的简单与意义的简单之间的相关性可以概括如下：

共性13：对于具有两个相反语义取值的范畴而言，更简单的语义取值的形式通常不会比另一个语义取值的形式更复杂。

---

① 当零标记术语泛指一般语义域时，零标记术语的含义不具体，因此也更有包容性。我们在反义形容词方面也看到了同样的情况（第二章 2.5.1 小节）：在"how wide? or how old?"中零标记形容词具有多种解释。

该命题阐述的是，对于同一范畴中两种相反取值而言，更简单的那个取值在形态表达上也具有相对的组合简单性。因为这个值通常是——虽然不总是——零标记，即被称为无标记的形式，相反的意义被称为有标记的。

无标记的取值在跨语言中倾向于相同——一般是单数而不是复数，是肯定句而不是疑问句等。这本身是有趣的，因为没有逻辑上的理由解释应该如此。更有趣的是，还有另外两个属性倾向于与零标记一起出现。

b. 聚合的复杂性

接下来是较低和较高数字的表达。正如第二章2.4节所述，较低的数字一般是单语素结构，而较高的数字通常是由多个语素由加、乘、减构成。因此，根据形态简单性的标准，表达较低数的数词相对于表达较高数的数词而言是无标记的。其意义也更简单。以下是拉丁语数词性和格的词形变化。

（48）（a）1 SING： 拉丁语
　　　　　NOM：un-us（M），un-a（F），un-um（N）
　　　　　ACC：un-um（M，N），un-am（F）
　　　　　PLU：
　　　　　NOM：un-i（M），un-ae（F），un-a（N）
　　　　　ACC：un-os（M），un-as（F），un-a（N）
　　　　2 NOM：du-o（M，N），du-ae（F）
　　　　　ACC：du-os（M），du-as（F），du-o（N）
　　　　3 NOM：tr-es（M，F），tr-ia（N）
　　　　　ACC：tr-es（M，F），tr-ia（N）
　　　　4 quatuor
　　　　11 un-decim
　　　　12 duo-decim

最低的数"一"有单数和复数两种形式，且其主格和宾格的性形式各有不同。"二"在数方面没有形式差异，它的主格有三种性的区分，宾格有两种性的区分。"三"的性和格的区分都减少，两个格都只有两个性的区分，格形式无区分。所有更高的数（除去从200开始的百位数）只有单一形式，未区分性、数、格。尽管单语素和多语素数词与减少和非减少的数之间的分界线不同，但是较低的数具有更简单的单语素结构，在性、数、格方面具有更多的词形变化。换句话说，组合的简单性和聚合的复杂性是相匹配的。

不规则性是聚合复杂性的一种。在各种语言中，动词"be"比其他动词的词形变化都更多。在英语中，它实际上是唯一一个有三个人称/数形式的动词：现在时的am，are和is过去时的was和were，而其他动词只有两种"现在时"的形式（零形式和-s，如在bake和bakes中）和一个完成体的形式（baked）。

较低和较高数的数词还有第三个方面的不同：它们在文本中的频率。由此我们可以得到有标记和无标记间关系的第三个测试标准。

c. 频率

根据英语、西班牙语、法语和德语的文本计算，从1到9的数词频率在递减（Greenberg 1966c：42—43）。高频率一般是范畴中无标记成员所有的特征。上文提到，形容词原形处于无标记的地位。较于比较级和最高级，原形更高的频率可以为其无标记地位提供更多的支持（Greenberg 1966c：41）。通常而言，动词一般过去时与相应的现在时形式不同，前者包含了一个额外的语素。一些文本统计也显示，前者不如后者频繁（Greenberg 1966c：48）。

因此，这里是共性13的扩展版本，呼应第二章2.5.1节的共性23。

共性13'：对于具有两个相反语义的范畴而言，语义更简单的一方，
　　　　其形式
（a）倾向于不比另一方复杂；
（b）倾向于有不少于另一方的子类型；

（c）倾向于更频繁。①

为什么语义和形式的简单性、子范畴的更多变化形式、更高的频率会倾向一起出现呢？这三个因素中的哪一个可被视为其他两个的原因？例如，是否是结构简单导致了更高的频率？认为说话人会更频繁地使用简单的表达式，这不是不合理的；但是这产生了一个问题，为什么一些结构要更简单呢？

标记现象背后的基本驱动无疑是词所指代客观世界事物的频率。在讨论零形式和可选的标记时，Greenberg说："零形式和任意/可选-作者/表达式的重要现象可以理解为基于语言使用者必须面对的客观世界的情状的频率……例如在英语中，并不是男性相对于女性通常是无标记的类别②，而是现实世界中频率高的为无标记。"（Greenberg 1966 c：66）。然后他把author和nurse做了比较。author是无标记的：它可以指男性或女性，但大多数可能是男性，因为大多数作者都是男性。nurse又主要理解为女性，仅仅因为大多数护士是女性，标记形式男护士具有特殊意义。

其他研究标记现象的语言学家也同样强调频率是一个首要原因，其中Martin Haspelmath指出标记现象是频率效应（Haspelmath 2010：265—2010），Bernard Comrie认为："情状的标记性和形态结构的标记性之间（有）一个简单的相关性：形态的无标记对应情状的无标记，而显性形态标记对应（较低预期的）情状的标记性。"（Comrie 1986：1986）

频率如何促使其他无标记特征的形成？Haspelmath提出了两个因素：易于发音和记忆。发音的偏好与零形式的起源有关：经常使用的形式可能会减少，因为他们具有可预测性。记忆又与聚合的复杂性有关：人们记住常用的形式，即使它们不符合规则词形变化，不过如果它们不经常出现就会被忘记。频繁的使用使形式磨蚀，同时记忆保持它们的可变性。

---

① 无标记项的三个特点的相关性——组合的简单性、聚合的复杂性和频度——可能在单复数对立方面最明显。德语定冠词的性的三种区分，在复数时完全不存在。文本计数表明单数比复数频次更高。（Greenberg 1966c：32, 35-37）

② 译者注：实际情况女性人数略多于男性。但在社会角色方面男性的频率多于女性。在某些工作范围内，性别的频率会呈现明显的差异。如下文所提及的nurse。

语言之外的相似模式也可以突显语言中标记现象的重要意义。上述三个因素中，缺失标记和频率的相关性在人类社会行为和人造物的结构中无处不在。正如Haspelmath所列举的例子，拨打当地电话号码通常不需要区号，而对于长途电话则需要。这与大多数电话是当地的而不是长途这个事实是一致的。

在第7章7.4节将会有更多的关于标记性的讨论。①

4.3 语素的顺序

如本章开始所讨论的，正确的词语结构取决于三个因素：语素的选择、语素形式的选择和语素的顺序。我们已经讨论了前两个因素，接下来看第三种因素：线性顺序［4.1节中的参项（f）］。

一个词中的语素是如何排序的？在第三章3.3节关于句子中词的语序也有过同样的问题。为了回答那个问题，我们确定了五个逻辑可能性：

1. 前置不管是否毗邻
2. 毗邻不管先后
3. 既前置又毗邻（=直接前置）
4. 既不前置也不毗邻（自由语序）
5. 连锁顺序

我们得出结论，句法上，涉及是否前置（如主语在宾语前）和涉及是否毗邻（例如宾语紧邻动词）都存在跨语言的倾向性，但涉及既前置又毗邻的语序模式即使出现，也很少见，自由顺序和内嵌顺序也是如此。那么语素的顺序呢？不考虑复合词内的语序，我们重点讨论词缀相对于词干的语序。

首先，在以上4.1节中，确定了多种可能的时序模式，其中之一不适

---

① 另外的一些标记性的例证包括：当与某人约定见面，没有必要提及月份这一时间，但是如果约会不是定在本月，就需要特别指出月份。规律性的邮件无需特别标注；只有挂号信或特别投递才需要标注。如果你预计会晚回家，你会告知家人；但是如果预计会按时回家，就"无需打招呼"。

用于词语之间的语序，但却可用于语素：同时性语素。由于语素并不定义为要有独立的发音①，语素可能具有超音段属性，如重音和音高，语素并非是线性排序，而是同时发生的。由此下面是可能的语素排序的一个完整列表：

1. 前置不管是否毗邻
2. 毗邻不管先后
3. 既前置又毗邻（=直接前置）
4. 既不前置也不毗邻（自由语序）
5. 内嵌语序
6. 同时语序（超音段词缀）

4.1节的例子说明了前置（前缀、后缀），内嵌（中缀、框式词缀、内缀）和超音段语序（suprafix②）的各种模式。在本节中，我们讨论各种语序模式跨语言的频率及其出现的条件。之前已经有一些相关的归纳，其中一些指出了词序和语素顺序的相似之处，一些则指出了它们的差异。

首先，在句法和形态上都有一对跨语言中罕见的顺序模式：自由语序和内嵌语序。此外，超音段作为词缀的例子也很少。

共性14：词缀的自由语序在跨语言中是罕见的，如果一种语言中的词缀具有自由语序，那它也具有固定的语序。

共性15：非连续词缀的语序（中缀、框式词缀和内缀）在跨语言中是罕见的；如果一种语言有非连续词缀，它也有前缀或后缀或两者兼有。（Greenberg 1966a：#26）

共性16：超音段词缀在跨语言中是罕见的；如果一种语言中有超音段词缀，它也有音段词缀。

关于自由语序的共性（共性14）说明的是自由语序出现的可能性，

---

① 译者注：此处应指音段单位（Segment），即语素不必有独立的音段（可以是超音段 suprasegment）。

② 译者注：suprafix 是一种表达派生或屈折意义的超音段形式（例如，声调或重音）。例如非洲一些语言中通过语气变化表达时体的差别。

因为存在一些零散的可逆词缀顺序的例子。上文提及的他加禄语中的重叠（4.2.2.1节）就是一例，再如（49）和（50）中的两个例子（Comrie 1980：81—82）。

（49）'to our house'：（a）kerka-**nim-laṅ** 捷尔日语
　　　　　　　　　　　house-**our-to**
　　　　　　　　　　（b）kerka-**laṅ-nim**
　　　　　　　　　　　house-**to-our**

（50）'to my forest'：（a）čodra-**m-lan** 切尔尼米斯语
　　　　　　　　　　　forest-**my-to**
　　　　　　　　　　（b）čodra-**lan-em**
　　　　　　　　　　　forest-**to-my**

有趣的是，不同的词缀顺序也代表着不同的意义，比如在土耳其语中（Lewis 1967：40）。

（51）（a）kardeş-**ler-im**　　　　'my brothers'　　　土耳其语
　　　　　brother-**PLU-my**
　　　（b）kardeş-**im-ler**　　　　'my brother and his family'
　　　　　brother-**my-PLU**

基于4.1节中的例子：卡都语和阿格塔语的中缀，契卡索语、俄语和德语的框式词缀，希伯来语的内缀以及英语和基西语的超音段词缀，关于非连续和超音段词缀语序的共性（共性15和共性16）是统计性共性，而非绝对的。其他的一些例子如（引自Rubba 2001：679，680，681）：

（52）（a）中缀　　　　　　　　　　　　　　　　　　北菲律宾高山语
　　　　（i）fikas 'strong'
　　　　　　f-**um**-ikas 'to be/become strong'
　　　　（ii）bato 'stone'
　　　　　　b-**um**-ato 'to be/become stone'

（b）外缀 尤卡特克玛雅语
  （i）leti 'that one'
    ma**ʔ**-leti **ʔi** 'not that one'
    NEG-that.one-**NEG**
  （ii）ʔnkaat 'I want（it）'
    maʔ-ʔnkaat-**ʔi** 'I don't want it'
    NEG-I.want（.it）-**NEG**

（c）内缀 阿姆哈拉语
  infinitive：məsbər
  imperfective：səbr-
  perfective：səbər
  imperative：sibər

（d）超音段词缀 古希腊语
  （i）potós 'drunk'
    pótos 'a drink'
  （ii）leukós 'white'
    leûrkos 'whitefish'

共性14、共性15和共性16属于六类可能语序类型中的最后三类：自由语序、非连续和超音段词缀。下面我们讨论词缀与词干间的前置和毗邻关系。

（a）后缀和前缀

Dryer（2005i）在772种语言组成的语言样本中发现，超过一半（382种语言）有后缀（例如，西格陵兰爱斯基摩语），另外114种有一定的后缀倾向（例如，莫克莱斯语）。只有54种语言中前缀是主要的模式（例如，洪德语，刚果民主共和国的一种班图语），92种语言有较弱的前缀倾向（例如，莫霍克语）。后缀和前缀数量大约相当的语言约有130种（例如，基里巴斯语）。

共性17：优势

  在跨语言中，后缀比前缀更频繁。

如果考虑下面两个因素，后缀整体偏好可能会更为明显。第一个因素是个体词缀的功能：它们是否表达格、主语一致、宾语一致、定指等等。另一个是语言中词的语序类型。对于前者而言，发现它与格词缀有关。在Dryer的WALS的另一个项目中（Dryer 2005f），他发现466种语言有格词缀。其中，绝大多数——431种——是后缀；只有35例为前缀。因此相比其他词缀，格词缀更倾向后缀。

共性18：跨语言间，格词缀倾向为后缀。

以下是罕见的格前缀类型（引自Dryer 2005f：210）。

（53）wakaboola **a**-Joni　　'He came along with John.'　　汤加语
　　　he.came　**with**-John

第二种关于词缀位置和词的语序类型的关系，一个共性请见下文（参看Greenberg 1966a：#27）。

共性19：动词居末和有后置词的语言几乎总是使用后缀。

如何解释后缀优于前缀的总体倾向呢？有两个因素已被研究过：一个是与后缀的处理优势有关的心理因素，另一个是涉及词缀的历史起源的历时因素。对于因果的直接解释，只有历时因素可以，正如John Haiman所说，"一切都有它的方式，因为它已形成了这种方式"（Haiman 2003：108）。但却是心理因素引发并塑造了历时的变化，它们是导致结构选择和留存的因素。

对于后缀优于前缀的整体偏好（上文共性17），Christopher Hall（1988）的解释结合了以下两点：历史变化和加工偏好。他的观点基于两个假设。第一个假设是，词缀起源于词汇材料，最初它们是独立的词，随着时间的推移，由于与词干频繁共现，于是就与词干熔合了。这些词可能位于后来变为词干的结构核心之前或之后，所以无法预测倾向是前缀还是后缀。这时便有了Hall的第二个假设：较于位于词干前面的词缀，位于词干后面的语素更有可能与词干融合。这是因为，如Hawkins and Gilligan

（1988）所指出的，从词语识别的角度看，在线性加工中，如果没有前缀阻碍，词语的识别会更及时。

接下来我们来讨论词缀和词干的相邻性。

(b) 相关原则

格林伯格基于30个语言样本提出了以下跨语言共性（Greenberg 1966：#28）：

> 如果派生和屈折变化都位于词根之后或它们都位于词根之前，那么派生总是在词根和屈折变化之间。

例子比比皆是。在英语词demonstrate-ion-s中派生词缀-ion比复数-s离词干更近（*demonstrate-s-ion）；harmon-iz-ing中，-iz是派生词缀，也紧随词干之后，后面是屈折词缀-ing。下面是一个显示派生和屈折词缀顺序的前缀例子（Kimenyi 1980：64）。

(54)   卢旺达语

Úmwáana **y-ii**-sh**y**iz-é-ho   amabuye kúrí we.
child   **AGR-REFL-**   stones   on   him
            put- ASP-on
'The child puts stones on himself.'

派生词缀"反身"紧邻词干；一致关系的屈折变化在外面。

不过，Greenberg的共性有两个问题。首先，多个派生词缀之间的相对语序以及多个屈折词缀之间的相对语序如何？其次，什么原因导致派生词缀离词干更近？Joan Bybee的相关原则为这两个问题提供了答案（Bybee 1985：33—48；以及其他文献）。

共性20：词缀与词干间的距离与它和词干的意义相关性是成比例的。

下面来看对于派生词缀这意味着什么。

(55)（a）possibil-**iti**-**z**-ation   英语

（b）meg-bocsájt-**hat-atlan-ság** 匈牙利语
ASP-forgive-**able-PRIV-NMLZ**

（55a）是由最外围的去动词的名词化标记-ation派生而来的名词。这个词缀需加于一个动词之上；该动词则是通过-z这一去名词的动词化标记派生而来。它加于由形容词possible名词化而来的名词possibility之上。

（55b）也是一个名词，它是由形容词加上一个否定前缀派生，进而被添加到一个表达可能性的动词上，这个动词直接包括"能够"义的词缀。在这两种情况下，词缀顺序与语义距离一致。

现在我们来看看相关原则如何适用于屈折词缀的排序。（56）的示例来自Kimenyi（1980：127）；（57）的例子来自Weber（1989：89）。

（56）（a）Kú-ririimb-a **bi-ra**-kome-ye. 卢旺达语
INF-sing-ASP **S3-PRES**-be.difficult-ASP
'To sing is difficult.'

（b）Umugóre **y-a**-haa-**w**-e igitabo n'ûmugabo.
woman **S3-PAST**-give-**PASS**-ASP book by.man
'The woman was given the book by the man.'

（57）Maqa-**ka-ra-n-mi**. 瓦拉加语
hit-**PASS-PAST-3S**
'He was hit.'

在两个卢旺达语例子中，时态的前缀（现在或过去）紧邻词干；一致关系的语素在外围。盖丘亚语是后缀语言，因此它与卢旺达语语序相同：较于一致关系标记，时态后缀距离词干更近。这正如相关性原则所预测的：时态与动词的语义特征更相关；一致关系是外部句法环境赋予的。

在盖丘亚语的例子中，在词干和时态之间还有一个被动后缀：较于时态，它与词干之间的语义关系更紧密。第二个卢旺达语的例子中也有一个被动词缀，但是，因为它位于词干的另一侧，所以它不与其他词缀竞争位置。

名词词缀也可以论证这种基于相关性的语序。土耳其语和匈牙利语的数和格都有分裂表达，在两种语言中，数词缀是紧邻词干的。Greenberg（1966：#39）指出："如果数和格语素都存在，而且两者都在名词词干之前或之后，数的表达几乎总在名词词干和格的表达之间。"数的具体化为名词增加了意义，格只是表示名词在句子中的角色。

（58）（a）ev-**ler-i** 土耳其语
　　　　　house-**PLU-ACC**
　　　（b）ház-**ak-at** 匈牙利语
　　　　　house-**PLU-ACC**

但是，还是有一些违反相关原则的词缀顺序的例子。这一原则会预测格词缀应该总是外围的，因此所有格词缀应在外面，但是在芬兰语中有反例（Comrie 1980：81）。

（59）ystävä-**lle-ni** 'to my friend' 芬兰语
　　　　friend-**to-my**

当然，上文引用的不同的词缀顺序的零星例子与相关原则也是相悖的。

如相关原则所观察到的，词缀与词干之间的邻近性是由语义的相关性决定的，句法中也有相同的现象：第三章3.3节提到，词、短语和小句基本按照Behaghel的原则排序，即语义相关联的要素倾向于在一起。这就产生了一个概括性的问题：形态和句法结构如何相似和不同。

让我们从差异入手。第一，句子结构没有词紧凑。在成分的数量、成分的选择、其音系约束的程度以及构成成分的语序上，形态都比句法更不自由。

第二，句子往往比词更具组合性。也就是说，相比于一个词的意义是否其语素的总和，一个句子的意义往往更可能是词意义的总和。词的结构历史上更为保守、更易有特殊表现。

句法和形态结构之间有什么相似之处？除了两者都涉及某些实体（词

或语素）的共现模式和时间序列模式，以及上文提到的邻近性和语义相关之间的平行性，标记性关系，即组合的简单性、聚合的复杂性与频率的聚集表现，在句法和形态上也与词汇中一样显豁。我们将在下一章中看到，音系结构比词的结构更紧密交织；标记性在音系体系中也同样存在。

4.4 形态学范畴

本章引用了多个跨语言共性，其中涉及诸如前缀、后缀、派生和屈折词缀，以及最为重要的术语"词"。与所有的科学命题一样，这些共性只有通过实证验证才有意义：对于任何语言，必须有一个方法来判断这些命题是真是伪。因此，可测试性最重要的是取决于其所涉及的术语的明确界定。它们到底指的是什么结构？对于某个词缀，我们需要一个标准判定它是前缀还是后缀，是派生的还是屈折的，以及更基本的问题：它是语素、词缀还是词。对于建立个体语言的规则和促进跨语言概括而言，这些术语都需要定义。

本章的概括中涉及的一些实体很容易定义。因此，前缀和后缀的区分是没有问题的。屈折词缀和派生词缀的区分相对复杂。如果我们将 bake-s，bak-ing，nic-er 这些后缀和 joy-ful，explor-ation，employ-ee 的这些后缀相比较，就可以发现它们的区别：前者不改变词干的词类；而后者改变了词类，它们把名词变成形容词，把动词变成名词。这确实是文献中用于区分屈折和派生词缀的主要标准。

还有其他的特征可以区分两种词缀。例如，屈折词缀是完全能产的：它们可以被添加到特定词类中的所有成员之上，而派生词缀的能产性较弱（如有 explor-ation 但没有 postpone-ation；有 joy-ful 但没有 sense-ful; 有 employ-ee 但没有 accus-ee）。不过，这两个特征——不改变词类和能产性——并不总一致。根据标准，具有较大能产性的、永远不会改变词类的词缀是屈折词缀，但有些词缀似乎是派生词缀，因为它们没有完全的能产性，但它们同时也像屈折词缀，因为它们不会改变词干的词类，如 child-less，ideal-ism 或 kitchen-ette。换句话说，保持词干的词类不变是屈折的必要条件但不是充分条件。

另一个标准之间错配的例子是组合性。许多派生词有非组合式的解读——如mouth-ful或child-hood——与屈折词的组合性相对。但是也有组合性的派生，如nice-ly或speak-er。

试图清晰界定本章提到的跨语言共性中的其他概念时，同样会出现这样的问题。我们到底如何区分词缀和词？一个明显的答案可能是词缀是黏着形式，它们不能独立存在，而词可以。但某些语素，当它们紧密黏着到词干时似乎是词缀，但在不同条件下，它们也可以独立存在。英语动词小品词是词缀还是词？它们与动词形成了一个重音单元，比如He gave up the fight，它们在名词化结构中形成了一个韵律和拼写的单位，如uptake；但它们也可以与词干分开，如He gave it up。这些临界案例中，文献中使用了附着语素这个术语，但其他一些语言学家，如Brian Joseph（2002）对现代希腊语形态的描述中，只接受词界定中词属性的量级标准，以及不同标准之间的错配。

在某些情况下，词与词缀很难区分，而词与短语有时也同样很难区分。英语的复合词拼写时很矛盾，一些复合词可拼写成一个词（如blackboard或uptick），而另一些则分开拼写（high school，apple pie）。

任何语言中词这一概念的界定都是有困难的。当我们试图对概念统一定义时，问题就更大了。这一主题的大量文献就是此问题复杂性的一个证明（Di Sciullo and Williams 1987以及Dixon and Aikhenvald 2002皆有最为广泛的讨论）。即使词是语言分析的基本概念：形态和句法之间的区分是基于词和短语之间的区分。词也是音系学的一个重要领域。

这与句法那一章（第三章）3.4节讨论的问题一样。对于主语的跨语言共性——或者任何其他句法范畴，所有涉及的术语都需要定义。正如我们所见，主语具有多个特征且其中的一些常常会聚集出现（即彼此互相蕴涵），但并非总是如此。主语的性质可以分布在不同语言或单个语言的不同名词短语中，到目前为止，还没有一个形态句法的性质可以用于跨语言有效的主语的定义。

鉴于我们需要对基本概念明确定义，从而为概括共性提供实证依据，问题是我们做什么？在句法一章，今天的一些主流类型学家，如William Croft和Martin Haspelmath等得出结论，要么没有跨语言适用的语法范畴（Croft 2001），或者，如果有，它们必须以迥异于传统的方式来定义（Haspelmath 2010）。一种不那么激进的方式就是接受这样一个事实：大多数或所有语法范畴都不符合严格定义的必要且充分的属性；相反，它们是基于原型的，其典型的核心成员共有许多属性，而边缘成员特征较少。

这是Newmeyer在谈论语言类型学家的整体研究方法时提倡的方法，他说：" （类型学家的）策略是对于原型主语、与格、施格提出一些想法等（通常是语义概念的界定），然后在语言中寻找他们样本库中语言的这些结构的实例。"（Newmeyer 2010：692）他进一步认为，对于一些各自只能代表某些假设的属性的实体，分析者必须做出决定，比如将哪些结构标签为主语，或词缀，或任何其他的范畴。为保证概括共性的实证可测试性，需要为术语选择一系列的界定标准，明确定义，然后将这个定义作为假设，在定义指导下尝试寻找语言内和跨语言的类型。在概括共性时，定义越具有工具性，越能被证实。

要承认的是概念的定义的问题绝不只局限于语言学。"学校"这一概念的定义是什么？在我们的文化中它是如何定义的，在跨文化中它的恰当定义是什么？在美国文化中，幼儿园和学院、大学同样属于学校的类别。然而，在德国，只有小学和中学才是学校，幼儿园和大学不是。即便只在一种文化中，如果要涵盖其所有形式，"宗教"的恰当定义是什么？它的跨文化概念又该如何定义？在所有领域，定义都是一种假设，它用来连接代表现实的结构。定义在一定程度上是有道理的，它们在各自的领域中可以为概括共性提供条件。

本章小结

本章探究了形态学变化的六个参项。

（a）词干和词缀

在一种语言中，什么样的词干加词缀的组合是可能的？

（b）分裂词缀vs.累加词缀

　　一个词缀同时具有一个意义还是多个意义？

（c）单义词缀vs.多义词缀

　　一个词缀只具有一个意义还是有多个可选的意义？

（d）词缀形式的不变性vs.变异性

　　词缀是形式单一的还是有变体的？

（e）显性词缀vs.零词缀

　　哪种词缀有显性形式，哪种词缀是零词缀？

（f）语素的顺序

　　语素是按照什么样的时序关系排列的？

本章讨论了20个跨语言共性，它们与频率和蕴涵共性相关。

练习

1. 第4.1节中例（9）拉丁语例子用来说明词缀的单义性和多义性，这些例子中是否也存在累加的情况？
2. 考虑以下跨语言的规律性（Hawkins 1983:119—120; Rijkhoff 2002：273—276）：

　　当任何或所有的词项——指示性的、数字的和描述性的形容词——在名词之前，它们（那些在前面的）总是在这样的顺序中被发现。不过，对于那些在后面的词项，则没有预测性，尽管最常见的顺序是前面修饰词的镜像。

　　两个常见顺序的例子是英语"these three red apples"和约鲁巴语"apples red three these"。相关性原则（共性20）和在语法章节中所讨论的Behaghel定律对我们解释这些顺序有所帮助吗？
3. 下面是一组斯瓦希里语的词汇。

（a）识别语素及其语素变体。

（b）在（5）—（9）中，看起来复数的标记比单数少。你可以通过这些词根的首音找到另一种分析方式吗？

（c）第（10）—（14）中复数前缀的历史性解释是什么？

	单数		复数	
1.	ubao	'plank'	mbao	'planks'
2.	ubawa	'wing'	mbawa	'wings'
3.	udevu	'hair'	ndevu	'hairs'
4.	ugwe	'string'	ŋgwe	'strings'
5.	ufuŋguo	'key'	fuŋguo	'keys'
6.	ufagio	'broom'	fagio	'brooms'
7.	ufizi	'gum'	fizi	'gums'
8.	usiku	'night'	siku	'nights'
9.	ušaŋga	'bead'	šaŋga	'beads'
10.	wakati	'season'	ñakati	'seasons'
11.	wavu	'net'	ñavu	'nets'
12.	wayo	'footprint'	ñayo	'footprints'
13.	wembe	'razor'	ñembe	'razors'
14.	wimbo	'song'	ñimbo	'songs'

4. 识别来自阿格塔语的下列数据中的派生词缀（Merrifield et al. 1987：##94, 95）

1	adanuk	'long'	adadanuk	'very long'
2	addu	'many'	adaddu	'very many'
3	apisi	'small'	apapisi	'very small'
4	uffu	'thigh'	ufuffu	'thighs'
5	labaŋ	'patch'	lablabaŋ	'patches'
6	furab	'afternoon'	fufurab	'late afternoon'
7	wer	'creek'	walawer	'small creek'
8	pirak	'money'	palapirak	'a little money'
9	pesuk	'peso'	palapesuk	'a mere peso'

5. （a）从夏延语的数据中找到语素（from Merrifield et al. 1987，#33）
   （b）所有词缀都是连续的吗？
   （c）词缀顺序是否支持或削弱相关性原则？

   1. namesehe   'I eat.'
   2. emesehe   'He eats.'
   3. naešemesehe   'I already ate.'
   4. esaamesehehe   'He doesn't eat.'
   5. emeomesehe   'He ate this morning.'
   6. eohkemesehe   'He always eats.'
   7. epevemesehe   'He eats well.'
   8. eohkepevemesehe   'He always eats well.'
   9. eohkesaapevemesehehe 'He never eats well.'
   10. esaaešemesehehe   'He has not eaten yet.'
   11. nameoešemesehe   'I already ate this morning.'
   12. naohkepevenemene   'I always sing well.'

扩展阅读

- 对于形态类型学的全面研究，请参阅Jae Jung Song的优秀教科书（2001：尤其是119—132），Martin Haspelmath and Andre D. Sims（2010），以及Brown 2011, Haspelmath et al. 2001，Spencer and Zwicky 1998, Booij et al. 2000，Malchukov and Spencer 2009等文章。关于名词合并，见Baker 1996，第7章。
- 对于解释后缀偏好的各种尝试性的详细评价，请参见Song 2001：119—132。
- 关于标记，参见Croft 2003，特别是第四章。
- 关于语言分类，参见Taylor 2003, Aarts 2007。

第五章 语言的声音

本章概要

本章阐述语音的跨语言共性,包括语音如何根据音系语境显现不同变体形式、它们之间的排序方式以及跨语言共性常用的基本音系概念。本章也讨论可视语言——文字系统与手语。

关键词

音段 sound segment

音系特征 phonological feature

音位 phoneme

音位变体 allophone

音节 syllable

超音段（重音、声调/音调、语调） suprasegmentals (stress, tone, intonation)

音位序列制约 phonotactic constraints

同部位音（发音器官位置相同） homorganicity

中和 neutralization

象形图 pictograms

象形文字 hieroglyphs

表意符号体系 logographic systems

音节表、音节文字 syllabaries
字母表 alphabets
手语 sign language
象似性 iconicity
形态效应 modality effects

5.1 引言

如上文句法与形态章节所述，一种语言是否形式合格（well-formedness）主要依赖于其各组成部分的选择与排列。句法上，它有组成句子的词、词的形式以及词与词的排序方式。而形态上，词是整体，语素是局部。如果语素、语素形式及其序列符合语法要求，那么词也是合格的。

但是，句法的和形态的合格并不能保证一个语言表达就是完全合格的。除了词与语素外，成分的选择与排列方式对于语言表达是否合格至关重要。例如，句子"spring is here"有三种发音。在（1c）中，/y/是一个圆唇的前高元音。

(1) (a) /spriŋ   ɪz   hi:r/
    (b) */ʃpriŋ   ɪz   hi:r/
    (c) */spryŋ   ɪz   hi:r/

这三种变体遵守英语句法、形态规则，但只有（1a）是"真实英语"；（1b）和（1c）充其量也就是口音很重的发音。其主要问题在于第一个单词spring的声音形式。在（1b）中，/ʃpriŋ/以一系列辅音-/ʃpr/-为开始，而英语单词中没有这样的情况（在标准方言中）。相反（1c）中，有一个音不合规则：圆唇的前高元音/y/。

（1b）与（1c）是两种音系分化的示例。（1b）以三个在英语中存在的音段开始，"shark"中的/ʃ/，"plane"中的/p/，"rig"中的/r/，但是它们不能组合使用出现在词首。（1c）更加背离了英语，圆唇的前高元音/y/

在英语中并不存在：因为在英语中，前高元音不能发成圆唇[①]。

跨语言在音段分布与组合方面差异较大。在一种语言中不合格的音系现象可能在另一种语言中是合格的。英语词首不能出现/p/、/r/与腭擦音/ʃ/的任何组合，但在德语中却可以，例如"Sprache/ʃpraχə/（语言）"。另外，英语前高元音必须为非圆唇，而德语中既可以是非圆唇，也可是圆唇，如"biegen/biːgən/（弯曲）"和"Bucher/byːçər/（书）"。

成分的合格性及其适用性，这两种跨语言差异在句法和形态层面都较为常见。两种语言中都存在动词"be"，但它们的分布却不同。例如，表达"I am a student"，英语与塞尔维亚-克罗地亚语都使用这个单词，但俄语与阿拉伯语并不使用（见第三章，3.1节）。句法学中另一个相关例子是关系小句中使用复指代词。所有语言中都有代词，但并不是所有语言的关系小句都使用代词进行复指。同样地，格词缀亦是如此，它的使用取决于与之搭配的名词和代词。音系学的一个同类例子便是音段/ʃ/在跨语言词首辅音丛中的不同用法：不同的语言表达相同的情境，自然会在各自的成分库藏中做出各自的选择。

另一种限制是更为基本的，即一种成分类型在某种语言中是根本不存在的。在句法章已讨论的（3.1节），不定冠词与量词（类别词）并不是所有语言句法成分类型库藏中的一部分。同样地，屈折词缀不存在于某些语言的形态库藏中（4.1节）。这些例子与前高圆唇元音相似，其合格性因语言而不同。

在句法和形态层面，我们已知的是，要想结构合格，选择恰当的成分是必不可少的：成分的形式要与所要表达的内容一致。词应有符合一致与管辖原则的屈折形式，而语素必须以符合语境要求的形位变体形式出现。例如德语形容词必须有受所修饰名词支配的性与数形式（见第三章3.2.2.1）。土耳其语复数语素"l-元音-r"必须有正确的形位变体，根据词干元音选择/a/或是/e/（见第四章4.1）。

[①] 译者注：英语中的 spring 中的 i 由于受到前面 r 的影响而产生音变，感觉很像一个圆唇元音。这应该是协同音变的结果，不改变 i 本身的性质。

音系学也不例外，就像词和语素一样，语音也如变色龙一般：依据语境的不同，会有不同的变体与不同的选择。例如（2）中英语单词"peer"的两种发音。

（2）（a）[pʰir]
　　（b）*[pir]

这两种形式中，清、双唇、爆破音出现在词首，但只有（2a）是合格的。这个音在英语中有两个变体：送气与不送气。当它处于音节首位且后面紧跟一个重读元音时，它是送气的。正确的音位变体为[pʰ]（如"peer" "appeal"）。在其他情况下，如"preen" "pecan" "spear" "hop"等词中，它是不送气的。这个规则同样适用/t/、/k/、/č/的送气与不送气条件，比较"tin"[tʰɪn]与"train"[treyn]、"kin"[kʰɪn]与"crane"[kreyn]和"church"[čʰərč]中的两个/č/。（2b）违反的正是英语清爆破音与塞擦音音位变体的分布规则。

当然，这种形式特征并不是普遍性的。例如，在泰语、印地语、缅甸语中，这两种爆破音是独立的音位，而不是同一个语音的不同变体，二者都可以出现在词首，但其词汇意义有所不同。在缅甸语中，二者具语素功能，可独立用来区分部分动词的及物性与不及物性。

（3）（a）/taa/　　'eye'　　　　　　　　　　　　　　　　泰语
　　（b）/tʰaa/　'to daub'
（4）（a）/pal/　　'want'　　　　　　　　　　　　　　　印地语
　　（b）/pʰal/　'fruit'
（5）（a）/pjè/　　'to lessen'（不及物动词）　　　　　　缅甸语
　　（b）/pʰjè/　'to lessen'（及物动词）

综上，一种语言中都有哪些成分，哪些成分可在特定的语境中出现，以什么形式出现，这些都决定了某一语言表达在句法和形态层面是否合格。除此以外，另一个判定句法与形态层面合格与否的条件是成分的顺序排列。拿音系学来说，英语中，词首辅音丛可能包含有/s/与/p/，但它们的顺序并非随意选择。以/sp/开头的词还有"spot""spoof"等，但没有哪个词是以/ps/开头的。另外需要注意的是以字母"ps"开头的词，如"psychology"，/p/是不发音的。德语的情况与英语正好相反，允许/ps/出现在词首，但/sp/却不行，单词"psychologie"的词首发音为/ps/。

目前为止，我们已看到在跨语言句法和形态层面我们能够确定的四个基本对比参项也同样适用于音系系统：语言中存在哪些音？在特定的结构中，哪些音可以共现？它们都有哪些变体形式？它们是以何种顺序排列的？我们所关注的是这些跨语言差异是不可穷尽的还是受到条件限制的。

在《音系学通解》（*Understanding Phonology*）一书中，作者Carlos Gussenhoven和Haike Jacobs让读者想象假如音系系统的跨语言差异不受任何条件限制会是什么样子（1998：19—21）。这将意味着人类发音机制能够发出的任何声音都可能出现在任何语言中。任何声音都可以自由选择与任何其他声音或它们的变体形式、以任何顺序组合。例如，吸气音也可以是所有语言音段库中的一员，而像/k/、/f/、/p/、/i/这四个音的所有可能的24种排列，如/kfli/、/iklf/等，可以直接用来构词，无需考虑进行任何语境因素的调整。

实际情况不可能比我们想象的相差更大，因为语言中并不存在这种没有条件限制的自由。下面，我们将介绍几个语音模式上的跨语言的相似性：一种语言中可以有哪些音？哪些音可以共现？什么是音段的环境变体？什么是音段线性序列中的限制？这里给出我们所探求的一些共性形式。语音形式（sound pattern）指单独出现的一个音段、或几个共现的音段、或因上下文语境以变体形式出现的音段、或按序形呈现的音段形式。

1. 经验性共性

语音形式SP是一种可能存在的形式：因为至少在一种语言中得到了证实。

2. 普遍共性

   A. 条件性（蕴涵性）命题

      如果条件C成立，那么，语音形式SP要么跨语言普遍存在，要么以某种概率存在。

B. 无条件（非限制性）命题

在任何条件下，语音形式SP要么跨语言普遍存在，要么以某种概率存在。

5.2.1节介绍语音选择，5.2.2节介绍语音变体选择，5.3节讨论语音序列，5.4节探讨有助于总结跨语言共性的基本音系范畴，5.5节介绍语言的可视化形式。

5.2 语音与语音形式的选择

5.2.1 哪些语音？

在一种语言的音段库藏中，决定这些音段如何共现的原则是什么？词和音节是有助于我们判断音段选择模式的两个领域。下面依次探讨。

（A）词的语音选择

最为普遍的词汇层面的语音选择限制要从词的定义说起，即词必须是可以发出来的语音。因为由纯辅音序列构成的音，如[kptčsm]或[rʃtlks]，是发不出来的，所有词必须包含至少一个元音或类元音（元音性的、音节性的）音段。

共性1：所有语言中，所有的词都必须包含至少一个类元音的音段。

有关语音选择限制的其他原则倾向于突出语音共现的同类性。有些情况下，单个词内部的所有辅音必须是相同类型的。而有些情况下，所有元音必须是相似的。世界上所有的语言中，词域（word-domain）辅音和谐是极少的（但是在儿童语言中却较为常见；比较 Levelt 2011）。少数例子之一是丘马仕语（美洲印第安语的一种）有咝音和谐的现象：出现于词干中的咝音，要么都形成于齿龈，要么都形成于硬腭。以下是几个例子（Mithun 1999：28—29）：

（6）（a）含有齿龈咝音的词 丘马仕语
/sqoyis/ 'kelp'
/swoʔs/ 'feather ornament'
（b）含有硬腭咝音的词
/šošo/ 'flying squirrel'
/čhumaš/ 'Santa Cruz islander'

这就意味着丘马仕语中不可能有如"slash"这样，既有齿龈咝音，又有硬腭咝音的词，它只能是"slas"或"shlash"。尽管咝音和谐的现象跨语言极其罕见，但连续快速地发这两个音着实困难，因此它们常出现在不同语言的绕口令中。请见以下英语和匈牙利语的例子。英语中，"s"代表齿龈咝音（[s]或[z]），而"sh"表示硬腭音。在匈牙利语转录中，[s]是齿龈咝音，[ʃ]与[č]是腭音（[c]也是硬腭音，也是爆破音，但不是咝音）。

（7）（a）I s̲aw S̲usie s̲itting in a s̲hoe s̲hine s̲hop. 英语
Where s̲he s̲its s̲he s̲hines, and where s̲he s̲hines s̲he s̲its.

（b）Mit s̲ütsz, kis̲ s̲zücs? Sós̲ hús̲t s̲ütsz, kis̲ s̲zücs? 匈牙利语
/mit ʃyc kiʃ syč ʃoːʃ huʃt ʃyc kiʃ syč/
'What are you roasting, little fur-maker? Are you roasting salty meat, little fur-maker?'

跨语言倾向避免齿龈咝音与硬腭咝音组合的另一证据是：Greenberg发现在104种语言样本中，并不存在词尾[ʃs]音丛（1978b：257）。

跨语言辅音和谐现象虽然不多，但元音和谐现象却在世界各地都有记载，尽管形式各有不同。有元音和谐现象的语言中，只有具备某一共同语音特征的元音才可能出现在同一个词中。

以土耳其语为例，在形态学章节中已有讨论（第四章4.1节），土耳其语的一些后缀以元音居前或居后为依据区分形位变体，主要根据词干中最后一个元音而定：若为前元音，后缀采用前元音形式，若为后元音，后缀采用后元音形式。以下是复数后缀的例子。

（8）çocuk-lar 'children' 土耳其语
　　　köpek-ler 'dogs'

前后元音不混合使用的倾向不仅在跨语素中存在，甚至在单语素词中也颇为普遍。注意例（8）中，词根çocuk 'child'中元音均是后元音，在köpek 'dog'中，两个都是前元音。下面是土耳其语中几个词根内元音和谐的例子。

（9）köyüm　'village' 土耳其语
　　　resim　　'photo'
　　　doğru　　'straight'
　　　lokanta　'restaurant'

但是规则也有例外，主要有外来语，它们常常混合使用元音，例如，otobüs 'bus'（借自法语？），insan 'person'（借自阿拉伯语？）。另一种常见的违反元音和谐规则的例外是复合词。匈牙利语也是具有元音和谐特征的语言，但如baba-cipö 'baby-shoe'，cseresznye-fa 'cherry-tree'这样的复合词却保留着它们原有的元音。如果把发生元音和谐现象的领域假定为词的话，复合词便是例外；反之，我们也可以从元音和谐这一视角重新定义词的概念，把复合词看作多个词的组合。

其他与土耳其语相关的语言，也有基于前/后元音之别的元音和谐现象［文献中标记为腭音和谐（palatal harmony）］。除了土耳其语族，其他芬兰—乌戈尔语族如匈牙利语和芬兰语，某些高加索语言（如伊纳卢格语）也有相同和谐现象。但是，Maddieson（2011：543）发现前/后（硬腭音）和谐现象，相较于其他类型和谐而言，在世界范围内并不是很普遍，比如有一种较为普遍的有关元音高度（vowel-height）的和谐现象，主要存在于一些非洲语言中，如伊捷尔缅语（Chukotko-Kamchatkan）、美洲印第安语的内兹佩尔塞语。

内兹佩尔塞语中有五个元音/i/、/e/、/a/、/o/和/u/（Mithun1999：26—27）。基于词中共现的可能性，这五个元音根据高度大致分为两组，"显性"的一组包括/a/和/o/，相对"隐性"的一组包括/e/和/u/，元音/i/为两组共有的一员。一个词内的元音要么都是显性组的，要么都是隐性组的。若词中出现显性组元音，则词中所有元音都必须为显性组。这可以解释词根wé.yik 'go across'中含隐性元音/e/。在（10a）中，后缀-sene是附加成分，其中含有一个隐性元音；但在（10b）中，词缀-saqa含有显性元音/a/，因此，第一个词根元音也必须是显性元音/a/（/i/在这里为显性类型）。

（10）（a）wé·yik-sene '(I) went across long ago.'　　内兹佩尔塞语
　　　（b）wá·yik-saqa '(I) went across recently.'

除了较为常见的元音高度相关的和谐现象之外，内兹佩尔塞语中还存在较为不常见的元音和谐现象。从跨语言来看，对于屈折词来说，通常是以词干元音为主导，词缀元音需要与其保持一致，但内兹佩尔塞语中却也有词缀为主导的现象（Maddieson 2011：543—544），见例（10）（该现象也见于其他语言，如瓦尔皮里语）。

如果从元音和谐的角度给元音分类，目前存在两种方案：前后元音之分和高低元音之分。第三种方案是圆唇与非圆唇元音之分，但该方案在跨语言中并不多见（van der Hulst and van de Weijer 1995：523）。请看匈牙利语中后缀"on"的形式。

（11）（a）kalap-on 'on hat'　　匈牙利语
　　　（b）keret-en 'on frame'
　　　（c）füv-ön 'on grass'

（11a）与（11b）属于腭音和谐现象。（11a）中，词干有后元音，要求后缀元音为/o/，在（11b）中，后缀中的前元音/e/与词干中的前元音保持一致。但注意（11c）：同（11b）一样，（11c）中词根有前元音/ü/，但后缀元音是/ö/，而不是/e/，原因在于，（11b）中词干的前元音/e/为非圆唇，而（11c）中/ö/为圆唇，后缀元音对于唇形较为敏感。但是，匈牙利语的唇音和谐现象不适用于词根，如öreg 'old'，üres 'empty'。因此，它是一种受形态条件制约的、并非完全纯粹的音系学现象。

综上，有关词内音段的选择，可得出以下倾向性命题：

共性2：跨语言元音和谐的频率高于辅音和谐。
共性3：跨语言高低元音和谐的频率高于腭音和谐。
共性4：大多数有唇音和谐的语言还有另外一种和谐。

词内语音共现还会进一步受到词的子单位"音节"的限制。关于此内容，我们会在下一节中进行讨论。

（B）音节中的语音选择

同词一样，音节也被定义为言语中可以用语音发出来的部分。因为一个仅包括纯辅音的音段是发不出声音来的，我们可以推定所有语言中的所有音节都应该含有一个元音，但实际情况并非如此，有些语言（包括英语）中的部分音节中并没有元音，在这些音节中存在近似元音的音节性辅音。下面给出几个例子（Maddieson 2011：546）。带下点标记的是音节性辅音。

（12）（a）bitten　　/bItṇ/　　　　　　　　　　　　　英语
　　　　　 little　　/lItḷ/
　　　（b）/sedṃ/　'seven'　　　　　　　　　　　　捷克语
　　　　　 /vḷk/　　'wolf'
　　　　　 /kṛk/　　'neck'

以上是较为典型的音节性辅音，被称为流音与鼻音，但是它们并不是唯一被证实的音节性辅音。在伊姆德劳恩·塔什尔希特柏柏尔语中，有些音节甚至词中完全没有任何能听到的元音，甚至连流音或鼻音也没有（转录已简化）。

（13）/ḳkst　　tšštt/　　　　　　伊姆德劳恩·塔什尔希特柏柏尔语
　　　'remove.it eat.it'
　　　'remove it（and）eat it'

在该语言中，任何辅音，包括爆破音和擦音，都可作为音节核心（Dell and Elmedlaoui 2002：73）。

爆破音与擦音通常不能充当音节核心。在一项包含85种语言的调查中，Alan Bell（1978）发现跨语言不同类型的辅音都有很强的音节性倾向。一些典型的共性如下：

共性5：（a）音节性流音几乎总是蕴涵音节性鼻音。
（b）音节性塞音总是蕴涵音节性擦音。
（c）音节性清塞音总是蕴涵音节性浊塞音。

换言之，音节性鼻音优于音节性流音；音节性擦音优于音节性塞音；浊塞音优于清塞音。

鉴于每一个音节必须是可以发出来的音，我们能想到的符合发音要求的最简单的音节类型便是单元音，跨语言皆如此。但元音并不是跨语言普遍存在的音节类型，唯一近似跨语言普遍音节类型的音节结构中还包含一个辅音。有趣的是，这一个元音和一个辅音的顺序较为关键：并非所有语言中都存在VC，而CV则几乎普遍存在于所有语言中。C与V的倾向性顺序将在5.3节中进行讨论。

还有一种基于语境的语音选择模式将在接下来有关中和的部分介绍。

5.2.2 语音有哪些形式？

下面一组西班牙语词汇（简化自Luraghi, Thornton and Voghera 2003：42）。齿龈浊塞音[d]与齿间浊擦音[ð]是如何分布的？左列是原词，方括号里的是发音。

（14）（a）dedo   [deðo]   'finger'   西班牙语
     （b）Madrid   [maðrið]   'Madrid'
     （c）andar   [andar]   'to go'
     （d）padre   [paðre]   'father'
     （e）dos   [dos]   'two'

（f）alcalde　　[alkalde]　　'mayor'

（g）sed　　　 [seð]　　　　'thirst'

（h）aduana　　[aðwana]　　'customs'

如上述例子所示，[d]和[ð]成互补分布：只要有一个出现，另一个就不会出现。特别是，[ð]仅出现在元音后，而[d]从不出现在元音后，它出现在其他语境中，例如，辅音后或词首。因为[d]与[ð]几乎是由口腔相同部位发出的浊塞音（voiced obstruents），我们可以将它们视为同一个音的两种不同形式，二者之间细微的差别，可以说是由它们所处的语音环境造成的。以元音为例，发音时嘴巴需要张开，因此，在发一个紧随元音的音时，如果需要闭上嘴巴，那么整个发音过程也只能做到部分闭口，即只能是齿龈塞音的擦音形式[ð]，而不会是塞音形式[d]。因此，[d]与[ð]被视为同一个音的不同变体，二者的区别是由语音环境造成的。也就是说，它们是同一音位的不同音位变体。

上述音位变体的例子是语音环境变化的一种常见类型。一个音变得与其相邻的音很相近，这种形式的变化叫做同化（assimilation）。

在西班牙语例子中，齿龈塞音的发音方法（manner of articulation）是问题的关键。同化也会影响语音的很多特征，如清浊、发音部位以及口腔与鼻音发音。

本章第一小节（5.1）中的例子是语音同化（voice assimilation）。恰如我们看到的，英语中位于词首的、重音前的清塞音与塞擦音是送气的（如put[pʰUt]）。尽管看起来不像，但事实上此处发生了同化现象：元音前的清爆破音清化了元音的起始部分。被延迟了的嗓音起始时间（voice onset time），即声带震动延迟开始，导致了元音起始部分的清化，我们所感受到的就是送气的清塞音的一股气流。因为送气的与不送气的清塞音与塞擦音在不同条件下出现，它们处于互补分布，送气与不送气的音对，如[p]和[pʰ]、[č]和[čʰ]等，可被分析为同一个音在不同语音环境下的变体或同一音位的不同音位变体。

这个例子表明一个元音的发音状态可能受到相邻辅音的影响。反之亦然，一个辅音的发音状态也可能受到相邻元音的影响。有些语言中，所有的塞音与擦音在元音中间时都发生浊化。请看朝鲜语的例子，（15a）中松塞音与松塞擦音出现在词首时为清音，（15b）中二者处于元音之间时为浊音。清音与浊音变体处于互补分布，语言中无处不在，它们为同一音位的不同变体。①

（15）（a）清塞音　　　　　　　（b）浊塞音　　　　　朝鲜语

　　　　[pɛ]　'pear'　　　　　　[ciḇɛ]　'domination'
　　　　[pan]　'half'　　　　　　[kiḇan]　'base'
　　　　[ton]　'money'　　　　　 [saḏon]　'in-law (s)'
　　　　[kɛ]　'crab'　　　　　　 [cogɛ]　'shellfish'
　　　　[ča]　'measuring ruler'　[ija]　'interest（financial）'
　　　　[čoŋ]　'bell'　　　　　　[kɛjoŋ]　'conversion'

第三，除了发音方法与清浊音方面的同化现象之外，语境还可能会影响语音在口腔中的发音部位的改变。（16）是发音部位同化的例子。在朝鲜语中，清咝音除了在/i/前受到/i/的影响发生腭化而变成[š]音外，在任何其他语境下均发齿龈音（[s]）。

（16）齿龈音[s]　　　　　　　　腭音[š]　　　　　　　朝鲜语

　　　　[say]　'bird'　　　　　　[ši]　'poem'
　　　　[sul]　'alcohol'　　　　 [šil]　'thread'
　　　　[sucun]　'level'　　　　 [šido]　'trial'
　　　　[somang]　'hope'　　　　 [šiksa]　'supper'
　　　　[sesang]　'world'　　　　[šin]　'new'
　　　　[seron]　'introduction'　[šinggepta]　'to be unsalted'

---

①　位于元音之间的音的浊化现象与上例（14）中西班牙语的例子很相似：（14）中，辅音的发音形式也同样是受到相邻元音的影响。二者都属于同化现象。只是西班牙语的例子是辅音的发音方法发生改变，而朝鲜语的例子是辅音的清浊发生改变。

在朝鲜语中，相邻的元音会影响辅音的发音部位。而在西班牙语中，相邻的辅音会影响辅音的发音部位。请看这四个鼻音的分布：双唇音/m/、齿龈音/n/、腭音/ɲ/和软腭音/ŋ/。

(17) tambor   /ta<u>m</u>bor/   'drum'   西班牙语
     puente   /pue<u>n</u>te/   'bridge'
     enfermo   /e<u>m</u>fermo/   'sick'
     rancho   /ra<u>ɲ</u>čo/   'ranch'
     mangas   /ma<u>ŋ</u>gas/   'sleeves'

上述例子说明鼻音与其后的塞音的发音部位是一致的：要么都是双唇音，要么都是齿龈音，要么都是硬腭音，要么都是软腭音。用标准术语来概括的话，就是鼻音与其后塞音的发音部位相同（homorganic）。

类似（17）例中西班牙语词内音丛同化的现象跨语言广泛存在。在Greenberg有关词尾鼻音–塞音音丛的研究中，他总结出以下这条共性（1978b：253）：

> 共性6：在词尾系统中，如果存在由鼻音（浊音或清音）和与该鼻音不同的发音器官发出的塞音（后置于鼻音）组成的至少一个这样的序列，那么，也存在至少一个由鼻音（浊音或清音）和与该鼻音相同的发音器官发出的塞音（后置于鼻音）组成的序列。

在Greenberg观察的61种语言中，有33种语言的塞音前可以有同部位鼻音也可以有不同部位鼻音，有20种语言的塞音前只有同部位鼻音，有8种语言的塞音前两种鼻音都没有。而第四种逻辑可能性——塞音前只有不同部位鼻音的语言——在其样本中没有得到验证。

在Greenberg语言清单兼具两种音丛的33种语言中，英语为其中之一。（18）给出了同部位词尾鼻音–塞音音丛的例子。

（18）li<u>mp</u>　　　　　　　　　　　　　　　　　　　　英语
　　　　sla<u>nt</u>
　　　　ki<u>nd</u>
　　　　tank /tæ<u>ŋk</u>/

尽管英语单语素词中存在同部位音同化现象，如（18），但该现象在跨语素的情况下却并不存在。例如"screamed/skri:mt/"中，语素末尾/m/是双唇音，即使后缀是齿龈塞音；"hanged/hæŋd/"中，语素末尾/ŋ/位于齿龈音后缀前，仍为软腭音。因此，英语既有同部位词尾鼻音–阻塞音音丛，又有不同部位词尾鼻音–塞音音丛。

在Greenberg列出的20种语言中，只有印地语有同部位词尾鼻音–阻塞音音丛，详见下面的例子（比较M. Ohala 1975：318）。

（19）[ča<u>nd</u>] 'moon'　　　　　　　　　　　　　　　　印地语
　　　　[mə<u>ɲč</u>] 'platform'
　　　　[si<u>ŋg</u>] 'horn'

Greenberg的上述发现主要是关于词尾鼻音–阻塞音音丛的。他也研究了此类音丛位于词首时的情况，并得出了以下结论（1978b：253）。

共性7：在词首系统中，几乎也可得出一个与共性6类似的蕴涵命题，但在许多斯拉夫语族（例如俄语、波兰语、捷克语）中却存在明显的例外，因为在这些语言中，存在如/mg/这样的不同部位辅音音丛，而却不存在同部位辅音音丛。词首不同部位辅音音丛/mg/在俄语中的一个例子为 /mgla/ 'fog'。

John Ohala为跨语言占优势地位的同部位鼻音–阻塞音音丛现象提出了一种解释。他认为鼻辅音仅是发音部位不同，[m]、[n]、[ɲ]和[ŋ]四个音听起来较为相似，具有一定模糊性，再加上受到相邻阻塞音的影响，鼻辅音很容易与相邻阻塞音构成同部位发音音丛。（J. Ohala 1975：196）。

鼻音被其后阻塞音同化的现象与上面提到的四种同化现象十分相像：

包括西班牙语的擦音化、英语的送气化、朝鲜语的处于元音间的辅音浊化和朝鲜语的腭化。这五种现象都属于一个音被相邻音同化的形式。但是，鼻音-阻塞音同化与其他四种同化也有所不同：在其他四种同化现象中，相对立的两种形式之间——如西班牙语中浊阻塞音的爆破音形式与擦音形式、英语中清塞音的送气与不送气形式、朝鲜语中的浊松塞音与清松塞音以及中齿龈擦音与硬腭擦音——在各语言中呈互补分布。换言之，它们有完美的分工，这些成对的语音形式各自出现在不同环境中，无一例外，即在一种语境中，一对互补分布的语音中仅有一个成员可以出现。正是基于这个原因，它们被视为穿着不同"衣服"的同一个音，即同一音位的不同变体。

　　西班牙语与英语中的鼻音并非如此，它们虽然也呈互补分布，但要满足特定条件才能成立，即鼻音在阻塞音之前［见（17）（18）］。否则，所有鼻音都可以出现在任何环境中。例如，在英语中，三个鼻音/m/、/n/和/ŋ/都可出现在词尾，如"Tom""son"和"song/soŋ/"；而只有在阻塞音之前时，鼻音才会被塞音同化。西班牙语亦是如此，/m/与/n/都是独立音位，比较mi 'mine'和ni 'neither'。这种有条件的互补分布被称为"中和（neutralization）"，即双唇鼻音、齿龈鼻音、西班牙语的硬腭鼻音、软腭鼻音在阻塞音之前时，只能变成与该阻塞音为同部位音的鼻音才能出现，这种情况下，我们说上述鼻音之间的差别被中和了或者悬挂了（suspended）。因此，这个过程并不是单个音位的不同变体间的选择，而是不同音位间的选择，正如5.2.1部分所讨论的。

　　若我们对比（16）中的朝鲜语与（20a）（20b）中的日语释例，可以清晰地看到音位变体与中和之间的不同。

（20）（a）齿龈音 [s]　　　　　　腭音 [š]　　　　　　　　　日语

　　　　　[kasu]　　'lend'　　　[šinu]　　　'die'

　　　　　[isogu]　　'hurry'　　 [muši]　　　'insect'

　　　　　[arimasu]　'is'　　　　[booši]　　　'hat'

　　　　　[isu]　　　'chair'　　 [hikidaši]　 'drawer'

[sara]　　　'saucer'　　[omoširoi]　'interesting'
[sensei]　　'teacher'　　[širu]　　　'juice'

乍一看，二者看起来似乎相同，/i/前用硬腭咝音，其他情况用齿龈咝音。但请看下文日语的例子。

（20）（b）齿龈音 [s]　　　　　　　硬腭音[š]　　　　　　日语
　　　　　[sakai]　　'boundary'　　[šakai]　　'society'
　　　　　[so:kai]　　'general meeting'　[šo:kai]　'introduction'
　　　　　[sɯ:kai]　'several times'　[šɯ:kai]　'assembly'

恰如（20b）中，硬腭擦音不限于仅出现在/i/之前，它也可以出现在其他元音之前。因此，真正受限制的只能是齿龈咝音，它们不能置于/i/之前。这就是说，当齿龈音与硬腭音置于/i/之前时，齿龈与硬腭这两个发音部位的差别被中和，使得齿龈音趋近于硬腭音。相反，在朝鲜语中，没有这种音对：[s]与[š]是受语音条件限制呈互补分布的，它们是音位变体。

跨语言中另一种较为常见的中和现象为词尾（更普遍的是音节末尾）阻塞音的清浊变化。德语齿龈塞音有清浊两种：/d/与/t/。它们是完全独立的音位，可出现在大多数环境中。例（21）表明它们既可以出现在词首，也可以出现在词中。

（21）<u>d</u>ie　　'the'　　　　　　　　　　　　　　　　德语
　　　　<u>T</u>ier　'animal'
　　　　Bün<u>d</u>e　'societies'
　　　　bun<u>t</u>e　'colored'

但词尾位置却只能用/t/，不能用/d/。因此，Bünde'societies'的单数形式，拼写为"Bund"，发音却为/bunt/。这种中和现象在文献中被称为终端清化（terminal devoicing），德语中其他的阻塞音也存在终端清化现象，而且该现象也普遍存在于各斯拉夫语言中，甚至在加泰罗尼亚语、土耳其语、泰语等旁系语言中也有存在。词尾终端清化也许可以视为一种逆向同化现象，单独发这个词的音时，词尾阻塞音受到发音结束后的停顿（没有任何声音）的同化，因此出现了清化的现象。

下面示意图分别为音位变体与音位中和。实线围起的方框代表语言中所有音系环境的集合，虚线分开的两个部分则表示不同的环境。左边实线四方形中，[t]与[d]是音位变体，它们在互补的音系环境中出现（例如[t]在辅音前，[d]在元音前）。右边实线四方形中，[t]与[d]是中和音位。一般而言，它们可以出现在任何环境中，但在有些语境中（如德语的音节末尾）只有[t]可以出现。①

（22）音位变体　　　　音位中和

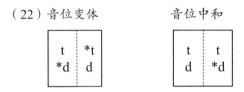

除了发音方法、清音浊音、发音部位之外，可以从一个音扩展至另一个音的第四种语音特征类型是口腔音–鼻腔音同化（orality versus nasality）。该类同化现象在英语中存在一种比较常见的次类，即元音在鼻辅音前发生鼻化。

（23）boot　　[buːt]　　boom　　[bûːm]　　　　　英语
　　　bead　　[biːd]　　bean　　[bîːn]
　　　bore　　[boːr]　　bong　　[bõːŋ]

与鼻音相邻的元音，尤其是前置于鼻音时会发生鼻化，人们发现这是一种跨语言普遍特征（Ferguson 1975：181）。

本节介绍了语音随着环境的变化而选择不同的形式呈现在语言中，有的是同一个音位的不同变体，有的是不同音位间发生了中和。本节所

---

① 音位变体和音位中和这两种变化形式也可以用语言之外的例子来说明。一个水陆两用的交通工具就像是一个包含两种变体（allo-shapes）的音位，两种用途之间也呈互补分布：在水中时，用交通工具平滑的底面滑行；在陆地上时，它会变出车轮来。而摩托车和自行车就像是一对中和音位：它们是两种不同的交通方式，对于城区街道出行而言，两种交通方式均可，但对于高速公路出行来说，却只能选择摩托车这一种方式。

有例子都显示，语境具有同化作用：语音所选择的不同形式都是在模仿其相邻的音。正如上文所述，同化可能涉及各种类型的音以及各种类型的特征，而且同化的方向可能是向前的，即从左到右，我们称之为前向同化（progressive assimilation）；也可能是向后的，即从右到左，我们称之为逆向同化（regressive assimilation）。我们根据同化的特征、方向、分布形式（音位变体或音位中和）筛选出了一些同化现象的例子，以下对其中的8例概括如下：

同化形式 （pattern）	特征 （feature）	方向 （direction）	变体或中和 （allophonic or neutralizing）
英语送气音	清音浊化	前向性	音位变体
西班牙语擦音化	发音方法	前向性	音位变体
朝鲜语腭化音	发音部位	逆向性	音位变体
日语腭化音	发音部位	逆向性	音位中和
西班牙语与英语的同部位鼻音	发音部位	逆向性	音位中和
德语终端清化	浊音清化	逆向性	音位中和
英语元音鼻化	鼻音化	逆向性	音位变体

综上，下面给出一组跨语言的共性，补充上文的共性1至共性7：

共性8：同化可以涉及辅音–元音对，也可以涉及辅音-辅音对。

共性9：在辅音–元音对的同化中，可以是辅音影响元音，也可以是元音影响辅音。

共性10：同化涉及的特征包括发音部位、发音方法、清浊音与鼻音化。

共性11：同化可以是前向性的，也可以是逆向性的。

共性12：元音鼻化主要是逆向性的。

共性13：同部位鼻音化主要是逆向性的。

共性14：词或音节边缘的阻塞音清化普遍发生在词尾或音节末尾。词首或音节首位的阻塞音清化尚未在任何语言中发现。

共性15：音位变体同化与音位中和的条件是同类的。

5.3 语音序列

言语在时间中产生。言语的线性推进归结为一点：语音序列。一个音接着一个音地发出来，连续的发音或多或少会使得音与音之间的边界变得模糊。但是什么决定了语音的线性序列呢？答案有很多。以（24）中的英语短语为例。

（24）two sleepy cats　　　　　　　　　　　　　　　　　英语
　　　/tu: sli:pi: kæts/

一个不懂英语的人，看到这串语音时，可能会好奇为什么/tu:/中的/u:/要在/sli:pi:/中的/s/之前。为什么不是相反的顺序：/su:/，就像"sue"的发音一样？答案是：句法顺序规则要求数词与形容词之间，数词必须前置于形容词。因为/u:/是数词的尾音，而/s/是形容词的首音，因此/u:/在/s/前。/sli:pi:/的尾音/i:/前置于/kæts/的首音/k/也是句法规则作用的结果。相反的顺序/ki:/在英语中也是存在的，如"key"，但是句法规则要求形容词在名词之前。这些句法规则与音段不直接相关，而是通过音段的载体（词）间接地作用于音段的排序。

这个不懂英语的人可能会好奇的第二个问题是，为什么/kæts/中，/s/在/t/之后，而不是如"list"中/t/在/s/之后？这种顺序是形态规则使然，该规则要求屈折词缀置于词干之后。因为/t/是名词词干的尾音，而/s/是词缀，虽然形态规则依旧并没有提及音段，但还是间接地作用于音段的排序。/sli:pi:/中最后两个音段的顺序/p/在/i:/之前，也是因为形态规则的缘故：尾音/i/是把名词形容词化的词缀，形态规则要求它置于词干之后，自然也要置于词干部分所有音段之后，包括词干尾音/p/。

这个不懂英语的人可能会好奇的第三个问题是/kæt/。为什么这三个音要如此排序，而不是其他五种可能的排序方式呢？（25）中列出了全部六种可能的排序方式：

（25）（a）/kæt/
　　　（b）/tæk/
　　　（c）/ækt/
　　　（d）/ktæ/
　　　（e）/ætk/
　　　（f）/tkæ/

（25a）是"cat"的正确排序。（25b）与（25c）代表其他含义：（25b）是"tack"，（25c）是"act"。英语的词汇规则要求/kæt/的排序为/k/在/æ/前，/æ/在/t/前。

（25d）（25e）与（25f）这些排序方式的不合格与句法无关，因为这是词内部的排序问题；也与形态无关，因为这是语素内部的排序问题；这三种排序方式在英语中也并不代表其他含义，因此它们完全可以代表"cat"。然而，事实上，英语中不存在这三种排序方式并非偶然：因为/ktæ/、/ætk/与/tkæ/这三种语音序列是根本发不出来的，或者更准确地说，它们与正常的英语发音习惯冲突。问题出在/t/与/k/这两个辅音的序列上，/kt/可以出现在词尾（如单词"act"），但不能出现在词首；而/tk/既不能出现在词首，也不能出现于词尾。因此，造成此种现象的原因来自音系层面。类似的情况如/sli:pi:/中/s/与/l/的顺序，其相反顺序/lsi:pi:/在英语中也与发音习惯冲突，违反音系规则的要求。

总之，（24）中的语音线性排序方式是基于四种不同类型的限制而得出的：句法、形态、词汇、音系。具体来说，语音的线性排序方式不仅直接受到音系音段层面的限制，还间接受到句法、形态、词汇层面的限制，这种间接限制体现在，它们直接作用于语素、词、短语的排序方式，而正是语音构成了语素、词和短语。

语言之外的其他领域内也有类似的情况。拿音乐来说，音乐像语言一样，也是线性的，声音与和弦排成序列，这种线性的和时间性的排序有多种理由。与句法层面的排序限制相似的例子是，一个音乐会上两首歌曲的表演顺序，第一首的所有音符将先于第二首的所有音符。在已知的一首歌曲中，音符的排序部分受制于歌词的顺序：第一句歌词的所有音符将先于第二句，这有点像形态层面的排序限制。一个音乐主题（musical motif）中的音符，如瓦格纳歌剧，它们特别的排序方式是为了传达出特别的意义，就好比词汇层面的排序限制。有些音乐类型在音符与和弦的排序方面都有一定的限制，十二音技法（twelve-tone）乐曲的某些类型要求：当1个音符出现后，在该音阶中其他11个音符出现之前它不能再次出现。违反这一规则是不可接受的，正如/tk/在英语词汇首位是不可接受的一样。

（25d）（25e）与（25f）表明英语在音段线性排序方面存在音系层面的限制。在5.1节中，我们看到其他语言中也有类似的限制，并且其中一些与英语有所不同（如，英语中不存在词首ps-音丛，但德语中却存在）。本章所要探讨的问题是，尽管在跨语言语音顺序的排列限制方面存在一些差异，是否也同样存在一些共性呢？为了回答这一问题，我们首先要探讨辅音与元音的线性排序形式；然后探讨辅音音丛的排序形式；最后探讨重音位置问题。

（A）音节中的辅音–元音排序

正如在5.2.1节介绍的，根据定义，音节必须是可以单独发出来的音。因为由纯辅音组成的音段①不能满足这个要求，而由单个元音构成的音段是可以的，因此我们猜想是不是在所有语言中都存在由单个元音构成的音节。然而，也正如上文介绍的，尽管像这样的最小音节在跨语言中频频出现，但它们并不是普遍存在于所有语言中的。而几乎存在于所有语言中的唯一一种音节结构由一个元音和一个辅音组成。有趣的是，这两个成分的线性排列也很关键：VC并不是普遍的音节形式，而CV才（几乎）是②。因此，英语单词"on"并不代表普遍的音节形式，而单词"no"才是。

有的语言只有CV式音节：例如刚果民主共和国的尼日–刚果语族的恩巴语（Maddieson 2005e：54）。在484种语言样本中，Maddieson发现了一个音节结构简单化的倾向，即音节中的辅音越来越少，也就是说，音段

---

① 译者注：原文用"音节（syllables）"违背有关音节的定义，故译稿处理为"音段"。
② 位于澳大利亚中部的Arandic语族有一种阿伦特语，据仅有的一处文献记载，阿伦特语中不存在置于音节首位的辅音（Breen and Pensalfini 1999），因此该语言疑似不存在CV音节形式。

库藏中的辅音越来越少，尽管较为复杂的音节与相对较大的辅音库藏有一定关联（Maddieson 2005e：55）。尽管辅音库藏的大小与辅音音丛的复杂度之间看似相互关联，但从逻辑上来讲却并非必然。试想：假如有这样一种语言只有6个辅音，但它仍然可以有大量含有3个、4个、5个，甚至6个辅音的复杂音丛，它甚至可能不允许有简单音丛。

英语不同于只有CV音节类型的语言（如恩巴语），英语除了有普遍的CV音节形式（如"to"）和其相反形式VC（如"an"）之外，还有许多其他音节类型，有些音节类型含有很长的辅音序列。单词"strengths/strenkΘs/"是个最长的英语音节：CCCVCCCC。如此复杂的辅音序列会引发我们思考：辅音音丛内的辅音排序是否是完全随机的？如果不是，那么在这方面是否存在跨语言倾向？这是我们接下来要谈的话题。

（B）音节中的辅音-辅音排序

有关辅音音丛线性结构的跨语言研究规模做得最大的要数Joseph H. Greenberg（1978b）。基于对104种语言的研究，Greenberg提出40种关于首尾辅音序列的跨语言共性。根据他的著作与后续相关研究，响度等级（Sonority Hierarchy）与可分解性（Resolvability）这两种规律性特征将在以下内容中讨论。

a. 响度等级

根据5.2.2小节的Greenberg共性6，在词尾位置的鼻音–阻塞音音丛倾向变成同部位音。值得注意的是，Greenberg探讨的音丛有特定的排序：鼻音在阻塞音之前。之所以如此，是因为这种排序是跨语言更普遍的鼻音–阻塞音序列，例如，相较于词尾/tn/#，词尾/nt/#更为常见。

词尾鼻音–阻塞音序列优于阻塞音–鼻音序列只是辅音音丛序列的一部分。Greenberg还发现了如下规律性特征（1978b）：恰如我们将看到的，它们就像一个一个的碎片共同组成的完整图画。下面是以成对的方式呈现的一对命题，其中之一是关于（词或音节的）起始音丛，另一个是关于（词或音节的）末尾音丛。它们分别描述了在两个位置上的镜像音丛的情况。

（26a）与（26b）说明了阻塞音与流音的优势排序方式为，流音相对于阻塞音而言位于音丛的内侧，如：在起始音丛中/#kl/优于/#lk/，在末尾音丛中/lk#/优于/kl#/。

（26）（a）在起始音丛中，如果存在至少一组流音（清浊皆可）先于阻塞音的音丛序列，那么，也至少存在一组阻塞音先于流音的音丛序列。（257—258）

（b）在末尾音丛中，如果存在至少一组阻塞音先于流音的音丛序列，那么，也至少存在一组流音先于阻塞音的音丛序列。（258）

（27a）与（27b）是有关流音与鼻音的排序。同理，流音的优势位置仍为音丛内侧，如：在起始音丛中/#nl/优于/#ln/，在末尾音丛中/ln#/优于/nl#/。

（27）（a）在起始音丛中，如果存在至少一组流音先于鼻音的音丛序列，那么，也至少存在一组鼻音先于流音的音丛序列。（261）

（b）在末尾音丛中，如果存在至少一组鼻音先于流音的音丛序列，那么，也至少存在一组流音先于鼻音的音丛序列。（262）

（28a）与（28b）表明塞音与擦音的优势顺序为：擦音倾向置于音丛内侧，如：/#pf/优于/#tp/，/fp#/优于/tp#/。

（28）（a）在起始音丛中，如果存在至少一组塞音–塞音的音丛序列，那么，也至少存在一组塞音–擦音的音丛序列。（254）

（b）在末尾音丛中，如果存在至少一组塞音–塞音的音丛序列，那么，也至少存在一组擦音–塞音的音丛序列。（254）

（29）说明了在末尾音丛中，浊音倾向于出现在清音之前，如：/aps#/ 优于/apz#/。

（29）在末尾音丛中，除了清阻塞音–浊鼻音序列外，元音–清辅音或元音–清辅音丛这两种序列后面不会再跟浊辅音或浊辅音丛。（261）

下面是从（26）至（29）的倾向性汇总表。鉴于Greenberg发现诸多语言中存在末尾鼻音–阻塞音音丛，我们不妨也将鼻音–阻塞音序列作为末尾优势音丛类别之一。

起始音丛	末尾音丛
阻塞音 & 流音（如 #kl）	流音 & 阻塞音（如 lk#）
?	鼻音 & 阻塞音（如 nt#）
鼻音 & 流音（如 #nl）	流音 & 鼻音（如 ln#）
塞音 & 擦音（如 #ks）	擦音 & 塞音（如 sk#）
?	浊音 & 清音（如 nt#）

从上表可得出如下优势音节结构近似图，请看（30）：

（30）　　　　　　　元音

　　　　　流音　　　流音
　　　　　　　　　　VD & VL

　　　鼻音　　　　　　　　鼻音
　　　　　　　　　　　　　VD & VL

　　擦音　　　　　　　　　　擦音
　　　　　　　　　　　　　　VD & VL

　塞音　　　　　　　　　　　　塞音
　　　　　　　　　　　　　　　VD & VL

我们如何解释这些排序倾向性呢？首先，元音与流音、鼻音、擦音、塞音这四类辅音之间的异同是值得我们关注的。第一，因为元音通常是浊音，因此，任何伴有声带振动的辅音（即浊辅音）都比没有声带振动的辅音（即清辅音）更加接近元音。而鼻音与流音通常是浊音，尽管塞音也有清浊之分，但比较而言，鼻音与流音比塞音更像元音。而在鼻音与流音之间，流音更像元音，因为鼻音在发音过程中涉及口腔关闭（如发[m]音时，双唇关闭），而流音气流无阻碍，正像元音那样。同理，擦音比塞音更像元音，因为擦音没有涉及完全阻塞气流。因此，总的来说，越像元音的辅音，越靠近音节的元音峰值位置。

有些辅音可以取代元音成为音节中心，这个现象也一定程度上说明了有些辅音类型与元音之间的相似度在不断增加。就如5.2.1节（共性5）所说，相比流音，鼻音更有可能作音节主音，而流音则比擦音更有可能作音节主音，擦音又比塞音更有可能成为音节主音。如果我们假设这个等级排列与各个辅音类型与元音的相似度程度有关，这是很合理的。因此，我们也可以说：流音、鼻音、塞音的音节内部排序方式与这些音段和元音的相似度有关。如此一来，在Bell的音节性等级（syllabicity hierarchy）（共性5）与（30）中的音节结构等级之间的唯一差异就在于：尽管鼻音比流音更有可能成为音节主音，但流音却比鼻音更接近音节的元音峰值位置。

紧随Greenberg开创性著作的步伐，后续相关研究得出了图（30）。图中呈现的规律性特征被称为响度等级（Sonority Hierarchy）。响度可被定义为声音的显著度，或在输入相同能量的前提下，一个音相对于其他音的响度，诸如音长、音强、音高、气流速度、肌肉紧张度等（Blevins 1995：207, 211)。因此，元音是最响的，其次是流音、鼻音和擦音，塞音的响度最低。这是根据一阶近似值（first approximation）得出的原则。

共性16：版本1

音节中的任一成员若处于音节峰值之间，响度一定上升。

但是该共性并没有进行完全调查以排除有违响度等级的例外现象。首先，我们注意到，在介绍阻塞音与鼻音的同部位发音倾向性时，Greenberg讨论的是起始鼻音–阻塞音音丛，如俄语/mgla/'fog'（见上文5.2.2）。如果这个单词要遵守响度等级，它应该是/gmla/，把塞音置于鼻音之前而不是之后。俄语有些初始音丛是与响度等级相一致的，如/gnev/'anger'，但并不尽然。因此,俄语起始鼻音–塞音音丛违反了响度等级。

违反响度等级的例外现象在英语中也存在。如,英语词首含/s/在内的三个或两个辅音的音丛(此处省略包含滑音/j/与/w/的音丛)。

(31) (a) /sp-/　　(如spit)　　　　　　　　　　　　　　英语
　　　　 /st-/　　(如stand)
　　　　 /sk-/　　(如skew)
　　　　 /sf-/　　(如sphere)
　　　　 /sv-/　　(如svelte)
　　　　 /sm-/　　(如smile)
　　　　 /sn-/　　(如snare)
　　　　 /sl-/　　(如slick)
　　 (b) /spl-/　 (如spleen)
　　　　 /spr-/　 (如sprain)
　　　　 /str-/　 (如street)
　　　　 /skr/　　(如screen)

这些音丛中有一些符合响度等级规则,但也有不符合的。请看(31a)中的双辅音音丛,/sv-/符合响度等级对清音在浊音前的要求,/sm-/、/sn-/符合擦音在鼻音前的要求,/sl-/符合擦音在流音前的要求。但剩下的/sp-/、/st-/、/sk-/却并不符合:如果响度等级起作用,它们的排序应该是/ps-/、/ts-/、/ks-/,塞音在擦音之前,这样的音丛序列并不符合英语的音位组合规则。

从(31b)中,我们发现包含三个辅音的音丛中,第二个和第三个辅音是符合响度规则的:塞音在流音前。但是,起始音/s/置于塞音前这一现象是与响度等级相悖的,如果符合响度等级,它们的排序应为/psl-/、/psr-/、/tsr-/、/ksr-/,但英语中根本不存在这些音。

英语中有一个双辅音音丛,我们尚未从响度等级的视角进行讨论:/sf-/,即清擦音–清擦音音丛。如果从任一音段到元音峰值之间的响度呈递增趋势这一标准来看,/sf-/是违背响度等级的,因为两个辅音都是擦音,但至少响度没有降低。鉴于跨语言出现的类似的音丛现象，学界又提出了有关响度等级的更具包容性的版本，它容纳了像/sf-/这样的音丛（Blevins 1995：210）：

共性16：版本2
音节中的任一成员若处于音节峰值之间，响度一定上升或趋平。

这个版本虽然容纳了擦音–擦音序列，但正如上文提到的，仍然存在俄语起始鼻音–阻塞音音丛和英语起始擦音–鼻音音丛、擦音–流音音丛的问题。格鲁吉亚语，因异常辅音音丛而闻名的一种高加索语系语言，也存在诸多例外现象。

格鲁吉亚语有多至6个辅音长度的音丛，这也是迄今为止被考证过的跨语言最长的辅音音丛之一。请看下面两个例子（Butskhrikidze 2010：24）。/x/是清软腭擦音，/c/是硬腭–齿龈塞音，实心点为音节分隔符。

（32）（a）msxvre.va 'to brake'　　　　　　　　　　　　格鲁吉亚语
　　　（b）prckvna　　 'to peel'

（32a）中，首音节的一部分/sxvr/与响度等级一致，但是起始鼻音按照响度等级的要求，应该位于/v/与/r/之间。在（32b）中，问题出在/rc/，流音–塞音序列，与响度等级的要求正好相反。为了寻求对这些不寻常音丛现象的解释，Butskhrikidze（2010）追溯历史路径，用辅音之间的元音删除操作来解释该类现象，当然，这种不寻常的共时音丛现象依然存在。

综上，上述Blevins的命题只能修正为一种倾向。

共性16：终版
一般而言，音节中的任一成员若处于音节峰值之间，响度可能上升或趋平。

上述所有音系结构形式，包括声音的选择、声音形式的选择、语音序列的选择都是与同化相关的现象：相邻声音倾向于呈现共同的语音特征。

但是，应该注意的是，尽管异化现象在跨语言中并不多见，却也客观存在。如拉丁语中派生词缀可以使名词变成形容词的现象：虽然一般来说，词缀形式为"-alis"，如在nav-alis 'naval'或crimin-alis 'criminal'中，但如果词干的末尾音节包含一个/l/，则语素变体"-aris"出现，如milit-aris 'military'，sol-aris 'solar'。对此现象最好的解释是：后缀中的流音是由词干末尾音节中的流音发生异化而得来的。

b. 可分解性

响度等级基本上属于结构性限制：它作用于同一音丛中辅音的共现规律。而针对辅音音丛的类型也有一定规律性可循：根据某语言中一种辅音音丛类型的出现，我们可以预测另一种辅音音丛类型的出现。我们再来回顾（31）中所引用的一组英语起始音丛。

（31）[再次引用例（31）]　　　　　　　　　　　　　　英语

　　　（a）/sp-/　　（如spit)
　　　　　/st-/　　（如stand)
　　　　　/sk-/　　（如skew)
　　　　　/sf-/　　（如sphere)
　　　　　/sv-/　　（如svelte)
　　　　　/sm-/　　（如smile)
　　　　　/sn-/　　（如snare)
　　　　　/sl-/　　（如slick)
　　　（b）/spl-/　（如spleen)
　　　　　/spr-/　（如sprain)
　　　　　/str-/　（如street)
　　　　　/skr/　　（如screen)

请注意短音丛与长音丛之间存在着密切关系：似乎长音丛是在短音丛的基础上构建出来的。含三个辅音的音丛可以被分解为两部分：

（33）/spl/ ： /sp/ 和 /pl/
　　　/spr/ ： /sp/ 和 /pr/
　　　/str/ ： /st/ 和 /tr/
　　　/skr/ ： /sk/ 和 /kr/[①]

这些含两个辅音的音丛序列都可以独立作为起始音丛出现："spit"中的/sp/，"stand"中的/st/，"scheme"中的/sk/，"plane"中的/pl-/，"pride"中的/pr-/，"try"中的/tr-/，"cry"中的/kr-/。

Greenberg发现这个规律几乎适用于所有的104种语言样本。唯一的例外情况来自部分语言中的一些较长的音丛，它们难以实现完全分解。但是，Greenberg也发现不存在所有长音丛都不能分解的语言。为了照顾到这些例外情况，他提出了部分可分解性原则（Principle of Partial Resolvability）（Greenberg 1978b：250）：

> 共性17：任何一个长度为m的起始或末尾音丛序列都包含至少一个长度为m-1的连续子序列。

他补充道，在他所取的所有样本语言中，可完全分解的音丛数量总是大于不可完全分解的音丛数量。

Greenberg对可分解性的解释是：起始和末尾音丛在起源上常常是双语素的：一个辅音前缀或后缀是被添加在一个自身可成词的词根上的。

目前为止，我们介绍了词与音节中的音的两个层面的线性关系：辅音与元音的顺序以及辅音之间的顺序。接下来，我们探讨语音单位的线性关系的第三个方面。

[①] 根据可分解性原则，如果一种语言中存在含四个辅音的音丛，那么该语言中也存在含三个辅音和两个辅音的音丛；如果一种语言中存在含三个辅音的音丛，那么该语言中也存在含两个辅音的音丛。那么，如果一种语言中存在含两个辅音的音丛，还能够预测出什么呢？根据可分解性原则，音丛不包括在词内相同位置不能独立出现的辅音。因此，如果有一种语言存在以 /sp/ 作为起始音丛的词，如英语，根据可分解性原则，该语言中应该同样存在以 /s/ 和 /p/ 分别作独立起始音的词，而英语确实如此，如"sane"和"pipe"。

（C）重音位置

重音与加在一个声音上的声音力度有关。基于一个500种语言的样本，Goedemans and van der Hulst（2005）基于跨语言频率探讨了词的各种重音位置是如何叠加的。样本中大约有一半的语言有固定的重音位置，即重音落在哪个音节上，其余语言没有固定的重音位置。有固定重音位置的语言中，重音落在倒数第二个音节的语言占比最多（110种语言），也就是重音落在紧靠词的末尾音节的音节上；占比第二多的重音模式是词首重音，即重音落在词的起始音节上（92种语言）；位列第三的是词尾重音（50种语言）。

> 共性18：如果一种语言的重音始终落在词的某一特定位置的音节上，这个音节最有可能是倒数第二个音节。

英语中有些词是倒数第二个音节为重音的，例如"di-SCU-ssion""re-so-LU-tion"，但并非所有词都如此。更典型的以倒数第二个音节为重音的语言是拉丁语。在拉丁语的双音节词中，重音在倒数第二个音节上，例如HOmo 'man'和ACer 'sharp'。对于拉丁语的三音节词来说，如果倒数第二个音节较长，那么同样以该音节为重音，如paLUSter 'swampy'或oNUStus 'burdened'；但如果倒数第二个音节较短，则重音移动到左边的音节，像ARbores 'trees'或GLOmero 'I wind'。

****

本章和前两章从三个层面探讨了语言结构的跨语言共性，分别为句法、形态、音系。这三个层面有何共性和差异呢？一个明显的不同是与时间关系相关（temporal relations）；一个细微的相似在于标记关系（markedness relations）的存在。

（A）时间关系

句法成分的排列是有序的：它涉及相邻关系与优先顺序（见第三章第3节）。这两种关系对语素排列也发挥着较为显著的作用（见第四章第3节）。但是，尽管按定义来讲，词不能彼此叠加，语素却是可以进行再切分的，因此，可以与其他语素进行叠加和共存。在音系结构中，顺序性和同时性两者都至关重要：音段是线性排列的（伴有相当一部分的叠加），而且音段的语音特征就相当于同时进行的"手势语"。

我们再来审视一下句法、形态、音系这三方面所呈现出的相邻关系与优先顺序。相邻关系是一种非常基本的关系，词、语素和语音的大部分排列形式都是以相邻关系为基础展开的。就如句法一章（第3章3.2节）中指出的，语义相关的成分倾向于在词内与句内彼此相邻。也有一些句法模式严格遵照特定语言的句法规则：这些成分也属于相邻或相近的成分。因此，动词通常与所处的小句主语保持一致，并且被动词管辖的补足成分常常紧邻管辖它的动词。根据有关词缀顺序的相关性原则（Relevance Principle）所述，基于语义的相邻关系也在形态领域发挥着普遍性作用。而在音系领域也存在类似形式：同化通常影响相邻语音（如鼻音与相邻的阻塞音会变成同部位音），而中和也受制于直接环境。

除了相邻关系外，线性优先顺序在句法、形态、音系三个层面也是受到约束的，但有个重要的区别：约束的强度不同。句法成分的顺序，尤其越长越复杂的成分，不像语素和音段的排序那么严格；并且，语篇中的句子顺序比句子中的成分顺序所受到的限制更少。"词序自由"也许可能出现在某些语言的句法中，但"语素顺序自由"则极其罕见，"音段顺序自由"也是一样（比较英语"relevant"有时被发为"revelant"）。

在句法、形态、音系三个层面中，具体的线性优先关系也存在着差别。如我们在本章中看到的，音节与词的首尾位置存在差别；而重音分配方面，倒数第二个音节的位置具有标准性。虽然句子的首尾位置在句法顺序中可能起到一定作用，但倒数第二这个句法位置关系却毫无意义[①]。但是，第二个位置在部分语言的词序排列中却是个重要因素，而在形态与音系领域，它似乎并没有发挥作用。

---

① 译者注：小句倒数第二的位置并非如原书所说毫无意义。汉语普通话就倾向于动词居于句子倒数第二位置。

（B）标记关系

第四章4.2.2.2介绍了标记的三个普遍特征：对立关系中的无标记成分在句法形式方面更趋于简洁（或至少不趋于复杂），词形方面更富于变化（或比较而言至少不"贫于变化"），并且在单个语言内或跨语言间的使用频率更高。句法上，陈述句与疑问句、肯定句与否定句倾向具备这三个普遍特征。形态上，单数与复数以及现在时与过去时也是两组类似的例子。标记关系在词汇层面也有体现，如身体部位名称、亲属关系名称、人称代词、数词、反义形容词对，其在第二章中已讨论过。①

同理，在语音层面，也存在简洁性与多变性和使用频率这两者间的对应关系。Greenberg关于标记的经典著作提供了很多例证（Greenberg 1966c：13—24）：跨语言中清塞音比浊塞音不仅发音更加简易，而且使用频率也高，如克拉马斯语中；此外，浊阻塞音与清阻塞音发生中和时，如德语与梵文中，是发音更加简易的清音获胜。同样地，在手语中，有些手形既简单又常用。

本章到目前为止已讨论了18种跨语言共性，它们是关于声音的选择、形式与线性序列的。正如句法学与形态学也遇到的一个头疼的问题：这些命题中的基本术语是如何定义的？这是下一节的主题。

5.4 音系单位的划分和归类

贯穿全章来看，本章所引的共性命题都频频使用了一些术语，诸如词、音节、音段、元音、辅音、塞音、鼻音等。这是否意味着这些实体在所有语言中都存在呢？我们就以响度等级为例，进一步探讨一下它的部分内容（上文5.3节）。

---

① 以往也有相关记载，结构的简洁性、多变性与该结构的使用频率两者间的对应关系在语言之外也能找到很好的例子。比如：要让司机在路口处停车，需要有一定的交通信号标识，而如果路口处不需要停车，却也不用放置"不需要停车"的标识。再者，在聊起会话双方的共同好友Brian时，没必要加上他的姓氏，但如果Brian是双方都不太熟的一个人，就要加上姓氏或其他描述语了。比较而言，人类普遍倾向于让常用的东西趋于简洁和富于变化。

（34）音节内，在元音前时，塞音倾向前置于擦音；在元音后时，擦音倾向前置于塞音。

这个命题可以用两种方式来解读：

（35）（a）所有语言都有音节、塞音与擦音；在所有语言的音节内部，在元音前时，塞音倾向前置于擦音；在元音后时，擦音倾向前置于塞音。

（b）有些语言有音节、塞音与擦音；在这些语言的音节内部，在元音前时，塞音倾向前置于擦音；在元音后时，擦音倾向前置于塞音。

（35a）与（35b）中，哪一个是对（34）的正确阐释呢？问题在于如何定义这些跨语言适用的音系范畴。这些范畴不仅限于（34）中的音节、塞音与擦音，还包括在其他跨语言共性中出现的范畴，如辅音、元音、高元音、鼻元音等等。诸如塞音、擦音或鼻元音等概念的定义并没有太大的问题：因为它们表达的是发音类型，其典型特征（身体部位）是语言的物理"硬件"的一部分。而诸如词或音节这样的概念却不是那么容易给出清晰定义的。

在以上的讨论中，词的概念多次出现：在词范畴内，我们探讨了阻塞音清化以及辅音音丛的构成；而借助词范畴，我们可以识别重音指派模式。恰如我们早先看到的，词范畴对于句法和形态分析而言也是至关重要的。句法上，词是部分，是句子得以被分析的基础；而形态上，词又成为了整体，语素则变成词得以被分析的基础。然而，形态句法层面的词概念与音系层面的词概念又不完全一致：形态句法层面的词并不一定等于音系层面的词，反之亦然。

以 "the sparrow" 中的冠词为例，这是一个词还是两个词？句法上，"the" 是一个独立的词——附着词，因为其他词可置于它与名词之间，如 "the two small sparrows"。但从重音角度来看，冠词与它后面的词共同构成一个单位。也可以前置词为例，俄语 "s mal' čikom" 意思是 "with (the) boy"。前置词 "s" 在句法上为独立的词（因为附加成分同样可以插在它与名词之间），但它与后面的词在发音时却发成一个词。

有关音节的概念也存在类似的歧解，虽然它主要仅仅作为一个音系成分，并不常见于形态句法层面。但在重音指派方面，音节这一概念十分有用，还有一些文字系统的分析也需要用到音节，这将在下一节介绍。然而，还有一种跨音节（ambisyllabic）的音段：横跨于音节之间，既属于前音节又属于后音节的音位。此外，音系层面的与语音层面的音节也可能存在差别（见Blevins 1995：232—234）。

音段识别也存在许多问题。对于范畴的定义来说较为基本的两类问题都出现了，即整体–部分（partonomic）问题，如何划分音段之间的界线？还有分类问题，一旦被界定为独立音段，又如何将它们归类？塞擦音与双元音是两个音段还是一个音段？长辅音与长元音是一个音段还是两个？滑音是辅音还是元音？（其讨论见Greenberg 1978b：245—247；Maddieson 2005a，2005b）

然而，下文中，我们假定大多数音段可以彼此划分出界线，也可以从发音语音学角度对其进行归类，这也是学界的普遍做法。我们还会探讨它们的跨语言普遍性问题。下面是14种跨语言共性，有些是非限制性的，有些是限制性的（蕴涵共性）；除非特别注明，它们全部选自含有大量共性命题的Maddieson（2005a，2005b，2011）。根据Maddieson（2011：545）所述，即使在所调查的样本范围内，这些共性命题也并不是完全无例外现象的。以下按照主题一一列出：辅音-元音库、元音、辅音与超音段。

辅音和元音

共性19：所有语言既有辅音也有元音。

共性20：一个比较小的音段库由11个音段组成（罗托卡斯语有6个辅音与5个元音）；一个非常大的音段库则由多于100个音段组成（如克桑语）（Maddieson 2011：540）

元音

共性21：已发现的最小的基本元音库由2个元音组成（如伊马斯语，巴布亚岛新几内亚的一种塞皮克语），最大的基本元音库由

14个元音组成（德语）。

共性22：最普通的元音库是/i/、/e/、/a/、/o/、/u/，如西班牙语。

共性23：所有语言的元音在舌位高度上都存在差别。

共性24：没有一种语言的元音只有圆唇/非圆唇差别而没有前/后差别。

辅音

共性25：所有语言都有爆破音，但并不是所有语言都有擦音。

共性26：大多数语言（而不是所有语言）都有鼻辅音。

共性27：清塞音比浊塞音更为普遍，所有语言都有清爆破音，若一种语言有浊擦音，它也一定有清擦音。

共性28：浊鼻音与流音比清鼻音更普遍。

共性29：齿–龈这个发音部位比其他部位更普遍用于发音。（Greenberg，1978b：170）

共性30：大的音段库可能含有更复杂的固有辅音（如吸气音、边擦音或声门辅音），而小的音段库中一般没有这些音。

超音段

共性31：世界上将近半数语言中的重音是可预测的。

共性32：世界上大约40%的语言是声调语言。

到目前为止，本章的讨论都与口语中的语音结构有关。但是，语言的其他形式：文字和手语，是可视而不可听的。文字是第二位的，是口语的可视的表达形式。而聋哑人的手语从根本上来说只是可视的，无法也做不到把口语的形式反映在手语中。这些语言形式是我们接下来要介绍的。

5.5 可视语言

5.5.1 文字系统

假定你看到一个人和一头母牛在星空下的河边行走，这幅景象如何被保存，如何给不在场的人讲述呢？视觉性的表述方式将是最佳的选择，要么用一张照片，要么用一幅绘画，如（36）（见图5.1）。

（36）

图5.1　在星空下，人和母牛在河边行走

传递信息的图片在我们的生活中比比皆是。象形图（pictograms）被印制为图标，比如提示餐饮设施、有鹿横穿马路或公共卫生间等标识（图5.2）。

（37）

图5.2　图标

以图示意的直观性是文字得以发明的基础，如果说不是所有文字体系的基础，那也足以占绝大部分了。在绘图这方面并且也超越了绘图的两个新颖想法至关重要：一是把图像分解成部分，以便可以用不同方式进行重新组合；二是用固定形状统一代表特定事物，这样一来，统一的表达形式避免了误读和歧解的发生。

依旧具有非常明显的象形起源的文字系统之一便是汉字，下面是用汉字书写的"The man and the cow are walking near the water under the starry sky"这个句子，每个汉字的意思也有标注。

（38）在　星　空　下　　人　跟　牛　在　水　边　走　　汉语
　　　at　star sky　under　man and cow　at　water side walk

这样的文字书写系统被称为表意文字，符号代表意义，而不是声音形式。正因为如此，成形于大约公元前1200年的汉字系统，构成一股强大的统一性力量联结着各地汉语方言，相同的汉字在不同方言中发音各有不同，如（39）中的普通话与厦门话，它们书写形式相同，如（38）。

（39）（a）zài xīng kōng xià rén　gēn niú zài shuǐ biān zǒu　　普通话
　　　（b）di　xing kong ha　lang kap gu　di　sui　bing giang　　厦门话

当代汉字的图画特征（image-like nature）并不是非常明显，但在图5.3中可以看到一组更古老的象形文字。你可以认出（40）中的两个字"人"与"水"。

（40）古代象形文字　　　当代表意文字　　　意义

　　　　　　　　　　　　水　　　'water'
　　　　　　　　　　　　林　　　'tree'
　　　　　　　　　　　　日　　　'sun'
　　　　　　　　　　　　月　　　'moon'
　　　　　　　　　　　　馬　　　'horse'
　　　　　　　　　　　　鳥　　　'bird'

图5.3 汉语象形文字和表意文字

在象形文字系统与表意文字系统中,根据意义将符号划分为各部分,不同符号代表不同意义,无需关注它们如何发音。与之相反的是用符号来表示不同的声音形式(sound forms)而非意义,用这些声音形式的视觉符号来传达思想,具体是将发音分解为更小的音段,并用相应的符号来代表这些音段。下面是用芬兰语描述的图5.1中的画面。

(41) 芬兰语
mies ja lehmä kävelevät lähellä vettä tähtitaivaan alla.
man and ox walk close water starry.sky under
'The man and the cow are walking near the water under the starry sky.'

在汉字系统中，每一个符号形式都表示一个约定俗成的词汇意义。而芬兰语字母表中，每一个符号形式都表示一个约定俗成的声音。芬兰语有一个几乎纯语音的文字系统，每个字母都单独发音，且并无变体，这与英语不同。芬兰语中没有不发音的字母，也不存在用字母组合来表示单独声音的现象，每一个字母都只有一种发音方式。

正如上面提及的，象形文字系统与表意文字系统在历史上比基于声音的文字系统出现得更早。从记录意义到记录声音的革命性飞跃，在埃及的象形符号中有迹可循。埃及象形符号始于大约公元前3250年，是最古老的文字系统之一，仅次于闪族语。以下是用埃及象形文字书写的关于母牛的例句。

（42）

图5.4　埃及象形文字

这个句子包含了几个一目了然的图形，第二个符号是猫头鹰，第三个表示行走中的两条腿，中间是一头牛，紧挨着它的是一个伸展的胳膊，紧邻最后一个符号的是一条腿，最后一个图是一颗星星。这些象形图中的四个：行走中的腿、牛、水和星星，都与句子意义有关，但部分其他图形则令人迷惑不解。为什么有猫头鹰的图形？而且为什么有伸展的胳膊与腿？

猫头鹰的形象在这里并不是为了描画猫头鹰，而是表示声音/m/，因为埃及语中猫头鹰"muloch"的首音是/m/，它与表示声音/ʃ/的第一个象形符号一起拼写成词"ʃem 'walk'"的辅音。同理，伸展的胳膊表示声音/a/，而腿表示/b/。埃及象形文字始于象形图，随着时间流逝，这些符号开始代表词的声音而不是它们的意义。

（43）再次呈现了句子，这次注明了符号所表示的声音，并在下方注明了相近发音，第四行是符号的意义，请看图5.5。

（43）

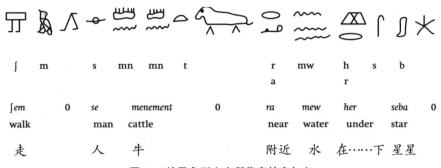

图5.5 埃及象形文字所代表的音与义

两条腿、牛、星星的图形都是不发音的，在（43）中以"0"表示，被称为限定性成分。它们的功能就像书中的插图，或像汉语、朝鲜语等语言的量词，用来强调前词所说明的内容。

用物体的图形来表示声音形式而非该物体的这种做法被称为画谜原则（Rebus Principle）。如果我想形象化表现句子"the room was bare"，我可以使用bear的形象来表示"bare"，或为表达"belief"，我可以用bee的图形，紧接一个leaf的图形。为了获得预期意义，读者不得不转换视角，他必须从图形跳到声音，正如埃及文字从图形到声音的革新一样。

虽然表音文字系统是用声音传达内容，对于文字符号所代表的是声音形式的哪部分，还是有不同选择的。在芬兰语［见（41）所示］和其他语言里，包括英语，字母代表单个音段，这种系统被称为字母系统（alphabetic）。还有其他两种选择：代表比单个音段大的单位和代表比单个音段小的单位。

有些文字系统选择的比单个音段大的一种语音单位便是音节（syllable）。请看用日语表达的有关母牛的例句"Under the starry sky, near the water the man and the cow are walking"（数字仅供参考）。

（44） 日语

星 空 の 下 水 「 を 男 と 牛 が 「 い て ゐ 。
1　2　3　4　5　6　7　8　9　10　11　12　13　14　15　16

（45）标示了发音与单词意义（PART表示助词，GER表示动形词词缀，TNS表示时态）。

(45)   日语

1	2	3	4	5	6	7	8	9	10	11
hoʃi	zora	no	ʃita	mizu	be	o	otoko	to	uʃi	ga
star	sky	PRT	under	water	side	PRT	man	and	cow	PRT

12	13	14	15	16
aru	i	te	i	ru
walk	GER	PRT	be	TNS

句子包含被称为"日本汉字"与"平假名"的两类符号，日本汉字符号拼写名词、动词和其他有实在语义的概念。它们是从汉语中借入的，如上所示，（38）中的汉字字符"星星""水"和"母牛"与日语字符〔（44）中的#1、#5、#10〕惊人地相似。尽管它们现在与日语具体单词的发音相联系，但它们是表意文字。其他符号来自平假名，它们通常是由单个音节构成的语法助词（如上例的"no、o、to"）或后缀（"-i""-te"和"-ru"）。

如上所述，除了用字母代表音节性文字之外，还可以进一步选择将音段分析为语音特征（phonetic features）。德语虽然使用字母系统，但德语字母有一个特征是与语音特征相关联的，即曲音符号（Umlaut）的使用，形式为在元音之上标注两个点。它用于三个非前元音：ö、ü和ä，加上曲音符号之后分别代表前元音[œ]、[y]和[e]。

(46) (a) offen 'open'   öffentlich 'public'   德语
         /ɒfən/   /œffəntliç/
     (b) Buch 'book'   Bücher 'books'
         /buχ/   /byçər/
     (c) Macht 'power'   mächtig 'powerful'
         /maχt/   /meçtik/

广泛使用这种语音特征的语言之一是朝鲜语。请看（47）（SBJ表示主语标记，OBJ表示宾语标记）：

（47） 朝鲜语

별아래　남자와　조가　물가를　걷고　었다
pyel-alay namca-wa so-ka mul-ka-lul ket-ko iss-ta
star-under man-and cow-SBJ water-nea-OBJ walk–and stay-DC
'The man and the cow are walking near the water under the stars.'

15世纪由世宗大王发明的朝鲜语字母表有19个辅音、21个元音和双元音。或许是受日语的影响，朝鲜语字母也存在分组的情况。朝鲜语字母的显著特征是有些辅音字母的外形与发音部位相呼应。恰如Gnanadesikan（2009：297）指出的，朝鲜语字母系统使用一种象形图，只是象形图并非与所指的客体外形相一致，而是与发音涉及的发音器官的外形相一致。

上文例子中代表齿龈辅音与软腭辅音/n/、/t/和/k/的字母符号中，横线表示舌位，竖线意味着舌位的垂直高度。两个齿龈辅音分别是：第二个单词第一个音节上部的/n/；第五个单词第一个音节与最后一个单词第二个音节底部的/t/。这两个符号形式都含有"ㄴ"，用于表明舌头前部触碰齿龈。而字母/k/（第三个与第五个单词中）有相反的符号形式"ㄱ"，表示舌头后部抬升至软腭。这种用图形表示发音部位的字母形式使得朝鲜文字有别于德语的曲音符号。德语元音上的两点虽然与舌前发音特征相联系，但并没有给出相关发音部位的形象化表达。

如果一个文字系统是以字母为单位构成，而非基于音节或基于特征，还有一种可能的变化形式，即组成句子的音段中，哪些是由符号来表示的？如（43）所示，埃及象形文字大多表示的是辅音，而元音则由读者自行加工完成解读。其他闪族语系的语言中，如阿拉伯语与希伯来语，也主要以辅音为主，请看（48）中希伯来语的例子，仍是旧句子："The man and the ox are walking near the water under the stars"。

（48） הו שיאה םיבכוכה תחת םימה דיל םיכלוה הרפ 希伯来语

这句话由被空格分开的七个单词构成，从右到左读。（49）给出了字母对字母的发音转写、词对词的发音转写和词对词的翻译。为了便于阅读，改为从左到右读。

（49） h-a-i-sh　　　v-h-p-r-h　　　h-v-l-ch-i-m　　　l-i-d　　h-m-i-m
　　　　haish　　　 vehapara　　　 holchim　　　　　leyad　　hamayim
　　　　the.man　　 and.the.cow　　 walk　　　　　　 near　　 the.water
　　　　t-ch-t　　　h-k-v-ch-v-i-m
　　　　tachat　　　hakochavim
　　　　under　　　 the.stars

目前为止，我们了解了文字系统有基于意义或基于声音之别。后者的声音单位可能表示单一音段、音节或语音特征，若表示单一音段，则需要选出这些需要用符号表示的音段。希伯来语提供了又一种变化形式：书写的方向（the direction of writing）。欧洲语言从左向右书写；闪族语系语言从右向左书写；汉语与日语可以从左向右水平方向（横向）书写，或从上到下垂直方向（纵向）书写；埃及象形文字的书写方向也富于变化；在有些古代希腊碑文（题词）中，书写方向可以从左到右和从右到左进行交替变换。希腊词源学术语把这种书写风格称为"牛耕式转行书写法"（boustrophedon），这指的是一头牛在一片地上来回地拉犁时所走出的路线。

总之，我们已看到了以下四种参项的变体案例：

（a）书写符号所表示的单位的性质：象形/表意与表音

（b）所表示的声音单位的大小：音节、音段、语音特征

（c）所表示的声音单位的类别：辅音和元音或只有辅音

（d）书写方向：左至右，右至左，上至下，下至上，牛耕式转行书写法

鉴于这种大范围的变体，一个显而易见的问题便是全世界的文字体系中是否存在共性的、跨系统的特征。似乎这一领域的相关研究并不多，以下给出五个初探性的共性。

共性1：基于声音的文字系统比基于意义的文字系统应用更广。

共性2：在基于声音的文字系统中，基于字母的书写系统比基于音节的书写系统更常见。（Comrie 2005b：568—569）

这两种共性是有一定道理的：符号所代表的单位越小，符号库所需的符号就越少，因为小单位的符号在组词与组句时使用起来更加灵活。表意文字需要更多符号，但它们自身也存在优势：句子书写方面节省空间，文字相同但发音不同的语言使用者可以轻易读懂彼此的文字。下面就不同系统所需符号数量举几个例子：在埃及表意文字中，每一次书写，大约都会用到500个象形符号；说汉语的人若想读懂报纸与杂志，他需要熟悉近3000个汉字；在日语中，大约有2000个表意日本汉字符号，但却只有46个基本的音节性平假名符号；芬兰语语音字母表只有28个字母。

共性3：在字母系统中，虽然有些是完全或大多数基于辅音的，但却没有只包含元音的字母系统。

原因一目了然：大多数语言中的大多数词包含的辅音比元音多，因此，一个词中缺失的元音比缺失的辅音更容易猜得到。例如，从"e..o..a..io"我们无法猜出单词"demonstration"，但从"d..m..nstr..t..n"就可以。

共性4：虽然有全部由音段或全部由音节构成的文字系统，但却没有全部由单个语音特征构成的文字系统。

这可以说明这样的一个事实，即发音机制并不是说话人可以轻易意识到的。发明朝鲜语文字系统的世宗大王与其他文字系统发明者相比，其独特之处在于：他或他的顾问团队考量了声音如何在口腔形成这一要素。

共性5：从左到右书写比从右到左或从上到下书写更常见。

如果此共性为真，这可能与人类普遍惯用右手有关。若从右到左书写，书写时，从右到左移动着的右手会盖住并可能弄脏刚写好的文字，而从左到右书写则能够避免这种情况。

5.5.2 手语

请看下图单词"father"的手语表现形式（图5.6）：

（50）（a）father

（b）

图5.6 美国手语中"father"的符号

（50a）是英语单词的拼写形式，（50b）是美国手语（American Sign Language，缩略形式为ASL）中的手势（Klima and Bellugi 1979：134）。两者都是概念的可视化表达形式，但二者之间存在重要的不同：（50a）是该词口语表达的书面形式，但（50b）就是语言本身，它并没有可听形式。在（50a）中，概念与其视觉表达形式之间的关系不是直接的，声音是二者之间的中介，而（50b）中的手势直接表达了概念本身。在这种意义上，（50b）像表意形式，但它不是图画性的。

ASL只是众多手语（也被称为signed languages）中的一种，主要为聋哑人作为第一语言习得和使用。Zeshan的跨语言调查列出了世界范围内的39种手语（2005a：558）。虽然它们如同口语一样是自然语言，但由于它不是靠声音而是靠身体姿势作为表达媒介，手语因此构成了人类语言中的独特子集。因此，从语言类型学角度来看，有两个问题要考虑：

1. 世界上的手语有何共性特征？
2. 手语与口语有何共性特征？

（A）手语的共性特征

目前为止，世界上的手语很少被记录，但已知的普遍存在的手语的三个特征是：空间的使用（the use of space）、表达的同时性（the use of simultaneous expression）以及象似性（iconicity）（Sandler and Lillo-Martin 2006：478）。空间的使用指手语者根据具体语境分配一个独特位置表示每个实体。例如，代词"我""你"和"他/她"是通过指向说话者、听话者和他人的具体位置来表示的（Sandler and Lillo-Martin 2006：481—482,487）。表达的同时性意味着信息的各要素可以同时由身体不同部位来表达。例如，用手势表达句子基本内容的同时，可用面部表情传递疑问意图。

对空间和同时性符号的使用实际上是象似性的体现。当手语者指向他自己表示"我"时，他在呈现指示物。同样地，意义元素的同时性表达也象似地标志出这些语义成分是具有同时性的。手语象似性的进一步体现是手势符号的重叠使用。一个手势符号的叠用可表达复数和其他方面的意义。下面是象似性符号释例"paws"与"claws"（Supalla 1986：209）。

（51）

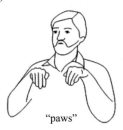
"paws"

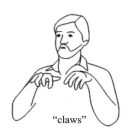
"claws"

图5.7 美国手语中"paws"与"claws"的手势

但是，（50）中"father"的手势和许多其他手势都不是象似的。

手语使得空间、同时性表达与象似性在交际过程中得以发挥作用：手部可在三维空间移动，手部运动与面部表情可以实现独立控制。但是，不是所有的手语共性特征都属于这种类型的情态效应（modality effects）（Emmorey 2002：13—71）。手语形态独立性的特征之一是结构多层级的存在：手势句子由词构成，词由语素构成，语素像语音一样，可进一步分析为自身不能承载意义的更小单位。

除以上四个一般特征外，更为具体的语法特征也被发现广泛存在于手语中，例如否定与疑问的表达。否定常常以否定助词为标志，后置于谓词或句尾，并且伴有特殊的头部运动（Zeshan 2004a：51—54；Zeshan 2005b：560）。疑问助词并不常用，但如果有疑问助词，相比特殊疑问句［content（wh-）］，它们更普遍出现于一般疑问句［polar（yes/no）］中，并且伴有非手势符号，而且它们并非必要成分（Zeshan 2004b；2005c：564）。

（B）手语与口语的共性特征

上面所提及的手语的四个共性特征在口语中也存在，尽管前三个出现的比例较少。手语与口语都具有结构多维度的特点：两者都可被分析为句子、词、语素和没有独立意义的更小单位——音节、音段。同样地，指示物的空间识别也用于口语中：指示成分例如指示代词（"this""that"）指向空间中的不同事物，并可能伴有手部或头部姿势。重音与语调使口语中的信息得以分解成同时的、分段的或其他超音段的各部分，一个陈述句仅通过语调变化就可变成一个疑问句，如"We are leaving？"。

第四个手语的特征象似性也是口语的特征。有趣的是，许多象似性表达在手语与口语中具有相同的意义。正如在形态学章节讨论过的（第四章4.2.2.1），重叠常被用于口语中表达复数/多数、持续和反复，这与手语中手势符号叠用的意义相同（Aronoff et al. 2005：336—337）。很重要的发现是，手语和口语中的象似表达具有高度的约定俗成性质（Zeshan 2004a，2004b），而且原始的象似符号可能变得完全系统化和语法化，其象似性特征反而不那么明显了（Sandler and Lillo-Martin 2006：497）。如文献所述，语言都是力求象似的，虽然"paws"与"claws"在口语中无法做到象似，但在手语中手形做到了这一点。

手语与口语的一个更具体的结构共性是标记关系。基于前几章的讨论（尤其第四章4.2.2.2），我们认为在口语中区分有标记和无标记成分的三个基本标准为：句法结构简洁性（syntagmatic simplicity）、词形变化多样性（paradigmatic variability）以及频率（frequency）。它们也适用于手语（比较Sandler 1996：124—131；Sandler and Lillo-Martin 2006：160—166）。有些手形，例如一个伸出的食指与一个伸出的大拇指，既有最高的频率，又在形式上最为简洁。与频率相关的词形变化多样性可以用否定来说明：否定的不规则表达倾向存在于高频动词中，如"know""understand""want""be able""be possible"和"have"（Zeshan 2004a：50）。这与英语中动词不规则过去式的情况相似，它们也常发生在高频动词上，如"be""have""come"和"go"。

除了结构层级性、空间指示性、表达的同时性、象似性与标记关系这五个共性特征外，手语中的一些结构相关的特征（construction-specific features）在口语中也有相应的表现形式，比如动词一致关系与量词结构，否定助词和疑问助词等。

手语中有一种疑问助词为"X-NOT-X"结构："This is an apple IS NOT IS?"。"X（OR）NOT-X"这种结构的疑问标记在口语中也很普遍，例如芬兰语menetkö, tai et? 'you.are.going, or not'（英语为"Are you going?"）。在手语中，这种疑问标记类型在亚洲最普遍，这可能是语言接触的结果，因为这种结构比较常见于汉语方言中（Zeshan 2004b：33—36; Zeshan 2005c：565）。

手语与口语的另一个结构共性与疑问词有关，如"who"和"why"等。在手语中，它们常与不定代词相关，"who"的符号也被用于指"someone"等等（Zeshan 2004b：25—26；2005c）。有些口语中也是如此，如拉丁语的quis 'who'和aliquis 'somebody'。其中的语义关系是显而易见的，即这是关于发问者不知道的某人或某物的一个问题。

总而言之，手语许多区别性特征直接与其可视型媒介有关，而且手语与口语之间的很多区别也是源自它们表达手段的不同：听觉手段与视觉手段。以下用一组共性作为总结。

共性1：跨手语提问形式的共性特征如下：
（a）所有手语对一般（是非）疑问句（polar questions）都使用非手势标记符号，诸如眉毛升高或身体前倾。
（b）疑问助词都不是必要成分。
（c）用于一般疑问句与特殊疑问句（content-questions）中的疑问助

词在形式上都没有区别。

（d）疑问助词几乎全部是置于谓词后或句尾的。

共性2：手语与口语的一些共性特征如下：

（a）疑问词通常在形式上与相应的不定代词相关，如"who""where"与"someone""somewhere"。

（b）手语和口语都有多层级结构：句法、形态与音系。

（c）手语和口语都用指示性符号来识别指示物，但在手语中使用更为广泛。

（d）手语和口语都有同时性表达，但在手语中使用更为广泛。

（e）手语和口语都有象似性表达，但在手语中使用更为广泛。

（f）手语和口语在表达相反事物时，都在相反成分间体现出标记关系。

本章小结

本章探讨了人类语言有关音段选择、排列以及视觉表征方面的普遍特性。首先，给出了关于音系的32个跨语言共性。前四个是复现的和谐模式；共性5给出了音节性辅音的特征；共性6至共性15与同化相关；共性16阐述了响度等级；共性17是关于可分解性；共性18介绍了常见的重音模式；共性19至共性32探讨了各种语音类型的使用频率。接下来介绍了五个有关文字系统的共性命题和两组关于手语的共性命题，即手语之间的共性特征以及它们与口语之间的共性特征。

练习

1. 请描写下面莫霍克语（Mohawk）中清塞音和浊塞音的分布。（Halle and Clements 1983: 59）

（a）oli:deʔ   'pigeon'   （h）oya:gala   'shirt'

（b）zahset   'hide it!（sg.）' （i）ohyotsah   'chin'

(c)	ga:lis	'stocking'	(j)	labahbet	'catfish'
(d)	odahsa	'tail'	(k)	sdu:ha	'a little bit'
(e)	wisk	'five'	(l)	ǰiks	'fly'
(f)	degeni	'two'	(m)	desdaʔn̩	'stand up!（sg.）'
(g)	aplam	'Abram, Abraham'	(n)	de:zekw̩	'pick it up!（sg.）'

2. 请评估以下俄语词首辅音音丛的响度等级是否合格。

(a) bl- 例如：/bliz/ 'close to'
　　 br- 例如：/brat/ 'brother'
(b) vd- 例如：/vdova/ 'widow'
　　 vz- 例如：/vzad/ 'backwards'
　　 vž- 例如：/vžive/ 'alive'
　　 vk- 例如：/vklad/ 'donation'
　　 vl- 例如：/vlaga/ 'moisture'
　　 vm- 例如：/vmeste/ 'together'
　　 vs- 例如：/vsje/ 'all'
　　 vt- 例如：/vtora/ 'second voice'
　　 vč- 例如：/včera/ 'yesterday'
　　 vh- 例如：/vhod/ 'entrance'
　　 vš- 例如：/všivyj/ 'lousy'
　　 vr- 例如：/vremja/ 'time'
　　 vsk- 例如：/vskok/ 'at a gallop'
　　 vsl- 例如：/vsled/ 'immediately behind'
　　 vsp- 例如：/vspol'e/ 'ridge'
　　 vskl- 例如：/vskloživat'/ 'to tangle'
　　 vskr- 例如：/vskryvat'/ 'to uncover'
　　 vstr- 例如：/vstrečat'/ 'to meet'
(c) gr- 例如：/gran'/ 'border'
(d) dv- 例如：/dve/ 'two'

	dr-	例如：/drat'/	'to tear'
（e）	žb-	例如：/žban/	'can'
	žv-	例如：/žvačka/	'rumination'
	žg-	例如：/žgut/	'torch'
	žr-	例如：/žrebyj/	'fate'
（f）	kr-	例如：/krest'/	'cross'
（g）	sp-	例如：/sputn'ik/	'satellite'
	st-	例如：/stat'/	'to stand'
	sh-	例如：/shodka/	'meeting'
	sč-	例如：/sčitat'/	'to count'
	str-	例如：/strana/	'home land'
	stv-	例如：/stvor/	'leaf of a door'

3. 比较阿拉伯语与罗马语书写数字的方法，并说明基本原则是什么。

1	I	11	XI	90	XC
2	II	12	XII	100	C
3	III	13	XIII	200	CC
4	IV	15	XV	210	CCX
5	V	20	XX	500	D
6	VI	21	XXI	502	DII
7	VII	30	XXX	600	DC
8	VIII	40	XL	900	CM
9	IX	50	L	1000	M
10	X	60	LX	1010	MX

4. 这是一组来自阿肯语的材料，阿肯语是加纳和象牙海岸的一种克瓦语（Roca and Johnson 1999：21）。

（1）大多数词是元音和谐的，元音和谐依据的语音特征是什么？

（2）有些词没有表现出元音和谐，原因可能是什么？

这是阿肯语的元音库藏。在任一对元音中，左边的是紧元音，右边的是松元音。

```
        i   I   u   ʊ
        e   ɛ   o   ɔ
              a
```

（a） o-fiti-i   'he pierced it'
（b） ɔ-tsIrɛ-I   'he showed it'
（c） e-bu-o   'nest'
（d） ɛ-bʊ-ɔ   'stone'
（e） ɔ-bɛ-jɛ-I   'he came and did it'
（f） o-be-je-i   'he came and removed it'
（g） o-bisa-I   'he asked it'
（h） ɔ-kari-i   'he weighed it'

5. 在尼加拉瓜的一种语言乌尔瓦语中，表示所有的词缀是"ka"。下面的材料表明这个词缀在某些情况下作前缀，在其他情况下作中缀。你能找出决定这个词缀位置的唯一条件吗？（Roca and Johnson 1999：124—125）

（a） 无后缀的   被领有的

　　　ál   ál-ka   'man'
　　　bás   bás-ka   'hair'
　　　kí：   kí:-ka   'stone'
　　　saná   saná-ka   'deer'
　　　amák   amák-ka   'bee'
　　　sapá：   sapá:-ka   'forehead'

（b） sú:lu   sú:-ka-lu   'dog'
　　　kúhbil   kúh-ka-bil   'knife'
　　　báskarna   bás-ka-karna 'comb'
　　　siwának   siwá-ka-nak   'root'
　　　aná:laaka   aná:-ka-laaka 'chin'
　　　karásmak   karás-ka-mak 'knee'

扩展阅读

- 本章介绍了一些发音语音学和音系学的基本知识。对于语音学的详细介绍，可以参阅Ashby and Maidment 2005。音系学的详细介绍可以参阅如Nathan 2008；Odden 2005。
- 关于终端清化，可以参阅Nathan 2008：88—93；Blevins 2004: 103—106。
- 跨语言元音和谐现象的综合提要，参阅van der Hulst and van de Weijer 1995和Nevins 2010。
- 关于音节与音节识别的问题，参阅Blevins 1995。近期有关音节的综合性介绍参阅Hulst and Ritter（ed.）1999；Charles E. Cairns and Eric Raimy（2011）。
- 关于音系单位而非词、音节和音段（如音步、调形），参阅Nathan 2008: 43—58和Lahiri 2001。
- 关于世界范围内语言的声音的调查，参阅Ladefoged and Maddieson 1996，还有网上的UCLA Phonetic Segment Inventory（UPSID）。
- Gnanadesikan 2009以生动和易懂的写作风格，针对文字系统以及其发展过程做了综合性介绍。还可参阅Daniels and Bright 1996；Rogers 2005。Chadwick 1970非常精彩地介绍了线形文本B的破译过程。
- 关于美国手语的音系结构，参阅Brentari 1995。关于手语的形态，参阅Aronoff et al. 2005。关于手语的综合性介绍，参阅Emmorey 2002。关于美国手语的分类词，参阅Supalla 1986；Emmorey 2002：73—91；Aronoff et al. 2005：esp. 32—326；关于美国手语的动词一致，参阅Aronoff et al. 2005：esp. 315—324。

第六章 演变中的语言：语言演变类型学

本章概要

语言演变存在于语言习得、使用和历史发展这三个层面。本章将讨论这三者在跨语言中的重现模式：冠词在历史上是如何产生的？语序是如何演变的？儿童是如何习得反义词和空间词的？二语学习者的中介语有哪些特点？语言使用中有哪些过程是昭显的？

关键词

冠词的源起 genesis of articles

语序演变 word order change

反义词习得 acquisition of antonyms

空间词习得 acquisition of spatial terms

对比分析假说 Contrastive Analysis Hypothesis

标记差异性假说 Markedness Differential Hypothesis

结构一致性假说 Structural Conformity Hypothesis

最小域原则 Minimize Domain Principle

最小形式原则 Minimize Form Principle

竞争理据 competing motivations

6.1 引言

至此，本书已讨论了跨语言共时结构的重现模式。但我们知道，语言是持续发展的。要是看当代英语音位库藏的话，它是有缺失的，即没有其他语言中的某些音位。以擦音为例，当代英语有齿间擦音（如thick中的 /θ/）[①]、舌尖前擦音（如seal中的/s/）和舌叶擦音[②]（如sheen中的/ʃ/），但没有小舌擦音[③]（如德语lachen中的/χ/）。其实，英语在历史上远非如此。古英语确有小舌擦音，它的遗迹留存于当代英语拼写中不发音的gh（如night、light）。这表明在古英语向现代英语演变的过程中，语音的缺失过程（从有到无的演变）可长达几个世纪。

如果语言会变化，就意味着它们的共时状态并不是追溯其跨语言结构的唯一轨迹。在共时特征之外，跨语言重现模式也可以在历史演变中找到痕迹。是否有其他的语言也丢失了小舌擦音？人类语言失去过哪些音？又是否有哪些音是新现的？人类语言还发生了哪些演变？更重要的是，这些演变是如何发生，为何发生的？

历史演变影响整个社会。此外，我们还发现在人生短短数十年中，语言也会发生小的演变。自幼时我们每个人都习得了某种语言并以此作为理解和表达的工具。语言习得可以指从不会某种语言到学会某种语言，也可以指从会一种语言到学会另外的语言；与此同时，语言的使用指引我们从

---

① 译者注：原文第 194 页误作"唇齿擦音（labiodentals）"。本章音位命名参考 IPA（2005），汉译参考瞿霭堂《国际音标漫议》，《民族语文》2012 年第 5 期。

② 译者注：原文第 194 页误作"舌面中擦音（palatals）"。

③ 译者注：原文第 194 页误作"舌面后擦音（velar fricatives）"。Kohler, Klaus J.（1999: 88, "German", *Handbook of the International Phonetic Association: A guide to the use of the International Phonetic Alphabet* [With accompanying German audio files by the author], Cambridge: Cambridge University Press, pp. 86—89）认为此音位为舌面后擦音 /x/，并指出"[χ] 是在 /a/、/aː/、/ʊ/、/ɔ/ 和 /aʊ/ 后的条件变体（[χ] is an allophone of /x/ after /a, aː/ and according to some also after /ʊ, ɔ, aʊ/）"。王京平《德语语言学教程》（2002: 60—62，外语教学与研究出版社）则混用两者。

知到行。语言习得和语言运用是发现跨语言相似性的另外两个领域。①

对语言或其他任何领域的任何过程的描写研究一般都包含这4个部分：初始阶段、最终阶段、中间阶段和促成演变的条件。本章对每个过程都从以下四类问题出发进行介绍。A和B分别代表"结构"。

（A）初始阶段的问题

假设B是最终阶段，它可能（或者必须）来自哪些跨语言重现的A-s？

（B）最终阶段的问题

假设A是初始阶段，它可能（或者必须）转化为哪些跨语言重现的B-s？

（C）中间阶段的问题

假设A转化为B，有哪些跨语言重现的中间阶段C-s可能（或者必须）出现在A转化为B的过程中？

（D）条件的问题

在A经由（或者不经由）C可能（或者必须）转化为B的过程中跨语言重现的条件是什么？

以SVO语序为例，常遇到的一个问题是SVO能够来自哪种其他的语序［上文（A）］；SVO能够转化为哪种语序［上文（B）］；假设SVO变为VSO，中间会出现哪些语序［上文（C）］；哪些条件促成了转化［上文（D）］。

在回答这些问题之前，要澄清三个问题。首先，初始阶段和最终阶段在这里是相对的：对一个过程的初始阶段和最终阶段的界定依赖于不同的关注点。例如，当我们探讨英语助动词如must和will的由来时，最终阶段就

---

① 这种三维度的改变可以以语言之外的行为模式来类比，例如我们的着装或饮食。人们如今所穿的服装与五百年前的服装有很大不同，这些很大的变化甚至影响了整个文化。但是，一个人的着装方式取决于另外两个因素：一、他如何顺应社会的服装习惯，二、他如何在日常生活中又去改良这种习惯。

是它们的出现，初始阶段就是这些助动词并不独立存在，而存在于我们可以追溯的其他结构中。当然，独立存在的助动词也可能进一步演化为其他结构，同理，它们的源结构也可能来自某个更早的演变。

其次，结构会改变，但是在相对短的时期内它们可能保持不变。我们不仅会关注什么演变成什么，还会关注在历史演变、语言习得及使用过程中都较少发生改变的语法形式。语言共性的本质是某些语法特征具有恒定性。

最后，对整个语言在历史中的演变而言，新生的形式不能仅由某个语言使用者独自使用，它必须传播到整个语言团体。这又涉及新结构传播的条件。

6.2、6.3和6.4将依次就语言演变、语言习得和语言使用的跨语言共性特征进行探讨。

6.2 世纪流转——历史演变

本节介绍有相似发展路径的语言历时演变的两个例子。

6.2.1 冠词的起源

纵览跨语言中定冠词与不定冠词的分布，我们可以想到先前所引用的 Roman Jakobson 的评论（第2章2.5.2节）："语言的差异实质上在于它们必须传递什么而不是它们可以传递什么。"讲英语的人必须表达的对比意义之一是，他们所说的对听者来说是熟悉的事情，还是一无所知的事情。（1a）中，汽车对听者来说是未知的，但在（1b）中，它是已知的或者从情境中可以明显辨别的。因为这种差异在英语中必须使用定指冠词和不定指冠词来标记（至少对单数可数名词来说），（1c）既没有定指冠词也没有不定指冠词，所以不符合语法。

(1) (a) Bill is fixing **a** car. 英语
  (b) Bill is fixing **the** car.
  (c) * Bill is fixing ___ car.

许多语言并不需要做出这样的区分，这也证明了Jakobson的见解。因为许多语言根本没有冠词，例如俄语和朝鲜语。

（2）Eva jest __ jabloko.　　　　　　　　　　　　　　俄语
　　　 Eva eats　 apple
　　　 'Eva is eating an apple.' or '… the apple.'

（3）Eva-ka　　sagwa-lul　　mek-ko __ iss-ta.　　　朝鲜语
　　　 Eva-NOM　apple-ACC　 eat-INF　PRES-DC
　　　 'Eva is eating an apple.' or '... the apple.'

定指冠词和不定指冠词的出现不仅具有跨语言的多样性，它们事实上也并不常见于绝大多数语言中。Dryer收集的566种语言中，大约只有一半以上（337种）的语言有充任定指冠词的单词或者词缀。在收集到的473种语言中，不到一半（204种）的语言有包含不定指冠词的单词或者词缀（Dryer 2005g, 2005h）。在跨语言中，定指冠词和不定指冠词的存在和缺失之间并没有蕴涵关系：两种冠词各自可以在某种语言中单独出现。Dryer收集的566种语言中，41种只有定指冠词（例如，埃及的阿拉伯语）；在收集到的473种语言中，81种只有不定指冠词（例如，巴布亚新几内亚的塔乌亚语）。

然而，冠词的跨语言分布既不允许无条件命题（例如，"全部或者大多数语言有定指冠词"）也不允许蕴涵命题（如，"全部或者大多数语言有定指冠词就有不定指冠词"），它们的历史起源表现出一种显著的趋同性。*World Lexicon of Grammaticalization*（Heine and Kuteva 2002）（《语法化世界词库》），一个关于语法成分起源并被跨语言证实的独特库藏，揭示了定冠词的单一历史来源与不定冠词的单一来源。尽管Jan Rijkhoff曾提到定指冠词的其他起源（2002: 186），可以肯定的是，定指冠词通常来源于指示词，而不定指冠词来源于数词"一"（指示词和数词"一"现仍为语言中的词类）。

尽管冠词和它们的历史起源之间形式和语义的关系是昭显的，但这两种结构并不完全一样。然而，它们之间的差异不具任意性，而具有跨语言的同一性。我们先从冠词和它们的历史起源之间的形式关系开始。在某些语言中，它们有完全相同的构成形式，如Bizkayan的巴斯克语（Heine and Kuteva 2002：109）。

（4）（a）gizon **a** 'that man' 巴斯克语
　　　　　man that
　　（b）gizon-**a** 'the man'
　　　　　man-the

然而在英语中，指示词和定指冠词相似，但不完全相同。

（5）（a）**that** man 英语
　　（b）**the** man

我们用同一方法来考察不定指冠词和数词"一"。在土耳其语中，这两者同样具有完全相同的构成形式（Heine and Kuteva 2002：220），但在英语中，两者的差异较大。

（6）（a）**bir** büyük tarla 'one large field' 土耳其语
　　　　　one large field
　　（b）büyük **bir** tarla 'a large field'
　　　　　large **one** field
（7）（a）**one** pear 英语
　　（b）**a** pear

在冠词及其原始形态不完全一样的情况下，两者间的差异主要是数量上的：和它们的历史起源相比，定指冠词和不定指冠词都有简化的语音结构。

除了音段缺失，语音消蚀还会以其他的方式出现。比如，冠词的原始形态有重音，但现在的冠词通常没有重音。此外，冠词通常演变成为附着语素甚至是后缀，这与冠词日益弱化的超音段形式有关，比如（4）中的巴斯克语。需要注意的是，指示词和数词"一"可以独自作为名词短语使用，即便是与名词搭配使用时，它们仍可保持其独词地位。而冠词既不能独自作为名词短语使用，在与名词搭配使用时，也不能分析为独词。英语冠词的短语性地位的缺失可通过例（8）和例（9）展现出来。

（8）（a）I don't want this; I want **that**.　　英语
　　　（b）*I don't want this; I want **the**.
（9）（a）These are nice apples; I want **one** of them.　英语
　　　（b）*These are nice apples; I want **an** of them.

在巴斯克语之外，后缀冠词的其他例子来源于巴尔干半岛的语言，这些后缀冠词具有地域特征，参看例（10）至（12）（来自 Bynon 1997: 246）。例（11）和例（12）的冠词有语素变体。

（10）trup-**at**　'the body'　　　　　　　　保加利亚语
　　　konj-**at**　'the horse'
（11）mik-**u**　'the friend'　　　　　　　　阿尔巴尼亚语
　　　djal-**i**　'the boy'
（12）om-**ul**　'the man'　　　　　　　　　罗马尼亚语
　　　munte-**le** 'the mountain'

除了语音形式的简化，冠词也可能失去它们词源的屈折变化。在匈牙利语中，修饰名词的指示词具有与名词中心词相一致的数和格后缀，但是源自该指示词的定指冠词却没有。这可以从例（13）看出。值得注意的是，在匈牙利语中，指示词必须与定指冠词同时出现。

（13）（a）ez-**t**　　　　az　　almá-t　　　　匈牙利语
　　　　　this-**ACC**　　the　apple-ACC
　　　　　'this apple（ACC）'
　　　（b）ez-**ek-et**　　az　　almá-k-at
　　　　　this-**PLU-ACC** the　apple-PLU-ACC
　　　　　'these apples（ACC）'

这同样适用于马耳他阿拉伯语：指示词和名词的性和数保持一致，但定指冠词在这两种范畴上没有屈折变化。

至此，我们了解到冠词和它们的历史起源之间的形式差异是因为语音和形态的缺失造成的。除此之外，冠词和它们的历史起源之间在意义方面也有一些不同。和定指冠词一样，指示词的所指是对言者和听者来说都很确定的事物。不同的是，指示词伴随着指示行为来识别对象（例如，this book 或 that day）。定指冠词也有确定的所指，但以更抽象的方式表现：它们摘选出已知的某些事物，因为这些事物在文中已经提到过或者对言者和听者来说很熟悉。当然，定指冠词在某些用法中，完全没有涉及指示：当定指冠词指向抽象名词或是作为某个专有名词的固有成分时，定指冠词的非指示特征特别明显。

（14）（a）They were impressed by **the** honesty of this man. 英语

（b）**The** Hague is one of my favorite cities.

数词"一"和不定指冠词在语义方面相比较，不同之处在于：两者都指一个单独的实体，但不定指冠词不太强调。通过数词"二"不与"a"相对而与"一"相对这一事实可以看出。

（15）（a）I don't want **two** apples, I want only **one** apple. 英语

（b）?I don't want **two** apples, I want only **an** apple.

在某些语言中，"一"原始的数量意义已经完全消失，以至于不定指冠词有复数形式，如西班牙语的 unos 和 unas。不定指冠词的复数形式和它原始的单数意义直接对立。

因此，在历史演变过程中，意义和形式一样都在弱化：变成定指冠词的指示词失去了空间指示词的语义特征，同样，在数词"一"变成不定指冠词的过程中，其定量特征减弱或完全缺失。

在世界范围内，语音、形态和语义弱化的过程已经得到记录并用来研究冠词的起源。在汉语普通话、夏尔巴语、匈牙利语、新亚拉姆语、波斯语、土耳其语、希伯来语、日耳曼语、罗曼语及各种各样的美洲印第安语

和南岛语中，不定指冠词来源于数词"一"（Givón 1981：35）。从指示词发展为定冠词的路线也得到了跨语言证据的支持，包括来自罗曼语和日耳曼语、匈牙利语、瓦伊语、海地克里奥尔语、大朗德奇努克混合语，以及其他很多语言（Heine and Kuteva 2002）。

语言演变过程的另外两个方面也需要注意。首先，它们并不是全部同时发生。以罗曼语的定指冠词为例，如法语的le和la，或西班牙语的el和la。它们都是由拉丁语指示词的阳性形式ille和阴性形式illa的语音弱化衍变而来，而拉丁语是罗曼语的原型。语义弱化也是逐步发生的：在古法语中，原始定指冠词最初仅和所指非常明确的名词连用（如英语句子I have bought a house. **The** house is spacious），后来才逐渐发展为可以与类指义的名词连用（如英语句子**The** polar bear is an endangered animal）（详见Epstein 1994）。同样，希伯来口语中原始不定指冠词xad由起初和所指名词连用的exád衍变而来。但不像在法语和英语中（如Joe would like to live in **a** big house）（Givón 1981），它的用法没有扩展到普通名词上。

第二个方面是关于上述语言演变过程所需的条件。在Bernd Heine 和 Tania Kuteva的书里谈到关于欧洲语言受到区域影响时，他们说明了定指冠词和不定指冠词目前出现在很多语言中，而这个演变过程是由临近的语言引起或加剧的（2006：97–139）。在欧洲语言中，冠词系统最发达的是德语、意大利语和希腊语，而冠词系统正处于发展中的语言如塞尔维亚语和芬兰语，刚好和它们有着最密切的接触。

有趣的是，这些语言不直接从其他语言中借用冠词。直接的借用比如直接接收来自德语的lock、stock和barrel三个词，在德语中三者分别为阳性（der）、阴性（die）和中性（das）；再比如，television、pizza和politics也是一种语言从其他语言中借用来的。而有别于直接借用的是，这些语言也会模仿其他语言的历史做法，从自身系统中衍生出冠词，即由指示词和数词"一"衍生出冠词。换言之，这是一条正在被复制的演变路径。由语言接触引发的冠词衍生同样发生在欧洲以外：萨尔瓦多有一种阿兹特克语叫作皮普语，似乎就是通过与西班牙语的接触而衍生出自己的冠词来的（Heine and Kuteva 2006：137）。

正如我们已经看到的，冠词产生的普遍特征是语音和形态的侵蚀和语义弱化。冠词衍生过程在语言历史演变中被广泛记载，远超过人们对冠词发展过程的记载。冠词衍生过程被视为一种语法化现象，尽管并不是所有语言都被证实存在该现象，已有证据表明该现象存在于许多语言中。①

以He'll arrive late中的英语助动词'll为例。它是will的一个变体，源自日耳曼语中表达want意义的动词（参看德语wollen）。'll 的形式显然是简化了的，并且意义也已经弱化："想要做某事"和"将来做某事"都指将来的动作，但是后者不包含意向性成分（参看If you feed spinach to the baby, she will throw up）。助动词will的形态同样是弱化了的：和主要动词不同，它和主语不保持一致性。

另一个刚刚经历语法化的将来助动词是going to，如句子He is going to sleep。作为助动词，它摒弃了动态的语义成分并且经常缩写成gonna的形式。这种使实义动词变成助动词的同类语法化过程使得其他许多语言中也产生了助动词。法语的aller 'to go'、venir 'to come'以及avoir 'to have'都是主动词，但现在也可用做表主动词时态的助动词。在日耳曼语中，最初表所有关系的动词（英语中的have，德语中的haben）已演变成一个标记时体的助动词；在格鲁吉亚语中，表示需要、义务和目的的助动词来源于主动词'to want'。

以下对冠词演变的跨语言重现模式进行总结。

共性1

（A）初始阶段

　　（a）假如是定指冠词，它可能源于一个指示词。

　　（b）假如是不定指冠词，它可能源于数词"一"。

（B）最终阶段

　　（a）假如是指示词，它可能演变成一个定指冠词。

　　（b）假如是数词"一"，它可能演变成一个不定指冠词。

---

① 这种模式类似于语义转借：语言之间不经常借用彼此的词汇，而是复制彼此词汇的构成方式，再利用自己的语言材料进行加工，从而造出新词；像英语的 sky-scraper 给予了德语的 Wolkenkratzer 'cloud-scratcher' 和法语的 gratteciel 'scrape-sky' 以灵感。

（C）中间阶段

　　两种演变都是语法化的例证——是一种语音、语义逐渐减损的过程，有时候也有形态上的简化。

（D）条件

　　语言接触可能引发或加剧冠词的演变。

注意，共性1是以可能性来陈述的。有两个原因。首先，我们永远无法确定一个历史演变过程是否会真的发生。假设它真的会发生，我们也仅能预测其演变的方向，但却并不能保证它真的发生。其次，尽管指示词和数词"一"几乎是定指冠词与不定指冠词唯一的来源，但指示词不一定演变成为冠词：它们也许是补足语标记的原型（如英语中的I told you that it was going to rain），或是第三人称代词的原型（如高加索语支的列兹金语）。同样，数词"一"也可以演变成单词"单独"（如阿尔巴尼亚语）或者成为一个不定代词（如德语）（Heine and Kuteva 2002）。

正如先前提到的，起始阶段和最终阶段的概念与研究者的兴趣有关：标记为起始的结构也许来自一个更加久远的起源，而那些标记为终点的结构反过来也许演变成另外一些事物。这就提出了问题，即冠词的来源（指示词和数词"一"）本身是否有历史原型，以及冠词是否可能有进一步的演变。

数词"一"是否有原型？如果有，这些原型是否跨语言趋同？这些问题我们都不太清楚。同样，也没有任何迹象表明指示词从其他词演变而来：它们普遍出现在所有已知的语言中。它们是儿童最先习得的词汇类别之一，这也说明了它们的认知优势（Diessel 1999：150—153）。

冠词的去向是哪里？它们会演变成为其他事物吗？定指冠词可能会发生进一步演变：它们的语义会进一步弱化，并且开始可以用在所有名词上，随着它们演变成性标记，定指冠词将彻底消失。这些进一步的演变是语法化过程的附带结果。图尔卡纳语中有定指冠词失去它的定指性特征而仅仅作为名词性标记的例子（Diessel 1999：129）。字母M，F和N分别表示阳性、阴性和中性。

（16） 指示词 名词 图尔卡纳语
  阳性：ye' 'that（M）' (ɲ)e-kìle 'M-man'
  阴性：ya` 'that（F）' (ɲ)a-ber-ʊ 'F-woman'
  中性：yi' 'that（N）' (ɲ)i-iŋok 'N-dog'

语法化为何能够如此广泛地影响和推进语言的历史演变呢？这个问题将在第七章的7.4节进行讨论。

6.2.2 语序演变

本书的前面几章已经讨论了大量跨语言的语序规律（见第一章1.1节和第三章3.3节）。其中之一与语序模式的频率有关。

（17）S、O和V的顺序

主语、宾语和动词在逻辑上存在可能的六种线性排列，其中，SOV、SVO是最常见的，VSO位居第三，但频率远落后于前两者。

其他共性规律揭示了主要句子成分和短语成分间的语序蕴涵关系。

（18）关联配对
　　（a）大多数OV型语言显示出以下模式：
　　　　– 名词短语和附置词
　　　　– 领有者和被领有者
　　　　– 中心词和关系从句
　　（b）大多数VO型语言显示出（a）的镜像模式：
　　　　– 附置词和名词短语
　　　　– 被领有者和领有者
　　　　– 关系从句和中心词

我们接下来怎么做？在对世界有了一些了解之后，人类难免会问：为什么是这样的呢？最令人信服的回答和既有事实的历史有关：事物之所以是现在的样子，和它们如何演变有关。冬天道路上的冰就是如此，刚开始它以水的状态存在，当温度下降到零度以下，水就变成冰。猫也是如此，它们通过被驯化从野生猫科动物演变成了现在的样子。

为了找到事实真相，需要提出两个具体的问题：事物是如何演变的？它们为什么以那样的方式演变？解释道路上的冰需要描述水变成冰的过程，并找出这种变化的原因。解释猫为何如此，就需要描述猫被驯化的过程并解释为什么这种过程会起作用。因此，解释跨语言语序模式需要先回答第一个问题：演变过程如何？然后解决第二个问题：演变何以如此？

在之前的章节，我们介绍了冠词怎样产生的问题。本节介绍部分语序模式怎样产生的问题。有关何以产生这些语序模式的问题将会在最后一章介绍（第七章7.3节）。

（A）S、O、V三者语序的演变

在对S、O、V三者所有可能的语序排列的历史起源问题进行初次思考时，我们可能会假设每种语序在历史上都是原有的，所以六种语序类型分别来源于六种不同的源语言。然而，历史事实并不支持这种设想：我们可以证明语序是随着时间演变的。

关于语序演变的一个例子来自英语历史。在古英语中，除了少许的约束之外，比如代词宾语总是在动词前，古英语陈述句中主语、宾语和谓语的语序几乎是自由的（参看第三章3.3节）。现代英语中的SVO语序是在中世纪英语时期（11世纪到15世纪）演变，成为固定语序模式的。但从相对自由的语序到固化的SVO语序的演变只是英语漫长演变过程中一段相对很短的时间。英语从根本上来说起源于语言学家口中的原始日耳曼语，它是所有日耳曼语的源语言。该语言兴起于公元前10世纪的北欧，一度演变为SOV语序语言。因此，原始日耳曼语语序演变的完整序列为（涵盖了英语语序的演变过程）：

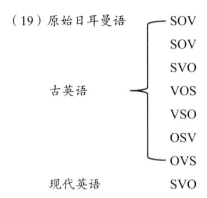

(19) 原始日耳曼语 — SOV
古英语 — SOV / SVO / VOS / VSO / OSV / OVS
现代英语 — SVO

现今仍然多产的一种英语复合词构词模式便是复制了古代的OV语序，例如letter-opener，baby-sitting，shoe-shining，mail-carrier，甚至也有近年来出现的，如lawn-mower，word-processor。

日耳曼语系中的其他语言同样沿着相同的方向发展。在现代德语中，动词与英语一样，在主句中占据第二的句法位置，但动词前不仅会有主语，还可能会有其他成分，并且大多数从句保持原始的SOV语序结构。

从中我们可以推断，SVO语序并不一定是人类拥有的第一种语序：它可能是从SOV语序演变来的。

关于主要句子成分的六种可能的语序排列，还有其他已被证实的演变过程吗？如果六种固定语序中的任意一个在原则上都可以变成任意其他五种语序，就有30种逻辑上可能的演变轨迹。其中，已得到相关文献记载的只有9种。例（20）显示了这30种逻辑上的可能性，其中已有记载的用"YES"来标记，反之用"0"来标记（Gell-Mann and Ruhlen 2011）。

(20)

FROM ↓ / TO →	SOV	SVO	VSO	VOS	OSV	OVS
SOV	–	YES	0	0	YES	YES
SVO	0	–	YES	YES	0	0
VSO	0	YES	–	YES	0	0
VOS	0	YES	YES	–	0	0
OSV	0	0	0	0	–	0
OVS	0	0	0	0	0	–

语序演变往往会在混合语序阶段逐步发生，这时，人们在使用旧语序的同时，也开始使用新语序，并且新语序逐渐占据优势，成为主流语序。例（21）用图展示了9种已得到证实的语序演变轨迹（图6.1）（Gell-Mann and Ruhlen 2011: 17291）。

（21）

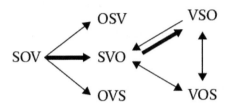

图6.1　语序的演变

（21）中有几个值得注意的事项。第一，两条粗线表示从SOV到SVO和从SVO到VSO是最频繁的演变。第二，在被记录下来的演变过程的每一步中，只有一个成分变换位置。换句话说就是，语序的镜像式演变不会在一步内完成：SOV不会直接变成它的镜像VOS，同样SVO也不会直接变成它的镜像OVS。第三，全部三种OV语序（SOV、OVS、OSV）都由演变路径连系着，全部三种VO语序（SVO、VSO、VOS）也是如此。但是两种基本语序OV 和 VO之间唯一的路径是从SOV变成SVO。第四，非常少见的语序OSV和OVS演变的路径只有一个：从SOV而来，而其他语序则有多个演变路径：VSO和VOS有两个可能的来源，而SVO有三个。语序演变的动因是多方面的，同时也是备受争论的；有关这一问题的进一步研究参见Harris and Campbell 1995: 215—220。

唯一一个没有任何演变来源的语序是SOV。这是基于Gell-Mann和Ruhlen，以及其他一些研究者如Talmy Givón的观点，他们认为SOV可能是公元前50000年人类所使用的古语的语序。

然而，有迹象表明，从SOV到SVO的演变并不一定是单向的：VO结构在一定的条件下可能变成OV结构。这种演变发生的条件有两个：借入和语法化。关于借入的一个著名的例子是埃塞俄比亚的闪族语（Harris and Campbell 1995：137—138）。

在埃塞俄比亚有两个语族，分别是闪族语族和库希特语族。尽管两者都属于亚非语系，但它们并无太多联系，而且结构也不同：闪族语属于VO类型，而库希特语属于OV类型。无论如何，因为受到了库希特语的影响，闪族语中的一些语言，比如阿姆哈拉语和哈拉尔语，已经出现了一些非闪族语语序模式。以下语序来自闪族语族中的阿拉伯语，库希特语族的分支盖拉语（也称作奥罗莫语）和阿姆哈拉语，粗体表示该结构是从库希特语借入的。

（22）阿拉伯语　　　　　Prepositions　　　　　Noun & Gen
　　　(闪米特语族)

　　　奥罗莫语　　　　　**Postpositions**　　　　**Gen & Noun**
　　　(库希特语族)　　　　and Prepositions

　　　阿姆哈拉语　　　　Prepositions,　　　　　**Gen & Noun**
　　　(闪米特语族)　　　　**Postpositions,**
　　　　　　　　　　　　　and Ambipositions

从SVO结构转换到SOV结构的第二种方法是通过根本不涉及单词移位的演变实现的。这怎么可能？举一个简单的类比，想象用橡皮泥做成一个男孩和一只熊，熊站在男孩右边。假如你想让熊站在左边，一种方法就是通过移动塑像。但是也有另外一种方法：可以重新捏造橡皮泥，把男孩转换成熊，把熊转换成男孩。尽管方法二的两个塑像实际上没有改变位置，但效果与方法一是一样的。

同样的现象也出现在普通话中（Li and Thompson 1974，1975；Sun 1996：10—11，59—78，180—187）。在当代普通话中，某些直接宾语用介词"把"来标记。介词"把"的历史起源是动词"把"，在古汉语（公元前500年至公元200年）中是"抓住"的意思。这个词经常作为连动结构的第一个成分出现。在连动结构中，第一个分句中的动词通常在语义上是无关紧要的成分，例如英语句子Try and call your brother或Go (and) get the hammer。鉴于动词"把"的意义对整个句子的语义不太重要，它便发生了语法化：语义减弱后变成了一个标记宾语的介词。以下是"把"历史演变过程的概要。

（23）（a）初始阶段：并列的两个完整SVO分句　　　　　　普通话
[Subj & bǎ$_v$ & Obj] & [Subj & V & Obj]
（如："Jack grabbed the book and he burnt it."）

（b）中间阶段：一个完整SVO分句和一个缩略分句的并列
[Subj & bǎ$_v$ & Obj] & [＿ & V & ＿]
（如："Jack grabbed the book and burnt."）

（c）最终阶段：通过将"把"重新分析为宾语标记，两个分句得以合并为一个分句
[Subj & bǎ$_{OM}$ & Obj & V]
（如："Jack OM the book burnt."）

需要注意的是，这个演变过程使得两个SVO结构的分句合并成了一个SOV结构的分句，而且动词和宾语实际上并没有改变它们的位置。尽管这个演变没有影响到整个汉语普通话体系，但它丰富和扩充了普通话中已然存在的SOV结构库藏。

无独有偶，尼日尔-刚果语系的一个大西洋西部分支语族，曼丁哥语也是通过重新分析而非句法换位来实现从SVO结构到SOV结构的演变（Claudi 1994）。请看来自科诺语的例子，科诺语是曼丁哥语的一种（Claudi 1994：202—203）。

（24）（a）ḿbé　　　tí　　　mìn-dà　　　　　　　　　　科诺语
　　　　1S.be.at　tea　drink-LOC
　　（b）ḿbé　　　tí　　　mìn-dà
　　　　1S.PRG　　tea　drink-PRG

两个句子的意思都是"我在喝茶"。尽管它们的词形完全相同，但是结构框架不同。例（24a）的意思是I am at tea's drinking（"我在喝茶之中"）；换言之，这个句子包含一个助动词I am at和作助动词直接宾语的名

词短语，名词短语包括无标记的属格修饰语tea's和方位格名词drinking，这是一个VO结构。

（25）Verb$_{AUX}$ & [GEN & Noun]$_O$

在例（24b）中有两处重要证据表明发生了重新分析。第一处是，例（24a）中的助动词已经失去了它的动词特征，变成了进行体标记。这种演变过程较为常见，如英语的将来时标记will原来是意为"want"的实意动词（参看上文2.1节）。第二处演变和单词drinking有关。在例（24a）中，它是一个带有方位后缀的名词；在例（24b）中，方位后缀被重新分析为进行体的附加标记（该类演变过程同样较为常见，参看Heine and Kuteva 2002：202—203），这表明此时的drinking不再是名词而是动词。原来的属格修饰语tea也被重新分析为新出现动词drink的直接宾语。请看该演变的示意图（下划线V-s和O-s凸显从VO结构到OV结构的演变）。

（26）$\underline{V}$$_{AUX}$ & [GEN & Noun]$_O$ → ASPECT & $\underline{O}$ & $\underline{V}$

这里，语法化再一次发挥了作用：助动词被语法化为时态标记。此外，在科诺语中领有者是无标记的，因此可以直接充当宾语，并且名词和动词在形式上可以实现相互转换，这都促进了VO结构向OV结构的演变。

总结：在普通话和曼丁哥语中，是结构演变导致了从SVO结构到SOV结构的转变，没有成分间的句法换位。这种演变中最重要的工具便是语法化（参看上文6.2.1节）。

本节探讨了主要句子成分的语序的历史演变路径，总结如下：

共性2

（A）起始阶段

（a）主要句子成分中最常见的语序演变从SOV结构开始。

（b）以宾语开始的语序不是起始阶段。

（B）中间阶段

（a）SVO结构是转换到动词起始语序结构的一个必要的过渡阶段。

（b）SOV结构是一个不常见的过渡阶段。

（C）最终阶段

（a）OVS结构和OSV结构可能是从SOV结构演变来的最终阶段。

（b）VSO结构和VOS结构可能是、也可能不是经SVO结构由SOV结构演变而来。

（c）SOV结构是一个不常见的最终阶段。

（D）条件

若SOV结构要么是从其他语言借用而来，要么是语法化的结果，那么SOV结构可能是从SVO结构演变来的最终阶段。

以上介绍了主要句子成分的语序演变，下面介绍短语内部成分的语序演变，如附置词和属格。

（B）关联配对的演变

假定一种语言经历了从OV结构到VO结构的常规演变，正如例（18）所示，大量的跨语言短语内部语序模式趋向于和OV结构关联而不是VO结构。以下再次给出三种关联配对。

（27）S & O & V　　　　　　　　V & S & O

　　　领有者 & 被领有者(GN)　　被领有者 & 领有者 (NG)

　　　名词短语 & 附置词　　　　附置词 & 名词短语

　　　（如：印地语、日语、　　（如：阿拉伯语、拉帕努伊语）

　　　土耳其语）

换言之，OV型语言趋向于把属格放在被领有者之前，并且有后置词，而VO型语言相反。

但是，当动词和宾语的语序改变以后，这种关联怎样继续保持？假设一种语言从OV结构变成VO结构（即，从the book read变成read the book），并将属格结构的线性排列从GN改为NG（即，从the boy's book变成the book of the boy）。鉴于共时结构趋向于具有跨语言恒定性，附置词必须放弃它后置于名词的位置（London in），变成前置词（in London）。这是如何实现的呢？

Alice Harris和Lyle Campbell在关于句法演变的跨语言倾向性的系统研究中，提到了短语内部成分的语序与其他语法层面的语序演变保持关联、步调一致的两种方法（1995：210—215）。它们分别是通过重新分析达到和谐和通过扩展达到和谐。

德语存在扩展和谐（类推）（harmony by extension）的现象。德语经历了从OV结构到VO结构的演变。和原来的OV结构一致，古代德语大多数附置词是后置词，但必须说明的是古代德语也存在一些前置词，虽然我们尚不清楚它们存在的原因。在现代德语中，大多数附置词是前置词，另有一些后置词，还有第三类附置词前置后置皆可。

（28）（a）只能前置　　　　　　　　　　　　　　　　　　　　　德语

　　　　　in （如：**in** der Stadt 'in the city'）

　　　　　um （如：**um** die Stadt 'around the city'）

　　（b）只能后置

　　　　　willen 'for the sake of'（如：einer Sache **willen** 'for the sake of something'）

　　（c）前置后置皆可

　　　　　wegen 'because of'（如：des Vaters **wegen**或**wegen** des Vaters 'because of the father'）

　　　　　gegenüber 'across'（如：dem Bahnhof **gegenüber** 或 **gegenüber** dem Bahnhof 'across the station'）

　　　　　gemäss 'according to'（如：den Vorschriften **gemäss**或**gemäss** den Vorschriften 'according to the rules'）

例（28c）中的附置词既可以前置也可以后置，句法分布依语体而异，这也透露了其历史演变轨迹。wegen 'because of'的常规用法为前置词，其后置词用法只出现在文学性语体中。与此相反，gegenüber和gemäss通常是后置的，其前置用法只出现在低层次的口语语体中。因为口语体通常更加新潮，这表明前置词是比较新的用法。另一个证据来自诸如meinet**wegen** 'because of me'、seinet**wille** 'for his sake'、wo**von** 'from where?' 和wor**über** 'about what?' 这些已经固化了的含后置词的代词。因为代词在语言历史演变中通常是滞后的，这也再次表明后置词语序的历史更久远。鉴于德语中已然存在一些前置词，一部分后置词便直接转换成前置词语序，从而加入前置词行列。

除了扩展和谐，即部分附置词改变句法分布位置以与其他附置词保持句法一致，另一个驱动关联配对保持语序一致的句法演变过程是通过重新分析来达到和谐（harmony by reanalysis）的。也就是说，新附置词的衍生和新的语序结构是相和谐的。附置词通常来源于属格结构中的被领有名词，如英语in front of the house；也有来源于动词的，如英语concerning，behind（由be和hindan 'back part' 构成），以及ago（来自于agone 'passed away'）。德语同样通过以上两种途径扩充了附置词。一些前置词源自于新的VO语序，如ungeachtet des Wetter 'regardless of the weather'；其他前置词源自于OV-VO演变过程中产生的新的NG语序，如**jenseits** der Donau 'beyond the Danube'，**ausserhalb** der *Stadt* 'outside the city' 和**zufolge** ihres Wunsches 'in accordance with your wishes'。在这些例子中，和谐是通过某些词类的语法化过程来实现的——如名词、动词语法化为附置词。

以下小结附置词的演变过程，以保持其与OV和GN语序的演变相和谐。

共性3

（A）起始阶段

  OV, GN, 后置词

（B）中间阶段

  当OV变成VO，以及GN变成NG时，

   — 原来的后置词可以通过类推的方式转换位置加入已经存在的前置词行列；

   — 新的前置词可以通过语法化从新的NG和VO语序演变而来。

（C）最终阶段

  VO, NG, 前置词

6.3 时间流逝——发展演变

6.3.1 从婴儿学舌开始：一语习得

6.3.1.1 反义词

在第一语言习得过程中，儿童要将连续的话语切分成不同单位并理解单位间的关系。而且，有一些关系对句子的理解和生成至关重要，如组合（话语的哪些部分可以形成有意义的单位）、类型（哪些单位形成一种范畴）、依存关系（哪些单位的出现及形式依存于其他单位）和线性关系（哪些单位跟随在哪些单位后边）。儿童是如何理解这些关系的？

一开始，他们是搞不清楚的。儿童早期形成的语言表明，由于缺少相关概念，他们会偏离其环境语言。例如：幼儿语言在组合上出现偏差（partonomic deviances），这种偏差被称为"组块（chunking）"——环境语言中的若干词语被理解和建构成一个单独的块，例如：allgone（而不是all gone）、gimmi（而不是give me）或者ohboy（而不是oh boy）。与此相反的情况同样存在：环境语言中的单词被儿童切分成多个部分。其中一个例子就是lead us not into temptation这个短语被一个儿童听成lead us not into Penn station（Peters 1983: 64）。Peters也曾报道过一个正在学习希伯来语的儿童，这个孩子将单词zebra当成了句子Ze bra 'This（is a）zebra'，并使用从未存在过的单词bra作为这个动物的名字（48）[①]。

儿童早期形成的分类假设（taxonomic hypothesis）也有偏离环境语言的倾向。范畴化错误，也就是儿童所用范畴和环境语言的范畴不相匹配，体现在以下两方面。一方面，儿童在使用单词的过程中可能会出现概括不足的情况，例如将dog这个普通名词理解为一只特定的狗。这与上文提到的切分错误类似，即儿童将一个单词切分成多个词。另一方面，与上文提到的"组块"相似，儿童在使用单词时，过度扩展了词的适用性，并超过了环境语言对其的限制。这是一些来自英语、法语、塞尔维亚语的例子（Clark 2003：89）。

[①] 译者注：不明其意，原作疑误。

(29) Child's word:　　　　First referent:　　Extensions:
　　　mooi　　　　　　　moon　　　　　　　> cakes > round marks on windows > writing on windows and in books > round shapes in books > tooling on leather book > covers > round postmarks > letter O
　　　（英语）

　　　mum　　　　　　　horse　　　　　　　> cow > calf > pig > moose > all four-legged animals
　　　（英语）

　　　nénin　　　　　　　breast　　　　　　　> button on garment > point of bare elbow > eye in portrait > face in portrait > face in photo
　　　（法语）

　　　buti　　　　　　　ball　　　　　　　　> radish > stone spheres on park gates
　　　（塞尔维亚语）

　　　kutija　　　　　　cardboard　　　　　> matchbox > drawer > bedside table
　　　（塞尔维亚语）

这种类型的语义扩展并不是偶然的。在上面的例子中，儿童明显是根据形状来进行概括的。形状在儿童对词义的过度扩展方面的重要性和名词在分类系统中被范畴化的方式极其相似（参见第三章3.2.1.2节）。

儿童在学习反义词词义的过程中，另一种支配语义过度扩展的模式被证实。本节我们会针对英语反义词习得的三个方面来陈述。以下是相关的三个要点：

a. 在习得反义词时，儿童经常会过度扩展一对反义词中一个词的词义。

b. 跨越语言样本和主题的过度扩展总是单向性的。

c. 一对反义词间的不对称性并不完全取决于其在环境语言中使用频率的差别。

下面我们对此一一进行论述。

a 过度扩展

有不少研究者指出，在学习反义词词义的过程中，说英语的儿童往往先去理解并使用一对反义词中的一个，并将所学会的第一个词的意义扩展到另一个词上去。研究表明，在学习的初期儿童并不理解一对反义词中的任何一个，例如，before和after。随后，before在after之前被儿童从幼儿园课程中学到，儿童接下来就会像使用before一样地去使用after（Clark 1971）。与此相似，儿童如果先习得more，less就会被当成more的同义词使用。同样的情况也适用于其他一些反义词词对，例如tall—short、big—small等等（Donaldson and Wales 1970）。在每一对反义词中，其中之一是具有优势地位的，它先于另一个被习得，并且在有些时候后者被用作前者的同义词。

为什么儿童扩展一对反义词中的一个的意义至另一个，而不是其他的单词？为什么more的意义被安排给了less，而不是别的成对反义词之一，像thick，或者是任意一个别的词，像red？假设儿童学习词义时是零散式学习的，他们首先学习一个词的普通语义特征，接下来才是更特殊的特征。因此，对于more和less，他们意识到这两者都是描述数量的，但是没有注意到它们代表一个维度的两个极端。与此相似，对于before和after，他们知道这两者都和时间顺序相关，却没有意识到这两者是这个维度上相反的两端。

b 过度扩展的不对称性[①]

以上研究的第二个发现更为有趣，所有反义词词对中语义过度扩展的方向都是一致的：总是指称范围更大的词的意义扩展到另一个词上去。因此，more的意义被less采用，但more却不用来表达less的意义；tall将其意义借给short，但tall却不用来表达short的意义，等等。所以，语义过度扩展是不对称的，并且这种扩展一直都倾向于指称维度更大的词项。

---

① 过度扩展的另一个例子是卡鲁利语（一种巴布新几内亚地区的语言）。该语言有两种语序，SOV 和 OSV。后者表示论述焦点在宾语上。成年人只把作格标记用在 OSV 句子的主语上，而幼儿通常会将其同时用在 SOV 语序的句子上。

那么，语义过度扩展的原因是什么呢？

c. 频率的影响

过度扩展的不对称性在儿童语言的其他方面也有体现，如形态。众所周知的例子有英语动词过去式的常规化，例如comed和goed，还有英语名词复数的常规化，例如foots和sheeps。尽管人们发现概括不足比过度扩展更加常见（Bates et al. 2001：379—380），但形态上的过度扩展是普遍的，而且不限于英语。Dan Slobin（1985a：1222—1231）的研究提供了丰富的证据。在波兰语中，阴性和中性名词复数属格是零形式，而阳性名词复数属格是-ov，儿童通常也将这个后缀用于阴性和中性名词。

在形态的过度概括方面，儿童过度使用常规形式，忽略非常规形式。举个例子，说英语的儿童会把foots用作feet，但是他们却不会把这种foot–feet形式套在root上，得出root的复数形式是reet。原因很清楚：具有常规复数形式的名词比非常规的要多，因此儿童更经常听到常规复数形式。另一个原因可能是常规复数形式可通过组合得到：过去式的标记就是一个独立的词缀，比非常规形式中元音的改变更容易辨识。

如果要解释形态过度扩展的不对称性，其在环境语言中的使用频率是原因之一，也许也可用来解释语义过度扩展。换句话说，人们更经常使用反义词词对中表达积极意义的一方会是其意义过度扩展到相反一方的原因吗？

这么假设是有一些道理的，正如我们在第二章2.5.1节讨论的那样，话语中反义词词对积极意义的一方更常用。部分原因可能是因为，指称维度更大的一方不仅可以用来表达极端意义，也可以用来指称中立意义，例如：How tall is Grumpy the Dwarf?

如果说互为反义词的双方使用频率的不同确实能够正确解释儿童对反义词的语义扩展的非对称性，这就意味着儿童的大脑通过某种方式对他们所听到的内容进行频率统计。就是说，语言环境在语言习得方面扮演着至关重要的角色，这不仅体现在儿童学习所处环境的语言上，也体现在他们对语言使用频率的敏感性上。这是一个非常重要的观点，涉及寻求"先天"和"后天"平衡的问题。这也是个被人们长久争论的问题，即语言没有受到环境影响在儿童头脑中自然形成，或者语言通过环境影响一点点输入儿童的大脑。如果人们能够证明环境语言的频率在儿童学习语言时至关重要，这就使结论更加贴近"后天"说的观点。

即使如此，儿童在反义词词对中的语义过度扩展仍有另外一个解释："先天"说，也就是指儿童内在的认知。也许反义词意义的不对称性在人生下来时就刻在脑子里。为了证明这个假设，一个能够去除频率影响的实验就迫在眉睫了。Klatzky，Clark，and Macken（1973）的实验即受此启发。

研究人员对年龄在3～9、4～8之间的24个儿童进行实验。为了消除英语单词可能存在的频率影响，研究人员教授这些儿童一种"新语言"：用编造出来的词语替代反义形容词。如果词语的接触频率对儿童学习英语反义词至关重要，而这些儿童在实验前又没接触过这些词语，他们应当在处理这些新学词语时没有差别。

实验者对四种不同维度的形容词进行测试，这四种纬度分别是尺寸（大小）、高度、长度和厚度。用于实验的单词有ruk代表long，dax代表short，hiz代表thick，gep代表thin。在实验的理解阶段，实验者展示了一系列随着这些维度变化的物品。对于尺寸，儿童看到了不同大小的橘色硬纸制立方体；对于高度，儿童看的是不同高度门的图画；对于长度，儿童看到了不同长度的巴尔杉木条；对于厚度，儿童看到的是不同厚度的蓝色木钉。然后，实验者问儿童这样的问题："Show me the one that is ruk"问题的答案需要基于儿童对这些编造出来的形容词意义的理解。

实验结果从每对反义词的两方面进行考量：反义词词对中的哪一个首先被习得？如果其中之一被误用作另一个，那么哪个获得了意义扩展？实验结果表明，指称范围更大的一方tall和big比另一方short和small先被习得，并且在误用情况下，总是指称范围较小的一方被用作另一方，反过来不成立（如，用表达short的形容词去表达long，但不会用表达long的形容词去表达short）。

如实验者指出的那样，那些对应英语单词的使用频率仍然至关重要：也许儿童无意识地把新习得的单词转化为已熟知的英语单词，因此成人语言中单词使用频率的差异就悄然渗透其中了。为了证明这种可能性，实验者也用英语单词对儿童进行了测试。如果在原先的实验中，儿童无意识地将编造的词语转化为英语单词，那么他们用编造的词语回答的表现和用英语回答的表现应无差别。然而，事实是他们用英语单词回答得更好。因此，儿童对编造词语的使用一定与他们对维度更大的概念的优先认知有关。这也说明反义词词对中表积极意义一方具有更大的认知凸显性：厚的、宽的物体比瘦的、窄的更加显眼，因此具有更大指称范围的物体比起较小的物体能更好地代表维度。这个事实也许隐藏在成人语言中反义词词对之间标记关系的背后。

然而，这并不意味着环境语言中的频率就是不相关的。如上文所指出的，在测试时，儿童用英语单词比用编造出来的无意义的单词表现得更好，那就说明事先接触的信息的确在儿童习得反义词时有重要影响。因此，似乎"先天"和"后天"在儿童理解和使用反义词时都有影响。

英语反义词习得的过程可以总结如下（Clark 1971）：

共性4

（A）初始阶段：

儿童不理解也不使用反义词词对中的任何一方。

（B）中间阶段：

（a）指称范围较大的一方被习得，另一方没有。

（b）双方都被使用，但是指称范围较小一方的意义由另一方替代。

（C）最终阶段：

双方都在环境语言中被理解和使用。

如上所示，对反义词习得的研究表明，语言接触的频率，也就是环境的影响，作用重大。然而，这项研究也表明，一对反义词中儿童认为哪一个更基础有天生的偏向。但是，请注意，这些研究只涉及英语。对反义词习得的跨语言研究仍然有待进行。

回到"先天"还是"后天"的问题上来（初始阶段）：测试环境语

言对反义词习得过程的影响，最有说服力的方法是采用具有特殊差别的语言，并观察儿童是如何习得这些不同的语言的。正如上文所说，对反义词习得过程的评估有两方面，一方面是儿童习得语言的先后顺序，另一方面就是儿童语言的错误，也就是他们与成人语言的相异之处。如果无论这些语言有多不同，儿童以同样的速度习得；如果不管环境语言的影响，儿童犯错都一样，那么就说明儿童语言的习得具有先天基础。如果习得语言的速度和所犯错误随着环境语言的不同而变化，这就突出了语言环境的重要性。这方面的研究我们会在下文再次提到。

6.3.1.2 空间词

Bowerman和她的同事对表空间概念的词进行了大量研究，试图探究儿童如何习得某一语义领域的词语。人们对世间万物的空间认知看似一目了然，例如，close/far，up/down这样的空间词，人们会认为空间词在所有语言里反映的方向区分都一样。然而，事实并不是这样：不同语言对空间的建构有着很大的不同。即使是在谱系关系上相互关联的语言也显示出惊人的差异。Do you get your tan **in** the sun? 如果你是英国人或者德国人，你会给予肯定的回答；但如果你说匈牙利语，你会说get it on the sun。英语和荷兰语都用介词in表示苹果在碗中，都用一样的介词（英语用on，荷兰语用ann）表示平底锅上的把手和挂在墙上的画。但是英语用on表示戴在手上的戒指和趴在门上的苍蝇，而荷兰语用不同的介词表达这些关系：om用来表示戴在手上的戒指，op用来表示趴在门上的苍蝇；芬兰语则相反，用一样的格后缀-saa来表示苹果在碗中和苍蝇在门上趴着（Bowerman 1996：151—158）。

英语和朝鲜语这两种语言在空间关系建构方面有很大差异。英语中，in和on的基本差异与"容器（containment）"和"支撑（support）"有关。当我们把一个物体移动到一个容器里，我们就用put something in a place，但是当某物由一个平面支撑起来时，我们就用put it on that surface，不论这个平面是水平的桌子还是垂直的墙面。朝鲜语中，物体间的空间关系是根据动词来区分的，这和英语不同。其中区分的方式之一确实与"容器"和"支撑"有关；因此如（30）所示，把苹果放进碗中要用动词nehta，而把一个杯子放在桌上要用nohta。

（30）（a）Sagwa-lul　rulus-e　**nehta**　　　　朝鲜语
　　　　　apple-ACC　bowl-in　**put.in**
　　　　　'put the apple in a bowl'
　　　（b）cup-eul　　table-e　　**nohta**
　　　　　cup-ACC　　table-on　**put.on**
　　　　　'put the cup on the table'

以上两种情况中，物体相互之间连接不是很紧密。然而，如果两个物体连接非常紧密，那么"容器"和"支撑"之间的对立就不存在了。例如：动词kkita既可表示把东西放进某物之中，也可表示放在某物之上，但这两者紧密连接，例如，把乐高拼在一起，耳机塞进耳朵，手指上戴戒指。此类情景也如（31）所示：

（31）（a）caseteu-reul　　sangja-e　　**kkita**　　　　朝鲜语
　　　　　cassette-ACC　　box-into　　**put**
　　　　　'put the cassette in the box'
　　　（b）pyung-e　　ttukkyeong-eul　**kkita**
　　　　　jar-onto　　lid-ACC　　　　**put**
　　　　　'put the lid on the jar'

图6.2显示了英语和朝鲜语在这些方面的不同（Bowerman 1996：152—153）。

（32）　　　　　　　　　　英语

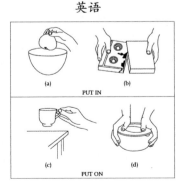

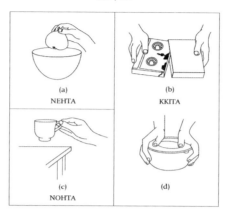

图 6.2　英语和朝鲜语中四种动作的语义分类

当然，英语也有用动词表示把东西紧密连接的情景，例如 **sliding** the cassette into the box and **forcing** the top on the jar。然而，在英语中表达物品之间连接紧密不是必选的：无论是否紧密连接，put in 和 put on 都可以使用。但是在朝鲜语中，必须由不同的动词来区分松散连接和紧密连接。在 6.2.1 中 Roman Jakobson 的观察再次被证实：语言的差别不在于它们能表达什么，而在于它们必须表达什么。

尽管不同语言在分析空间的方式上有所不同，仍可能存在一种更基本的、基于认知的空间建构模式，并且儿童在母语习得时就带有这种内在倾向。鉴于空间词在跨语言中的差异，空间词的习得为我们提供了一种检验"先天"和"后天"对立问题的方法。儿童最先获得什么概念呢？语言习得的最早阶段是什么？站在"先天论"一方，倘若儿童一出生就带有对空间理解的倾向，在接触频率引导他们习得环境语言的空间图式之前，儿童的初期语言在跨语言范围应该都会显示出同样的空间范畴。然而，如果儿童最初的空间认知显示了其环境语言的特性，"先天论"就站不住脚了，而"后天论"的意义就凸显出来。

Bowerman（1996）发现说英语和说朝鲜语的儿童都在 14～16 个月时开始表达空间关系，并且倾向于表达相似的事件，例如坐下、爬上椅子、拿着某物。如果在英语和朝鲜语中观察到的任何一个区分，例如"容器 vs

支持""松散连接vs紧密连接",和儿童最初的空间概念相对应,那么遵循以下两种假设:一是有关两种语言中空间词的相对习得时间;二是有关习得错误。我们假设"容器"和"支撑"是儿童认知天赋的一部分。那么,第一,可以预想到英语儿童比朝鲜语儿童更早习得put in和put on的正确用法,因为对于英语儿童,环境语言的结构和他们与生俱来的概念是匹配的,而朝鲜语儿童的环境语言消除了紧密连接物体之间"容器"和"支撑"的区别。第二,朝鲜语儿童会在"容器"和"支撑"区分方面犯错:他们可能不仅在表示把物体紧密连接起来时使用kkita,例如把录音带放进盒子里,也在表达把苹果放进碗里时使用。反之,倘若"紧密连接"和"松散连接"是儿童天赋的一部分,我们将会得到相反的预期:朝鲜语儿童将会比英语儿童更早习得空间词,并且英语儿童所犯错误会呈现出同朝鲜语儿童一样的倾向。

Bowerman(1996:166)指出,在18～20个月大时,英语儿童会习得"容器"和"支撑"的区分,即习得put in和put on,take out和take off的正确用法。与此相似,朝鲜语儿童大约在同一年龄习得动词nehta和nohta,这两者在"容器"和"支撑"的维度上有所不同。但是,当动词需要表示物体之间紧密连接时,朝鲜语儿童话语中没有"容器"和"支撑"的区分:他们习得kkita表示把某物紧密装在一个紧实的空间里,不考虑动作是否涉及"容器"或"支撑"。英语儿童依旧是仅习得了环境语言在"容器"和"支撑"方面的区分。

关于英语与朝鲜语另一特征的差异,研究结果也一样(Bowerman 1996:166—167)。在英语中,up和down是一些表示垂直运动的动词的一部分,例如sit down, lie down, stand up, pick up something。然而,在朝鲜语中表示"坐下"和"躺下"的动词中,没有表示"向下"的共有语素(例如ancta表示"坐下",nwupta表示"躺下");同样,在表示"站起来"和"拾起来"的动作中,也没有表示"向上"的共有语素。英语儿童在16～20个月大时开始学习"向上"和"向下"这些词语的使用,并且将其用在任何表示垂直运动的情境中:在表达"坐下""躺下""放下某物"时,使用down这一语素。在表达"被拾起"或"拾起某物"时,均使用up这一语素。倘若两种语言中"向上"和"向下"的差异是一种概念性的本原，我们会认为朝鲜语儿童会把一个表示向下运动的动词过度扩展到另一个动词中去。例如把"坐下"和"躺下"混为一谈，同样也会把表示向上运动的动词搞混。然而，Bowerman并没有发现这种过度扩展的现象。过度扩展仅仅表现在一种语言范畴内的细微之处。例如我们观察到英语儿童在形容"扯开波普百变插珠（pop-beads，一种拼插玩具）"时会用open一词，把乒乓球夹在两腿膝盖之间会用in来形容（Bowerman 1996：168），然而这种过度扩展现象并不会超过环境语言许可的范围。

对于这些结果，可以理解为朝鲜语儿童不清楚"容器"与"支撑"，或"向上"与"向下"之间的区别；英语儿童不懂得两个物体之间的紧密或松散的关系吗？这样的结论并不成立：我们用语言分解世界的方法不一定反映我们对这个世界的概念化。正如之前所讨论的（第二章2.5.2节），Dan Slobin曾指出"思维（thinking）"与"即时思维（thinking for speaking）"是两种不同层次的认知（Slobin 2003：158—161）。"即时思维"包含对世界的分解和归类，这由我们所使用的语言结构决定；在这背后，也许存在一个不受言语支配的不同于即时思维的世界。有些情况下，这两个世界也许会是相同的：而语言能够帮助我们将一个人与另一个人区分开来，但是在另一些情况下，两个世界的分解和归类系统也许是不相同的。在匈牙利，人人都知道人有两只眼睛，戴两只手套；然而人们会依照语言所要表达的内容重构它们的范畴。即使想要表达"一双眼睛"或"一副手套"，他们也会用单数形式的"一只眼睛"或"一只手套"；而且他们还会用"半只眼睛"或"半只手套"指代一只。

上文的结果表明，儿童对环境语言的空间性差异很敏感，那么问题来了：尽管各门语言错综复杂、跨语言间又存在差异，在儿童空间词的习得方面，是否存在超越跨语言差异的共性特征？有些条件可被视为重现因素，它们改变了不同语言的习得过程。其中的一个条件是环境语言中语言形式出现的频率：频繁的语言接触有助于语言的学习。另外，儿童偏爱形式与意义之间一对一的关系。如果一个单词一词多义（如英语bank一词）、单词间出现含义重叠（如英语单词cake和pastry）或含义相同（即同义词，如doctor和physician），对孩子来说掌握这类单词的用法就更为困难。

以下是儿童习得空间词的过程。上文对英语和朝鲜语的研究可以作为证明。

共性5
（A）初始阶段：
儿童不理解或不使用空间词。不论是"容器与支撑"还是"紧密连接与松散连接"之间的差别，儿童对其似乎没有天生的偏爱。
（B）过渡阶段：
儿童扩展或过度扩展单词含义，然而这些扩展仍然属于环境语言的基本范畴。
（C）最终阶段：
术语含义得到充分理解，并能像环境语言一样使用。
（D）条件：
频繁的语言接触和单词形式与意义之间一对一的关系有利于语言习得。

6.3.2 一脑两语系统：二语习得

第二语言学习者的任务与孩子学习母语的任务有些不同。母语习得指的是开始时并未掌握语言但最终获取了语言知识。二语习得则相反，指的是在原本已经拥有语言技能的基础上增加一种语言知识。尽管如此，这两个习得过程还是有相似之处。

从相关分析来看，情况大致相同：学习者接受的语言输入和学习者的理解与产出能力存在一定的偏差，如同模型和副本之间的不匹配。如果学习者只是简单的模仿输入，他们的语言产出仅仅是对听到语言的没有错误的重复，而事实并非如此。

（a）产出少于输入（选择性）

学习者并不产出他们所有听见的，这种产出是选择性的输出。

（b）产出多于输入（创造性）

学习者不仅仅产出他们所有听见的，这种产出还包括新颖的形式。

问题是如何解释学习者在语言产出过程中的选择性模仿和创造性。语言习得是一个过程，选择性可以归结为学习者掌握目标语言结构的先后顺序问题。而创造性涉及寻找语言习得错误的来源，即偏离目标语言的形式，以及注意到随着时间的流逝，这些偏离形式所发生的演变。

这有助于我们思考如何获得生活中的其他技能。学习新东西意味着学习者心理机制的改变，通常来说这个过程伴随着困难和压力。因此，学习者会有意或者无意通过减少学习任务，使新知识的学习尽可能简单容易。这可以通过两种方式达到。

第一，学习者倾向于尽可能缩小目标技能和已知技能之间的差距，这主要是通过将已知技能应用于新领域来实现的。换句话说，他们希望新技能或多或少与旧技能相似。当这种期望没能实现时，他们就会犯错。例如，当网球运动员首次尝试打乒乓球的时候，他们很可能把球打出桌子的范围。同样，如果你会弹钢琴，那么在学弹风琴的时候，你的演奏就或多或少有一种"钢琴口音"。因此，当谈到二语习得，假设第一语言——学习者已经会使用的语言——会对第二语言（目标语言）的习得有影响看似是合理的。

第二，学习者可能尝试减轻学习任务的方法是"投机取巧"，那就是用更简单的结构来代替更复杂的结构。简化可能会涉及缩写，与其记忆复杂的短语结构，我们更愿意选择记忆首字母缩略词，例如AT&T代表American Telephone and Telegraph，AIDS代表Acquired Immune Deficiency Syndrome，etc.代表et cetera，a.m.代表ante meridiem。

这两种趋势：第一种用熟悉代替不熟悉，第二种用简单代替复杂，都减轻了学习新技能的负担，也有望在二语习得中发挥作用。在本节，我们将会用两个例子来检验这种假设：习得目标语言的发音和关系从句结构。

6.3.2.1 口音

俄罗斯著名语言学家Roman Jakobson（6.2.1节也有提及）是语音学领域的著名专家。然而，他却有很重的俄罗斯口音。在20世纪60年代，当他在印第安纳大学做演讲时，主持人如是介绍他："下面这位是Roman Jakobson教授。他会说六种语言，全部是俄罗斯味。"

为什么二语学习者说目标语时会带有口音？为什么初学英语的德国人会说what is dis?为什么英国人会把作曲家巴赫（Bach）的名字发音为[bak]而不是像在德语中的[baχ]？为什么他们读法语tu时读成[tu]而不是[ty]?为什么学习英语的西班牙人介绍自己母语时会说成I əspeak əSpanish?

语言学习者的口音可以体现出他们在模仿目标语发音过程中的勇敢尝试。但是在讨论口音问题前也需要注意两个问题。

(a) 语言产出少于输入（选择性）：为什么语言学习者不能完全像母语者那样发音？

(b) 语言产出多于输入（创造性）：如果学习者的发音会偏离目标语的语音体系，那么这种偏离的本质是什么？

第一个问题，至少从浅层方面，很好回答。二语学习者在发音方面需要学习新技能。正如语言内外所有的学习过程一样，进步都是循序渐进的。学习者需要一点点吸取新知识，取得几个小进步要比收获一个大进步更容易。这也引出了另一个问题：在学习新技能时哪些方面需要先学习？也就是说，习得的顺序是什么？

第二个问题复杂些。二语学习者到底是如何在目标语发音过程中犯错的？为什么？根据半个世纪以来二语习得顺序以及学习者错误本质的研究，三个综合性假设脱颖而出。Robert Lado在1957年出版的极富影响力的著作中提到：学习者在目标语中遇到的困难取决于学习者第一语言与第二语言之间差异的程度。根据他的对比分析假设理论（Contrastive Analysis Hypothesis），他认为学习者在学习目标语过程中那些与第一语言不同的方面会比相同的方面更难学。因此，语言中的相似特征会先于相异特征被习得，学习者的错误就产生于两种语言的不同之处。Lado的假设也解释了上文语言学习者带有外国口音的例子，因为第二语言的部分发音在第一语言中不存在，如英语齿间擦音/ð/、德语小舌擦音/χ/、法语前高圆唇元音/y/；即便有些单个发音是第一语言和第二语言所共有的，但它们所在的音丛却不同，如英语的词首音丛/sp/并不存在于西班牙语中。

尽管Lado认为，第一语言和第二语言的差异对于预言二语习得顺序以及错误范围很重要，但是，事实并不总是像预言的那样。有些学习者学习第二语言毫无压力，尽管第二语言与他们本族语无相似之处。而有些学习者学习第二语言却十分费力，尽管第二语言与他们的本族语几乎一样。

二十年后，Fred Eckman（1977）提出一个新的假设。根据对比分析假设理论，两种语言的不同会给学习者的学习带来困难，不论第一语言或第二语言是什么。Eckman指出困难出现的方向是不对称的。他的标记差异性假说（Markedness Diferential Hypothesis）认为，尽管预测习得顺序和学习者错误需要对比第一语言和第二语言的结构，但对比却是不充分的，而且仅对比结构也不够。除此之外，还需要考虑第一语言和第二语言的标记性关系。如果第二语言出现比第一语言标记性更强的对应结构，那么学习者学习就会有困难，反之就会变得简单。因此，在学习新语言过程中，出现的困难是有方向性的：假定两种语言在某结构方面存在差异，如果有差异的结构来自A语言，则A语言的学习者会相对容易，而对B语言的学习者而言则会相对困难。据此预测，如果学习者要学习第二语言中的无标记结构，他们就不会犯太多错误。如果第二语言结构有标记，他们就容易犯错。也就是说，在学习过程中，向无标记接近会比向有标记接近更容易。

标记关系的判定在第二章2.5.1节的反义形容词，第四章4.2.2.2节的零形式以及第五章5.3节的音系学部分都有讨论。Eckman提出的标记概念基于其中的一个判定：频率，尤其是跨语言的分布。在某种语言中，如果A的出现暗示着B的出现，但反之则不然，那么，相对于A结构来说，B结构是无标记的。比如说，相对于元音/y/，其对应的非圆唇前元音/i/是无标记的，因为有/y/的语言里同样也有/i/。

Eckman在测试标记差异性假说的一项研究中测试了被试者如何习得德语和英语的词尾阻塞音（Eckman 1977）。在英语中，阻塞音无论清浊都可以出现在词尾（例如lack和lag），然而在德语中，词尾阻塞音必须是清音（第五章5.2.2节）。研究发现，第一语言为英语的人学习德语词尾阻塞音清化可以毫不费力，但是第一语言为德语的人学习英语词尾清浊音时却很困难。之所以词尾阻塞音的清化是一个无标记结构，是因为一个语言的词中（word-medial）阻塞音如果不存在清浊区分，那么它的词尾阻塞音也不存在清浊区分。换句话说，如果一种语言中没有像lacking和lagging这样/k/和/g/在词中形成清浊对比的词，也不会有像lack和lag这样/k/和/g/在词尾形成清浊对比的词。因此，第一语言为英语的人学习德语面对的是一个无标记结构，而第一语言为德语的人学习英语却要应对一个有标记结构。像标记差异性假说预测的那样，英语第一语言学习者比德语第一语言学习者面对的困难要少一些。

虽然标记差异性假说解释了第二语言习得中的一些数据，但也有一些方面超出了它的范围。研究发现，即使第一和第二语言的词尾阻塞音都区分清浊，一些西班牙和匈牙利的英语学习者仍会将词尾阻塞音全部清化。这些学习者倾向于选择无标记结构，即使第一和第二语言都没有驱使他们这么做。

这些证据表明，无论第一和第二语言中有没有无标记结构，第二语言学习者都倾向于使用它：使用无标记结构的总体偏好是存在的。这就意味着，在试图预测习得顺序和研究学习者错误时，比较第一和第二语言不仅不够——像标记差异性假说提出的那样——而且也没必要：不管他们的第一和第二语言中有什么，学习者都可能会轻易选择无标记结构。

无标记结构之所以被认为是无标记的，是因为初级①语言（primary language）更多使用的是无标记结构而不是与之相对的有标记结构，学习者使用无标记结构的倾向给中介语研究的发展带来了新的启示。因为中介语也倾向于偏好无标记结构，所以它更像是初级语言，而不是第二语言学习者在第一和第二语言之间努力摸索的偶然结果。这种认识引起了关于学习者语言本质的第三种假设。这种假设被称为结构一致性假说（Structural Conformity Hypothesis），该假说提出，初级语言的跨语言倾向也同样适用

---

① 译者注：这里的 primary language 应该指儿童早期习得的语言。

于描述中介语的特征（Eckman et al. 1989）。这个假说同时为习得顺序和学习者错误的本质做出了预测。其对习得顺序的预测和标记差异性假说是一样的：如果第二语言中存在无标记结构，那么较之有标记结构，语言学习者会更快地学会这些无标记结构。然而，其对学习者错误的本质的预测则不同于标记差异性假说。标记差异性假说预测，如果第二语言中存在有标记结构，那么学习者很难习得这种结构，但是它对学习者错误的本质没有做出预测，而结构一致性假说预测学习者往往会将之错认为无标记结构。

为了证明结构一致性假说，我们接下来回顾另外两个关于第二语言语音习得的研究。这两项研究都见于Eckman1991年的报告。两项研究的目的是测试第二语言学习者的两个跨语言语音结构，通过在初级语言的语音结构中寻找证据，验证第二语言学习者的中介语是否和结构一致性假说相符。这两个格林伯格共性（Greenbergian Universals）和音系学章节的内容相似（第五章5.3节）。

第一项研究对词尾辅音丛做了一个共性概括。Greenberg发现，一种语言的词尾辅音丛若存在至少一个塞音&塞音序列（如apt），那么这种语言也一定存在至少一个擦音&塞音序列（如list）。第二项研究基于Greenberg的可分解性原则（Resolvability Principle），根据该原则，如果一种语言的词首或词尾存在一种辅音丛，那么至少会有一个相同的辅音丛也出现在其他词的相同位置。也就是说，如果某种语言有以str开头的单词（如string），那么st或tr也会出现在词首位置（如stain和train）。

这两项研究都有11个研究对象参与：他们是25到32岁的英语学习者，其中包括4个日语母语者，4个朝鲜语母语者和3个汉语方言粤语母语者。他们的第一语言都不允许辅音丛出现在词首或词尾位置。他们的任务包括朗读单词表、描述图片、阅读连续的文本，还有和采访者进行自由对话。数据采集次数为四到五次，历时两到三周。

因为以上两个共性都是蕴涵共性，所以如果中介语中同时存在蕴涵项和被蕴涵项，那么便可以证实该蕴涵共性在中介语中是成立的。对擦音–塞音共性而言，这意味着词尾塞音&塞音序列和词尾擦音&塞音序列都必须存在。就可分解性原则而言，一个较大音丛和它的至少一个子音丛都必须存在。如果只有被蕴涵项出现（即擦音–塞音序列和子音丛），那也是足以下定论的证据。然而，如果蕴涵项存在，但被蕴涵项不存在，说明该共性在学习者语言中不成立。因此，如果受试者的语言中有词尾塞音&塞音序列，但没有擦音&塞音序列，或者有较大音丛，但没有它相应的子音丛，那就推翻了中介语在这些方面近似于初级语言的论断。

实际结果有力地证明了这两个共性在学习者语言中都成立。跟擦音&塞音共性相关的测试案例有524项，其中只有5项违反该共性。在有关可分解性原则的200项测试案例中，有147项（74%）证实了该共性。有的受试者仅习得了被蕴涵项却没有习得蕴涵项，即擦音&塞音序列和较短的辅音丛。但也有受试者在没有习得被蕴涵项的情况下习得了蕴涵项。这些结果总体上与标记差异性假说和结构一致性假说相一致。

以下是上述语音习得研究成果的小结。

共性6

（A）初始阶段：

对目标语言的语音体系一无所知。

（B）中间阶段：

习得顺序和对目标语的偏离受到两个因素的影响：

（a）在学习第二语言的过程中，相比两种语言中不同的结构，那些相同的结构会被更快习得。

（b）在学习有标记结构时所犯的错误表明学习者偏好无标记结构。

（C）最终阶段：

对目标语体系（近乎）完美的理解和产出。

（D）条件：

可能起作用的几个因素包括：接触第二语言的频率，接触的类型以及学习者学习第二语言的动机与态度。

6.3.2.2 复指代词

在一项极具影响力的研究中，瑞典语言学家Kenneth Hyltenstam调查了波斯语母语者学习瑞典语的情况（Hyltenstam 1984）。习得的目标结构是关系从句，见例（33）（数据来自Veronika Lundbåck）。关系从句结构写在方括号内。

(33) (a) SUBJECT RELATIVIZATION 瑞典语
mannen [som kom från Iran]
the:man [that came from Iran]
'the man that came from Iran'

(b) DIRECT-OBJECT RELATIVIZATION
mannen [som jag slog]
the:man [that I hit]
'the man that I hit'

(c) INDIRECT-OBJECT RELATIVIZATION
mannen [som jag gav mjölk (till)]
the:man [that I gave milk (to)]
'the man that I gave milk to'

这些学生的本族语是波斯语，上述短语在例（34）中以波斯语呈现，关键部分已加粗处理。（数据来自Shigekazu Hasegawa）

(34) (a) SUBJECT RELATIVIZATION 波斯语
mardi [ke az Irân] âmad]
man [that from Iran came:S3]
'the man that came from Iran'

(b) DIRECT-OBJECT RELATIVIZATION
mardi [ke man (**u-ra**) zadam]
man [that I (**him-OBJ**) hit:S1]
'the man that I hit'

(c) INDIRECT-OBJECT RELATIVIZATION
mardi [ke man shir-râ **be u**] dadâm
man [that I milk-OBJ **to him** gave:S1]
'the man that I gave milk to'

正如句法学章节所讨论的（第三章3.2.1.1节），在波斯语中，非主语关系从句有复指代词：在直接宾语关系从句中，复指代词是可选的；在间接宾语关系从句中，复指代词是必选的。而瑞典语和英语一样，关系从句中都没有复指代词。

Hyltenstam的波斯语受试者面临着双重任务。一方面，他们需要留意到瑞典语的主语关系从句和波斯语相似，都没有复指代词。另一方面，他们需要观察到，瑞典语的直接宾语关系从句和间接宾语关系从句和波斯语的不一样：瑞典语的直接宾语关系从句和间接宾语关系从句同主语关系从句一样都没有复指代词。

例（35）给出了波斯语学生产出的瑞典语语例。（该语例为基于Hyltenstam的研究而编造出来的假设性语例）

(35) (a) SUBJECT RELATIVIZATION　　　　　　波斯语　第一语言
mannen　[som　kom　från　Iran]　　瑞典语　第二语言
the:man　[that　came　from　Iran]
'the man that came from Iran'

(b) DIRECT-OBJECT RELATIVIZATION
mannen　[som　jag　slog　**honom**]
the:man　[that　I　hit　**him**]
'the man that I hit'

(c) INDIRECT-OBJECT RELATIVIZATION
mannen　[som　jag　gav　mjölk　till　**honom**]
the:man　[that　I　gave　milk　to　**him**]
'the man that I gave milk to'

例（35）展示的是以波斯语方式说瑞典语，语例中复指代词的分布与波斯语相同：主语关系从句中没有代词，直接宾语关系从句和间接宾语关系从句中有代词。主语关系从句中的主语不使用代词，这一点无论是在目标语还是在本族语中都能解释得通。也就是说，学生们很有可能已经注意到在瑞典语中，主语关系从句没有复指代词；或者是直接把波斯语的这一模式迁移到瑞典语中来。但是直接宾语关系从句和间接宾语关系从句中的复指代词实际上并不存在于目标语中，它们似乎是从母语中迁移过来的。

这些波斯语受试者在瑞典语关系从句中使用复指代词的不同频率，也显示出了母语可能会造成的影响。如上所述，波斯语直接宾语关系从句中的复指代词是可选的，但是，在间接宾语关系从句中复指代词是必选的。这种频率差异直接反映在波斯语学生所产出的瑞典语中，12位学生中有10位在所有间接宾语关系从句中都使用了代词，但在直接宾语关系从句中的代词使用则相对较少。

在Hyltenstam的非波斯语母语学习者学习西班牙语的研究数据中，母语对学习产生的影响仍然存在。有些学习者的母语是芬兰语。芬兰语和瑞典语很相似，在关系从句中都没有复指代词。因此，说芬兰语的人在讲瑞典语时也不用复指代词。还有一些学习者的母语是瑞典语和希腊语，这两种语言和波斯语一样，在非主语关系从句中都有复指代词，所以，这些学习者在讲瑞典语时也沿袭了这一传统。

然而，有证据表明，关系从句中复指代词的错误用法并不总是受母语迁移的影响。有三方面的研究可以来证明。

第一，Stephen Matthews and Virginia Yip（2003）对第一语言是汉语方言粤语，第二语言是英语，年龄在2至5岁的两个孩子进行了测试，发现他们在关系从句中倾向使用复指代词，如例（36）所示。

（36）（a）* I got that red-flower dress that Jan gave **it** to me .

（b）* This is the homework that I did **it**.

因为粤语在非主语关系从句中有复指代词，这似乎可以认为是一种语言迁移。然而，有两个事实可以反驳这种观点：一、孩子们在他们的粤语关系从句中不用复指代词；二、孩子们只有在英语句子遵循核心前置于关系从句的语序时才用复指代词，当他们按照粤语的语序将关系从句前置于核心时，他们并不使用复指代词。这两项证据表明，成人在粤语中使用复指代词和儿童在习得英语的初期使用复指代词，两者之间并无关联。

对这两个说粤语的孩子而言，本族语有复指代词；然而，他们在说英语时，复指代词的使用似乎很大程度上并不是受本族语的影响。接下来的第二组数据完全排除了本族语的影响。

Fernando Tarallo and John Myhill（1983，请特别关注63—64，70—72）对99位母语为英语的大学生进行句法合格性方面的研究，这些大学生学习的外语包括德语、葡萄牙语、汉语普通话和日语。这几种外语的关系从句中都没有复指代词，当然英语也一样。然而，当他们面对带有复指代词的各自目标语的关系从句语例时，还是有部分学生给出了合乎语法的判断，这显然不是受第一语言迁移的影响。

当他们面对带有复指代词的各自目标语的关系从句语例时，还是有部分学生给出了合乎语法的判断，这显然不是受第一语言迁移的影响。

第三，第一语言习得的研究中有一项令人吃惊的证据。Ana Teresa Pérez-Leroux（1995：121）对母语为法语和英语的孩子进行调查，研究他们在关系从句中复指代词的使用。下面是孩子说的带有复指代词的英语句子。

（37）（a）I hurt my finger that Thomas stepped on **it**.　　　英语
　　　（b）Smoky is an engine that **he** pulls the train.

就这些例子而言，第一语言迁移是不可能存在的，因为这些例子完全和第一语言没有关系。

现在我们来梳理一下。依据Hyltenstam的研究，瑞典语中复指代词的使用受到了波斯语、西班牙语和希腊语这些第一语言迁移的影响。那么，其他与目标语复指代词使用有所偏离的情况也理应有所解释，比如Matthews和Yip对说粤语的孩子进行的研究，Tarallo和Myhill对母语是英语的学生学习德语、葡萄牙语、汉语普通话和日语的研究，以及对母语是法语和英语的孩子学习他们的第一语言的研究。这些数据又该如何解释呢？

从广义上理解迁移这个概念，有一种可能的解释。第一语言迁移的潜在动机是无意识地用熟悉的结构来解释不熟悉的结构。但是熟悉的结构并不一定来自第一语言，它可能来自第二语言已经习得的结构。比较下面的关系从句结构与相应的主句。

（38）（a）the doll [that I played with]　　　英语
　　　（b）* I played with.

（c）* the doll [that I played with **it**]

（d）I played with **it.**

例（38c）是一个不正确的结构，但是我们发现对于英语学习者来说，句（c）可能比句（a）有优势：关系从句完全复制了主句。如果学习者依据已知的目标语知识，他们很有可能在关系从句中使用复指代词。结果是，熟知目标语的主句结构而造成了内部迁移（internal transfer）（所谓"内部"是指该迁移来自第二语言自身而非第一语言），这可以解释为什么母语为粤语的学生在部分英语关系从句中使用复指代词，这也可以解释为什么把英语作为第一语言的孩子会在关系从句中使用复指代词。

然而，内部迁移并不能解释Tarallo和Myhill的所有被试者。如上文所示，他们是学习德语、葡萄牙语、汉语普通话和日语的英语母语者，他们中有些人对所学目标语出现复指代词做出了合乎语法的判断。因为德语的主句中代词是必须使用的，那么以德语为目标语的受试者便有可能基于德语主句结构而判断带有复指代词的德语关系从句合乎语法。而葡萄牙语的主语代词是可选的，汉语普通话和日语中，所有论元位置上的代词基本上都是可省略的。因此，学习葡萄牙语、汉语普通话和日语的受试者应该没有大量接触过含有代词的主句，这意味着，在熟知主句结构的前提下，他们不可能将含有复指代词的关系从句判断为合乎语法。那要如何解释他们的判断呢？

我们在本节开头讨论过，用熟悉的结构代替不熟悉的结构，也就是说，外部迁移或者内部迁移只是语言学习者把任务变得更容易的办法之一。另一个可行的办法是用相对简单的结构代替复杂的结构，也就是说，简化目标结构。如果可以证明带有复指代词的关系从句比不带有复指代词的关系从句更简单，就可以解释为什么带有复指代词的关系从句对语言学习者更有吸引力。

从表面看来，含代词的关系从句比不含代词的关系从句更复杂，因为前者多了一个代词成分。尽管如此，还有一种看法，代词可以使从句结构更加简单易懂。如例（38）和第三章3.2.1.1所示，如果关系从句中有复指代词，原本缩略过的结构就会变得更加完整，因为所有的动词论元都在形式上得到了体现。换句话说，它们表达了更完整的意义。含有复指代词的关系从句所具有的语义和结构完整性可以解释为什么语言学习者在其第一语言和目标语主句都不含这种结构的情况下，还是倾向于选择这一模式的现象。

复指代词使关系从句结构简单化这一假设意味着，在一些整体难度更高的任务中，复指代词的使用会更受人青睐。这种预测已得到支持。如上面所示，在Matthews和Yip对粤语为母语的孩子的研究中，只有当孩子们把关系从句放在目标语相应句法位置，即核心之后的位置时，才使用复指代词，而当他们把关系从句放在母语相应句法位置，即核心之前的位置时，并不使用复指代词。因为采用英语语序势必增加了额外的难度，复指代词在语言加工比较困难时可以提供支撑作用，这个假设解释了核心居后的关系从句使用复指代词的现象。

以下总结第一语言有复指代词的学习者习得没有复指代词的第二语言的过程。

共性7

（A）初始阶段：

在部分或所有位置上使用复指代词。

（B）中间阶段：

习得顺序和复指代词的使用错误有可能来自下列因素的影响：

— 外部迁移（迁移第一语言关系从句中代词的分布）

— 内部迁移（迁移第二语言主句中代词的分布）

— 关系从句的结构复杂度（在较为复杂的结构中使用代词）

（C）最终阶段：

不使用复指代词。

这些发现与6.3.2.1节讨论过的结构一致性假说有什么联系呢？即中介语和初级语言相对于有标记结构而言，都倾向于偏好无标记结构。我们注意到中介语使用者倾向于使用复指代词，即使是在第一语言和第二语言都不含有复指代词的情况下。如果复指代词是无标记结构，这与结构一致性假说一致，但反之则不然。含有复指代词的关系从句是有标记结构还是无标记结构呢？一方面，它们含有额外的代词成分，所以结构更复杂一些。但是，另一方面，如上文提到的，考虑到形式和意义的一致性，这又使它们更加简单易懂。此外，依据跨语言分布的规则，处于可及性层级（Accessibility Hierarchy）底层的含有复指代词的关系从句是无标记的，因为它们可以构成如下蕴涵式：如果一种语言的主语关系从句有复指代词，它的直接宾语关系从句也有复指代词，等等。依据这种分析，在中介语中出现的复指代词相当于无标记结构，因此，这种结构模式与结构一致性假说相符。

最后，我们再回到有关学习者语言的本质的最初想法。基于学习过程的一般特征，我们假设中介语的某些方面反映了学习者所熟悉的概念，而其他方面则是简化的结果。在关于第二语言发音和第二语言关系从句习得的讨论中，我们的确发现，无论是外部迁移还是内部迁移，人们对熟悉结构的偏爱超过不熟悉的结构。学习者从第一语言或者已经习得的第二语言进行结构迁移。

也有证据表明，人们对简单结构的偏爱超过复杂结构。对词尾清音化的偏爱可作为简化的例证之一：声带不振动可以减少发音的消耗。此外，学习者在习得较长的辅音丛之前，会先习得该辅音丛的子音丛：例如学习str-的发音之前，先学习st-和tr-的发音，这显然是对简化的偏好。同时，如上文所述，复指代词的使用让关系从句更具完整性，也让关系从句的习得变得更简单。

本书中我们讨论了两种环境下的关系从句：初级语言中的（第三章，3.2.1.1节）和语言习得过程中的（参见上文）。接下来在已有讨论的基础上进行相应补充，简要介绍语言使用者如何在实际生活中使用关系从句。

6.4 从知到行——语言运用

6.4.1 关系从句

历史演变和习得发展是影响语言的两个时间过程。此外，还有第三个过程是人的知识到行为的过程。

在历史演变和习得发展的过程中，建立一个语言机制的初始阶段是相对容易的，但是要建立语言运用背后的初始阶段是比较困难的。我们不能绕过语言运用直接进入语言知识，语言知识只能通过语言运用体现出来。我们内在的语言知识会以什么样的形式体现呢？[1]显然，它必须包括一个声音-意义关系构成的库藏，也就是一种语言的词库。但是，声音、语素、词、短语和从句之间的组合方式是怎样的呢？我们有一个被允准的组合方式列表吗？或者，我们的语言能力是否会帮助形成这种组合规则？关于这些问题尚无一致认可的答案。接下来，我们做出一个免受质疑的简单假设：语言的要素和组合模式以某种形式存在于人脑中，在语言使用过程中，我们便会利用到这些知识。下文将就语言知识在语言运用中的体现进行探讨。

语言运用有三个主要量度。一是使用偏好：如果某个含义可以用不止一种方式表达，哪种表达方式会被更频繁地使用？二是反应时间：使用者产出或理解一个结构要花费多长时间？三是错误率：如果理解或使用出了差错，人们会犯多少错误？这些错误的本质又是什么？

在本节中，我们探讨人们加工关系从句的心理学依据。这个讨论将带领我们进入第二个主题：语言运用过程中不同理据间的竞争关系（见6.4.2节）。

从句法部分（第三章3.2.1.1节）和本章6.3.2.2节关于复指代词的讨论，我们看到，无论是在初级语言语法体系中，还是在第一语言和第二语言习得过程中，人们对复指代词的使用偏好随学习难度的增加而递增。在初级语言中，复指代词的使用沿着可及性层级序列（Accessibility Hierarchy）向右递增[2]，如（39）：

---

[1] 类似的过程适用于所有的人类能力和运用。内化一种技能是一方面，而使用这种知识则是另外一方面。在钢琴比赛中，评判员可能知道如何弹钢琴，但他们自己也真能弹琴吗？戏剧评论家知道什么是好的表演，但这并不意味着他们能够成为优秀的演员。同样，知道一种语言并不意味着我们可以轻松地说这种语言并理解其中的每一个细节。

[2] 译者注：这个可及性层级序列实际上是由左向右可及性递减。即，越靠左的成分可及性越高。

(39) SU > DO > IO > OBL > GEN > OCOMP

复指代词的引入把缩减的从句结构变成了主句结构。如：that [I saw＿]变成了that [I saw him]。由此我们可以假设，复指代词的使用将较难理解的从句结构变为较为熟知的主句结构。但是，正如句法章节所讨论的，我们假设位于可及性层级序列右侧的关系从句结构相对更难理解，我们做出这个假设的唯一依据便是跨语言分布。一些语言不存在可及性层级序列右边的从句，我们把这个事实归因于结构的复杂度。而为了更好地证实这个假设，即复指代词之所以能够优先在可及性层级较低的关系从句结构中使用，是因为这些结构更难以理解，我们需要独立的论据去证明相关语言结构的难度系数沿着可及性层级序列向右递增。接下来我们便介绍一些真实的实验证据。

以下三个研究是检验可及性层级序列前两个位置的难度系数的，这两个位置分别是主语关系从句和直接宾语关系从句。Wanner and Maratsos（1978）探索了人们在理解这两种英语关系从句时的心理过程。在他们的一个实验中，屏幕上给受试者投射出一些包含关系从句的句子。如例（40）所示：

(40)（a）主语关系从句　　　　　　　　　　　　　　　　　　英语

　　　　The witch **who** ＿ despised the sorcerers frightened little children.

　　（b）直接宾语关系从句

　　　　The witch **who the sorcerers despised** ＿ frightened little children.

这些句子在不同位置上被五个人名隔断（如Peter，Charles等）。受试者面临着双重任务：回忆人名和理解句子。对句子的理解通过受试者回答不同的问题来测量（如："谁吓到了这些孩子？"）。最终的结果由回忆人名和理解句子的准确性决定。

结果显示，一般情况下，主语关系从句比宾语关系从句更好理解。Wanner 和 Maratsos 解释认为，关系从句的核心［如例（40）的witch］会一直保持在记忆中，直到关系从句中的空位（the gap）被锁定。也就是说，一听到the witch who，听者就会知道其后伴随一个关系从句，但是听者却不知道witch在关系从句中的语法角色，直到他发现从句中的空位。因为宾语关系从句的空位比主语关系从句的空位出现得更晚，所以在处理宾语关系从句时，会增加记忆的负担。这也许能解释宾语关系从句比主语关系从句更难理解的原因。

另外两项研究也关注主语关系从句和宾语关系从句，但涉及不同的语言——法语。其中一个实验中（Frauenfelder，Segui and Mehler 1980），来自巴黎地区的30位大学生听带有主语关系从句和宾语关系从句的句子，并被告知要特别留意句子的意义，还要在听到特定语音时按下按钮。呈现给他们的句子如（41）所示：

（41）（a）主语关系从句 法语

Le savant **qui** __ **connaît le docteur** travaille dans une
the scholar **who** __ **knows the doctor** works in a
université moderne .
university modern
'The scholar who knows the doctor works at a modern university.'

（b）直接宾语关系从句

Le savant **que connaît le docteur** __ travaille dans une
the scholar **who knows the doctor** __ works in a
université moderne .
university modern
'The scholar who the doctor knows works at a modern university.'

在例（41）中，受试者被要求定位出音素/t/，而该音素出现在关系从句之后第一个单词的开头（travaille）。每个句子呈现完毕后，立即通过回答问题的方式来评定受试者对句子的理解：测量反应时间，即受试者按下按钮的时间显示了他们理解句子和识别目标语音所花的时间。结果得出，特定语音出现在宾语关系从句之后比出现在主语关系从句之后反应时间更长。研究者提出一种可能的解释，即理解宾语关系从句的意义比理解主语关系从句涉及更多的神经运动。

第二项研究针对法语的关系从句（Holmes and O'Regan 1981），研究者采用了一种新举措，即呈现给受试者类似例（42）的句子：

（42）（a）主语关系从句 法语

L'auteur **qui＿connaît l'éditeur** a rencontré mon ami .
the author **who＿knows** the editor has met my friend
'The author who knows the editor met with my friend.'

（b）直接宾语关系从句

L'auteur **que＿connaît l'éditeur** ＿ a rencontré mon ami.
the author **whom knows the editor** ＿ has met my friend
'The author whom the editor knows met with my friend.'

除了句子理解的错误率，另一种测量手段是眼动实验。相关的两项实验结果表明：与主语关系从句相比，受试者在理解宾语关系从句上更容易出错，而且眼动实验也记录了宾语关系从句比主语关系从句触发了更多的回看行为，即"反复看（re-looks）"。这些数据再次证明，直接宾语关系从句比主语关系从句更难理解。

以上三项研究测试了可及性层级序列头部①的心理现实，即主语关系从句和直接宾语关系从句。有这样一个经典实验，测量了理解各类英语关系从句的难度系数，其涵盖了可及性层级序列的大部分：从主语关系从句到属格关系从句。在 Edward Keenan and Sarah Hawkins（1987）的研究中，40个成人和40个孩子作为被试，实验任务是复述关系从句。例如：

（43）（a）主语关系从句 英语

I know that the girl **who got the answer right** is clever.

---

① 译者注：即可及性等级中的 SU > DO。

（b）间接宾语关系从句

He remembered that the dog **which Mary taught the trick to** was clever.

实验过程如下：让被试听一些句子，每个句子后面紧跟一串数字，然后让他们写下所听到的句子和数字。

实验结果迥异，其中有两点很有趣，即错误的数量和错误的性质。

（44）（a）错误的数量

听写的准确性与关系从句在可及性层级序列上的顺序有关：错误的数量在层级序列 SU > DO > IO > OBL > GEN 中从左到右逐步增加。

（b）错误的性质

74%到80%的受试用另一种类型的关系从句替换了所听到的类型时，替换后关系从句在可及性层级序列上比原来的关系从句更高。①

（44a）表明间接宾语关系从句比直接宾语关系从句更容易出错。（44b）表明如果用另一种类型的关系从句代替间接宾语关系从句，往往使用的是直接宾语关系从句或者主语关系从句，而非旁格关系从句或者属格关系从句。这两个结果表明可及性层级序列上靠左的关系从句更受欢迎。

所有研究都表明，在可及性层级序列中，越靠右的关系从句人们在使用时会有更多的困难，这有不只一种可能的解释，其中一种可能是熟练度。如果各类型的关系从句在使用频率上存在差别，以致人们听和说主语关系从句的机会比直接宾语关系从句和间接宾语关系从句多，那么，这种不断的练习也使得主语关系从句的加工更容易。

另一个原因可能缘于复杂度的不同。如上所示，Wanner，Maratsos和Frauenfelder等人也做出了解释。Wanner和Maratsos认为，要锁定核心名词在关系从句中的空位，所需记忆时长与关系从句在可及性层级序列上的位

---

① 译者注：也就是更靠左。

置有关，越靠右所需记忆时间越长。

John Hawkins对该思想进行了延伸和细化，提出填充语–空位距离（filler-gap distance）的增加确实造成了句子加工困难。这个解释的最好例证就是具有核心居首型关系从句的SVO或VSO语言，如例（45）（N代表的是关系从句的核心词）。

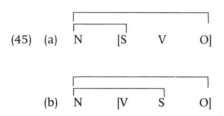

和宾语关系从句相比，主语关系从句中的空位（关系从句中的主语位置）更靠近填充语（即核心名词）。层级序列越往右，填充语和空位之间的距离就越远（更多详细解释和说明见 Hawkins 1999；Hawkins 2004：169—221，特别是177—180）。

以上四项研究表明，层级序列越往右，关系从句类型的加工难度就越大。一个合理的解释就是，从左到右，填充语和空位之间的距离在逐步增加。这个解释填补了复指代词在层级序列底层的从句类型中被优先使用的证据缺漏：现在，我们有心理学的依据来证明可及性层级靠右的关系从句更难处理。这些代词出现在空位处，一定程度上也代表着核心词，因此，即便核心词–空位距离随着层级序列右移而增大，我们也能在不回看核心词的前提下充分理解从句。

如果复指代词那么有用，为什么它们没有用在所有关系从句特别是主语关系从句中呢？因为当填充语–空位距离很近时，复指代词可能并不是很必要，但它们确实是有百利而无一害的。Hawkins的回答是，复指代词在关系从句中的分布随可及性层级而变化，这是两种普遍原则相互竞争的结果（Hawkins 2004：31—44）。一方面，最小域原则（Minimize Domains）推动了复指代词在复杂关系从句中的引入，因为尽管我们尚未确定复杂关系从句的核心词在从句中的句法成分，我们也无须在记忆中长时间保持该词。另一方面，存在另一个与最小域原则相抵触的最小形式原则（Minimize Form）：该原则不鼓励使用不必要的形式，例如冗余代词。跨语言在如何平衡这两种原则方面存在差异。阿拉伯语和吉尔伯斯特语要求直接宾语关系从句及其右边的关系从句必须使用复指代词；希伯来语和波斯语的直接宾语关系从句中复指代词属于可选项，其右边的关系从句中复指代词属于必选项；朝鲜语和土耳其语只在属格关系从句中使用复指代词；最后，一些如英语和瑞典语的语言完全遵从最小形式原则，摒弃最小域原则：这些语言从来不在关系从句中使用复指代词（Hawkins 1999：159）。

接下来，对有关英语和法语的心理语言学研究进行总结。这里，最初阶段指的是对内在语言能力的一种假设，最终阶段指的是说话者在实验中的表现。目前没有中间阶段的证据。

共性8

（A）最初阶段：
说话者很熟悉英语和法语的关系从句结构，尽管熟悉的程度因接触频率而有所不同。

（B）最终阶段：
在处理关系从句结构方面，说话者的理解和记忆随着可及性层级的右移而降低。

（C）条件：
研究结果为实验环境下取得。

从上文可知，关系从句复指代词跨语言的分布和习得顺序可被视为两个竞争理据相互妥协的结果。正如Hawkins所言，"（简化的）形式加工和显性依存是相互竞争的两个动因，复杂的结构越来越倾向于后者"（Hawkins 1999：260）。语言运用的其他领域也有类似的竞争，接下来对此展开讨论。

6.4.2 竞争理据

社会中的大多数人，都受到社会所制定的行为准则的约束。申请贷款时，我们要遵循银行的流程；参加聚会时，我们要根据场合准备礼物；驾驶出行时，我们还得遵守交通规则。然而，尽管社会规则的制定和不断完善于人有益，但某些时候我们个人需要打破规则。我或许因为急需贷款而绕过流程，或许因为手头拮据不能给主人送合适的礼物，抑或因为急于赶路而不得不违反交通规则。这些情况下，规则和个人需求之间就存在冲突，我们必须做出选择。

这也适用于言语行为。观察以下话语（Fox et al. 1996：187，189）。

（46） 英语

    （a）I don't know but it's /PAUSE/ it's going to cost quite a bit.

    （b）But it-it does work out if you have just the common dena-denominator here.

    （c）And I haf /PAUSE/ my class starts at two.

任何说英语的人都知道这些结构不符合英语语法。（46a）非法重复：it's连续两次出现。（46b）it非法重复的同时，dena并非英语词汇。（46c）And I haf结构自身难以理解，也不能与后续成分连用。然而，这些英语表达却是出自说英语的人口中。

这些例子显示，说话者在一句话的表达中可能需要停顿，以便思考接下来的表达，或改变主意说什么以及怎么说。在（46a）中，说话者似乎需要一点时间来决定他真正想表达的东西。在（46b）中，it的重复可能是由于相同的原因；dena-只是开始说denominator时犯的错误，后来随即被取消和代替。在（46c）中，说话者也许想说I have to be in class at two，但接着又放弃这种结构，并以不同的方式来调整想表达的信息。这种口头表达模式被称为自我修正（self-repairs）。这种自我修正行为由说话者所操控，要么对其话语进行修正，要么精简结构利于表达，要么仅仅是停下来重组表达。这些行为可能涉及重复、替换、插入或删减。

自我修正是基于说话者本人对自身话语做出的检查和调整以满足交际需要。但是，由上文可知，说话者会产出不合语法的话语，这与语言的语法规则相冲突。因此，修正可被视为两种竞争动因之间的妥协：一方面要遵守语言规则，另一方面要照顾当时的交际需求，或者如Martin Pfeiffer（待出版）①的观点，这种冲突存在于形式（形态句法层面）和功能（认知交互层面）两种动因之间。

Barbara Fox et al.（2012）分析了两种语言的自我修正结构：500个英语修正语料和225个日语修正语料。该文的诸多观点中，有两种与本节内容密切相关。第一种体现了这两种语言修正结构的相似性：说英语的人和说日语的人都是在语法规则允许的范围内，寻求与当时需求之间的平衡。第二种体现了两种语言的差异：对语言结构的修正也凸显了各自语言的语法特征。

Fox et al.（2012）就上面第二种观点做了充分的论证，其中一个例子是，说日语的人可以通过用一个词缀替换另一个词缀来进行修正，然而这种形态修正在英语中并不存在。以下是日语例子（Fox et al. 1996：202）。

（47）ja　　nani　　goro　ni　　kurida **shi-soo**　　　　　日语
　　　 then　what.time　about　OBL　go.out
　　　 'Then about what time（shall we）go out?'

日语动词如果有后缀shi，通常后跟助动词或小品词。然而，例（47）的语境中没有这样的后续成分，于是说话者就用-soo（一种表劝告的后缀）来替代-shi。Fox et al.（2012）将日语有而英语没有的后缀修正现象归因于日语后缀在语音和句法上的更大独立性。日语后缀都由完整的音节组成，而英语后缀-s和-ed的发音通常为单辅音。同时，日语动词后缀并不标记与主语的紧密联系，也就是不像英语那样标记主谓一致性，如英语动词后缀-s（he sit-s），指示的是时和体。日语后缀的相对独立性使得他们在修正结构中能更好地担任替换成分。

Martin Pfeiffer（待出版）在对德语自我修正结构做语义分析时也发现了类似的跨语言差异，即德语修正成分比其替代成分提供的信息更多。在一个含有2000个自我修正结构的德语口语语料库中，Martin Pfeiffer分析了

---

① 译者注：Martin Pfeiffer 2015. *Selbstreparaturen im Deutschen: Syntaktische und Interaktionale Analysen.* Berlin/Boston: de Gruyter.

58个介词短语中涉及名词替换的例子。他提出了如下问题：如果说话者想替换介词短语中的名词，他只需说出那个替换的新词还是要重述整个介词短语呢？

这里有一个例子，谈话者一方询问另一方在哪儿做过学徒，回答是（48）：

（48）hh auf_m **Ring auf_m Hohenstaufenring**　　　　德语
　　　hm on_the **boulevard on_the Hohenstaufen.boulevard**
　　　'Hm. On the Boulevard; on Hohenstaufen Boulevard.'

Hohenstaufenring是德国科隆的一条街，口语中被说成Ring。此例中，说话者要替换的是介词短语中的名词，但他同时重复了介词和冠词。把例句（48）和英语例句（49）做一个对比（Fox and Jasperson 1995：102）。

（49）They get their g-teeth keep growing round from the　　　英语
　　　fron-back to the front.

这里，说话者想要用back替代front，但是他并没有重复整个介词短语from the front而是简单地替换了名词front。

Pfeiffer发现，这种现象在这两种语言中是一种常规模式。然而在英语中，从头至尾重复介词短语并不多见（Fox et al. 2009：285）。在德语中，整个介词短语往往被重复。Pfeiffer通过两种语言的句法差异来解释这个现象。德语的定冠词总是附着于介词（如：aufm和auf dem），"介词+冠词"组合与其后名词的连接更紧密，因为冠词的形式随着名词的性、数以及介词支配的格的不同而改变。英语的冠词不能附着于介词，介词也不支配冠词的格，而且名词也不影响冠词的性和数。因此，英语的冠词不像德语那样和介词或名词紧密连接。

这再次证明了修补模式对语法的映射。说话者使用自我修补模式时不会回溯到任意语言片段，而是会回溯到相对独立的特定单位成分并重复它。解决语言形式和功能之间的竞争取决于说话者，他不仅要考虑到自我修正之时的交际需求，也要遵守形式上的语法规则，也就是语法规则的限制性。

在此，基于Fox et al.（1996）和Pfeiffer（待出版）的部分研究结果，对英语、日语和德语的修正策略做一小结。

共性9

（A）最初阶段：

一种预期话语。

（B）中间阶段：

（a）说出的话不是预期的形式或意义，或者仅仅是部分预期话语和随之出现的停顿。

（b）修补表现为更正一个错误的形式，或者重塑已表达的意义，或者继续中断的句子。修补后的结构至少部分符合语言的形态句法。

（C）最终阶段：

一种修正了的话语。

（D）条件：

交互式的语言应用。

本章小结

本章探讨了跨语言的语言演变模式，包括影响整个言者社群的演变路径、第一语言和第二语言习得的阶段顺序，以及将知识运用于交际行为的过程。虽然当前文献中可利用的跨语言证据有限，仍然可以得出九大共性原则。前三个属于历时研究：冠词的形成，主要句子成分以及附置词的语序演变。共性4和共性5揭示了儿童习得反义词和空间词的规则。共性6和共性7呈现了二语习得中的重现模式。共性8和共性9分析了关系从句的加工及实际会话中的"修补"行为。

下一章将讨论历史演变、语言习得和语言加工这三个过程如何形成统一的观点，帮助我们解释语言本身的样子。

240 练习

1. 英语动词do的各种用法中是否存在语法化现象？
2. 在20世纪50年代，匈牙利科学院发行的正字法词典建议将vajaskenyér 'buttered bread' 拼为一个词，而zsiros kenyér 'bread and lard' 则书写为两个词。你如何理解这其中的差别？
3. 语法化在书写系统的演变中起了作用吗？（参见第五章5.5.1节）
4. Bambi B.Schiefferin报告了卡鲁利儿童早期语言中的以下错误（1985：566，580）。卡鲁利语是巴布亚新几内亚语的一种。试分析在以下例子A和B中，哪些是孩子已经习得的，哪些是尚未习得的。

    A. 孩子想让她的母亲给一个叫巴比的孩子一些甘蔗。由于母亲对前两次尝试都没有作出反应，孩子尝试了第三种方式。
    （a）孩子的话：
    （ⅰ）Hono Babi-mɔ dimina.
    （ⅱ）Babi-mɔ hono dimina.
    （ⅲ）Babi-mɔ hono-mɔ dimina.
    （b）成人的话：Babi hono-mɔ dimina.
    　　　　　　　Babi that-DAT give.IMP
    　　　　　　　'Give to that Babi over there.'

    B. 动词fagema的意思是"to untie"。孩子将其用于如下情景："untwist" "pick off tree bark" "tie up" "open up（a door）"。

5. 这是圣经新约中的一段英文和翻译成的夏威夷克里奥尔式英语（夏威夷）及托克皮辛语（巴布亚新几内亚）。两种克里奥尔语都源于英语和土著语言。

    a. 这两种语言在语音、形态句法和词汇方面有何相似之处？
    b. 有哪些历史过程能解释源语（英语）和两种克里奥尔语之间的差异？
    （a）英语
    ① Our Father, who are in heaven,
    ② your name be honored.

③ Your kingdom come,

④ your will be done in heaven

⑤ as it is on earth.

⑥ Give us today our daily bread

⑦ and forgive us our sins

⑧ just as we forgive

⑨ all those who sinned agaist us.

⑩ And do not lead us into temptation

⑪ but deliver us from evil.

(b) 夏威夷克里奥尔英语

注：jalike 'just like'

① God, you our Fadda, you stay inside da sky,

② we like all da peopo know fo shua how you stay, an dat you stay good an spesho, an we like dem give you plenny respeck.

③ We like you come King fo everybody now,

④ we like everybody make jalike you like,

⑤ ova hea inside da world, jalike da angel guys up inside da sky make jalike you like.

⑥ Give us da food we need fo today an every day,

⑦ hemmo our shame, an let us go fo all da kine bad stuff we do to you,

⑧ jalike us guys let da odda guys go awready, and we no stay huhu wit dem

⑨ fo all da kine bad stuff dey do to us.

⑩ No let us get chance fo do bad kine stuff,

⑪ but take us outa dea, so da Bad Guy no can hurt us.

(c) 托克皮辛语

注：mipela（me fellow）'me'

　　mas 'must'

　　bihainim（behind him）'to follow'

long (from 'along') 普通介词

laik (like) 'will'

kaikai 'food'

samting nogut (something not good) 'evil'

-im (him) 及物动词后缀

① Papa bilong mipela, yu i stap long heven,

② nem bilong yu i mas i stap holi.

③ Kingdom bilong yu i mas i kam,

④ laik bilong yu ol i bihainim long heven

⑤ olsem tasol mipela bihainim long graun tu.

⑥ Nau yu givim mipela kaikai inap long dispela de

⑦ na yu lusim ol sin bilong mipela

⑧ olsem mipela tu i lusim pinis sin bilong

⑨ ol man i bin rongim mipela.

⑩. Na yu no bringim mipela long samting bilong traim mipela,

⑪ tasol tekewe mipela long samting nogut.

扩展阅读

- 关于历史演变，参见Deutscher 2005，这本著作讨论语言演变，旁征博引、发人深思，读来感觉趣味盎然。
- 关于冠词的跨语言调查，参见Krámský 1972；关于定冠词向性标记的演变，参见Greenberg 1978c。
- 关于语法化的案例，参见Pagliuca (ed.) 1994, Lehmann 1995, Hopper and Traugott 2003。
- 关于语言接触，参见Thomason 2001。
- 关于英语语序明晰、精确的论述，参见Traugott 1972：106—109, 160—161, 185—187, 200。

- 关于人类语言的起源和演变的综合描写，参见 Davis and Iverson 1992，Dixon 1997，Hurford et al. 1998，Croft 2000，Givón 2002，Kinsella 2009。
- 儿童语言数据交换系统（CHILDES: The Child Language Data Exchange System）（childes.psy.cmu.edu）提供了超过20种儿童语言的数据，是TalkBank（talkbank.org）的一部分，TalkBank还包括二语习得、会话和失语症语言等相关的大量数据。
- 关于一语习得的跨语言研究，参见Dan I. Slobin（ed.）1985的五卷本巨著，特别是Slobin在第五卷第1—39页针对习得过程中的共性、类型和特征的论文。
- 关于二语习得和跨语言共性之间关系的其他文献，参见 Giacalone Ramat（ed.）2003 中的论文。
- 关于二语语音的综合探讨，参见Archibald 1998 和Major 2001；此外，Eckman 2011对相关研究进行了深刻而全面的综述，本章6.3.2.1节的简要回顾很大程度上以该研究为基础。
- 关于句子加工的跨语言研究，参见MacWhinney and Bates 1989。
- 关于语法、语言习得和语言运用中竞争动因的综合考察，参见MacWhinney et al.即将出版的著作。

第七章　关于跨语言倾向性的解释

本章概要

本章基于英语句子结构的分析，阐述"解释"的概念。采用三步程序法，对跨语言的重现模式进行解释。此外，在补录中提及了一些关于语言类型学研究的简要评论。

关键词

可能性、或然性和必然性解释 permissive, probabilistic, and nomological explanations

结构性、历史性和功能性解释 structural, historical, and functional explanations

共时 synchrony

历时 diachrony

功能 function

一般领域特征 domain-general properties

特殊领域特征 domain-specific properties

普遍语法 Universal Grammar

7.1 引言

从跨语言的角度看,为什么会出现相似的重现模式呢?前面的章节已经对其中一些理据做了说明。比如,基于语法化的简要历程,可以阐释冠词的起源(6.2.1);基于不同难度的关系从句结构,可以解释关系从句复指代词的分布(6.3.2.2,6.4.1,3.2.2.1),并且发现关系从句结构的产生也源自加工困难;基于鼻辅音的听觉相似度,可以区分同一发音器官发出的辅音丛所具有的倾向性(5.2.1);基于词缀的发展历史和加工偏好,可以说明后缀比前缀更容易形成的原因(4.3);基于语言的清晰性和经济性原则,可以解释受格和通格的配置模式要优于其他逻辑可能性(3.2.2.2);此外,某些颜色词在不同语言中出现的频率高低经常和文化因素相关联(2.5.2);标记性理论可以用来解释许多语言现象,其中包括身体词汇、亲属称谓、人称代词、数词和反义形容词的不对称(2.2—2.5)、零形式的分布(4.2.2.2)和一些音系现象(5.3)。

然而,一些基础性问题还没有得到正面回答,譬如,如何解释跨语言的倾向性,解释的真正意义是什么,等等。本章的目的就是转向这些问题,并继续探讨第六章提出的三个过程——历史起源过程、发展演变过程和使用过程,以及如何用它们解释具有跨语言倾向性的共时结构的特征。

7.1.1 什么是解释?

人类思维最显著的特征之一就是寻求对事物的解释。医学研究人员、医生、经济学家、物理学家、地理学家、气象学家、政治家、新闻评论员以及忙于日常琐事的我们,都在努力尝试解释周围的事物,并根据这些解释预测未来。

寻求解释的真正含义是什么?找到解释之后又意味着什么?寻求解释往往是由一种差距引起的,那就是现实情况和我们所认为可能的或应该的情况之间的差距。假设一架试验飞机坠毁,我们的第一反应就会问为什么坠毁,而这么问是因为预设了两种可能:飞机坠毁或者仍在空中飞行。然而,现实无情地倒向了其中一面:飞机坠毁。我们的问题就是,在这两种假设的情况中，为什么一个发生而另一个没发生？

这个例子中，两种假设的可能性几乎是等同的：作为一架首航的试验飞机，正常飞行和意外坠毁看上去具有同样的可能性。但在某些情景中，一个结果不仅是可能的，而且发生的概率非常之大。就拿商用飞机来说，我们一般认为，它们的正常飞行是不用质疑的。因此，当坠机事件发生后，预设和现实之间的差距就加大了：这样的事情是可能的，但是不应该啊。第三种情景，预设和现实之间的差距达到最大。人们认为飞机是"不会坠毁的"——就像泰坦尼克号是"不会沉没"的一样——但是坠机却发生了，这样就会让我们面临"不可能"却发生了的现实。

那么，预设和现实之间的差距该如何消除呢？如果接下来对飞机坠毁进行调查，结果显示，一个小的零件失灵可能导致灾难的发生，或者一个大的机械故障致使飞机难逃厄运。这就促使我们在反思之后修改预设：在这两种情景中，真正发生了的情景被认为概率极大或者命中注定。通过对可能性、或然性和必然性的概念重构，可以解释坠机事件的不同情景，这会让现实和预设得到统一。

科学发展的历程中，出现了很多"不可能的"情景变为现实的例子，这就要求对一些基本法则进行重构。Michio Kaku在其著作《不可思议的物理》中列举了很多物理现象，这些现象就连最伟大的科学家们都觉得不可思议，但确实发生了。很长一段时间里，人们认为南美洲和非洲的海岸线吻合度很高；不过，之前的地理学说否认这种可能性，即这两个大陆在它们分离之前是一个整体。当这种可能性得到充分考证的时候，就产生了大陆板块构造说，也使得曾经不可能的观点成为可能（2008：xi—xii）。从天文学的角度看，宇宙中的黑洞常常被认为是不可能存在的；爱因斯坦也说过，它们不可能通过自然的手段形成。然而，哈勃天文望远镜却为这些黑洞的存在找到了证据——也许有数十亿个黑洞遍布整个宇宙——这使得物理学家们重新思考自己的理论（Kaku 2008：298—299）。Kaku说："作为一个物理学家，我觉得'不可能'经常是一个相对的概念。也就是说，今天看来不可能的事情只是违背了现有的物理学法则，但是我们知道，这些法则也会变化。"（2008：xi, 285）一些不可能的情景往往源自其理论预设不成立。随着这些情景变为现实的例子越来越多，理论和现实就产生了差距，理论就不得不屈服①。

以前被认为是不太可能或可能性很小的结构模型，也在跨语言研究中得到了证实，比如，没有否定标记的否定表达和有间隔的计数系统［参见Wohlgemuth and Cysouw 2010a, 2010b 和 the Rara et Rarissima website（http://typo.uni-konstanz.de/rara）］。最近在主流媒体上广为讨论的非常规语法结构的最新发现之一，就是Daniel Everett关于巴西皮拉哈语的论著。该论著发现了一些让人惊讶的语法特征，比如缺少数字、没有颜色词、无递归结构等。当然，这些发现的真实性和意义仍然在很多文献中争论不休。就好比物理学，这些发现也许会引发语法理论的修正。

出现频率很低的现象一直都是个谜。如果它们这么怪异，为什么会出现呢？如果它们出现了，又为什么这么罕见呢？

以下是相关要点概述：

（1）解释是一种抽象或概括，它旨在消除或缩小预设和现实的差距。解释会以如下三种方式之一来重构我们的思维模式：

（a）可能性解释，将一个事件从不可能的范畴变为可能的范畴，其方式是阐明事件也许会发生；

（b）或然性解释，将一个事件从不可能或可能的范畴变为很可能的范畴，其方式是阐明事件很可能会发生；

（c）必然性解释，将一个事件从不可能、可能或很可能的范畴变为必然的范畴，其方式是阐明事件一定会发生。

解释的一个必要组成部分是抽象，因为事实不能用零散的方式来解读。有些事实只有当它产生的作用被大量地记录过，才可以看作一个事件的缘起。就像只要有独立证据表明，类似故障导致飞机坠毁过，才可能把某次坠机事件归因于机翼故障。

以上探讨的都是与科学和生活领域相关的解释活动。现在，我们转向

---

① 另外一个例子发生在1982年，以色列材料科学家丹·谢赫特曼声称，他发现了一种新型的结晶体化学结构。但是，这违背了当时的物理学法则，很多物理学家认为不可能。5年之后，他的发现最终被实验证实，并且在2011年因这项发现他获得了诺贝尔奖。

对语言结构的解释。更确切地说，也就是弄清楚哪些东西需要解释以及需要什么样的解释。

7.1.2 对语言结构的解释

我们首先从一个基本的、普通的现象说起，那就是英语句子。比如乔对朋友说：

（2）Let's go downtown to see a movie.

这个句子为什么这么构成？如果不这样，比如（3a）（3b）呢？

（3）（a）Let's go downtown to see movie a.
　　（b）Let's go downtown a movie to see.

答案可能很复杂，但也直截了当。解释的理据之一，英语语法要求不定冠词前置于名词并且直接宾语跟在动词之后；理据之二，乔已经习得了包含这些规则的英语语法知识；理据之三，乔在说这个句子的时候，以特别的方式运用了习得的知识。

此处的解释依赖于三个因素：英语语法、语言习得和语言运用。不过，这也不是最终的解释，因为这个过程中依次有三个新的问题提出。

（4）（a）关于英语语法
　　　　英语为什么要求不定冠词前置于名词并且直接宾语跟在动词之后？
　　（b）关于语言习得
　　　　乔如何习得英语的这些语序模式？为什么？
　　（c）关于语言运用
　　　　乔如何按照这种方式运用习得的知识来建构英语句子？为什么？

我们首先从问题（4b）开始，探讨语言习得的过程。乔为什么将身处其中的语言作为一语或者二语来学习？在某些情况下，习得是如何发生的；乔到底习得了哪些英语知识以及伴随着什么样的心理过程？为了回答这些问题，就需要援引有关一语或者二语习得过程的一般知识。

问题（4c）也跟过程有关，这是一个把知识和行为连接起来的过程。乔如何学习英语？如何把知识转化成建构句子的能力？这些问题的答案需要对语言运用有深入了解。

最后，（4a）涉及已经习得和运用的语言系统，也就是英语语法规则。为什么"a movie"正确而"movie a"错误？也许，问题的答案来自具有不同概括性的英语规则，比如（5）：

（5）（a）不定冠词必须前置于名词。
　　　（b）所有冠词（不定冠词和定冠词）必须前置于名词。
　　　（c）所有限定语（冠词和指示词）必须前置于名词。
　　　（d）所有光杆从属语（冠词、指示词、数词、光杆形容词）必须前置于名词。

有关动词和宾语顺序的类似规则也可以建构起来，并且排除句子中"a movie to see"这样的表达。上述规则提供了在不同层次上具有概括性的结构性解释。然而，这些规则并不能解释为什么不定冠词要前置于名词以及宾语要跟在动词之后。这些结构类型怎样才能从源头上得到解释呢？

John Haiman指出："万物如此，皆因其本"（Haiman 2003：108，来源于D'Arcy Wentworth Thompson 1917年的著作《生长与形态》）。事实上，这适用于包括语法在内的世界上的任何事物。对共时结构动因的唯一可能解释来自于历史层面：目前的模型如何从一个早期阶段演化而来，为什么？这里描述了（1）中不定冠词的位置是如何演化的（参见6.2.1）。

（6）（A）初始阶段
　　　　　　几个世纪以前，不定冠词表达非强调性数字"一"的概念，置于名词前。
　　　（B）发展过程
　　　　　　历经几个世纪，表达非强调性数字"一"的概念的解读逐渐减弱，其形态也在语法化之后缩减为一个单元音，且与名词的相对位置保持不变。

但是，为什么会发生这种变化？正如Joan Bybee（1988：370，374）所言："这些变化本身就需要解释。为什么有些词汇单位会经历语义变化并且发展出语法化特征？为了回答这个问题，我们要回到共时的轨道上来，看看语言是如何运用的……我们必须寻求这些历史变化背后有什么样的认知过程。"变化的发生，可能因为儿童或者二语学习者习得的其所处环境的语言在形态上发生了一些变异；也可能因为形态或意义在语言运用过程中发生了一些变异。在合适的社会条件下，这些变异会在整个语言社区不断扩展，从而导致语言自身发生变化。这些以习得和运用为基础的变化及其扩展，一定是以功能为驱动的，也就是语言表达的目的，而目的也受到人类赋予的物质和概念工具的推动和制约。

针对（2）中说话者的某个具体话语形式进行解释的话，我们能够描绘出一个粗略的路线。这种解释可以基于习得该语言的说话者、说话者对习得知识的运用、已经习得和运用的语法知识等维度来进行。从顺序上看，语法归因于历史演变，历史演变源自于语言的习得和运用，而语言的习得和运用最终由语言的功能来驱动。

如上所述，为了得出真正使人信服的解释，不能局限于对单个案例的具体"描绘"，而要确保所引用的规则具有尽可能广泛的适用性。打个比方，这就像对"掉落的杯子为什么会破碎？"作出"历史性"解释。这个解释一定不会仅仅涉及杯子是如何从手里掉落的，还要包括引力的一般法则和瓷质物体在碰撞某个特殊表面时产生的后果。正如（5）所示，语言学的规则大都基于不同的范围，而最有用的规则就是覆盖面最广的规则，它们不仅在语言内部适用而且在跨语言的情境下也适用。因此，为了解释乔如何习得英语句法，了解英语母语儿童如何内化句法规则以及如何运用句法知识还不够，而要尝试了解一般的儿童如何学习自己的语言以及世界上的人们如何运用语言。同样，为了解释不定冠词如何进行历史演化，仅仅把英语冠词的例子真实地呈现出来还不够，而要进行跨语言的抽象和归纳，当然其中也包括了英语冠词的演化过程。

对这种跨语言规则的建构，正是本书所要探讨的主题。比如，我们知道儿童倾向于学习反义词对中的无标记成员（至少英语如此）；我们知道跨语言情境中主语关系小句在语言运用时会被优先考虑；我们也知道冠词的演化经历了一个跨语言的普遍的语法化进程。

剩下的问题就是：为什么会产生这些跨语言的重现模式？为什么反义词对中无标记的成员要比有标记的成员先被儿童习得？为什么不同语言中主语关系小句要比宾语关系小句更优先被说话者选择？语法化可以解释冠词的出现，但为什么会出现语法化呢？跨语言规则可以解释某个语言事实，但它们自身也需要解释。

接下来，我们会讨论一些跨语言规则。通过采用上文提出的解释框架，首先，尝试解释共时结构中的跨语言倾向性，其方式是考察不同语言中常见的历史进程（7.2）；其次，集中探讨不同语言的历史进程如何在语言习得和运用的跨语言模式中形成（7.3）；再次，考察语言习得和运用的跨语言模式如何形成语言功能的基本特征（7.4）；最后，在小结之后列出一个补录作为本章结尾。

7.2 历时对共时的解释

本书6.2讨论了冠词的跨语言演化以及某些语序模式的变化。冠词形成背后的动因被证明是语法化。在语言演化过程中，相关语对的共现属于语言和谐，其动因有时候是语法化，有时候是类比的作用。下面对两种解释性论据进行概述。

（7）冠词

    （a）被解释项：不同语言中指示词和定冠词之间、数词"一"和不定冠词之间形式和语义相似性的共时结构。

    （b）解释：不同语言中语法化的历史进程。

        （ⅰ）初始阶段

            存在指示词和数词"一"。

        （ⅱ）发展过程

            指示词和数词"一"经过语法化之后可能演化成冠词。在这个过程中，语素在形式上和语义上被缩减，但仍然保留一些语音构造和语义特征。

（8）语序关联
(a) 被解释项：不同语言中使用前置词的VO型语言的共时结构。
(b) 解释：不同语言中语言和谐的历史进程。
（ⅰ）初始阶段
OV语言、后置词（也有一些前置词）。
（ⅱ）发展过程
OV语言演变成VO语言时，附置词和谐有两种方式：后置词可能以类比的方式将它们的位置转移到已经存在的前置词上面；或者新的前置词可能通过语法化由NG和VO语序演化而来。

现在思考第三个具有普遍性的共时结构，看看是否有一个历史进程能够为它提供一个充分解释。

我们对句法和形态的线性化讨论中（3.3和4.3）涉及了内嵌语序——也就是语言成分的非连续性——在跨语言中表现得不太频繁。从形态上看，这意味着词缀往往会被前缀化或者后缀化：非连续的词缀［比如环置词缀（circumfixes）］和非连续的词根（比如中缀）都不太常见。从句法上看，分离的语言成分同样是特殊的，比如，法语的否定表达Je ne sais pas（"I not know not"，相当于"I don't know"）。这些例子指出了一个普遍倾向，语义上相关的成分往往彼此相邻而非分离。同样的规则也可用来解释为什么形容词倾向于和名词相邻，为什么宾语倾向于和动词相邻，如此等等。关联原则对词缀语序彼此相联系的讨论也可以得到体现（4.3）。

语义上连贯的成分表现出强烈的相邻倾向，其历史根源是什么？一个可能的回答是，这种模式背后没有历史演变，它一贯就是如此。这也意味着人类语言的早期形式就已经倾向于相邻性。这种说法可能是正确的，但也有证据表明历史演变也确实创造了以前不曾存在的相邻关系。

在对历时句法的共性进行深入研究之后，Alice Harris和Lyle Campbell提出了大量有关紧密相邻结构的例证（1995：220—228）。这种结构包含主要动词和助动词。与主要动词和助动词之间紧密的语义关系形成对应的是，两个成分一般来说处于相邻位置，助动词要么直接前置于主要动词，要么直接后置于主要动词。和德语、法语一样，英语中的完成助动词have（haben，avoir）来源于一个表示"拥有"的主要动词。在最初的双层小句结构中，"have"和实意动词的分词形式被直接宾语隔开了。当"have"语法化成为助动词之后，分词离开原来的位置移到助动词的旁边。两种结构在英语中都可能出现：（9a）反映的是"have"与分词不相邻的原始语序，而（9b）反映的是语法化之后的结构。

(9) (a) Sarah has the report finished.
　　(b) Sarah has finished the report.

这个例子也说明，一种语言可以为语义上相关的成分创造出相邻关系。我们把这个过程称为相邻化。下面是具体的解释。

(10) (a) 被解释项：不同语言中助动词和主要动词的共时相邻。
　　 (b) 解释：不同语言中相邻化的历史进程。
　　　　　(i) 初始阶段
　　　　　　　类似"Sarah has the report finished."的结构。
　　　　　(ii) 发展过程
　　　　　　　主要动词语法化之后变成助动词并且分词移到新产生的助动词旁边。

这个过程只在为数不多的语言中被证实，因此，它是助动词和主要动词在建构相邻关系时的一条可能路径，但不是一条必然的路径。

以上关于冠词、前置词和助动词的三个例子，我们援引了跨语言的三个历史进程：语法化、和谐性和相邻关系，来解释不同语言中的共时结构。但是，用什么来解释历史进程本身呢？从7.1得知，为了寻求对历史进程的解释，我们必须转向语言习得和语言运用。

7.3 语言习得和语言运用的历时解释

为什么会产生语法化、和谐性和相邻关系呢？正如7.1所示，共时可以由历时得到解释，而历时演化的可能原因就是语言习得和语言运用：人们如何习得一种语言以及如何运用它。变化也许是从儿童或者没有真正获得语言输入的二语学习者那里开始的；也许他们已经习得了这种语言，但在语言运用的过程中表达形式可能发生了变化。

儿童语言是历史变化的一个看似合理的源头吗？有证据显示，儿童语言所犯的一些错误和语言演化的方向确实是一致的。比如，儿童把例外的情况常规化，像英语动词过去式的不规则形式（例如came→comed或went→goed）。同样的现象也发生在英语历史上一些不规则动词上面，比如dived逐渐取代dove的形式。而且，儿童语言中对前置词的位置考量要超越它们的一些抽象用法；比如在"Can I have any reading behind the dinner?"一句中，儿童使用behind来表达after的含义（引自Diessel 2012）。这种由空间转移到时间的顺序与语言历史上附置词的语义变化是平行的（例如"The table is behind me."→"The exam is behind me."）。

但是也有差异出现：辅音和谐在儿童语言中非常普遍，但在世界语言中却很少见（参见5.2.1）。不过，否认儿童语言在历史变化中发挥关键作用的主要论据是，儿童的倾向性是游离不定并且短暂的，所以它们不可能在整个语言社群中扩散开来。儿童会屈服于语言环境的压力，而不是相反。这种观点基于这样的事实，儿童有和成人一样的理解和认知机制，所以会对同样的外界因素有所反应，比如频率（Diessel 2012, Bybee 2010：114—119）。

中介语（二语学习者的语言）属于另外一种情况。关于二语习得所表现的话语模式会影响语言变化已经有了广泛的记录，它们会引起语言借用和其他语言接触现象（参见Thomason 2001：128—156）。

接下来是关于语言运用的问题，这也是语言演化的主要动因：说话者所习得的语言知识和在语言交际中所真正使用的知识经常会出现偏差。接下来，我们将寻找证据，证明说话者对一个或另一个可替换结构的选择实际上在跨语言使用中具有相同的概率。作为对历史演化的解释和以语言运用为基础的例证，7.2中讨论的三个进程——语法化、和谐性和相邻关系——将得到进一步阐述。首先要讨论的是相邻关系。

（A）为什么会出现相邻关系？

按照John Hawkins的解释，跨语言情境中语义上连贯的成分出现相邻关系的比例占据绝对多数，其理由是相邻关系加工起来更容易（Hawkins 2004：103—146）。他同时指出，真实的语言交际出现这种倾向，就是相邻结构在跨语言情境中频繁出现的动因。这就是Hawkins的总体原则（Hawkins 2004：3）。

(11) 运用–语法对应假说
  语法所具有的规约化的句法结构与它们在运用中的倾向程度相对应，这可以从语言结构的选择模式和心理语言学实验的加工难易度得到佐证。

换句话说，可以作如下预测：无论选择什么样的语言结构，语言使用者使用频率更高的、加工起来更容易的结构在语法体系中会更经常出现。

为了能够使用该假说来解释不同语言中相邻关系结构所具有的优势地位，我们需要两方面的证明。一是我们需要建立被解释项：语义相关的两个特定成分在跨语言中出现相邻关系的频率确实要高出非相邻关系。另一个是我们需要提供解释：假设有同样的两个成分，在实际语言运用中它们的相邻关系要优于两者处于分离状态的结构。下面，通过分析三个例子，说明跨语言的使用频率和说话者的优先运用是一致的。

a. 动词和直接宾语

正如3.3所示，句子主要成分最常出现的两种语序是SOV和SVO，其中的直接宾语和动词都处于相邻位置。这构成了我们的解释对象。

从跨语言的角度看，如果动词和宾语大部分属于相邻关系导致了非相邻结构转换为相邻结构的相邻化操作过程，那么问题来了，这个过程是如何发生的？Hawkins的回答是，这源于个体说话者语言运用倾向性的积累。为了让这个解释站得住脚，需要说明的是，如果一种语言的说话者面临着把宾语置于动词旁边和把宾语跟动词分离的选择，他们肯定会倾向于前者。这个证据实际上由Hawkins提出。现在，思考如下日语句子，它们都是表示"Tanaka bought that book from Hanako"（Hawkins 2004：109，118—119）。

（12） 日语

(a) Tanaka ga　　[[Hanako kara]$_{pp}$ [**sono hon o**]$_o$　**katta** $_{v.}$]$_{vp}$
　　Tanaka SUBJ Hanako from　　**that book ACC**　**bought**.

(b) Tanaka ga　　[[**sono hon o**]$_o$　[Hanako kara]$_{pp}$ **katta** $_{v.}$]$_{vp}$
　　Tanaka SUBJ **that book ACC**　Hanako from　　**bought**.

两个句子的差异是，（12a）的直接宾语和动词相邻，而（12b）的直接宾语和动词被介词短语隔开了。Hawkins的预测是，像直接宾语和动词相邻的（12a）这样的句子比（12b）的使用频率更高。事实也确实如此。Hawkins的报告指出，在244个这种类型的句子中（12a）占到69%的比例。因此，在语言运用中O-V相邻关系具有倾向性，可以用来解释跨语言分布中O-V相邻关系同样具有倾向性。

b. 动词和附置词

Hawkins提到的另外一组例证是关于动词和附置词的相邻关系问题。从动词和补足语的语序、附置词和其从属名词短语的语序来看，一些语言中动词结束后紧接着就是附置词，而另一些语言中动词和附置词被紧邻的名词短语隔开了。下面是VO型语言中逻辑上可能存在的两种结构：

（13）VO 型语言

（a）V & PP 和前置词

[V [**P NP**]$_{pp}$]$_{vp}$

e.g."**live in** Paris"

（b）V & PP 和后置词

[V [NP **P**]$_{pp}$]$_{vp}$

e.g."**live** Paris **in**"

一个大型语言样本显示，像（13a）中使用V&PP语序和前置词的语言数量是（13b）中使用V&PP语序和后置词的语言数量的8倍。因此，动词和附置词相邻是跨语言的一个绝对优势倾向。这就是我们给出的解释。

后来，Hawkins又借用语言加工的便捷性来解释这个问题。他指出，在接收到一个句子时，听话者的兴趣在于尽快了解整个句子的概貌。这也意味着，那些表达句子主要成分的词汇——比如动词短语和前置词短语——应该处于相近距离的位置或者相邻关系。换句话说，语言成分的识别域（构成句子最高层级短语结构的核心成分之间的距离）应该尽可能小。

有实验证据表明，说话者确实会选择动词短语和前置词短语的语言成分识别域较小的结构。如（14）这样的句子就是例证（Hawkins 2004：50）：

（14）（a）John **went to** London in the late afternoon.
　　　（b）John **went in** the late afternoon to London.

这两个句子中，（14a）会被优先选择，注意其结构是短成分位于长成分之前，听话者就会比（14b）更快地了解句子的整体结构。这是因为，句子（14a）核心成分的语序——动词went和两个前置词to，in——要比（14b）显得更加紧密，而后者的长短语the late afternoon阻隔了前置词to的出现。

现在，我们要探讨的是如何把这种解释模式运用到（13）的结构中。在类似（13a）的动词短语live in Paris中，两个核心成分是动词live和前置词in，前者标志的是动词短语，后者预设的是前置词短语。按照英语的语序来说，动词和附置词是相邻关系，听话者在动词之后马上会接收到附置词。然而，如果英语使用的是后置词而非前置词［比如（13b）］，语言结构将是live Paris in。这样的话，听话者将不得不等到名词Paris结束之后才会发现紧接着的是一个前置词短语。正如预测的一样，跨语言出现频率更高的也是加工起来更便捷的，也就是说，语言运用决定了跨语言出现的频率。

例子（13）和VO型语言相关。Hawkins的相邻原则对OV型语言的附置词语序会作出什么预测呢？这里是一些逻辑上的可能。

（15）OV型语言

 （a）PP & V和前置词

  [[**P** NP]$_{pp}$ **V**]$_{vp}$

  e.g. " **in** Paris **live** "

 （b）PP & V和后置词

  [[NP **P**]$_{pp}$ **V**]$_{vp}$

  e.g."Paris **in live** "

有语言样本显示，采用（15b）结构的语言数量是采用（15a）结构的语言数量的34倍，这也是需要我们作出解释的地方。

Hawkins的理论指出，语言加工的便捷性倾向使动词和附置词具有相邻关系，这一论断又被解读为跨语言频率并且得到了证实。（15b）是预测性结构，也是跨语言中更普遍出现的结构。因为其中的动词和附置词①——标示句子基本结构的两个成分——在语序上很紧密并且有利于听话者的理解，而（15a）中两者却被隔离开来。这些例证进一步揭示，跨语言倾向性和以运用为基础的倾向性是一致的，且后者具有解释性意义。

c. 领属名词和附置词

结构的核心成分相邻具有跨语言倾向性，也在领属结构与附置词的位置关系中有所体现，比如"in Peter's book"。其中，（16）提供了逻辑上可能存在的四种结构。根据Hawkins的分析，该结构的核心成分包含标识前置词短语的前置词和标识名词短语的领属名词。

（16）（a）NG 和前置词

  [**P** [N G]$_{np}$]$_{pp}$

  e.g. **in book** Peter's

 （b）NG和后置词

  [[N G]$_{np}$ **P**]$_{pp}$

---

① 译者注：这里用"联系项居中原则"来解释更为直接。介词处于动词和被联系项之间更为合理（符合象似性原则）。

e.g. "**book** Peter's **in**"

（c）GN和前置词

[**P** [G N]$_{np}$]$_{pp}$

e.g. "**in** Peter's **book**"

（d）GN和后置词

[[G N]$_{np}$ **P**]$_{pp}$

e.g. "Peter's **book in**"

其中（16a）和（16d）的短语标识语——附置词和领属名词——属于相邻关系，而其他两例属于分离的情况。语言样本再次证明了两个核心成分在结构上相邻有着统计上的优势：采用（16a）结构的语言数量是（16b）的12倍，而采用（16d）结构的语言数量是（16c）的12倍。

句子加工过程中相邻结构的总体倾向可以回答我们开始提出的问题：为什么语言发展的进程会倾向于相邻关系？也就是说，某些语言成分具有相邻出现的倾向，比如助动词和主要动词。下面，我们作个小结。

（17）（a）被解释项：不同语言中相邻关系的历史进程

通过语序调整，语义和句法上相关的词汇可能会相邻。

（b）解释：跨语言视角下语言运用的过程

说话者追求语言的便捷性和加工的高效率。如果要选择表达某个含义，他们倾向于选择语义和句法上相关的词汇在语序上相邻而不是分离的句子结构。这种倾向性又被视为一个历史进程，可以使语言朝着更优的方向演化。

（B）为什么会出现语言和谐？

第二个问题就是，为什么语言会随着时间的推移表现出一种倾向性，也就是出现像VO, NG, AdpNP和OV, GN, NPAdp这样的关系对？在6.2.2中看到的德语例子和附置词有关，它或者在基础结构变化的时候移到新的位置，或者语言发展出新的附置词和新的结构相和谐。但是，为什么语言会在历史演化过程中经常保持三个成分的语序和谐？

动词、附置词和领属名词是彼此差异很大的句法成分，而它们分别和直接宾语、名词短语、被领有者的搭配语序又是如此一致，疑惑因此产生。为了解释这个现象，必须为这些具有跨语言语序一致性的成分找到一个共有特征，这样它们才能形成一个单独的类别。

　　以往文献中曾经提及过某个解释，聚焦的是核心和从属语的区分问题。正如3.3的分析，语言往往会根据句法成分是核心还是从属语来进行排序（Vennemann 1973）。VO型语言选择核心前置于从属语的语序，而OV型语言选择从属语前置于核心的语序。无论哪种情况，一个模式能覆盖所有相关的句法成分。按照非此即彼的方案，这个共有特征取决于句法成分是单个词还是词的组合——比如包含很多词汇（Dryer 1992）。无论是单个词还是词的组合，解释背后的基本原理是简洁至上。如果一种语言的各个成分都遵循单一的语序类型，那么学习和运用这种语言就显得更加容易，而不像有些句法成分，它的每个部分都需要不同的规则来内化。

　　核心–从属语理论和分支–方向理论可以解释大部分语言的线性模式，但也无法解释所有现象。上述两种解释途径中，对与语序相关的句法成分类型进行再分类，便会发现一些例外情况的存在。比如，根据核心–从属语理论，单词形容词、多词形容词短语和关系从句应该有相同的语序模式，因为它们都是核心名词的从属语。然而，它们却各自表现出独特的语序模式（参见英语的例子：a good girl，a girl good in math 和 a girl that is good in math）。分支理论在这里要优于核心–从属语理论，它可以预测出单词形容词和多词形容词短语或者关系从句处于不同的位置。但是，两个都有分支方向的短语也可能按照不同的方式进行线性排列，比如very good和good in math都是多词分支结构，然而英语中的very good前置于核心名词，good in math却后置于核心名词。

　　第三种解释来自上文Hawkins提及的相邻原则。由上文可知，这个理论中附置词和动词、附置词和领属名词具有天然的相邻关系，因为这些语序能够确保句子加工的快速和高效，可以预测的句型结构如下：

（18）（a）VO 结构：

　　　　V Prep NP　　　　　　　　（"**live in** Paris"）

　　　　Prep N G　　　　　　　　("**in book** Peter's")
(b) OV 结构：
　　　　NP **Postp** V　　　　　("Paris **in live**")
　　　　G N **Postp**　　　　　("Peter's **book in**")

　　这意味着，采用NG语序的VO语言预测会使用前置词，而采用GN语序的OV语言预测会使用后置词。这些就是真正的对称关系，并且在跨语言中非常普遍（Hawkins 2004：123—127）。因此，相邻关系这一动因为跨语言的历史演化提供了一种解释，至少可以解释一些共有的语序和谐现象。如此看来，VO语言使用前置词并且领有者在领属名词之后并不是因为动词、附置词、领属名词都是核心语，或者它们都没有分支结构。与之相反，这些语序模式允许动词和附置词相邻、领属名词和附置词相邻。无论哪种情况，能够用来确定所属上层短语和句子整体结构的句法成分会彼此相邻，并且能够让听话者迅速理解句子的概貌。

(19)（a）被解释项：不同语言中和谐性的历史进程。
　　　　语言有一种倾向性，那就是长期维持VO, NG 和前置词的系统，或者维持OV, GN和后置词的系统。
　（b）解释：跨语言的语言运用过程有其一或者两者皆有。
　　（i）说话者倾向于单一的语序模式适用于各种句法成分类型，将句法成分区分为核心或者从属语、分支结构或者非分支结构。
　　（ii）说话者追求句子加工的便捷性和高效率。如果要作出选择，会倾向于功能上有关联的词汇处于相邻位置而不是隔离状态。动词、附置词、领属名词共同扮演着表达句子整体结构的角色，说话者当然倾向于将它们相邻排列。

　　自此，我们研究了历史演化的两种解释路径：相邻关系与和谐性。在对跨语言的历史演化寻求解释的过程中，也将转向7.2所讨论的第三种路径：语法化。

（C）为什么会出现语法化？

上文7.2说明了语法化的历史进程在解释共时语言事实时采用的方式。但是，语法化为什么会必然发生？语法化为什么在语法的各个分支和不同语言中如此普遍？

正如上文所示，语法化意味着将一些词汇成分逐步进行再分析，使之成为更形式化的要素，然后再将形式化的语法要素分析为意义和形式更虚化的成分。最常见的例子是英语将来标记的出现：will或者'll从含义为"想要"的动词演化而来；going to 或者gonna从表示运动的动词go演化而来；定冠词和不定冠词的起源是指示词和数词"一"。一些复合词也是语法化之后的结果。英语单词girlfriend 和 boyfriend来源于短语girl friend和boy friend，而后者的原始意义都仅仅指代年轻人。如今的用法中，这些短语都浓缩成了复合词而且使用时并不会涉及年龄。

语法化过程有四个主要的步骤：语块化，原始的多词短语合并到一起成为单个的词（又称univerbation）；语义虚化，词的含义被淡化；语音弱化，语音形式被减弱；自发化，使用形式被重构和语义被简化的新语言变体成为一种习惯性行为。这个过程是语言频繁使用的结果，也是自然而然发生的，这种自然性使得类似的过程在语言之外也存在。

例如，20世纪早期的东欧，有一定社会地位的男士在彼此问候时会使用程式化的用语Servus humillimus——拉丁语的意思是"您最谦卑的仆人"——而且，作为一个表达谦卑的姿势，男士会摘下帽子并鞠躬，这样做可能是想让自己看起来更矮小。大约到了20世纪中期，问候语和见面姿势都已经被简化：男士仅仅会倾斜身体或者触摸一下帽子，并且使用的是缩略用语servus，可见其用法从开始的问候语扩展到了一般的打招呼。这种缩略用语至今仍然在奥地利和匈牙利使用，但它的字面含义和与之相联系的谦卑义已经完全消失了。在匈牙利，语音形式也已经被削弱：首先变成/sevas/（其中把辅音丛rv去掉了），然后变成/sia/，二者目前都在使用，而且后者也许受到了英语中see you的影响。此外，摘帽和鞠躬也不再成为问候仪式的一部分。

John Haiman（1994）概括并介绍了大量跟语法化现象类同的社会传统（甚至推及动物行为）。主要是想说明，一个行为在不断重复的过程中，它的原始价值往往会消失，进而成为一个习惯。宗教习俗就是最明显的例子。洗礼，最开始是通过浸泡、沐浴来净身的行为，现在大多数教派的做法都是仅仅用几滴水洒在孩子身上，以表示他被接纳并参与教会组织。同样，圣餐礼只是对《基督最后的晚餐》的一种简化的、程式化的模仿。个人行为出现这种类似情况也很常见。我们逐个记住电话号码的数字，但每个数字的含义后来又被淡化了：最终我们以整体的方式完成记忆，这个事实使得双语者很难将一种语言的电话号码翻译成另一种语言。这也解释了为什么缓慢地、逐个地说出一个熟练记忆的电话号码或别的什么序列会很困难。

语块化就其自身来说是很普遍的行为，它将单个成分序列转换成更大的、连贯的整体并且拒绝对其内部成分的分析。比如，芭蕾舞首先是分步骤、分动作进行练习，但最后的作品是一个和谐的、流畅的乐章，几乎无法进行分解。我们一般根据分解动作来学习驾驶：脚的使用、手的动作、观察后视镜，如此等等；但我们掌握了这个技能之后，整个动作就会自发地、连贯地完成，而很难将内部组成进行分解。这个现象也适用于早晨的例行程序——刷牙、沐浴、打扮——以前一个一个组合起来的动作现在常常是融合成为一个连续的整体。[①]

因此，语法化是从语言学的角度来反映一个更具概括性的、常规性的认知过程，这个过程通过频繁的重复把原先离散的成分序列转化成无法拆分的整体。

（20）（a）被解释项：不同语言中语法化的历史进程。
　　　（b）解释：频繁的重复行为往往会丢失一些原始含义并且缩减其形式。
　　　语法化就是这个整体进程中的一个例子。

[①] 同样的现象也发生在阅读中。我们按照单个字母的方式来学习，却在阅读中按照整体来理解单词。个人签名也是如此，开始以字母序列出现，后来呈现的却是一个整体，有些字母会淡化，有些字母会完全省略。

7.4 语言习得和语言运用的功能解释

我们在7.3中解释了因语言运用而产生的一些总体倾向，它们在某个语言社群中不断扩展和繁衍，导致了跨语言的历史演化并且改变了语言的共时结构。这些倾向包括快速的、高效的语言加工（构成了相邻关系、和谐性历史进程的基础），少数抽象的规则而不是具体的规则（可能构成和谐性的基础），语块化和程序化（构成语法化的基础）。这些概念有助于解释跨语言的普遍的历史进程，但其自身也需要进行解释。为什么人类行为会表现出这些倾向呢？

根据动物行为研究者Niko Tinbergen的观点，关于动物的行为，我们需要回答四个问题：其一，动物行为背后的机制，其中包含有什么样的生理基础和认知结构？其二，发展史，行为的祖传历史是什么？其三，个体发展，什么因素影响了个体发展并导致行为产生？其四，有关功能的问题。

在引用了Tinbergen"四个为什么"的著名论断后，Daniel Nettle指出，这些问题现在浓缩成了三个"怎么样"和一个"为什么"（Nettle 1998：458—460）。那个真正的"为什么"就是第四个关于功能的问题。一旦功能的问题解决之后，剩下的都是"怎么样"的问题。功能是怎么样推动历史演化的？功能是怎么样协助个体发展的？功能又怎么样通过这些演化促成语言结构的最终形成？

该模式也适用于语言。在上文考察了句法结构的结构性、历史性、发展性解释之后，现在转向对语言结构的终极性解释，也就是功能因素。

首先要明确的是，语言功能不能被用来直接解释共时的语法现象。拼读由辅音和元音组成的单词要比拼读单纯由辅音组成的单词更容易。这个事实也不能直接解释为什么英语同时有辅音和元音，辅音、元音并存具有优势和英语拥有辅音、元音之间没有因果联系。因果关系只是临时的存在，只有考虑历史进程和相关影响因素——语言习得和语言运用——功能才会得到充分的解释。打个比方：刀锋对小刀实现切割功能来说具有必要性，但这并不能直接解释小刀有刀锋的事实，而切割功能却能解释人们为什么要生产带刀锋的小刀。

语言的功能包含两个因素：运用语言时人们追求的目标和为了达成那些目标人们使用的方法。很显然，讨论目标而不涉及达成目标的适用性方法，就不会形成对任何人工产品的功能性解释。人类、河狸和鸟儿都会建造庇护所来保护自己，但是鸟儿的巢穴、河狸的洞穴和人类的房屋看起来却大相径庭。也许，部分原因可以归因于次级目标的差异，但他们能力的不同必定是最重要的因素。

Simon Kirby引用了Stephen Gould的一个例子来进一步说明，一个有机体所掌握的方法会影响它如何达成目标的手段（Kirby 1999：104—105）。运动能力是所有动物进化的一个目标，但没有哪个已知的动物进化出了轮子一样的东西以供自己四处移动。Gould给出的解释是，轮子必须能够自由的旋转，因此它们不能跟要移动的物体融合起来。但是，动物需要把身体的所有部分在形体上连接之后才能让营养物质自由流动。这种形体的局限性制约了动物机体为了运动目的而进化出相应的部件。

就语言来说，构建功能性解释也许看上去容易：我们仅仅需要选择一个语法现象，然后说明它由语言功能来决定。比如，由说话者-听话者的目标决定，还是由认知能力、机体能力和自身局限性决定。然而，有一些理由可以说明为什么功能解释并不十分容易，其中的三个理由在下文探讨。

首先，不能认为所有的语法现象都同等地受到语言功能的决定。在寻求对一般实用性物体的功能解释时，Gerald Sanders举小刀作为例证（Sanders 1977）。他首先指出，虽然一把小刀的所有结构特征必须和它的功能相吻合，但不是所有的特征都是实现功能所必要的：结构并不完全由功能来决定。比如，一把小刀的手柄上雕刻的几何图案与它的切割功能虽谈不上吻合，却也无关紧要。此外，一把小刀也许有一些特征有助于功能的发挥但也是不必要的，比如手柄有特定的长度和外形。当然，总有一些特征是由小刀的功能所决定的——比如所有小刀都有手柄，而且结实牢固。

这意味着功能性解释并不都是科学的；有些情况下，它们仅仅是可能的或者能被接纳的解释（参见7.1.1）。只要能够说明工具的特征与功能相吻合，那么一个工具的所有特征都可以给出能被接纳的功能性解释。一些特征也可以给出可能性解释，如果我们能够说明它们有助于实现工具使用的最优化。另外一些实用特征对功能的实现是必不可少的，因此能够进行科学的解释。

第二个因素是语言单位往往表现出多个功能，这使得功能性解释变得更复杂。功能是使用者从工具中获得的益处，但这些益处也许是多层面的、易变的，而且几乎很难确定。我们使用语言来传递思想，但也使用语言与他人交流或者自我反思。认知、交际和社会化都是语言运用的体现，无论是单独运用还是同时运用。Noam Chomsky把概念化视为语言的主要目标（2002：76）。

> 语言不仅被看作交际的系统。它是表达思想和新奇事物的系统；当然，语言用来交际，就像人们从事的很多事情一样——比如走路的方式、衣服的款式或头发的风格。但是，作为一个实用的术语，交际不是语言的功能，而且它对理解语言的功能和性质没有任何特殊的意义。

其他语言学家把交际作为语言的核心目标，比如，在Barlow and Kemmer（2000）主编的论文集中，那些以使用者为导向的语言研究方式已经得到体现。还有一些目标也许以社会为导向，比如通过使用高雅的表达、新学的单词或者智慧的言论来给人留下印象和炫耀自己。Martin Haspelmath把这些行为定义为言语放纵。

第三个因素是多重功能会产生冲突，这使得功能性解释的建构变得困难。其中一个潜在的冲突是，语言必须要同时为说话者（编码者）和听话者（解码者）的目的服务。说话者关心的是语言表达的容易程度，而听话者在意的是语言理解的容易程度。但是，容易理解往往要求有额外信息而容易表达却要求经济省力，后者刚好与前者相反。

除了编码者和解码者的兴趣有基本的冲突之外，功能性的冲突也存在。说话者和听话者在交际中倾向于推动新结构的发展，新结构的传播和普及也经常受到社会因素的影响，而这些因素也许存在与目标相左的情况。人们往往会选择权威人士使用过的结构，即使它们在交际中效率不高或者认知难度很大。

除了目标，功能性解释中的第二个因素是实现这些目标时可以采用的方法。在人类语言中，可以采用的方法就是身体或认知的禀赋。身体器官是可见的，人类对其认识不会有任何歧义，而学习和运用语言的过程中所需要的相关认知工具却很难确定。

众所周知，大多数语言学家和心理学家所赞同的认知工具都是参与语言运用过程的关键因素。这些工具在人类行为的各个方面也同样存在，无论是驾驶汽车还是学习数学，无论是演奏乐器还是从事烹饪，皆是如此。我们在此给出10个例证，说明普通领域的认知工具在语言使用中也发挥着重要作用。它们也许影响了全人类的初始语言，或者随着时间的推移已经开始引发语言结构的演化，或者两者皆有。

a. 整体和部分

句子结构由短语组成，而短语大致又可包含其他短语，然后分解到最后就是词、语素、音节和音素。这种逐个成分累积的复杂性只是我们日常生活的一个缩影，科学分析也同样如此。一方面，我们会分解事物：孩子喜欢把东西拆开——就像物理学家在寻找物质的最小成分时的行为一样。既然记忆几个小部件要比记忆一个复杂的大部件要来得容易，我们就会把电话号码和信用卡号码分解成三个或四个数字组成的小块。如果有一长串数字，我们也许不会将它分解成单个数字，而是以块状的形式来记忆。正如上文有关语法化的讨论所示，我们以小块的东西为基础来建构大的结构，而且自动地将零碎的行为序列整合成大的单位，以致原来的成分再也无法辨认。对部分的注意力往往消失得很快，证据就是人们在从事体育锻炼活动时必须参加训练课程，这样，连贯的整体的动作会被分解以确保每个动作都能够正确完成。

将事物分解成部分与整体的做法无处不在，而且非常实用。Herbert A. Simon在其有关复杂系统的经典论文中指出，复杂系统的表现形式通常是由部分组成的层级系统，其中包含着连续性的子系统（1962）。家庭是社区的组成部分，而社区又是城市的组成部分。城市形成了一定的区域并最终形成了国家。动物的身体在很多层面都是由部分构成，书籍和音乐作品也是如此。为了解释这种多层次结构的实用性，Simon列举了现在依然流行的一个例证：关于两个制表匠Hora和Tempus的故事。Tempus装配的手表里面所有的部件都直接跟手表相连接，而Hora的手表里面部件都跟子装置相连接。Tempus在组装手表的时候，不得不去接了一个电话，而导致整个装置弄得七零八落；对Hora来说，就只有一个子装置弄坏了。Simon发现，包含多个子层级的系统相对于所有成分处于相同层级的系统来说，具有无可比拟的优势。

b. 核心和从属语

句子通过分析而得到的成分并不处于相同层级：甚至那些看上去处于相同层级的结构，比如动词和副词（如to run fast）也是非对称性的关系，其中的动词属于短语的必要成分而副词属于可选择成分。这种核心–从属语的关系在语言之外也非常明显。在一个包括父母和孩子的家庭，应该由父母中的一位来代表这个家庭而孩子却不能。或者，一个委员会包括一个主席和几位成员，这个主席就比任何一位成员都更适合来代表整个委员会。

c. 类型和标记

除了自身的内部层级结构，句子的另一个基本特征是有些成分在功能上相似：它们构成范畴和次范畴。分类学的分析——将相似的事物聚合成一个单独的类别——在生命的任何阶段都很必要。生命的本质就是能够把一个事物抽象到另一个我们认为同类的事物身上。这种机制就好比我们品尝一种不太熟悉的水果时，如果我们喜欢它，就会觉得它跟其他同类的水果有着相似的味道。范畴也是建构模式化的基础，比如男人和女人、意大利人和挪威人等等。次范畴化也是一种凸显的思考方式：我们在一个班级的成员中间感知差异，就像朝鲜战争和越南战争虽然都是战争，它们"也不一样"；就像六月和七月都是夏季的月份，它们在天气条件上可能也有不同。

在对经验概念化的过程中，面临着大量的有关事物范畴化的选择，特别是我们在多大程度上尊重所观察到的事实而不是从事实当中进行抽象。

假设你从商店买了一台惠普电脑并且使用良好。你从这次经验中能够得到什么结论呢？你会简单地说你买的那台电脑物有所值？或者你会对所有惠普品牌的电脑进行总结？或者会对包括电脑在内的所有其他惠普产品进行总结？或者对那家商店出售的所有电脑进行总结？下面的故事揭示了各种可能的选择，这是我们通过不同层次的经验归纳之后得出的。故事的讲述者是Mark Haddon（2001：143）小说中的一个年幼的患有自闭症的英国男孩。

火车上有三个人，其中一个是经济学家，一个是逻辑学家，还有一个是数学家。他们刚刚跨越边界来到了苏格兰……这时，他们发现火车窗户外面的农田里有一头棕色的奶牛……

经济学家说："你看，苏格兰的奶牛是棕色的。"

逻辑学家说："不对，苏格兰的奶牛中至少有一头是棕色的。"

数学家说："不对，苏格兰至少有一头奶牛，而且奶牛身体的一侧是棕色的。"

那个男孩然后评价说：

"这个太有意思了，可见经济学家没有触及真正的科学，逻辑学家思考得更仔细，而数学家的观点是最棒的。"

确实如此，数学家的陈述相比其他人来说能更好地洞见事物的真相，而其他人的陈述都脱离了实际的观察。除了对事实作严谨的陈述，我们确实别无他法。

d. 标记和无标记

我们根据经验界定范畴，而范畴也表现出某些反复的特征。著名的生物学家兼科普作家Stephen Jay Gould在他的作品《刺猬、狐狸与博士的印痕——弥合科学与人文学科间的裂痕》[①]（2011：81）中指出，人类的喜好是二分的。人类会倾向于在某个层面上把事物归类成两个对立的极端。在他看来，这种强烈的偏好不是社会传统造成的，但也不能说明这是现实强加于我们的、一种固有的"正确的"分类。一些二分比如白天和黑夜、男

[①] 译者注：译名取自杨莎译本，2020年，商务印书馆出版。

人和女人是受到这个世界状态的极大支持的，而有些二分比如生和熟、物质和精神却很少有现实作为基础。"自然不会主宰二元性，"他总结说，"我非常怀疑，对二分的偏好深深地根植于我们的心灵世界，或者说也是人类大脑演化出来的一个特征……"

人类大脑所创造的二分法赋予了一种非对称性关系：我们经常把某个对立面看得比另一个更加重要。与核心–从属语的分类相比较，在一个整体的两个部分中，一个（核心）被认为比另一个（从属语）更加重要；在一个类型的两个标记中，一个（无标记）被认为比另一个（有标记）更加凸显。我们能够在语言结构中发现跟有标记–无标记对立类似的很多证据：一个已知维度的无标记项目出现频率更高、横组合关系更简单（也就是结构组成更简单）、纵聚合关系更复杂（也就是有更多的下位类别）。按照前文所述，这种标记性关系在语言之外也存在。

首先，频率和纵聚合复杂性之间具有普遍联系——也就是说，我们对事物的熟悉程度和我们所感知到的事物之间的差异有关。如果从远处看，所有的树木看上去大同小异；对不熟悉鸟的人来说，各种鸟儿的鸣叫听起来如出一辙。然而，在近距离观察之后，我们可以分辨各种树木的类型；经过反复的聆听，不同鸟儿的鸣叫也会呈现显著的特点。

频率和纵聚合复杂性之间的非对称性，不仅在我们感知事物的方式上得到体现，也会在我们建构事物的过程中起作用。想想我们的贺卡，最常见的类型是生日贺卡，它们的风格之多样要超出毕业证和慰问卡。或者拿穿衣风格来说，日常服饰是最常见的类型，它的种类之多要超出结婚礼服。食物也是如此，家常菜谱因为使用频率更高，所以比特殊场合的菜谱要更多样化，比如宗教节日或生日宴会。

其次，频率和结构简洁性的普遍联系在语言之外也有体现。日常服饰比结婚礼服穿旧的频率会更高，而且除了种类多样之外，衣服本身也显得更简单。与之类似，日常饮食要比丰盛的宴会更常见，基本用途的建筑要比特殊用途的建筑更普遍。而且，它们不仅在类型上更丰富，而且在设计上更简约。

因此，二分法和叠加在二分法之上的标记关系，对人类来说是另外一种非常普遍的概念工具，它在语言内部和外部都得到了多元化的体现。

e. 线性化

音素、语素、词、短语、小句和句子在口语中都是一个单位紧邻着另一个单位、以线性顺序来排列的。在语言之外的人类世界，也存在着同样明显的线性排列倾向。书籍在书架上按线性方式排列，橱柜里的罐头也是如此；建筑物以线性方式耸立在街道两旁；人们按照时间顺序来组织活动；日历也是严格按照时间顺序来排列日期、星期、月份和年份。在一篇关于连续行为的经典论文中，K. S. Lashley remarks（1951：113，121）指出："不仅是话语，所有技巧性行为好像都包含同样的连续顺序……时间上的连贯不只是在语言中有体现；昆虫腿部动作的协调、鸟儿的鸣叫、马儿训练步伐时小跑和行走的切换，还有穿越迷宫的老鼠、设计房屋的建筑师、切割板材的木匠，都涉及行为顺序的问题，而这都不能解释为受到了外部的连续性刺激。"各种行为中连续顺序的关键意义，只有在行为不按照顺序发生时出现了严重错误之后才体现出来。比如，蛋清没有经过搅拌就和面粉混合，然后开始揉面；或者一座房子只砌了两面墙，就要尝试给它盖个屋顶。

f. 象征手法

语言包含了象征符号，意味着形式总是和意义联系起来。即使抛开语言不谈，个人和社会生活的每一个角落也都会出现象征符号。身体语言，比如面部表情、身体姿势和动作，都能够强烈地传递出社交信息。过世已久的祖辈的一缕头发，可以代表这个人以及我们和他的亲密关系；礼物是关爱的象征，一盒巧克力也许不太符合接受者的口味，但它依然会因其象征意义而受到喜爱；红色、绿色的交通信号灯象征着对司机和行人的指挥；旗帜是国家的象征，焚烧国旗被认为是对其所代表国家的极大侮辱。

g. 象似性

如果词汇形式没有直接体现其意义，那么该语言符号在很大程度上就是任意的。然而，正如有关重叠式的章节（4.2.2.1）所示，有些例子说明了形式对意义的模拟，比如将整个词汇或者词汇的某个部分重复可以表达复数的概念；句法有时也具有象似性特征，比如在一个并列结构中，人们将先发生的事件前置于后发生的事件（如Joe went home and had dinner.）；象似性也是手语的一种重要的模态（参见5.5.2）。标记性关系的一些例子也具有象似性，比如单数标记由零语素来表达而复数标记具有语音实体。

　　追求象似性表达是人类最基本的属性。我们经常会面临这样一些情景：艺术家从事绘画、雕刻、拍摄人物或物品；音乐常常会再现自然界的声响；电脑屏幕的图标往往跟名称相一致，比如画笔的形象代表绘画的功能，两张重叠的书页代表复制的功能；包含图表的书籍比那些仅有生硬文字的书籍阅读起来更轻松。"一张图片胜过千言万语"的理念还有另一种体现方式，电视影像要比收音机或者印刷媒体给我们带来更好的、无法比拟的效果。视觉化是精神病学中一种重要的治疗工具，因为比起谈论人们要实现的东西，对期待情景形成心理图像显得更加有效。

　　h. 模仿

　　象似性意味着用某种形式来模仿指称对象。模仿也在语法的其他层面发挥着重要作用。类比就是一种模仿，比如在既有形式的基础上创造新颖的、非常规的形式。而且，在象似性和类比之外，其他类型的模仿在语言习得和语言运用中有着决定性的影响：周围人怎么做，我们就怎么做。模仿行为在任何类型的学习中至关重要。身体语言、社会习俗、政治观念、宗教信仰也许都是通过模仿他人而学得的。

　　下文的例子揭示了社会习俗如何从个人的喜好开始最终转变为共有的传统。无论什么时候播放亨德尔的和声作品《哈利路亚》，观众欣赏完头几个小节之后，都会不由自主地跳起来。这个习惯和传统是如何形成的呢？最有可能的是，一些人受到这个音乐的鼓舞，然后跳起来表达他们的热情和欢呼。然后，其他人也许受到同样情绪的感染或者仅仅是模仿周围的人而加入他们的行列。这种情景在很多场合不断重复的时候，就发展成为一个普遍的传统。

　　另一个例子是葬礼之后的宴会。在葬礼的既定仪式结束之后，死者家属一般会招待参加葬礼的来宾用餐。这种做法也许是起源于人们需要放松、参加交际的需要，或者是为了在一段悲伤的心理历程之后消除人们的饥饿。现在，它已经成为了一种传统，人们即使不感觉饿也会参加宴会，即使体验不到原先形成这个传统的必要性时也会到场。

体现模仿行为并最后形成传统的第三个例子是德国人所谓的"Trumpelpfad（踩踏出来的小路）"。葱郁的草地经常被一条狭窄的步道沿对角线一分为二，开始的步道几乎看不见，而随着时间推移变得越来越明显。最初的时候，一些人仅仅是为了赶时间而穿过草坪；然后其他人也跟着这么做，即使他们有时间去走较远的路线；接着，小草在人们频繁的踩踏之下逐渐枯萎，直到一条清晰的小路出现。语言学家Rudi Keller用这个类比来解释语言结构是如何在"一只看不见的手"的作用下形成的。人们在无意之中因为个人的喜好慢慢地造就了这些小路，同时也在给一个公共设施添砖加瓦。一般来说，社会传统的产生也可以说是"有目的的个体行为的自然结果，并且其中部分个体行为的出发点至少是一致的"（Keller 1994：70—71）。

i. 简化事物

在语言习得和历史演化过程中，人们发现事物简化的倾向有两种表现："以熟悉的事物代替陌生的事物"和"以简单的事物代替复杂的事物"。这两种倾向在非语言的行为中也有很明显的体现。

选择熟悉的事物是阻止变化发生的原动力，因为坚持"经过检验的东西"往往会更加安全。传统的行为方式也常常比人们自己的特立独行更加有吸引力。习惯就是以这个原则为基础的：每天早餐吃同样的食物，上班的时候走同样的线路，收听同样的无线电台或者为同样的政党投票。

人们努力让事物更加简化，这是一个非常普遍的倾向。横穿草坪而不是选择绕行路线、加热速冻食品来解决一餐饭而不是从零开始准备一顿美食、购买一摞相同的生日贺卡发送给不同的朋友而不是为每个人挑选特别的贺卡或者一次性地采购所有的物品而不是零碎地完成，这些都是简化事物的方式。

j. 消解冲突

语言结构的分析揭示了语法规则如何在相互竞争中作出不同的选择。

正如早前所说，基本的冲突之一是说话者还是听话者的兴趣得到优先考虑。其他冲突则源自于语法的不同层面所具有的不同重要性，比如语音学和形态学，或者形态学和句法学。一些语言的中缀是作为语音和形态在竞争过程中妥协的产物。正如在4.3中讨论的，北菲律宾高山语是一种前缀性语言，因此动词性的词缀um-预计会前置于词根。然而，这也会在前缀和以辅音开头的字符串之间形成辅音丛，比如um-fikas（变得强大），但这些辅音丛又被该语言的语音系统给排除了。解决方案是把词根分开，然后在不违反音位配列的情况下把词缀置于尽可能靠近词根开始的地方——也就是首辅音之后：f-um-ikas。在自然形态学、自然音系学、自然句法学的理论框架之下，三个因素存在着潜在冲突：普遍倾向、特殊语言类型的倾向和个体语言的传统（Dressler 1995，2003）。

语言运用也带来了很多的选择：我应该像其他人一样说话吗？我应该自成一体去使用一个不平常的表达吗？任何学习过程都充满了习惯和改变之间的冲突。

语言之外的日常生活中，努力应付各种矛盾和冲突是必不可少的一部分。应该为了检索方便把自己的书籍按照字母顺序来整理吗？或者按照主题来整理，这样可以帮助我找到其他内容相似的书籍？应该把额外的钱用来买一辆新车还是度一次假？应该为了美味吃一个馅饼还是为了健康吃一个苹果？人类思维充满着冲突，这体现在认知过程不和谐的心理结构中。神经科学家David Eagleman（2011）用"冲突的队伍"这个术语来总结人类大脑的结构特征。"就像一幕优秀的戏剧，人类大脑是在冲突之中运转的"（107）和"行为是内部系统之间斗争的结果"（149），而理智和情感是发生冲突的两个主要因素。其他的冲突要么是短期利益和长期结果，要么是坚守过去和走向未来。

我们已经探讨了在语言之内和语言之外都适用的人类认知的十种总体倾向。在多数语言学家和心理学家都认识到这些概念在语言系统中的作用时，还有一个问题存在着分歧：这些根植在人类大脑中的普遍性的认知工具是否足以解释语言？而且，是否有一种只从属于人类语言的特殊的认知机制？Noam Chomsky提出的普遍语法代表了第二种观点。根据他的假设，人类大脑存在一个独立的"语言器官",它是所有人天生就有的,而且它的特殊演化使得语言成为可能。

按照Noam Chomsky的观点,对语言习得来说有三个关键性的因素。外部的语言输入是其中之一;先天禀赋"限制了可习得的语言,并且使语言习得成为可能"是其中之二,"规则不局限于语言能力"是其中之三。第三个因素中的一些原则具有约束性质,作用于语言发展的各个层面(2007:3)。第一个因素是对语言环境的应用;第二个因素是跟语言相关的特殊领域的禀赋(普遍语法的核心);第三个因素是一般领域的认知能力。

对于普遍语法(上文的第二个因素)的真正内涵是什么,各种观点在这些年也发生了变化。一个很有影响的观点认为,普遍语法的结构由原则和参数组成,原则反映绝对的共性而参数为语言提供了有限的选择(对于该观点的解释和评价,参见Newmeyer 1998)。这里有三个例子,可以说明适用于特定领域的固有原则到底有哪些。

(21)(a)基本结构
名词短语不能一次性地跨越两个或两个以上的主要成分。

比如,假设有句子Bill claims [that he fired Joe]s,相应的疑问形式Who does Bill claim [that he fired__]s?是合符语法的。然而,从句子Bill makes [the claim [that he fired Joe]s]NP得出的疑问形式*Who does Bill make [the claim [that he fired__]s]NP?却是不合符语法的。这些例子中,对疑问词who的分析是从空位移到句首的,但是有一个重要的差异:前一个句子中who只跨越了一个边界(S)而后一个句子中who跨越了两个边界:S和NP。

(21)(b)结构依存
句法规则有结构依存性。

英语的是非问句中,动词被分析为从小句的第二个位置移到了句首。由一个单词构成主语的简单句,比如Has John__arrived?,看上去似乎是动词和句首的单词交换了位置。然而,由多个单词构成主语的句子,比如Has the boy that you met last week __arrived?就能证明倒装规则适用于多词性结构单位。

（21）（c）句法和音位
　　　　句法不考虑音段音位。

这个原则拒绝此类句法规则，比如："辅音居首的形容词后置于名词而元音居首的形容词前置于名词。"

既然这些原则与英语的语法现象相吻合，有一种可能就是它们也许真正具有普遍意义。然而，还没有大规模的研究来证明它们具有跨语言的有效性，更不用说必要性。

过去的几十年，普遍语法的假设性内容已经减少了很多。直到最近，人们提出普遍语法中唯一的结构性原则只有递归性（Hauser, Chomsky and Fitch 2002）。递归性是层级结构的一种特殊类型，指一个结构中包含另一个同类结构。

这个理论把特定的语言结构特征作为普遍语法的一部分，比如上文的相关内容。与此形成对照的是，有一个相反的观点认为，普遍语法不是语言共性的总结而是工具箱。这就意味着结构的建立不以这些原则为基础，而把它们当做工具：它们是针对语言习得的特别的学习工具（Pinker and Jackendoff 2009）。

为了证明这些原则是一套特殊领域的结构或学习工具，一个非常重要的论据就是"刺激缺乏"。学习第一语言的儿童会接触语言素材，但他们最终掌握的东西要超出呈现在他们语言环境中的东西。他们怎样从如此有限的语言输入中有如此多的产出？部分原因是，儿童可以从语言素材中进行抽象，但也出现了另外一些问题：他们是怎样按照某个方向来抽象而不是其他方向？他们是怎样确保抽象出来的东西维持在其所处的语言系统的既有范围之内？根据普遍语法的解释，抽象受到语言结构普遍原则的引导和制约。比如，从句子"Bill ate a hamburger with fries."中可以生成疑问形式"What did Bill eat a hamburger with __?"然而，从句子"Bill ate a hamburger and fries."中得到的疑问形式"*What did Bill eat a hamburger and __？"则不合符语法。这种情况不仅在英语中存在，其他语言中也普遍存在，而且儿童都不会犯这种错误。普遍语法对此的解释是，人们生来就知道这种结构是错误的。

  然而，也有一些对立面的证据反对特定领域的禀赋存在的必然性。首先，根据本书前面章节的讨论，基本不存在任何语言结构特征属于绝对共性的情况。这就是说，人类生来就可以获得的语言知识是基本不存在的。其次，儿童习得的不仅是语言外在的跨语言复现特征，还会习得只针对特定语言的结构模型。比如，学英语的儿童必须明白"Ann is likely to be late."这样的句子符合语法，而"Ann is probable to be late."就不符合语法。换言之，所谓的提升结构可以使用"likely"而不能使用其同义词"probable"。可能有人认为，儿童不会说"Ann is probable to be late." 因为他们听到过类似使用"likely"的结构，而没有听到过使用"probable"的结构。但是，儿童可以说出他们没有听到过的句子，仅仅通过抽象外部结构就能做到。为什么他们不从"likely"抽象到"probable"呢？为了解释此种情况，必须假设有一个强大的学习机制可以帮助儿童内化他们语言的一些具体特征，当然不是普遍语法的一部分。这样的话，儿童也许使用了同样的机制来学习跨语言的常用结构，如此就没有必要去假设一个先天的普遍语法（Hawkins 1988：8，2004：10—11，Tomasello 2003：321—322）。因为种种原因，很多语言学家倾向于采纳这样的观点：语言的习得和运用是以一般领域为基础，也就是以普遍的认知能力为基础，而不是特殊领域的禀赋，可能有例外的情况，比如话语的听觉加工（Bybee 2010：136）。

  人们认为，普遍语法的先天性与所谓的功能性路径截然不同又相互交织，而后者试图"从非语言中获得语言"（Lindblom et al. 1984：187），并且假设在解释语言的过程中，人们所需要的只有普遍的认知工具。然而，这两种路径也并非有很大的差异。它们有两个共同点：一是认为语言因一定的目的而存在，二是承认一般领域的概念性工具的重要性，比如上文提到的10个例证。它们的差异仅仅在于，语言习得和语言运用过程中"初始阶段"是否也包括一些特殊的适用于某些领域的认知结构。

但是，该假设没有将普遍语法从功能解释的领域里排除。我们采用如下定义：

（22）功能解释
如果解释需要参考使用者对客体的预期目标以及使用者在实现这些目标时可能利用的工具，那么对客体的解释就是功能性的。

根据这个定义，普遍语法和功能路径都提供功能性解释，因为它们都有某些目标——认知和（或）交际——还有某些工具。它们唯一的差异在于预设工具的性质：所有的工具都适用于一般领域，还是部分工具适用于特定领域。

最后遗留下来的问题跟功能相关——我们这个框架的最终解释。功能来自于哪里——是人们使用语言时的目标或者是人们实现目标时可利用的工具？语言学的目标和工具一定跟人类生活所追求的总体目标相联系，也跟人类身体和心理的构成相联系。所有语言的背后，一定是人类的遗传基因在起作用，它决定了人类如何以特有的方式理解、诠释和影响整个世界。

本章小结

本章的目的是解释不同语言中共有的语法结构，主要内容可以概要如下：

7.1 首次提及关于"解释"的概念，然后对其三个基本类型——可能性、或然性、必然性——分别进行定义，并且举例说明解释语言结构的三步程序法。该方法在解释跨语言结构时的运用，如下所示：

（23）（a）跨语言的共有结构模型可以通过跨语言的共有历时演变得到解释；
（b）跨语言的共有历时演变可以通过跨语言的语言习得和语言

运用模型得到解释；

（c）跨语言的语言习得和语言运用模型可以通过语言功能得到解释，也就是语言运用的目标和对实现目标来说有益的、必要的概念工具。

7.2 讨论第一步，跨语言共时结构所呈现的重现模式，可以从历时的角度得到解释，其中涉及的三个历时性趋势是语法化、和谐性和相邻关系。

7.3 讨论第二步，通过语言习得或者主要是语言运用解释跨语言的共有的历时进程（语法化、和谐性和相邻关系）。比如，加工效率、规则抽象和常规化这些倾向性对以语言使用者为基础的解释来说裨益良多。关于语言结构的功能性解释，本质上可以用John DuBois的精辟论述来总结："语法是对说话者常规行为的最好体现"（1985：363），该论述经常被引用。

7.4 讨论第三步，针对语言运用中体现出来的倾向性，必须寻求其功能性的源头才可以完成解释的任务。对功能性解释的定义要借助目的和工具。虽然说话者在语言中所使用工具的真正性质在某些领域中尚存争议，但不管存在何种争议，多数语言学家都认同的是，某些领域的倾向性在语言中确实发挥了重要作用，而且本章对其中的10个方面做了简要论述。

补录

本章以及全书所讨论的共性都属于可能性或或然性的类别。虽然语义上相关的成分倾向于相邻，但也有一些与此刚好相反的语言现象出现，比如英语动词小品词和动词有时是分离的，比如"Check it out !"（Harris and Campbell 1995：225—228）通常来说，配对体会呈现出一致的语序规律，但并非总是如此，比如有些OV语言使用前置词（比如波斯语），而有些VO语言使用后置词（比如阿拉瓦克语）。语法化也有例外，一般来说它是单向性的，但也有例子显示词缀可以演变成附着词甚至是词汇项。历史上英语的领属标记首先是一个词缀，但现在是附着词而且依附在整个短语之后，比如"The girl who called me's sister is sick"（对比："*The girl's who called me sister is sick"）。

物理学家Lisa Randall（2011）指出："科学的一个重要部分是理解不确定性。"在语言学中，很多重大问题的答案也仅仅是暂时性的。为什么会有语言？语言为什么如此呈现？语言如何影响我们对世界的感知和理解？语言如何在大脑中固化？语言与包括动物交际系统在内的其他交际系统有哪些相似点和不同点？语言之间的比较是否是对其相似点予以确认和解释？或者如Nicholas Evans and Stephen Levison（2009）指出的，人类语言的多样性是否是迫切需要解释的？

上文提到，对语言结构的功能解释，其动因受制于三个因素：功能的多样性、功能之间相互矛盾和有些现象无法进行功能解释。一般来说，这些因素在语言解释中都会存在，即使它们有和谐共存的情况，但也会出现一些障碍，比如因素过多以及它们有彼此矛盾的可能。William Croft回忆了Joseph Greenberg在某个场合的论述："说话者就好比一个菜鸟修车工，每次试图修正语言，又总会搞砸一些其他东西。"（Croft 2002：5）有些情况下，可能的原因有很多，而其他情况下，就完全没有明确的理由，因为一个结构也许是偶然演化的结果。在对一些比较罕见的形态句法结构（高加索语支巴茨比语的同一种动词的一致性标记可以有很多变体）的分析中，Alice Harris（2010）解释了它们为什么罕见，以及它们为什么能够存在和保留下来。她的答案是，这些结构的来源属于一套共有的历时进程，而这些进程以一种不太可能的方式彼此联系和相互作用。

除此之外，人类试图在各领域寻求解释的过程中，往往对语言和语言之外的事实掌握得太少，这就成为阻碍我们达成目标的一个重要因素。丹麦物理学家Niels Bohr说过："认为物理学的任务是探索自然本质的想法是错误的。物理学只关心我们对自然做了哪些解释。"（Gregory 1988：95）换句话说，人类经常用来描述事物的语言也许不足以捕捉真实的世界。这个观点也得到了著名语言学家Ray Jackendoff的响应："我们可以通过归类来理解世界上的事物，仅仅是因为我们（或者我们的思维）构建了这些类

别。"（2012：132）

在对语言理论系统的最新分析中，András Kertész and Csilla Rákosi（2012）提出了不确定性的两个来源：一是语料处于易逝和多变的状态，而非稳定的、牢固的实体，而且自身也需要理论上的解释；二是论证过程常常表现出千人千面，这就像物体外观的变化取决于棱镜拿着的姿势，并且图像始终保持分裂的状态。语言学的论证仅仅提供了对事实的部分描述，并且也在不断演化而非静止不变。就像Paul the Apostle打的比方，我们所感知到的事物只是在一面模糊不清的镜子中反射出来的一个支离破碎的影像。或者如Anaïs Nin所说，"我们不是以事物本来存在的方式去感知它们，而是以我们自己的方式去感知它们"。

练习

1. 法语的否定结构"Je ne sais pas"（相当于"I not know not"或者"I don't know"）来源于否定词"ne"和"pas"（意思是"step"）的组合。这个新创形式表达了强调性否定，和英语的"I shall not go one step further."或"I haven't heard a peep from her."的表达类似。在今天的法语口语中，"Je sais pas"中的"ne"被省略掉了。你认为这种变化是如何发生的？为什么会发生？

2. Joseph Greenberg提出了一个共性假设：如果代词宾语在动词后，那么名词宾语也在动词后（1966a:#25）。这在法语中也得到了证实，如果宾语是名词，那么主要成分的语序模式是SVO，而如果宾语是代词，那么主要成分的语序模式则是SOV，比如"J'ai vu Bill"相当于"I've seen Bill"，英语也为"I have seen Bill"，但是"Je t'ai vu"相当于"I you've seen"（英语为"I have seen you"）名词宾语和代词宾语之间的这种差异是什么原因造成的？（注：法语从主要是SOV语序的拉丁语演化而来。）

3. 英语词汇"come"和"go"是如何使用的？一般来说，"come"用于朝着说话者的方向移动，但我即使不在办公室的时候，也可以说"When

are you coming to my office?"思考隐喻用法在"His temperature is going up."和"when the going is hard."这些结构中的表现。这些表达可以同样的方式翻译成其他语言吗？
4. 英语有一些"复数特征"的词汇，比如只以复数形式使用的名词"pants""scissors"等。从英语中找出更多类似的例子，并且看看在其他语言中同样的词汇是否也具有复数特征。
5. 正如本章和第二章所述，在事物命名过程中起作用的有两个概念性工具：分解和分类。分解以空间或功能连贯性为基础，而分类以相似性为基础。食品市场上商品的摆放方式也以其中的某种原则来进行。比如，软木塞起子可能会摆放在厨房用品的行列中，因为它们之间有相似性；或者软木塞起子也可能摆放在酒类专柜旁边。在日常生活的其他领域，分别为这两种组织原则找到更多的例证。

扩展阅读

- 关于语言学中"解释"的简要介绍，参见Moore and Polinsky 2003；关于语言共性的解释，参见Butterworth et al. (eds.) 1984，Hawkins (ed.) 1988, Moravcsik 2007, 2010。
- 关于生成语法框架下的类型学研究，参见Cinque and Kayne 2005；关于类型学研究不同路径的介绍，参见Shibatani and Bynon 1995。
- 关于形态句法中的竞争动因，参见Malchukov 2011。
- 关于语言结构的可能性、或然性和必然性特征，参见Newmeyer 2005。
- 关于Daniel Everett对巴西皮拉哈语的研究，参见Everett 2008, 2012；关于该篇论著产生的争议，参见The Chronicle of Higher Education中Tom Bartlett的文章，March 21, 2012。
- 关于语言运用过程中音位结构的演化情况，参见Blevins 2004：31—44。
- 关于功能主义和形式主义的解释，参见Nettle 1998。
- 关于与语言相关的一般领域的认知能力，参见Slobin 1985b, MacWhinney 1999, Tomasello 2003, Bybee 2010：6—8, 34—37。

- 关于句法和其他领域的分解思想，参见Moravcsik 2009。
- 关于象似性，参见Haiman (ed.) 1985和Simone 1995。
- 关于竞争动因，参见Du Bois 1985和Dressler 1995，近期有一部MacWhinney等人的论文集即将出版。
- 关于基层和结构依存性来源的讨论，参见Newmeyer 1998：51—52, 85—86。
- 关于加工偏好引发跨语言语法一致性的机制，参见Kirby 1999。
- 关于儿童习得语言过程中先天论和建构论假设的比较性评价，参见Ambridge and Lieven 2011。

本书所涉及语言

种属和地域信息大多来源于Ethnologue.com网站。首先提及的是语系，然后（有时候）是次级语系。分号之后，是使用该语言的主要地区。

Agta: Austronesian, Malay-Polyncsian; Philippines

Ainu: isolate; Japan

Akan: Niger-Congo, Kwa; Ghana and Ivory Coast

Albanian: Indo-European; Albania

American Sign Language (ASL): USA

Amharic: Afro-Asiatic, Semitic; Ethiopia

Anindilyakwa: Australian; Northern Australia

Arabic: Afro-Asiatic, Semitic; Saudi Arabia and other Near-Eastern countries

Aramaic: Afro-Asiatic, Semitic; West Asia

Arawak: Caribbean, Maipuran; Suriname

Arrente: Pama-Nyungan, Arandic; Central Australia

Atakapa: isolate; Louisiana, Texas (extinct)

Aztec: Uto-Aztecan; Mexico

Basque: isolate; Spain

Batsbi: North-Caucasian; Georgia

Bengali: Indo-European, Indo-Iranian; India

Berber Imdlawn Tashlhiyt: Afro-Asiatic, Berber; Morocco

Bikol: Austronesian, Malayo-Polynesian; Philippines
Bontok: Austronesian, Malayo-Polynesian; Philippines
Breton: Indo-European, Celtic; France
Bulgarian: Indo-European, Slavic; Bulgaria
Burmese: Sino-Tibetan, Tibeto-Burman; Myanmar
Catalan: Indo-European, Romance; Spain
Cebuano: Austronesian, Malayo-Polynesian; Philippines
Chemehuevi: Uto-Aztecan, Numic; California
Cheremis (=Mari): Uralic, Mari; Russian Federation
Cheyenne: Algonquian; Montana, Ontario
Chikasaw: Muskogean; Mississippi, Alabama
Chinese: Sino-Tibetan, Sinitic; China
Chukchi: Chukotko-Kamchatkan; Russian Federation
Chumash: Hokan; S. California (extinct)
Coeur d'Alene: Salishan; N. Idaho
Czech: Indo-European, Slavic; Czech Republic
Dakota: Siouan; North and South Dakota, Nebraska
Dutch: Indo-European, Germanic; the Netherlands
Dyirbal: Pama-Nyungan; Queensland (Australia)
Estonian: Uralic, Finnic; Estonia
Ewe: Niger-Congo, Kwa; Ghana
Fijian: Austronesian, Malayo-Polynesian; Fiji
Finnish: Uralic, Finnic; Finland
French: Indo-European, Romance; France
Galla (=Oromo): Afro-Asiatic, Cushitic; Ethiopia, Kenya
Gêgbˇe: Niger-Congo, Kwa; West Africa
Georgian: Kartvelian (=South Caucasian); Georgia
German: Indo-European, Germanic; Germany

Gilbertese (=Kiribati): Austronesian, Malayo-Polynesian; Kiribati

Grand Ronde Chinook Jargon: pidgin, Chinook-based; Oregon

Greek: Indo-European; Greece

Greenlandic Eskimo: Eskimo-Aleut; Greenland

Guana: Arawakan (extinct)

Guugu Yimidhir: Pama-Nyungan; Australia

Haitian: Creole, French-based; Haiti

Harari: Afro-Asiatic, Semitic; Ethiopia

Hausa: Afro-Asiatic, Chadic; Nigeria

Hawaiian: Austronesian, Malayo-Polynesian; Hawaii (Ni'ihau Island)

Hawaii Creole English: creole, English-based; Hawaii

Hebrew: Afro-Asiatic, Semitic; Israel

Hinalug: Dagestanian, Lezgian; Azerbaijan

Hindi: Indo-European, Indo-Iranian; India

Hmong: Hmong-Mien; Vietnam

Hunde: Niger-Congo, Bantu; Democratic Republic of Congo

Hungarian: Uralic, Finno-Ugric; Hungary

Ibibio: Niger-Congo, Benue-Congo; Nigeria

Ibo: Niger-Congo, Benue-Congo; Nigeria

Indonesian: Austronesian, Malayo-Polynesian; Java, Bali

Italian: Indo-European, Romance; Italy

Itelmen: Chukotko-Kamchatkan; Russian Federation

Jahai: Austro-Asiatic, Mon-Khmer; Malaya

Jalé: Trans-New-Guinea; New Guinea

Japanese: Japonic; Japan

Kaluli: Trans-New-Guinea, Bosavi; Papua New Guinea

Katu: Mon-Khmer; Vietnam, Laos

Kayardild: Pama-Nyungan; Queensland (Australia)

Kikuyu: Niger-Congo, Bantu; Kenya

Kinyarwanda: Niger-Congo, Bantu; Rwanda

Kiribati: see Gilbertese

Kisi: Niger-Congo, Bantu; Tanzania

Klamath: Penutian; Oregon

Koasati: Muskogean; Louisiana, Texas

Kono: Niger-Congo, West Atlantic, Mande; West Africa

Korean: isolate; Korea

Kyuquot Nootka: Wakashan; British Columbia

Lahu: Sino-Tibetan, Tibeto-Burman; China

Latin: Indo-European, Italic; used in the Catholic Church worldwide

Lavukaleve: Papuan, Central Solomons; Solomon Islands

Lezgian: Northeast-Caucasian (=Dagestanian); Dagestan

Lonwolwol: Austronesian, Malayo-Polynesian; Ambrym Island

Luiseño: Uto-Aztecan; Southern California

Lunda: Niger-Congo, Bantu; Zambia

Malay: Austronesian, Malayo-Polynesian; Malaysia

Maltese (Arabic): Afro-Asiatic, Semitic; Malta

Manange: Sino-Tibetan, Tibeto-Burman; Nepal

Mandarin: Sino-Tibetan, Sinitic; China

Mande: Niger-Congo, West Atlantic; West Africa

Maranao: Austronesian, Malayo-Polynesian; Philippines

Marshallese: Austronesian, Malayo-Polynesian; Marshall Island

Mba: Niger-Congo, Ubangian; Democratic Republic of Congo

Meithei: Tibeto-Burman; India, Myanmar

Mohawk: Iroquoian; Quebec

Mokilese: Austronesian, Malayo-Polynesian; Micronesia

Neo-Aramaic: see under Aramaic

Nepali: Indo-European, Indo-Iranian; Nepal

Nez Perce: Penutian, Sahaptin; N. Idaho

Ngawun: Pama-Nyungan (extinct)

Nootka: Wakashan; British Columbia

Oksapmin: Trans-New Guinea; Papua New Guinea

O'odham (=Papago): Uto-Aztecan; Arizona

Old English: Indo-European, Germanic; British Isles (about 500 CE through 1100 CE)

Oromo: see Galla

Panara: Macro-Gé; Brazil

Pangasinan: Austronesian, Malayo-Polynesian; Philippines

Papago: see O'odham

Persian: Indo-European, Indo-Iranian; Iran

Pipil: Uto-Aztecan, Aztecan; El Salvador

Pirahã: Mura; Brazil

Polish: Indo-European, Slavic; Poland

Proto-Indo-European: Indo-European (reconstructed language)

Quechua (Huallaga Huánuco): Andean-Equatorial, Quechuan; Peru

Rapa Nui (=Easter Island): Austronesian, Malayo-Polynesian; Easter Island

Rotokas: North Bougainville, Rotokas; Papua New Guinea

Rumanian: Indo-European, Romance; Rumania

Russian: Indo-European, Slavic; Russian Federation

Salish: Salishan, Central Salish; State of Washington

Sanskrit: Indo-European, Indo-Iranian; India

Samoan: Austronesian, Malayo-Polynesian; Samoa

Serbian: Indo-European, Slavic; Serbia

Serbo-Croatian: Indo-European, Slavic; Serbia, Croatia

Sherpa: Sino-Tibetan, Tibeto-Burman; Nepal

Shilha: Afro-Asiatic, Berber; Morocco

Sierra Popoluca: Mixe-Zoque; Mexico

Siriono: Tucanoan; Columbia

Southern Barasano: Tucanoan; Colombia

Spanish: Indo-European, Romance; Spain

Swahili: Niger-Congo, Bantu; Tanzania

Swedish: Indo-European, Germanic: Sweden

Tagalog: Austronesian, Malayo-Polynesian; Philippines

Tamil: Dravidian; India

Tauya: Trans-New Guinea; Papua New Guinea

Thai: Tai-Kadai, Kam-Tai; Thailand

Thompson: Salishan; British Columbia

Tiv: Niger-Congo, Benue-Congo; Nigeria

Tlingit: Na-Dene; Alaska, Canada

Tok Pisin: Creole, English-based; Papua New Guinea

Tonga: Niger-Congo, Bantu; Zambia

Tongan: Austronesian, Malayo-Polynesian; Tonga

Tsakhur: North-Caucasian, Lezgian; Azerbaijan

Tsimshian: Penutian; British Columbia

Turkana: Nilo-Saharan, Eastern Sudanic; Kenya

Turkish: Altaic, Turkic; Turkey

Tuscarora: Iroquoian; Ontario

Tümpisha Shoshone: Uto-Aztecan; Nevada, Idaho

Tzeltal: Mayan; Mexico

Ulwa: Misumalpan; Nicaragua

Vai: Niger-Congo, Mane; Liberia

Vietnamese: Austro-Asiatic, Mon-Khmer; Viet Nam

Walmatjari: Pama-Nyungan; Australia

Warlpiri: Pama-Nyungan; Australia

West Greenlandic Eskimo: Eskimo-Aleut; Greenland

Yoruba: Niger-Congo, Benue-Congo; Nigeria

Yucatec Mayan: Mayan; Yucatán Peninsula

Yumas: Sepik; Papua New Guinea

Zyrian (=Komi): Uralic, Finno-Permic; Russian Federation

!Xóõ: Khoisan; Botswana

术语表

下文的很多术语都只适用于语言类型学研究。其他语法层面的术语，可以参见 Robert L. Trask 1993, *A Dictionary of Grammatical Terms*, London: Routledge; James R. Hurford 1994, *Grammar. A student's Guide*. Cambridge University Press; Silvia Luraghi and Claudia Parodi 2008, *Key Terms in Syntax and Syntactic Theory*, New York: Continuum. 关于语音学术语，可以参见 Michael Ashby and John Maidment 2005, *Introducing Phonetic Science*, Cambridge University Press.

Accessibility Hierarchy 可及性等级：一套蕴涵规则系统，可以阐述特定句法结构所优先使用的某些句子成分（主语优先于直接宾语）。

adjunct 附属词：参见 complement。

adposition 附置词：前置介词、后置介词、中置介词和框式介词的总称。

agglutination 黏合：一个形态结构中词的每个语素都可以清晰地分割开来，并且每个语素都有单独的义素。

agreement 一致关系：一个成分的屈折形式对应另一个成分的特征，比如动词可以表达主语的人称和数，或者形容词可以用屈折形式标志名词的性和数。提供特征来源的成分称之为一致控制项（agreement controller），而带有相应屈折形式的成分称之为一致标靶（agreement target）；其中包含的特征称之为一致特征（agreement features）。

alienable possession 可让渡领属关系：两个实体之间的关系是一个实体

对另一个实体有领属关系，比如"Jill's school"。与之相对的是inalienable possession，意为"不可让渡领属关系"，也就是领属关系属于不可改变的或永恒的性质，比如"Jill's arm or Jill's mother"。

alignment配置关系或对齐：三个主要句法成分中的两个成分采用相同形式。例如宾格语言中的及物动词的施事（A）和不及物动词的论元（S）采用相同形式（A/S，这两个成分对齐）。施格语言中及物动词的受事（P）和不及物动词的论元（S）采用相同形式（P/S，这两个成分对齐）。

ambiposition附置介词①：位于名词短语之前或之后的附置词。

animacy Hierarchy生命度等级：特定的句法结构根据某些句子成分与人类生命的相似度和定指性来进行优先选择的一套蕴涵规则（比如代词生命度高于名词）。

argument论元：标志谓语的语义参与者的名词短语。

complement补足语：必须与谓语共现的非主语性名词短语，比如"The painting resembles **a flower.**"。与补足语相对的是附属词（adjuncts），此类名词短语并非必要成分，比如"The painting was stolen **from the museum.**"。

compositionality组合性：如果结构的整体意义等于部分及其关系意义的总和，那么该结构属于组合性。

constituent句法成分：一个语法结构内部的组成单位，比如音素、音节、词、短语和小句等。

dependent从属语：一个短语的可选成分，与之相对的是head（核心语），核心语是必要成分。比如"blue herons"当中，"herons"是核心语而"blue"是从属语。

diachrony历时：该词与历史同义，与synchrony（共时）相对，而共时指的是一个独立的演化阶段。

duplifix复制性词缀：可以复制部分词根的词缀，比如阿格塔语中的"da–dana"，意思是"very old"。

head核心语：参见dependent。

---

① 译者注：这里的ambiposition主要指前置词和后置词，而adposition还包括中置词和环置词。

homorganicity同质性：两个声音如果属于同一个发音部位，那么它们就是同质的，比如/m/和/p/都是双唇音。

inalienable possession不可让渡领属关系：参见alienable possession。

linearization线性关系：把语言单位按照时间顺序排列。

logograph表意符号：每个书面标志代表一个词，而且词的成分与词的意义成分不构成对应关系的书写系统。

monomorphemic words单语素词：包含一个单独语素的词，比如"bird"，同理，多语素词（polymorphemic words）包含一个以上的语素，比如"birds"。

monosemy单义词：只有一个单独的意义的词，比如"fail"，如果一个词有一个以上的意义就是多义性的（polysemous），比如"nail"。

neutralization中性化：两个音素之间的对立在特定的语境中消失，这样只有一个音素可以出现；比如在德语词汇的末尾，只有不发音的阻塞音可以出现而发音的不能出现。

paradigmatic relation聚合关系：在特定的语境中两个相关的形式只有一个或另一个可以出现，不能两者同时出现，比如两个指示词："this"和"that"。那么组合关系（syntagmatic relation）体现在不同形式可以在一个结构中共现，比如指示词和名词的组合"this book"。

partonomy部分关系：又称mereonomy，指的是部分和整体之间的一种关系，比如桌子和桌腿。

phonotactic constraints音位制约：话语发音顺序的制约，比如英语中有/st/的词首组合（如"stain"）而没有/ts/组合（"*tsain"）。

pictograph形符：一个符号系统的元素，代表其描绘的指称对象，比如表示有鹿出入的路标上会绘制一个鹿头。

plosive爆破音：短促辅音的另一种说法。

polymorphemic words多语素词：参见monomorphemic words。

polysemy多义词：参见monosemy。

possessor领有者：在领属结构"Jill's house"中，"Jill"是领有者，"house"是被领有者。

possessum被领有者：参见possessor。

resumptive pronoun复指代词：关系小句中出现的代词，可以回指该关系小句的核心语。

syllabary字音表：每个书面符号代表一个音节的书写系统。

symbol systems标志系统：每个内部成员都有独立含义的一套符号系统，比如道路标志、交通信号或者语言符号。

synchrony共时：参见diachrony。

syntagmatic relation组合关系：参见paradigmatic relation。

taxonomy分类法：分类关系存在于型（type）和例（token）之间，例如"动物"和"狗"。

topicalization话题化：句子的某个部分被置于特殊的位置来表示强调，比如"Jill, I like her."。

参考文献

Aarts, Bas 2007. *Syntactic gradience. The Nature of Grammatical Indeterminacy.* Oxford University Press.

Aikhenvald, Alexandra Y. 2000. *Classifiers. A Typology of Noun Categorization Devices.* Oxford University Press.

——2007. Typological distinctions in word formation. In Shopen (ed.), volume III, 1–63.

Ambridge, Ben and Lieven, Elena V. M. 2011. *Child language acquisition. Contrasting Theoretical Approaches.* Cambridge University Press.

Andersen, Elaine 1978. Lexical universals of bodypart terminology. In Greenberg et al. (eds.), volume III, 335–368.

Archibald, John 1998. *Second Language Phonology.* Amsterdam/Philadelphia : Benjamins.

Aronoff, Mark, Meir, Irit, and Sandler, Wendy 2005. The paradox of sign language morphology. *Language*, 81/2: 301–344.

Ashby, Michael and Maidment, John 2005. *Introducing Phonetic Science.* Cambridge University Press.

Baerman, Matthew, Brown, Dunstan, and Corbett, Greville G. 2005. *The Syntax-Morphology Interface: A Study of Syncretism.* Cambridge University Press.

Baker, Mark C. 1996. *The Polysynthesis Parameter.* Oxford University Press.

Bakker, Dik 2011. Language sampling. In Song (ed.) 100–127.

Barlow, Michael and Kemmer, Suzanne (eds.) 2000. *Usage-based Models of Language*. Stanford, CA: Center for the Study of Language and Information.

Bates, Elizabeth, Devescovi, Antonella, and Wulfeck, Beverly 2001. Psycholinguistics: a cross-linguistic perspective. *Annual Review of Psychology* 52: 369–396.

Behaghel, Otto 1932. *Deutsche Syntax. Eine geschichtliche Darstellung*, volume IV. Heidelberg: Carl Winter.

Bell, Alan 1978. Syllabic consonants. In Greenberg et al. (eds.), volume II, 153–201.

Berlin, Brent and Kay, Paul 1969, 1991. *Basic Color Terms: Their Universality and Evolution*. The University of California Press.

Bhat, D. N. S. 2004. *Pronouns*. Oxford University Press.

Bickel, Balthasar 2011. Grammatical relations typology. In Song (ed.) 399–445.

Bickel, Balthasar and Nichols, Johanna 2005. Fusion of selected inflectional formatives. In Haspelmath et al. (eds.) 86–89.

——2007. Inflectional morphology. In Shopen (ed.), volume III: 169–240.

Bisang, Walter 2011. Word classes. In Song (ed.) 280–302.

Blevins, Juliette 1995. The syllable in phonological theory. In Goldsmith (ed.) 206–244.

——2004. *Evolutionary Phonology: The Emergence of Sound Patterns*. Cambridge University Press.

Booij, Geert, Lehmann, Christian, Mugdan, Joachim, and Skopetea, Stavros(eds.) 2000. Morphology. *An International Handbook on Inflection and Word Formation,* Volume II. Berlin, New York: Walter de Gruyter.

Boroditsky, Lera 2009. How does our language shape the way we think? In Brockman, Max (ed.) *What's Next? Dispatches on the Future of Science*. Vintage Press.

Bowerman, Melissa 1996. The origins of children's spatial semantic categories: cognitive versus linguistic determinants. In Gumperz, John J. and Levinson, Stephen C. (eds.) *Rethinking Linguistic Relativity*, 145–176. Cambridge University Press .

Bowerman, Melissa and Choi, Soonja 2001. Shaping meanings for language: universal and languagespecific in the acquisition of semantic categories. In Bowerman , Melissa , and Levinson , Stephen C. (eds.), *Language Acquisition and Conceptual Development*, 475–511. Cambridge University Press.

Breen, Gavan and Pensalfini, Bob 1999. Arrente: a language with no syllable onsets. *Linguistic Inquiry* 30(1): 1–25.

Brentari, Diane 1995. Sign language phonology: ASL. In Goldsmith (ed.) 615–639.

Brown, Cecil H. 1976. General principles of human anatomical partonomy and speculations on the growth of partonomic nomenclature. *American Ethnologist* 3/3 : 400–424.

——2005a. Hand and arm. In Haspelmath et al. (eds.)522–525.

——2005b. Finger and hand. In Haspelmath et al. (eds.)526–529.

Brown, Cecil H. and Witkowski, Stanley R. 1981. Figurative language in a universalist perspective. *American Ethnologist* 8/3: 596–610.

Brown, Dunstan. 2011. Morphological typology. In Song (ed.) 487–503.

Brown, Roger and Gilman, Albert 1960. The pronouns of power and solidarity. In Sebeok, Thomas A. (ed.) *Style in Language*, 253–276. Cambridge, MA: The MIT Press.

Burenhult, Niclas 2006. Body part terms in Jahai. *Language Sciences* 28/203: 162–189.

Butskhrikidze, Marika 2010. The nature of consonant sequences in Georgian. In Wohlgemuth et al. (eds.), 2010a, 23–46.

Butterworth, Brian, Comrie, Bernard and Dahl, Östen (eds.) 1984. *Explanations for Language Universals*. New York: Mouton.

Bybee, Joan 1985. *Morphology. A Study of the Relation Between Meaning and Form.* Amsterdam/ Philadelphia: Benjamins .

——1988. The diachronic dimension in explanation. In Hawkins (ed.) 350–379.

——2010. *Language, Usage, and Cognition.* Cambridge University Press .

Bynon, Theodora 1977. *Historical Linguistics.* Cambridge University Press .

Cairns, Charles E. and Raimy, Eric 2011. *Handbook of the Syllable.* Leiden: Brill.

Chadwick, John 1970. *The Decipherment of Linear B.* Cambridge University Press .

Chapin, Paul G. 1978. Easter Island: a characteristic VSO language. In Lehmann, Winfred P. (ed.) Syntactic typology. *Studies in the Phenomenology of Language.* 139–168. The University of Texas Press .

Chappell, Hilary and McGregor, William (eds.) 1996. *The Grammar of Inalienability. A Typological Perspective on Body Part Terms and the Part whole Relation.* Berlin: Mouton de Gruyter .

Chomsky, Noam 2002. *On Nature and Language.* Cambridge University Press .

——2007. Approaching UG from below. In Sauerland, Uli and Gärtner, Hans-Martin (eds.) *Interfaces +Recursion = Language*, 1–19. Berlin: Mouton de Gruyter.

Cinque, Guglielmo and Kayne, Richard S. 2005. *The Oxford Handbook of Comparative Syntax.* Oxford University Press.

Clark, Eve V. 1971. On the acquisition of the meaning of before and after. *Journal of Verbal Learning and Verbal Behavior* 10/3: 266–275.

——2003. *First Language Acquisition.* Cambridge University Press.

Claudi, Ulrike 1994. Word order change as category change. In Pagliuca (ed.) 193–231.

Comrie, Bernard 1980. The order of case and possessive suffixes in

Uralic languages: an approach to the comparative-historical problem. *Lingua Posnaniensis* 23: 81–86.

——1986. Markedness, grammar, people, and the world. In Eckman, Fred R., Moravcsik, Edith A., and Wirth , Jessica R. (eds.) Markedness, 85–106. New York:Plenum .

——1989. *Language Universals and Linguistic Typology*. Second edition. University of Chicago Press .

——(ed.) 1990. *The Major Languages of the World*. Oxford University Press.

——2005a. Alignment of case markers. In Haspelmath et al. (eds.) 398–405.

——2005b. Writing systems. In Haspelmath et al. (eds.) 568–571.

Comrie, Bernard and Kuteva, Tania 2005. Relativization strategies. In Haspelmath et al. (ed.) 494–501.

Comrie, Bernard, Matthews, Stephen, and Polinsky, Maria (eds.) 2003. *The Atlas of Languages: The Origin and Development of Languages Throughout the World*. Second edition. New York: Facts on File, Inc.

Cooke, Joseph R. 1968. *Pronominal Reference in Thai, Burmese, and Vietnamese.* University of California Press .

Corbett, Greville G. 2000. *Number.* Cambridge University Press.

——2006. *Agreement.* Cambridge University Press .

——2011. Implicational hierarchies. In Song (ed.), 190–205.

Craig, Colette G. 1986. Jacaltec noun classifiers: a study in language and culture. In Craig (ed.) 363–393.

——(ed.) 1986. *Noun Classes and Categorization.* Amsterdam/Philadelphia: Benjamins.

Croft, William 2000. *Explaining Language Change: An Evolutionary Approach*. Harlow: Longman.

——2001. *Radical Construction Grammar: Syntactic Theory in Typological Perspective.* Oxford University Press.

——2002. On being a student of Joe Greenberg. *Linguistic Typology* 6/1: 3–8.

——2003. *Typology and Universals.* Cambridge University Press.

Cysouw, Michael 2003. *The Paradigmatic Structure of Person Marking.* Oxford University Press.

Dalmi, Grete 2010. *Copular Sentences, Predication, and Cyclic Agree: A Comparative Approach.* Saarbrücken.

Daniel, Michael 2005. Plurality in independent personal pronouns. In Haspelmath et al. (eds.) 146–149.

Daniels, Peter T. and Bright, William (eds.) 1996. *The World's Writing Systems.* Oxford University Press.

Davis, Garry W. and Iverson, Gregory K. (eds.) 1992. *Explanation in Historical Linguistics.* Amsterdam/Philadelphia: Benjamins.

Dell, François and Elmedlaoui, Mohamed. 2002. *Syllables in Tashlhiyt Berber and in Moroccan Arabic.* Dordrecht: Kluwer.

Deutscher, Guy 2005. *The Unfolding of Language: An Evolutionary Tour of Mankind's Greatest Invention.* New York: Henry Holt and Co.

——2010. *Through the Language Glass: Why the World Looks Different in Other Languages.* New York: Henry Holt and Co.

Diessel, Holger 1999. *Demonstratives: Form, Function, and Grammaticalization.* Amsterdam/ Philadelphia: Benjamins.

——2012. Diachronic change and language acquisition. In Bergs, Alexander and Brinton, Laurel (eds.) *Historical Linguistics of English: An International Handbook,* Volume II. Berlin: Mouton de Gruyter.

Di Sciullo, Anna-Maria and Williams, Edwin 1987. *On the Definition of Word.* The MIT Press.

Dixon, R. M. W. 1972. *The Dyirbal Language of North Queensland.* Cambridge University Press.

——1988. *A Grammar of Boumaa Fijian.* The University of Chicago Press.

——1997. *The Rise and Fall of Languages*. Cambridge University Press .

——2010. Basic Linguistic Theory. Volume I: Methodology, Volume II: Grammatical topics. Oxford University Press .

Dixon, R. M. W. and Aikhenvald, Alexandra Y. (eds.) 2002. *Word: A Cross-Linguistic Typology*. Cambridge University Press .

Donaldson, Margaret and Wales, Roger 1970. On the acquisition of some relational terms. In Hayes, John R. (ed.) *Cognition and the Development of Language*, 235–268. New York: John Wiley .

Downing, Pamela 1996. *Numeral Classifier Systems: The Case Of Japanese*. Amsterdam/ Philadelphia : Benjamins.

Dressler, Wolfgang U. 1995. Interactions between iconicity and other semiotic parameters in language. In Simone (ed.) 21–37.

——2003. Naturalness and morphological change. In Joseph and Janda (eds.) 461–471.

Dryer, Matthew S. 1989. Large linguistic areas and language sampling. *Studies in Language* 13/2: 257–292.

——1992. The Greenbergian word order correlations. *Language* 68/1: 81–138.

——2005a. Order of subject, object, and verb. In Haspelmath et al. (eds.) 330–333.

——2005b. Order of adposition and noun phrase. In Haspelmath et al. (eds.) 346–349.

——2005c. Order of genitive and noun. In Haspelmath et al. (eds.) 350–353.

——2005d. Relationship between the order of object and verb and the order of adposition and noun phrase. In Haspelmath et al. (eds.) 386–389.

——2005e. Relationship between the order of object and verb and the order of relative clause and noun. In Haspelmath et al. (eds.) 390–393.

——2005f. Position of case affixes. In Haspelmath et al. (eds.) 210–213.

——2005g. Definite articles. In Haspelmath et al. (eds.) 154–157.

——2005h. Indefinite articles. In Haspelmath et al. (eds.) 158–161.

——2005i. Prefixing versus suffixing in inflectional morphology. In Haspelmath et al. (eds.) 110–113.

——2007. Word order. In Shopen (ed.), Volume I, 61–131.

Du Bois, John W. 1985. Competing motivations. In Haiman (ed.) 343–365.

Eagleman, David 2011. *Incognito: The Secret Lives of the Brain*. New York: Pantheon Books.

Eckman, Fred 1977. Markedness and the contrastive analysis hypothesis. *Language Learning* 27: 315–330.

——1991. The Structural Conformity Hypothesis and the acquisition of consonant clusters in the interlanguage of ESL learners. *Studies in Second Language Acquisition* 13/1: 23–41.

——2011. Linguistic typology and second language acquisition. In Song (ed.) 618–633.

Eckman, Fred, Moravcsik, Edith, and Wirth, Jessica R. 1989. Implicational universals and interrogative structures in the interlanguage of ESL learners. *Language Learning* 39: 173–205.

Emmorey, Karen 2002. *Language, Cognition, and the Brain. Insights from Sign Language Research.* Mahwah, NJ: Erlbaum .

Enfield, N. J. (ed.) 2002. *Ethnosyntax. Explorations in Grammar and Culture*. Oxford University Press.

Epstein, Richard 1994. The development of the definite article in French. In Pagliuca (ed.) 63–78.

Evans, Nicholas 1998. Aborigines speak a primitive language. In Bauer, Laurie and Trudgill, Peter (eds.) *Language Myths*, 159–168. London: Penguin Books.

——2000. Word classes in the world's languages. In Booij et al. (eds.) 708–731.

——2010. *Dying Words. Endangered Languages and What They Have to Tell Us*. Chichester, West Sussex: WileyBlackwell.

——2011. Semantic typology. In Song (ed.) 505–533.

Evans, Nicholas and Levinson, Stephen C. 2009. The myth of language universals: language diversity and its importance for cognitive science. *Behavioral and Brain Sciences* 32: 429–492.

Evans, Nicholas and Osada, Toshiki 2005. Mundari: the myth of a language without word classes. *Linguistic Typology* 9/3: 351–390.

Everett, Daniel 2008. *Don't Sleep, there are Snakes: Life and Language in the Amazonian Jungle*. New York: Random House.

——2012. *Language: the Cultural Tool*. New York : Pantheon Books .

Ferguson, Charles A. 1975. Universal tendencies and normal nasality. In Ferguson et al. (ed.) 175–196.

Ferguson, Charles A., Hyman, Larry M., and Ohala, John J. (eds.) 1975. *Nasálfest*. Stanford University .

Filipovic, Luna 2007. *Talking about Motion: A Crosslinguistic Investigation of Lexicalization Patterns*. Amsterdam/Philadelphia : Benjamins .

Fox, Barbara A. and Robert Jasperson 1995. A syntactic exploration of repair in English conversation . In Davis , P. W. (ed.) *Alternative Linguistics. Descriptive and Theoretical Modes*, 77–134. Amsterdam/Philadelphia: Benjamins.

Fox, Barbara A., Hayashi, Makoto, and Jasperson, Robert 1996. Resources and repair: a crosslinguistic study of syntax and repair. In Ochs, Elinor, Schegloff, Emanuel A., and Thompson, Sandra A. (eds.) *Interaction and Grammar*, 285–237. Cambridge University Press .

Fox, Barbara A., Maschler, Yael, and Uhmann, Susanne 2009. Morpho-syntactic resources for the organization of same-turn self-repair: cross-linguistic variation in English, German, and Hebrew. Gesprächsforschung. Online Zeitschrift zur verbalen Interaktion 10: 245–291. www. gespraechsforschungozs. de/heft2009/ga-fox.pdf

Fox, Barbara A. et al. 2012. A crosslinguistic investigation of the site of initiation in same-turn self-repair. In Sidnell, Jack (ed.) *Conversation Analysis: Comparative Perspectives*. Cambridge University Press .

Frauenfelder, Ulli, Segui, Juan, and Mehler, Jacques 1980. Monitoring around the relative clause. *Journal of Verbal Learning and Verbal Behavior* 19/3: 328–337.

Gelderen, Elly van 2011. *The Linguistic Cycle: Language Change and the Language Faculty.* Oxford University Press.

Gell-Mann, Murray and Ruhlen, Merritt 2011. The origin and evolution of word order. *Proceedings of the National Academy of Sciences* 108/42: 17290–17295.

Gentner, Dedre and Goldin-Meadow, Susan (eds.) 2003. *Language in Mind*. The MIT Press.

Giacalone Ramat, Anna (ed.) 2003. *Typology and Second Language Acquisition*. Berlin: Mouton de Gruyter.

Gil, David 2005. Numeral classifiers. In Haspelmath et al. (eds.) 226–229.

Givón, Talmy 1981. The development of the numeral 'one' as an indefinite marker. *Folia Linguistica Historica* 2: 35–53.

——2002. *Bio-linguistics. The Santa Barbara Lectures*. Amsterdam/Philadelphia: Benjamins.

——2009. *The Genesis of Syntactic Complexity*. Amsterdam/Philadelphia: Benjamins.

Gleason, H. A. 1955. *An Introduction to Descriptive Linguistics*. New York: Holt, Rinehart and Winston.

Gnanadesikan, Amalia E. 2009. *The Writing Revolution: Cuneiform to the Internet*. Chichester: Wiley-Blackwell.

Goddard, Cliff and Wierzbicka, Anna (eds.) 1994. Introducing lexical primitives. In Goddard, Cliff and Wiezbicka, Anna (eds.) *Semantic and Lexical Universals: Theory and Empirical Findings,* 31–54. Amsterdam/Philadelphia:

Benjamins.

——(eds.) 2002. *Meaning and Universal Grammar: Theory and Empirical Findings*. Volumes I-II. Amsterdam/Philadelphia: Benjamins.

Goedemans, Rob and van der Hulst, Harry 2005. Rhythm types. In Haspelmath et al. (ed.) 74–77.

Goldsmith, John A. (ed.) 1995. *The Handbook of Phonological Theory*. Oxford: Blackwell.

Gould, Stephen Jay 2011. *The Hedgehog, the Fox, and the Magister's Pox*. Cambridge, MA: Belknap Press.

Greenberg, Joseph H. 1966a. Some universals of grammar with particular reference to the order of meaningful elements. In Greenberg (ed.) 1966b, 73–113.

——(ed.) 1966b. *Universals of Language*. Second edition.The MIT Press.

——1966c [2005, new edition]. *Language Universals*. Berlin: Mouton de Gruyter.

——1977. Numeral classifiers and substantival number: problems in the genesis of a linguistic type. In Makkai, Adam, Becker Makkai, Valerie, and Hellmann, Luigi (eds.) *Linguistics at the Crossroads*. 276–300. Lake Bluff, IL: Jupiter Press.

——1978a. Generalizations about numeral systems. In Greenberg et al. (eds.), Volume III, 249–295.

——1978b. Some generalizations concerning initial and final consonant clusters. In Greenberg et al. (eds.), Volume II, 243–279.

——1978c. How does a language acquire gender markers? In Greenberg et al. (eds.), Volume III, 47–82.

——1980. Universals of kinship terminology: their nature and the problem of their explanation. In Jacques Maquet (ed.) *On Linguistic Anthropology: Essays in Honor of Harry Hoijer*, 9–32. Malibu: Udena.

Greenberg, Joseph H., Ferguson, Charles A. and Moravcsik, Edith A. (eds.) 1978. *Universals of Human Language*. Volumes I-IV. Stanford University Press.

Gregory, Bruce 1988. *Inventing Reality. Physics as Language.* New York: John Wiley.

Gussenhoven, Carlos and Jacobs, Haike 1998. *Understanding Phonology.* Second edition. London: Hodder Arnold.

Haddon, Mark 2001. *The Curious Incident of the Dog at Night-time.* New York: Vintage Books.

Haiman, John 1994. Ritualization and the development of language. In Pagliuca (ed.) 3–28.

——(ed.) 1985. *Iconicity in Syntax.* Amsterdam/Philadelphia: Benjamins.

——2003. Explaining infixation. In Moore and Polinsky (eds.) 105–120.

Hall, Christopher J. 1988. Integrating diachronic and processing principles in explaining the suffixing preference. In Hawkins (ed.) 321–349.

Hall, Rich and friends 1984. *Sniglets (snig'let): Any Word that does not Appear in the Dictionary but it should.* New York: Collier Books.

Halle, Morris and Clements, G. N. 1983. *Problem Book in Phonology: A Workbook in Introductory Courses in Linguistics and in Modern Phonology.* The MIT Press .

Hammarström, Harald 2010. Rarities in numeral systems. In Wohlgemuth and Cysouw (eds.) 2010b, 11–59.

Hanke, Thomas 2010. Additional rarities in the typology of numerals. In Wohlgemuth and Cysouw (eds.) 2010b, 61–89.

Hardin, C. L. and Maffi, Luisa (eds.) 1997. *Color Categories in Thought and Language.* Cambridge University Press. (Review in Linguistic Typology, 1999, 3/2: 259 –269.)

Harris, Alice C. 2010. Explaining typologically unusual structures: the role of probability. In Wohlgemuth and Cysouw (eds.) 2010b, 91–103.

Harris, Alice C. and Campbell, Lyle 1995. *Historical Syntax in Crosslinguistic Perspective.* Cambridge University Press.

Haspelmath, Martin 2006. Against markedness (and what to replace it with).

Journal of Linguistics 42 /1:25–70.

——2010. Comparative concepts and descriptive categories in cross-linguistic studies. *Language* 86 /3: 663–688.

Haspelmath, Martin, Dryer, Matthew S., Gil, David, and Comrie, Bernard (eds.) 2005. *The World Atlas of Language Structures*. Oxford University Press.

Haspelmath, Martin, König, Ekkehard, Oesterreicher, Wulf, and Raible, Wolfgang (eds.) 2001. *Language Typology and Language Universals: An International Handbook*. Volumes I-II. Berlin: de Gruyter.

Haspelmath, Martin and Sims, Andrea D. 2010. *Understanding Morphology*. London: Hodder Education.

Hauser, Marc D., Chomsky, Noam, and Fitch, W. Tecumseh 2002. The faculty of language: what is it, who has it, and how did it evolve? *Science* 298/5598:1569–1579.

Haviland, John B. 1979. How to talk to your brotherin-law in Guugu Yimidhirr. In Shopen (ed.) 1979a,161–239.

Hawkins, John A. 1983. *Word Order Universals*. New York: Academic Press.

——1988. Explaining language universals . In Hawkins(ed.) 3–28.

——(ed.) 1988. *Explaining Language Universals*. Oxford: Blackwell.

——1999. Processing complexity and filler-gap dependencies across grammars. *Language* 75/2: 244 –285.

——2004. *Efficiency and Complexity in Grammars*. Oxford University Press.

Hawkins, John A. and Gilligan, Gary 1988. Prefixing and suffixing universals in relation to basic word order. *Lingua* 74: 219–259.

Heine, Bernd and Kuteva, Tania 2002. *World Lexicon of Grammaticalization*. Cambridge University Press.

——2006. *The Changing Languages of Europe*. Oxford University Press .

Hengeveld , Kees 1992. *Non-verbal Predication. Theory, Typology, Diachrony.* Berlin: Mouton de Gruyter.

Holmes, Virginia M. and O'Regan, J. K. 1981. Eye fixation patterns during the reading of relative clause sentences. *Journal of Verbal Learning and Verbal Behavior* 20/4: 417–430.

Hopper, Paul J. and Traugott, Elizabeth Closs 2003. *Grammaticalization.* Second edition. Cambridge University Press.

Hulst, Harry van der and Weijer, Jeroen van de. 1995. Vowel harmony. In Goldsmith (ed.) 495–534.

Hulst , Harry van der and Ritter, Nancy A. (eds.) 1999. *The Syllable: Views and Facts.* Berlin: Walter de Gruyter.

Hurford, James R. 1975. *The Linguistic Theory of Numerals.* Cambridge University Press.

——1987. *Language and Number: The Emergence of a Cognitive System.* Oxford : Blackwell.

Hurford, James R., Studdert-Kennedy, Michael, and Knight, Chris (eds.) 1998. *Approaches to the Evolution of Language.* Cambridge University Press.

Hyltenstam , Kenneth 1984. The use of typological markedness conditions as predictors in second language acquisition: the case of pronominal copies in relative clauses. In Anderson, Roger (ed.) *Second Languages: A Crosslinguistic Perspective*, 39–57. Rowley, MA: Newbury.

Inoue , Kyoko 1979. Japanese: a story of language and people. In Shopen (ed.) 1979a, 241–300.

Iturrioz Leza , José Luis 2001. Inkorporation. In Haspelmath et al. (eds.), Volume I, 714–725.

Jackendoff, Ray. 2012. *A User's Guide to Thought and Meaning.* Oxford University Press.

Jonsson, Niklas 2001. Kin terms in grammar. In Haspelmath et al. (eds.), Volume II, 1203–1214.

Joseph, Brian 2002. "Word" in Modern Greek. In Dixon and Aikhenvald (eds.) 243–265.

Joseph, Brian D. and Janda, Richard D. (eds.) 2003. *The Handbook of Historical Linguistics.* Oxford: Blackwell.

Kaku, Michio. 2008. *Physics of the Impossible: A Scientific Exploration into the World of Phasers, Force Fields, Teleportation, and Time Travel.* New York: Anchor Books.

Kay, Paul, Berlin, Brent, Maffi, Luisa, Merrifield, William R, and Cook, Richard 2009. *World Color Survey.* Stanford: Center for the Study of Language and Information.

Keenan, Edward and Comrie, Bernard 1977. Noun phrase accessibility and universal grammar. *Linguistic Inquiry* 8/1: 63–99.

Keenan, Edward L. and Hawkins, Sarah 1987. The psychological validity of the Accessibility Hierarchy. In Keenan, Edward L., *Universal Grammar.* 15 essays, 60–85. London: Croom Helm.

Keller, Rudi 1994. *On Language Change: The Invisible Hand in Language.* Translated by Brigitte Nerlich.London: Routledge .

Kertész, András and Rákosi, Csilla 2012. *Data and Evidence in Linguistics: A Plausible Argumentation Model.* Cambridge University Press .

Kimenyi, Alexandre 1980. *A Relational Grammar of Kinyarwanda.* University of California Press.

Kinsella, Anna R. 2009. *Language Evolution and Syntactic Theory.* Cambridge University Press.

Kirby, Simon 1999. Function, Selection, and Innateness: *The Emergence of Language Universals.* Oxford University Press.

Klatzky, Roberta L., Clark , Eve V., and Macken, Marlys 1973. Asymmetries in the acquisition of polar adjectives: linguistic or conceptual? *Journal of Experimental Child Psychology* 16/1:32–46.

Klima, Edward S. and Bellugi, Ursula 1979. *The Signs of Language.* Harvard University Press.

Koptjevskaja-Tamm, Maria (2008). Approaching lexical typology. In

Vanhove, Martine (ed.) *From Polysemy to Semantic Change: Towards a Typology of Semantic Associations*, 3–52. Amsterdam/Philadelphia: Benjamins.

Krámsky, Jiˇri 1972. *The Article and the Concept of Definiteness in Language*. The Hague: Mouton.

Ladefoged, Peter and Maddieson, Ian 1996. *The Sounds of the World's Languages*. Oxford: Blackwell.

Lado, Robert 1957. *Linguistics Across Cultures: Applied Linguistics for Language Teachers*. University of Michigan Press.

Lahiri, Aditi 2001. Metrical patterns. In Haspelmath et al. (eds.), Volume II, 1347–1367.

Lakoff, George 1986. Classifiers as a reflection of mind. In Craig (ed.) 13–51.

Langacker, Ronald W. 1972. *Fundamentals of Linguistic Analysis*. New York: Harcourt Brace Jovanovich, Inc.

——2008. *Cognitive Grammar: A Basic Introduction*. Oxford University Press.

Lashley, K. S. 1951. The problem of serial order in behavior. In Jeffress, Lloyd A. (ed.) *Cerebral Mechanisms in Behavior*, 112–136. New York: John Wiley and Sons.

Leeding, Velma J. 1996. Body parts and possession in Anindilyakwa. In Chappell and McGregor (eds.) 193–250.

Lehmann, Christian 1982. Universal and typological aspects of agreement. In Seiler, Hansjakob and Stachowiak, Franz Josef (eds.) *Apprehension: Das sprachliche Erfassen von Gegenständen. Teil II. Die Techniken und ihr Zusamenhang in Einzelsprachen*, 201–267. Tübingen: Gunter Narr.

——1995. *Thoughts on Grammaticalization*. Munich-Newcastle: Lincom Europa.

Lehrer, Adrienne 1974. *Semantic Fields and Lexical Structure*. Amsterdam: American Elsevier.

Levelt, Clara C. 2011. Consonant harmony in child language. In Van Oestendorp, Marc, Ewen, Colin J.,Hume, Elizabeth, and Rice, Keren (ed.) *The Blackwell Companion to Phonology*. Blackwell .

Lewis, Geoffrey L. 1967. *Turkish Grammar*. Oxford: The Clarendon Press.

Li, Charles N. and Thompson, Sandra A. 1974. An explanation of word order change SVO → SOV. *Foundations of Language* 12/2: 201–14.

——1975. Historical change in word order: a case study in Chinese and its implications. In Anderson, John M. and Jones, C. (eds.) *Historical Linguistics. Proceedings of the First International Conference on Historical Linguistics, Volume I: Syntax, Morphology, Internal and Comparative Reconstruction*, 199–217. Amsterdam: North Holland.

——1981. *Mandarin Chinese: A Functional Reference Grammar*. The University of California Press.

Lindblom, Björn, MacNeilage, Michael, and StuddertKennedy, Michael 1984. Self-organizing processes and the explanation of phonological universals. In Butterworth et al. (eds.) 181–203.

Lucy, John A. 1997. The linguistics of "color". In Hardin and Maffi (eds.) 320–345.

Luraghi, Silvia, Thornton, Anna and Voghera, Miriam 2003. *Esercizi di Linguistica*. Rome: Carocci.

MacLaury, Robert 2001. Color terms. In Haspelmath et al. (eds.), Volume II, 1227–1251.

MacWhinney, Brian 1999. The emergence of language from embodiment. In MacWhinney, Brian (ed.) *The Emergence of Language*, 213–256. Mahwah, NJ: Erlbaum.

MacWhinney, Brian and Bates, Elizabeth 1989. *The Crosslinguistic Study of Sentence Processing*. Cambridge University Press.

MacWhinney, Brian, Malchukov, Andrej, and Moravcsik, Edith (eds.). *To Appear: Competing Motivations in Grammar, Acquisition and Usage*. Oxford

University Press .

Maddieson, Ian 2005a. Consonant inventories. In Haspelmath et al. (eds.) 10–13.

——2005b. Consonant-vowel ratio. In Haspelmath et al. (eds.) 18–21.

——2005c. Voicing in plosives and fricatives. In Haspelmath et al. (eds.) 22–25.

——2005d. Front rounded vowels. In Haspelmath et al. (eds.) 50–53.

——2005e. Syllable structure. In Haspelmath et al.(eds.) 54–57.

——2005f. Tone. In Haspelmath et al. (eds.) 58–61.

——2005g. Presence of uncommon consonants. In Haspelmath et al. (ed.) 82–85.

——2011. Typology of phonological systems. In Song (ed.) 534–548.

Major, Roy Coleman. 2001. *Foreign Accent: The Ontology and Phylogeny of Second Language Acquisition.* Mahwah, NJ: Erlbaum.

Malchukov, Andrej and Spencer, Andrew (eds.) 2009. *The Oxford Handbook of Case.* Oxford University Press .

Malchukov, Andrej 2011. Interaction of verbal categories: resolution of infelicitous grammeme combinations. *Linguistics* 49/1: 229–282.

Mattes, Veronika 2006. One form-opposite meanings? Diminutive and augmentative interpretation of full reduplication in Bikol. http://reduplication.uni-graz.at

Matthews, S. and Yip, V. 2003. Relative clauses in early bilingual development: transfer and universals. In Giacalone Ramat (ed.), 39–81.

Merrifield, Willam R. et al. 1987. *Laboratory Manual for Morphology and Syntax.* Revised edition. Dallas, TX: Summer Institute of Linguistics.

Mithun , Marianne 1984. The evolution of noun incorporation. *Language* 60: 847–894.

——1999. *The Languages of Native North America.* Cambridge University Press.

Moore, John and Polinsky, Maria 2003. Explanations in linguistics. In Moore and Polinsky (eds.) 1–30.

——(eds.) 2003. *The Nature of Explanation in Linguistic Theory*. Stanford, CA: The Center for the Study of Language and Information.

Moravcsik, Edith 1978. Reduplicative constructions. In Greenberg et al. (eds.), Volume III, 297–334.

——2006a. *An Introduction to Syntax*. London: Continuum.

——2006b. *An Introduction to Syntactic Theory*. London: Continuum.

——2007. What is universal about typology? *Linguistic Typology* 11/1, 27–41.

——2009. Partonomic structures in syntax. In Evans, Vyvyan and Pourcel, Stéphanie (eds.) *New Directions in Cognitive Linguistics*, 269–285. Amsterdam/ Philadelphia: Benjamins.

——2010. Explaining language universals. In Song (ed.) 69–89.

Nathan, Geoffrey S. 2008. *Phonology: A Cognitive Grammar Introduction*. Amsterdam/ Philadelphia: Benjamins.

Nedjalkov, Vladimir K. (ed.) *Reciprocal Constructions*. Volume III. Amsterdam/Philadelphia: Benjamins.

Nettle, Daniel 1998. Functionalism and its difficulties in biology and linguistics. In Darnell, Michael et al. (eds.) *Functionalism and Formalism in Linguistics*, Volume I, 445–467. Amsterdam/ Philadelphia: Benjamins.

Nevins, Andrew 2010. *Locality in Vowel Harmony*. The MIT Press.

Newman, John (ed.) 1998. *The Linguistics of Giving*. Amsterdam/ Philadelphia: Benjamins.

——(ed.) 2002. *The Linguistics of Sitting, Standing and Lying*. Amsterdam/ Philadelphia: Benjamins.

——(ed.) 2009. *The Linguistics of Eating and Drinking*. Amsterdam/ Philadelphia: Benjamins.

Newman, Paul 2000. *The Hausa Language. An Encyclopedic Reference grammar*. Yale University Press.

Newmeyer, Frederick J. 1998. *Language Form and Language Function*. The MIT Press.

——2003. Theoretical implications of grammatical category-grammatical relations mismatched. In Francis, Elaine J. and Michaelis, Laura A. (eds.) *Mismatch: Form-function Incongruity and the Architecture of Grammar*, 149–178. Stanford, CA: Center for the Study of Language and Information.

——2005. *Probable and Possible Languages. A Generative Perspective on Linguistic Typology*. Oxford University Press. (Review in Linguistic Typology, 2006, 10/2, 277–286.)

——2010. On comparative concepts and descriptive categories. *Language* 86:3, 688–695.

Nichols, Johanna. 1992. *Linguistic Diversity in Space and Time*. The University of Chicago Press.

Nida, Eugene (ed.) 1972. *The Book of a Thousand Tongues*. Revised edition. United Bible Societies.

Niemeier, Susanne and René Dirven (eds.) 2000. *Evidence for Linguistic Relativity*. Amsterdam/Philadelphia: Benjamins.

Odden, David 2005. *Introducing Phonology*. Cambridge University Press.

Ogloblin, Alexandr K. and Nedjalkov, Vladimir P. 2007. Reciprocal constructions in Indonesian. In Nedjalkov (ed.) 1437–1476.

Ohala, John 1975. Phonetic explanations for nasal sound patterns. In Ferguson et al. (eds.) 289–316.

Ohala, Manjari 1975. Nasals and nasalization in Hindi. In Ferguson et al. (eds.) 317–332.

Pagliuca, William (ed.) 1994. *Perspectives on Grammaticalization*. Amsterdam/Philadelphia: Benjamins.

Pérez-Leroux, Ana Teresa 1995. Resumptives in the acquisition of relative clauses. *Language Acquisition* 4:105–138.

Peters, Ann M. 1983. *The Units of Language Acquisition*. Cambridge University Press.

Pfeiffer, Martin C. To appear: Formal and functional motivations for the structure of self-repair in German. In MacWhinney et al. (eds).

Pereltsvaig, Asya 2012. *Languages of the World: An Introduction*. Cambridge University Press.

Pinker, Steven and Jackendoff, Ray 2009. The reality of the universal language faculty. *Behavior and Brain Sciences* 32: 465–466.

Plank, Frans 1984. 24 grundsätzliche Bemerkungen zur Wortarten-Frage. *Leuvense Bijdragen* 73: 489–520.

——1999. Split morphology: how agglutination and flexion mix. *Linguistic Typology* 3/3: 279–340.

Plank, Frans and Schellinger, Wolfgang 1997. The uneven distribution of genders over numbers. Greenberg Nos. 37 and 45. *Linguistic Typology* 1/1: 53–101.

Ramat, Paolo 1987. *Linguistic Typology*. Berlin: Mouton de Gruyter.

Randall, Lisa 2011. How science can lead the way. *TIME Magazine*, October 3, 2011, 20.

Rijkhoff, Jan 2002. *The Noun Phrase*. Oxford University Press.

Roca, Iggy and Johnson, Wyn 1999. *A Workbook in Phonology*. Oxford: Blackwell.

Rogers, Henry 2005. *Writing Systems. A Linguistic Approach*. Oxford: Blackwell.

Rubba, Johanna 2001. Introflection. In Haspelmath et al. (eds.) 678–694.

Sanders, Gerald A. 1977. Functional constraints on grammar. In Juilland, Alphonse (ed.) *Linguistic Studies Offered to Joseph Greenberg on the Occasion of His Sixtieth Birthday*, 161–178. Saratoga: ANMA LIBRI.

Sandler, Wendy 1996. Representing handshapes. *International Review of Sign Linguistics* 1: 115–158.

Sandler, Wendy and Lillo-Martin, Diane. 2006. *Sign Language and Linguistic Universals.* Cambridge University Press.

Saxe, Geoffrey B. 1981. Body parts as numerals: A developmental analysis of numeration among the Oksapmin in Papua New Guinea. *Child Development*, 52/1: 206–316.

Schachter, Paul 1976. The subject in Philippine languages: topic, actor, actor-topic or none of the above ? In Li, Charles N. (ed.) *Subject and Topic*, 491–518. New York: Academic Press.

Schachter, Paul and Otanes, Fe T. 1972. *Tagalog Reference Grammar.* University of California Press.

Seiler, Hansjakob 2000. *Language Universals Research: A Synthesis.* Tübingen: Gunter Narr Verlag.

Shibatani, Masayoshi and Bynon, Theodora (eds.) 1995. *Approaches to Language Typology*. Oxford: Clarendon Press.

Schieffelin, Bambi B. 1985. The acquisition of Kaluli. In Slobin (ed.), Volume I, 525–594.

Shkarban, Lina I. and Rachkov, Gennadij E. 2007. Reciprocal, sociative and comitative constructions in Tagalog. In Nedjalkov (ed.) 887–931.

Shopen, Timothy (ed.) 1979a. *Languages and Their Speakers*. Cambridge, MA: Winthrop.

——(ed.) 1979b. *Languages and Their Status.* Cambridge, MA: Winthrop.

——(ed.) 2007. *Language Typology and Syntactic Fieldwork*, Volumes I-III. Second edition. Cambridge University Press.

Siewierska, Anna 2004. *Person*. Cambridge University Press.

——2005a. Gender distinctions in independent personal pronouns. In Haspelmath et al. (eds.) 182–185.

——2005b. Alignment in verbal person marking. In Haspelmath et al. (eds.) 406–409.

Siewierska, Anna and Bakker, Dik 1996. The distribution of subject and object agreement and word order type. Studies in Language 20/1: 115–161.

Simon, Herbert 1962. The architecture of complexity. *Proceedings of the American Philosophical Society* 106/6: 467–482.

Simone, Raffaele (ed.) 1995. *Iconicity in Language*. Amsterdam/Philadelphia: Benjamins.

Slobin, Dan Isaac (ed.) 1985. *The Crosslinguistic Study of Language Acquisition*. Volumes I-V. Hillsdale: Erlbaum.

——1985a. Crosslinguistic evidence for the languagemaking capacity. In Slobin (ed.), Volume II, 1157–1256.

——1985b. The universal, the typological, and the particular in acquisition. In Slobin (ed.), Volume V, 1–39.

——2003. Language and thought online: cognitive consequences of linguistic relativity. In Gentner and Goldin-Meadow (eds.) 157–191.

Song , Jae Jung 2001. *Linguistic Typology: Morphology and Syntax*. Harlow: Pearson.

——(ed.) 2011 . *The Oxford Handbook of Linguistic Typology*. Oxford University Press .

——2012 . *Word order*. Cambridge University Press.

Spencer, Andrew and Zwicky, Arnold M. (ed.) 1998. *The Handbook of Morphology*. Oxford: Blackwell.

Stassen, Leon 2009. *Predicative Possession*. Oxford University Press.

Sun, Chaofen. 1996. *Word-order Change and Grammaticalization in the History of Chinese*. Stanford University Press.

Supalla, Ted. 1986. The classifier system in American Sign Language. In Craig (ed.) 181–214.

Talmy, Leonard 2007. Lexical typologies. In Shopen (ed.), Volume III, 66–168.

Tarallo, Fernando and Myhill, John. 1983. Interference and natural language processing in second language acquisition. *Language Learning* 33/1: 55–76.

Taylor, John R. 2003. *Linguistic Categorization*. Third edition. Oxford University Press.

Terrill, Angela 2006. Body part terms in Lavukaleve, a Papuan language of the Solomon Island. *Language Sciences* 28 /2–3: 304–322.

Thomason, Sarah G. 2001. *Language Contact: An Introduction*. Georgetown University Press.

Tomasello, Michael 2003. *Constructing a Language: A Usage-based Theory of Language Acquisition*. Harvard University Press.

Traugott, Elizabeth Closs 1972. *The History of English Syntax*. New York: Holt, Rinehart and Winston, Inc.

Underhill, Robert 1976. *Turkish Grammar*. The MIT Press.

Vennemann, Theo 1973. Explanation in syntax. In Kimball, John (ed.) *Syntax and Semantics*, Volume II, 1–50. New York: Academic Press.

Vogel, Petra M. and Comrie, Bernard (eds.) 2000. *Approaches to the Typology of Word Classes*. Berlin: Mouton de Gruyter.

Völkel, Svenja. 2010. *Social Structure, Space and Possession in Tongan Culture: An Ethnolinguistic Study*. Amsterdam/Philadelphia: Benjamins.

Wanner, Eric and Maratsos, Michael. 1978. An ATN approach to comprehension. In Halle, Morris, Bresnan, Joan, and Miller, George A. (eds.) *Linguistic Theory and Psychological Reality*, 119–161. The MIT Press.

Weber, David John 1989. *A Grammar of Huallaga(Huánuco) Quechua*. University of California Press.

Whaley, Lindsay J. 1997. *Introduction to Typology: The Unity and Diversity of Language*. Thousand Oaks: Sage.

Whitelock, Doris 1982. *White Hmong Language Lessons*. University of Minnesota.

Wierzbicka, Anna 1997. *Understanding Cultures Through Their Key Words. English, Russian, Polish, German, and Japanese*. Oxford University Press.

——2008. Why there are no 'colour universals' in language and thought.

Journal of the Royal Anthropological Institute 14/2: 407–425.

Wiese, Heike 2003. *Numbers, Language, and the Human Mind*. Cambridge University Press.

Winawer, Jonathan, Witthof, Nathan, Frank, Michael C., Wu, Lisa, Wade, Alex R., and Boroditsky, Lera 2007. Russian blues reveal effects of language on color discrimination. *Proceedings of the National Academy of Sciences of the United States of America* 104/19: 7780–7785.

Wirth, Jessica R. 1983. Toward universal principles of word formation: a look at antonyms. In Shiroó Hattori and Kazuko Inoue (eds.) *Proceedings of the XIIIth International Congress of Linguists*, August 29-September 4 1982, Tokyo.

Witkowski, Stanley and Brown, Cecil H. 1982. Whorf and universals of color nomenclature. *Journal of Anthropological Research* 38/4: 411–420.

Wohlgemuth, Jan and Cysouw, Michael (eds.) 2010a. *Rara and Rarissima. Documenting the Fringes of Linguistic Diversity*. Berlin: De Gruyter Mouton.

——(eds.) 2010b. *Rethinking Universals: How Rarities Affect Linguistic Theory*. Berlin: De Gruyter Mouton .

Zeshan, Ulrike 2004a. Hand, head, and face: negative constructions in sign language. *Linguistic Typology* 8/1: 1–58.

——2004b. Interrogative constructions in signed languages: crosslinguistic perspectives . *Language* 80/1: 7–39.

——2005a. Sign languages. In Haspelmath et al. (eds.)558–559.

——2005b. Irregular negatives in sign languages. InHaspelmath et al. (eds.) 560–563.

——2005c. Question particles in sign languages. InHaspelmath et al. (eds.) 564–567.

术语检索

英文原文术语和页码	中文译文和页码
abbreviations xii–xiii	缩略语 1–3
absolute universals 14	绝对共性 18–19
accents 220–225	口音 275–279
Contrastive Analysis Hypothesis 221	对比分析假说 241
Markedness Differential Hypothesis 222–223	标记性差异假说 275–276
Structural Conformity Hypothesis 223–225, 230	结构一致性假说 275–279
Accessibility Hierarchy 71–75, 101, 231–236, 281	可及性等级 83, 91, 94, 95, 128, 131, 132, 290, 349, 378
accusative alignment 87, 90	受格配置 111–115
accusative case 68, 86	受格 87, 110
acronyms 46	首字母缩略词 60
active alignment 87, 88, 90	活动配置 111–113
adjacency 91, 95–96, 172, 250–251, 257, 272	毗邻 / 相邻 116, 119–122, 174, 310–319
adjectives 51–59	形容词 67–73
color words 56–59	颜色词 74–81
see also antonyms	另见"反义词" 70–73

（续表）

英文原文术语和页码	中文译文和页码
adjuncts: definition 281	修饰语：定义 349
adpositions 91, 98–100, 208–209, 281	附置词 116, 124–126, 260–261, 314
affixes 112–113	词缀 153–155
derivational 121, 122, 140, 141, 143–144	派生词缀 152, 153, 177, 178, 181–182
inflectional 121, 122, 140, 141, 143–144	屈折词缀 154, 158, 178, 179, 181, 189, 206, 378
invariance vs. variance of affix forms 115	词缀形式的不变性与变异性 145
monosemous vs. polysemous affixes 113, 114, 116, 123–125	单义词缀与多义词缀 142, 145, 151, 155, 184
overt vs. zero affixes 116–117	显性词缀与零词缀 146, 184,
separatist vs. cumulative affixes 113, 114, 115, 122–125	分离式词缀和累加式词缀 137, 142, 150
single-form vs. synonymous affixes 116	单一形式 vs. 同义词缀 145
synonymy 115, 116	同义词 145, 147
vs. words 144	单词, 188–191
agglutination 123, 281	粘着 123, 295
agreement 67–68, 81, 82–86	一致 83, 107, 109, 129, 130
controllers 82, 82–84, 281	控制项 104–107, 109, 349
features 82, 281	特征 104
targets 82, 281	目标 104, 349
verb agreement 82–84	动词一致 104–108
vs. government 69	管辖 84
Agreement Hierarchy 84–86	一致结构等级 107
alienable possession 35, 281	可渡让领属 46, 349
alignment 87–90, 281	配置/对齐 111–115, 350
accusative alignment 87, 90	受格配置 111, 113–115

（续表）

英文原文术语和页码	中文译文和页码
active alignment 87, 88, 90	活动配置/对齐 110, 112, 114
ergative alignment 87, 88, 89, 90	施格配置/对齐 110, 112, 113, 114
allomorphs 114, 115, 126, 132	语素变体 143, 144, 159, 166
allophones 158, 160, 161, 162	音位变体 187, 202–206, 379, 388
alphabets 180, 182, 183	字母表 188, 226, 229
ambipositions 204, 281	附置介词 256, 350
analogy 266	类比 309–310
Animacy Hierarchy 84, 281	生命度等级 84, 83, 350, 379
antonyms 51–56	反义词 70–74, 262–268
first-language acquisition 209–214	母语习得 270–273
effect of frequency 211–214	频率效应 234–236
overextension 210–214	过度扩展 262–265
form 53	形式 70
frequency 53	频率 69–73, 80
morphological structure 55	形态结构 57–58
paradigmatic complexity 54–55	聚合复杂性 72–73
syntagmatic simplicity 54–55	组合简单性 72–73
use 51–53	使用 67–71
argument: definition 281	论元：定义 349
articles	冠词
crosslinguistic distribution 195–196	跨语言分布 286–288
genesis of articles 195–201, 249	冠词的起源 244–248, 303
gradual change 199	渐变性 248
inflections 198	屈折 206
language contact 199–200	语言接触 249–251
meaning 198	意义 273

（续表）

英文原文术语和页码	中文译文和页码
patterns of evolution 200–207	演变模式 297
phonological form 196–198	语音形式 320
assimilation 158–163	同化 198–202
manner of articulation 158	发音方式 226
orality vs. nasality 162	口腔化与鼻化 204, 205
place of articulation 158–162	发音部位 198–201
voice assimilation 158	语音同化 198
Association for Linguistic Typology 19	语言类型学协会 26
asymmetry 264	不对称性 328
augmentation 129	增强 162
automatization 258	自动化 379
body-part terms 26–27, 31–34	身体部位词 27–33, 41–45
existence of terms 31–34	词汇表达 40–45
and kinship terms 35	亲属称谓词 46
morphological composition 34	形态组合 45
borrowing 204	借词 194
boustrophedon 182	牛耕式转行书写法 230
calques 200	转借 250
case 68–69, 86–90	格 83–87, 109–115
accusative 68, 86	受格 87, 110
declensions 114–115	格变化 144
nominative 86	主格 109
syncretism 125	形态融合 177
categorization *see* taxonomy	范畴化 参见分类学

（续表）

英文原文术语和页码	中文译文和页码
choice of words and word forms see syntactic typology	词汇选择和词汇形式 参见句法类型学
chunking 209, 258, 259	组块 262
circumfixing 118, 139	环缀 118, 139/379
classifiers 75–80	量词/分类词 95–100
mensural classifiers 77	量词 133
numeral (sortal) classifiers 76–77	数量（分类）量词 95–96
languages 76–77	语言 97–99
semantics 77–80	语义 98–102
clitics 144, 174, 197[①]	附着语素 182, 219, 246
cognitive dissonance 268	认知过程不和谐 332
color words 56–59	（颜色词的）选择限制 74
choice constraints 57	（颜色词）选择 74
explanation for constraints 58, 60	结构解释 77, 79
restricted inventory 57	有限清单 74
complement: definition 281	补足语：定义 350
complexity	复杂程度
antonyms 54–55	反义词 73
and frequency 265	频率 328
implicational universals 15–16	蕴涵共性 20–22
complexity (cont.)	复杂性（续）
in relative clauses 235	在关系从句中 292
zero forms 134–135	零形式 171
compositionality 28–29, 30	组合性 38–39
body-part terms 34	身体部位词 44
definition 281	定义 349

[①] 译者注：原作无197，译者补。

（续表）

英文原文术语和页码	中文译文和页码
words vs. sentences 142	词 vs 句子 180
compound words 28–29, 30, 112, 120–121, 144, 154	复合词 37–38, 39, 140, 151–152, 182, 194
conceptualization 261	概念化 324
conditional universals *see* implicational universals	条件共性 参见蕴涵共性
conflict resolution 268	消解冲突 331
consonant clusters 223	辅音丛 278
consonant harmony 153–154	辅音和谐 192–193
consonantal writing systems 182	辅音文字系统 228–229
consonant–consonant order in syllables 166–172	音节中的辅音－辅音排序 209–216
consonants 176	辅音 222
nasal 13	鼻音 18
syllabic 156–157	音节性的 196
consonant–vowel inventories 175	辅音－元音库 221
consonant–vowel order in syllables 165–166	音节中的辅音－辅音排序 209
Contrastive Analysis Hypothesis 221	对比分析假设理论 275
Controller Hierarchy 83–84, 101	控制项等级 106–107, 128
copula 66–67, 70, 135	系动词 85–86, 89
correlation pairs 250, 256–257	关系对（对称关系）317, 319
evolution 207–209, 250	演变（化）259–262, 309
harmony by extension 207–208	扩展和谐 260–261
harmony by reanalysis 208–209	演变（化）259–262, 309
creativity in second-language acquisition 220	二语习得中的创造性 274
crosslinguistic generalizations 11, 20–21	跨语言概括（共性）15, 27–28

（续表）

英文原文术语和页码	中文译文和页码
discovery 20	发现 26
existence of words 28	词汇表达 37
testing 20	验证 26
crosslinguistic preferences *see* explaining crosslinguistic preferences	跨语言倾向性 参见关于跨语言倾向性的解释
crosslinguistic similarities 2–9	跨语言相似性 2–13
genetic relatedness 3–4, 5, 8	亲缘关系（历史）4–5, 7, 11
language contact 4, 5, 8, 199–200	语言接触 5–10, 249–250
language types 5, 7, 8, 182	语言类型 7, 10, 11
language universals 5, 8–9	语言共性 7, 12
shared environmental conditions 8	共享的自然或社会文化环境 11
cultural constraints 60–61	文化限制 77
data sources 19–21	数据来源 26–28
dative case 68	与格 87
declensions 114–115	词尾变化 144
definite article	定冠词
clitics 174	附着语素 246
gender syncretism 123–125, 136	性合并 156–157
demonstratives 197, 198, 201	指示词 246, 248, 251–252
dependents 7–8, 100, 256–257, 263, 281	从属语 10–11, 127, 318–319, 326
determinatives 180	限定性成分 227
diachrony 251–259	历时 311–321
grammaticalization 258–259	语法化 320–321
harmonization 256–257	语言和谐 309–317
interlanguage 252	中介语 312

（续表）

英文原文术语和页码	中文译文和页码
proximization 252–256	相邻关系 312–317
dichotomies 264	二分法 327–328
diminution 130	减小 164
domain-general properties 262–268, 270–271	普通（一般）领域特性 325–331, 335–336
conflict resolution 268	消解冲突 331
heads and dependents 263	核心和从属语 326
iconicity 266	象似性 330
imitation 266–267	模仿 330
linearization 265	线性化 329
markedness 264–265	标记性 327–328
symbolism 266	象征手法 329
types and tokens 263–264	类型和标记 326–327
wholes and parts 262–263	整体和部分 325–326
domain-specific properties 268–270	特定领域属性 334–336
poverty of stimulus 270	刺激缺乏 334
Universal Grammar 268–270	普遍语法 332–334
duplifixes 128, 129, 282	重叠（复制性）词缀 160–162, 350
"elevator experience" 2	"电梯经历" 2
ergative alignment 87, 88, 89, 90	施格配置 111–115
error rates 231	错误率 287
euphemisms 59	委婉表达 77
existential statements 11, 14, 69, 119	存在式命题 15, 18, 88, 150
explaining crosslinguistic preferences 2, 243–274	关于跨语言倾向性的解释 302–339
diachrony 251–259	历时 311–321

（续表）

英文原文术语和页码	中文译文和页码
first-language acquisition 251–252	一语习得 262–273
grammaticalization 258–259	语法化 320–321
harmonization 256–257	语言和谐 311–312
interlanguage 252	中介语 312
proximization 252–256	相邻关系 312–317
explanation defined 244–246	什么是解释 303–306
nomological explanations 246	必然性解释 305
permissive explanations 246	可能性解释 305
probabilistic explanations 246	或然性解释 305
function 259–271	功能 322–336
compatibility and necessity 261	吻合和必要 323
conflicting functions 262, 273	功能性的冲突 324
domain-general properties 262–268, 270–271	普通（一般）领域特性 325–331, 335–336
domain-specific properties 268–270	特定领域属性 334–336
goals 260–262	目标 323–325
means 262–271	方法 325–336
multiple functions 261–262	多重功能 324
language structure 246–247	语言结构 306–307
functional explanation 248, 271	功能解释 322, 336
historical explanation 247	历史性解释 308
structural explanation 246–249	结构的解释 306–309
extravagance 261	放纵 324
familiarity	熟悉程度
in relative clauses 234	关系从句中 291
in second-language acquisition 220, 230	在二语习得中 274
first-language acquisition 209–219	一语习得 262–273

（续表）

英文原文术语和页码	中文译文和页码
antonyms 209–214	反义词 262–267
chunking 209	组块 262
effect of frequency 211–214	频率的影响 265–267
overextension 210–214	过度扩展 262–267
and historical change 251–252	历史变化 312–313
nature vs. nurture 212–214, 217	先天与后天 265–267, 270
poverty of stimulus 270	刺激缺乏 334
resumptive pronouns 228	复指代词 283
spatial terms 214–219	空间词 268–273
frequency	频率
antonyms 53, 211–214	反义词 70, 268–271
linear order patterns 91–97, 100, 101	线性语序模式 117–123, 127, 128
overextension 211–214	过度扩展 262–267
and paradigmatic complexity 265	纵聚合复杂性 328
and simplicity of structure 265	结构简洁性 328
zero forms 135–137	零形式 171–172
function 259–271	功能 322–336
compatibility and necessity 261	吻合和必要 323
conflicting functions 262, 273	功能性的冲突 324
domain-general properties 262–268, 270–271	普通（一般）领域特性 325–331, 335–336
domain-specific properties 268–270	特定领域属性 334–336
goals 260–262	目标 323–325
means 262–271	方法 325–336
multiple functions 261–262	多重功能 324
functional approach 271	功能性路径 335

（续表）

英文原文术语和页码	中文译文和页码
gender	性
personal pronouns 42–43	人称代词 52
syncretism 123–125, 136	合并 156–158
genetic relatedness 3–4, 5, 8, 18	亲缘关系（历史）4–5, 7, 11, 24
geographic groups 18	地域组 24
government (grammatical) 68–69, 81, 82, 86–90	管辖（语法）87, 104, 109–115
grammaticalization 200, 201, 205, 206, 249, 258–259	语法化 250, 251, 257, 258, 309, 320–321
harmonization	语言和谐
diachrony 256–257	历时 311–312
harmony by extension 207–208	扩展和谐 260–261
harmony by reanalysis 208 209	通过重新分析达到和谐 261
heads 7–8, 100, 256–257, 263, 281	核心（中心语）10–11, 127, 318–319, 326
hieroglyphs 179–180, 182, 183	象形符号（文字）226–227, 229
hiragana 181, 183	平假名 228, 231
historical change 194, 195–209	历史变化 242, 243–262
genesis of articles 195–201, 249	冠词的起源 244–252, 309
grammaticalization 200, 201, 205, 206	语法化 250, 251, 257, 258
vocabulary 3	词汇 3
word order change 195, 201–209	语序演变 241, 252–262
homonymy 123	同形异义 155
homorganicity 159–160, 282	同部位（同质性）201, 351
iconicity 185, 186, 266	象似性 233, 330
imitation 266–267	模仿 330

（续表）

英文原文术语和页码	中文译文和页码
implicational universals 11–13, 14–16	蕴涵共性 14–18, 19–22
complexity 15–16	复杂程度 20–22
paradigmatic universals 14–15	聚合性共性 19
reflexive universals 14–15	自反性共性 19
syntagmatic universals 14–15	组合性共性 19
inalienable possession 35, 281	不可让渡领属 46, 350
indefinite articles 67	不定冠词 85
infixes 118, 138	中缀 174
inflections 198	屈折变化 247
inpositions 97	插入式（内置）介词 123
interlanguages 223–225, 230, 252	中介语 277–279, 285, 312
intonation 186	语调 234
introfixes 118, 139	内缀 174
invariance 195	恒定性 244
kanji 181, 183	日本汉字 228, 231
kinship terms 5, 34–39	亲属称谓词 6, 45–52
and body-part terms 35	身体部位词 47
condition of life of connective relative 37	系联亲属的生命状态 49
consanguineal vs. affinal relations 36, 37	血亲 vs 姻亲 47, 48
existence of terms 35–38	某术语的有无 47–50
generational difference 36, 37	代际差异 47, 49
lineal vs. collateral relations 36, 37	直系 vs 旁系亲属 47, 48
morphological structure 38–39	形态结构 50–51
relative age within generation 37	同代内的相对年龄 49
sex differentiation 36, 37	性别区分 48

（续表）

英文原文术语和页码	中文译文和页码
sex of connective relative 37	系联亲属的性别 48
sex of the speaker 37	说话者的性别 48
labial nasals 11	唇鼻音 15
Language and Culture Research Centre, Cairns Institute, James Cook University, Australia 17	澳大利亚詹姆斯库克大学凯恩斯研究所语言文化研究中心 23
language and thought 59–61	语言与思维 77–79
language change 193–240	语言演变 242–297
developmental change 194	发展演变 262
first-language acquisition 209–219	一语习得 262–273
second-language acquisition 219–231	二语习得 273–297
historical change 194, 195–209	历史变化 242, 243–262
genesis of articles 195–201, 249	冠词的起源 244–252, 309
grammaticalization 200, 201, 205, 206	语法化 250, 251, 257, 258
vocabulary 3	词汇 3
word order change 195, 201–209	语序演变 241, 252–262
invariance 195	不变性 244
linguistic performance 231–239	语言运用 286–297
competing motivations 236–239	竞争理据 293–297
relative clauses 231–236	关系从句 286–293
propagation 195	传播 244
stages 194	等级 243
language contact 4, 5, 8, 199–200	语言接触 5, 7, 10, 250–251
language groups 18①	语族 256
language samples 17–19	语言样本 22–25

---

① 译者注：原作 18 页未见，应为 204 页。

（续表）

英文原文术语和页码	中文译文和页码
Dryer's sampling technique 18–19	德莱尔取样技术 24–25
genetic groups 18	谱系组 24
geographic groups 18	地域组 24
measure of universal tendencies 18	倾向性共性的判定 24
language structure 246–247	语言结构 306–307
functional explanation 248, 271	功能性解释 323, 336
historical explanation 247	历史性解释 308
simplicity 265	简洁性 328
structural explanation 246–249	结构性解释 307–309
language types 5, 7, 8, 9①	语言类型 11, 12
language typology 1–21	语言类型学 1–28
data sources 19–21	数据来源 26–28
goals 2–10	研究目标 2–13
language samples 17–19	语言样本 22–26
statement types 10–17	结论性命题的种类 13–22
language universals 5, 8–9②	语言共性 12–13
Language Universals Archive 20–21③	语言共性档案库 27
lexical typology 25–62	词汇类型学 33–80
antonymic adjectives 51–56	反义形容词 67–74
body parts 26–27, 31–34	身体部位 33, 41–45
color words 56–59	颜色词 74–77
compositionality 28–29, 30	组合性 37–38, 39
kinship terms 5, 34–39	亲属称谓词 6, 45–52
language and thought 59–61	语言与思维 77–80

---

① 译者注：原作误，出现在 1，8，9 页。
② 译者注：原作误，出现在 9，10 页。
③ 译者注：原作误，出现在 20 页。

（续表）

英文原文术语和页码	中文译文和页码
morphological structure and meanings 30–31	形态结构和意义 40–41
number words 45–51	数词 59–67
onomatopoeia 28, 29	拟声词 37, 38
partonomy 27–28, 282	整体与部分关系 36–37, 351
personal pronouns 8–9, 39–45	人称代词 11–12, 52–59
polymorphemic words 30	多语素词 40
sounds and meanings 28–31	语音和意义 37–41
taxonomy 27–28, 282	分类法 352
words for everything? 26–28	一切事物都有对应的表达形式吗？ 34–37
linearization 265, 282	线性关系 329, 351
order pattern frequency 91–97, 100, 101 see also word order	语序模式的频率 115–124, 127, 128 另见：语序
linguistic performance 231–239	语言运用 286–297
competing motivations 236–239	竞争理据 293–297
error rates 231	错误率 287
linguistic performance (cont.)	语言运用（续）
preferential use 231	使用偏好 287
reaction time 231	反应时间 287
relative clauses 231–236	关系从句 286–293
self-repairs 237–239	自我修正 294–297
Linguistic Relativity hypothesis 59	语言相对性假设 78
logographic writing systems 181, 183, 282	表意文字书写系统 228, 230, 351
markedness 54–55, 264–265	标记性 71–72, 327–329

（续表）

英文原文术语和页码	中文译文和页码
morphology 134, 136–137, 143①	形态学 165, 174, 180–181
phonology 173–174	音系学 218–219
in sign and spoken languages 187	在手语和口语中 235
Markedness Differential Hypothesis 222–223	标记差异性假说 276–277
memory 136	记忆 172
mensural classifiers 77	量词 98
mereonomy see partonomy	部分整体关系 见 partonomy
metonymy 78, 79	转喻 99, 100
Minimize Domain Principle 235	最小域原则 292
Minimize Form Principle 236	最小形式原则 293
modality 13	可能性 18（此处中文翻译以译文正文为准）
modality effects 186	情态效应 233
monomorphemic words	单语素词
number words 45–46	数词 59–60
monosemous morphemes 113, 114, 116, 123–125②	单义语素 142, 145, 155–158
monosemy: definition 282	单义词：定义 351
morphemes	语素
affixes 112–113	词缀 140–142
derivational 121, 122, 140, 141, 143–144	派生性 152, 153, 178, 179, 181–182
inflectional 121, 122, 140, 141, 143–144	屈折性 152, 153, 178, 179, 181–182

---

① 译者注：原作 131，138，142–143 页也出现。
② 译者注：原作 113 页无。

（续表）

英文原文术语和页码	中文译文和页码
invariance vs. variance of affix forms 115	词缀形式的不变性 vs. 变异性 145
monosemous vs. polysemous affixes 113①, 114, 116, 123–125	单义词缀 vs. 多义词缀 142, 145, 155–158
overt vs. zero affixes 116–117	显性词缀 vs. 零词缀 146–147
separatist vs. cumulative affixes 113, 114, 115, 122–125	分裂词缀 vs. 累加词缀 142, 143, 144, 154–157
single-form vs. synonymous affixes 116	单一形式 vs. 同义词缀 145
allomorphs 114, 115, 126, 132	变体 143, 144, 158, 167
order 117–119	顺序 147–150
circumfixing 118, 139	环缀 148, 176
infixing 118, 138	中缀 147, 174–175
interlocking 117–118, 138	交互缀 147–149, 174
introfixing 118, 139	内缀 149, 176
suprasegmentals 118–119, 137, 139, 176	超音段 148–150, 174, 175, 222
reduplication 126–131	重叠 158–165
recurrent form properties 127–129	复现形式属性 159–162
recurrent semantic properties 129–131	复现语义属性 162–165
roots 112	词根 140
stems 112–113, 120–121	词干 140–141, 151–153
zero forms 114–115, 116–117②, 131–137	零形式 165–173
morphological categories	形态学范畴
affixes vs. words 144	词缀与词语 182

---

① 译者注：原作 113 页无。
② 译者注：原作 114–115 页，116–117 页中无。

（续表）

英文原文术语和页码	中文译文和页码
derivational vs. inflectional affixes 143–144	派生与屈折词缀 181–182
words vs. phrases 144	词与短语 182
morphological typology 109–146	形态类型学 136–183
analytic structures 111	分析型结构 139
choice of morpheme forms 114–117	语素形式的选择 143–147
invariance vs. variance of affix forms 115	语素形式的不变性与变异性 145
monosemous vs. polysemous affixes 116	单义与多义词缀 145
overt vs. zero affixes 116–117, 131–137	显性词缀与零词缀 146–147, 166–173
reduplication 126–131	重叠 158–165
separatist vs. cumulative affixes 115	分裂词缀与累加词缀 145
single-form vs. synonymous affixes 116	单一形式与同义词缀 145
choice of morphemes 111–114, 120–126	语素选择 138–142, 151–158
cumulation and syncretism 122–125	累加和合并 154–158
monosemous vs. polysemous affixes 113, 114, 123–125	单义性与多义性语素 与 404 重复
overt vs. zero affixes 116–117	显性词缀与零词缀 与 405 重复
separatist vs. cumulative affixes 113, 114, 122–123	分离与累积词缀 113, 114, 122–123/ 与 407 重复
stems and affixes 113, 120–122	词干和词缀 140, 150–151
markedness relations 134, 136–137, 143 [①]	标记性关系 181
order of morphemes 117–119, 137–143	语素顺序 147–150, 174–176

---

① 译者注：原作 134 页，136–137 页未见。

（续表）

英文原文术语和页码	中文译文和页码
free order 138	自由语序 174
interlocking order 117–118, 138	内嵌语序 147–148, 174
Relevance Hypothesis 140–142	相关性假说 178–181
simultaneity 137, 138	同时性 174, 175
suffixing vs. prefixing 139–140	后缀与前缀 176–177
synthetic structures 111	综合型结构 139
morphological vs. syntactic structures 142–143	形态与句法结构 180–181
nasal consonants 13	鼻辅音 18
Natural Semantic Metalanguage framework 40	自然语义元语言模型 53
nature vs. nurture 212–214, 217	先天与后天 266–268, 270
negation 245	否定 305
in sign and spoken languages 187	手语和口语 232
in sign languages 186	手语 232
neutralization 160, 161, 162, 282	中和 203, 204, 205, 351
nominative case 86	主格 109
nomological explanations 246	必然性解释 305
noun phrases 98–100	名词短语 102–104
number words 45–51	数词 59–67
existence of words 50, 245①	词汇表达 37, 40, 80
monomorphemic and polymorphemic numerals 45–46, 134, 135, 282②	单语素和多语素数词 60–61, 171
polymorphemic numerals	多语素数词 61–66
components 46	成分 60

---

① 译者注：原注 50 页，245 页未见，出现在 28 页，31 页，61 页。
② 译者注：原作 134 页，282 页未见。

（续表）

英文原文术语和页码	中文译文和页码
operations 49–50	运算 63–65
order of components 50	语素的顺序 65
structure 45–50, 51	结构 60–65, 66
numeral classifiers 76–77	数类词 97–98
'one' 197, 198, 201	"一" 246, 248, 249
onomatopoeia 28, 29	拟声词 37, 38
oral stops 10	口腔塞音 13
overextension in language acquisition 210–214	语言习得中的过度扩展 263–267
asymmetry 211	不对称性 264
effect of frequency 211–214	频率的影响 265–268
paradigmatic complexity *see* complexity	聚合复杂性 72, 73, 80, 171
paradigmatic relations: definition 282	聚合关系：定义 350
paradigmatic universals 14–15	聚合性共性 19–20
partonomy 27–28, 78, 262–263①	分体法 36–37, 99
in first-language acquisition 209	第一语言习得 262
Performance-Grammar Correspondence Hypothesis 252	运用 – 语法对应假说 313
verb and adposition 253–255	动词和附置词 314–316
verb and direct object 253	动词和直接宾语 313
permissive explanations 246	可能性解释 305
personal pronouns 8–9, 39–45	人称代词 35–36, 76–83
existence of words 44	词的有无 58
gender 42–43	性 56–57

---

① 译者注：原作 262–263 页无。

（续表）

英文原文术语和页码	中文译文和页码
morphological structure 43–44	形态结构 57–58
number 40–42	数 52–54
person 40	人称 52
social factors 42	社会因素 55
phonemes 151, 160, 161	音位 190, 198, 202
phonographic writing systems 179	表音文字系统 227
phonological categories 174–176	音系单位的划分和归类 219–222
consonants 176	辅音 222
consonant–vowel inventories 175	辅音－元音库 221
sound segments 175	音段 221
suprasegmentals 176	超音段 222
syllables 175	音节 221
vowels 175	元音 221
words 174–175	词 220–221
phonological deviance 150	音系分化 188
phonological reduction 199, 258	语音弱化 249, 320
phonological typology 149–176	音系类型学 187–240
choice of sound forms 156–157	语音形式选择 192–193
allophony 158, 160, 161, 162	音位变体 202, 203, 204
assimilation 158–163	同化 198–206
neutralization 160, 161, 162	中和 202, 203, 204
sound patterns 152–153	语音形式 191–192
choice of sounds within syllables 156–157	音节中的语音选择 196–197
syllabic consonants 156–157	音节性辅音 196–197
choice of sounds within words 153–156	词的语音选择 192–196
compounds 154	复合词 194
consonant harmony 153–154	辅音和谐 192–193

（续表）

英文原文术语和页码	中文译文和页码
sibilant harmony 153	咝音和谐 192
vowel harmony 154–156	元音和谐 193–196
markedness relations 173–174	标记关系 217–218
order of sounds 163–172	语音序列 206–217
consonant–consonant order in syllables 166–172	音节中的辅音－辅音排序 209–216
consonant–vowel order in syllables 165–166	音节中的辅音－元音排序 208–209
constraints 163–165	限制 207–208
stress placement 172	重音位置 217
temporal relations 172–173	时间关系 217–218
see also sign languages; writing systems	参见手语；写作系统
phonotactic constraints 163–165, 282	音位制约 206–208, 351
phrases vs. words 144	短语与词 182
pictograms 177, 282	象形文字 223, 350
plosives: definition 282	塞音：定义 350
polymorphemic words 30, 113	多形态词 39, 141
numerals 45–46, 49–50, 282	数词 59–60, 64–65, 350
polysemous morphemes 113, 114, 116, 123–125	多义语素 141, 142, 145, 155–156
polysemy: definition 282	多义性：定义 350
possessor 98–100, 282	领有者 124–126, 350
possessum 98–100, 282	所属物 124–126, 350
poverty of stimulus 270	刺激缺乏 334
precedence 91, 94–95, 96, 173	优势 116, 119–120, 122, 218
preferential use 231	优先使用 287
prefixes 117, 139–140	前缀 147, 176–177
prepositions 68, 175	前置词 87, 220

（续表）

英文原文术语和页码	中文译文和页码
probabilistic explanations 246	可能性解释/然性解释 305
pronouns *see* personal pronouns; resumptive pronouns	代词见人称代词；回指代词
proximization 251, 252–256	相邻/靠近 311, 313–317
possessed noun and adposition 255	领属名词和附置词 316
verb and adposition 253–255	动词和介词 314–316
verb and direct object 253	动词和直接宾语 314
questions	问题
in sign and spoken languages 187	在手语和口语中 235
in sign languages 186	在手语中 234
reaction time 231	反应时间 287
Rebus Principle 180	画谜原则 227
recursion 270	递归 334
reduplication 126–131	重叠 158–165
recurrent form properties 127–129	重复的形式特征 159–162
duplifixes 128	重叠词缀 160
partial reduplication 127–129	部分重叠 159–162
position 128	位置 161
repetitions 128–129	重复 160–162
semantic properties 129–131	语义属性 162–165
augmentation 129	增大 163
diminution 130	减小 164
in sign and spoken languages 186	在手语和口语中 234
in sign languages 185	在手语中 233
reflexive universals 14–15	反身共性 18–20

（续表）

英文原文术语和页码	中文译文和页码
relative clauses 70, 71, 72–75, 98, 231–236	关系从句 89, 90, 91–95, 124, 287–293
Relevance Hypothesis 140–142	相关性假设 178–180
Research Centre for Language Typology, La Trobe University, Melbourne, Australia 17	澳大利亚墨尔本拉伯筹大学语言类型学研究中心 23
Resolvability 223	可解决性 278
respect 5	尊敬 5
resumptive pronouns 70–75	回指代词 89–95
first-language acquisition 228	第一语言习得 283
linguistic performance 231–236	语言表达 287–293
second-language acquisition 225–230	第二语言习得 280–286
roots 112	词根 140
Sapir–Whorf hypothesis 59	萨皮尔-沃夫假说 78
second-language acquisition 219–231	第二语言习得 273–286
accents 220–225	口音 275–279
Contrastive Analysis Hypothesis 221	对比分析假设 275
Markedness Differential Hypothesis 222–223	标记性差异性假设 276–277
Structural Conformity Hypothesis 223–225, 230	结构一致性假设 277–280, 285–286
creativity 220	创造性 274
interlanguage 223–225, 230, 252	中介语 277–279, 286, 312
preference for the familiar 220, 230	对熟悉结构的偏爱 274, 286
resumptive pronouns 225–230	复指代词 279–286
selectivity 219, 220	选择性 273, 274
simplification 220, 230	简化/简单化 274, 286
self-repairs 237–239	自我修正 294–297

（续表）

英文原文术语和页码	中文译文和页码
semantic bleaching 199, 258	语义弱化 249, 320
sentences vs. words 142	句子与词 180
shared cultural environment 4–5	共享的社会文化环境 6–7
sibilant harmony 153	咝音和谐 192
sign languages 184–188	手语 232–235
shared properties of sign and spoken languages 186–187, 188	手语和口语的共性特征 234–235, 236
iconicity 186	象似性 234
markedness relations 187	标记关系 234
multiple levels of structure 186	结构多层级 233
negation 187	否定 235
questions 187	问题 235
reduplication 186	重叠 234
simultaneity 186	同时性 234
spatial identification of referents 185	空间指代标志 233
shared properties of sign languages 185–186, 187	手语的共性特征 232–234, 235
iconicity 185	像似性 233
multiple levels of structure 186	结构多层次 233
negation 186	否定 235
questions 186	问题 233
reduplication 185	重叠 185
use of simultaneous expression 185	表达的同时性 233
use of space 185	空间的使用 233
SIL *see* Summer Institute of Linguistics International	SIL 参见夏威夷语言学国际学会
simplification 267	简化 331
second-language acquisition 220, 230	第二语言习得 274, 286

(续表)

英文原文术语和页码	中文译文和页码
simultaneity	同时性
order of morphemes 137, 138	语素的顺序 173, 174
in sign and spoken languages 186	在手语和口语中 234
in sign languages 185	在手语中 233
"sniglets" 26	"苦笑" 34
social conventions 258	社会惯例 320
sonority: definition 168	响度：定义 212
Sonority Hierarchy 166–170, 174, 189	声调级 209–215, 219, 237
sortal classifiers 76	分类词 95
sound forms 156–157	语音形式 196–197
allophony 158, 160, 161, 162	不同音位变体 198, 202, 203, 204
assimilation 158–163	同化 198–205
neutralization 160, 161, 162, 282	中和 197, 202, 203, 351
sound patterns 152–153	语音形式 191
sounds	语音
and meanings 28–31	意义 37–41
order of sounds 163–172	语音序列 206–215
consonant–consonant order in syllables 166–172	音节内辅音–辅音顺序 209–215
consonant–vowel order in syllables 165–166	音节内辅音–元音顺序 208–209
constraints 163–165	限制 207–209
stress placement 172	重音位置 217
within syllables 156–157	音节内 196–197
within words 153–156	词内 192–195
compounds 154	复合词 194
consonant harmony 153–154	辅音和谐 192–193

（续表）

英文原文术语和页码	中文译文和页码
sibilant harmony 153	咝音和谐 192
vowel harmony 154–156	元音和谐 193–195
spatial terms 214–219	空间词 268–273
statement types 10–17	结论性命题的种类 13–20
existential statements 11, 14, 69, 119	存在式命题 15, 18, 88, 150
statistical statements 14	统计表述 19
universal statements 11–14	共性命题 15–18
statistical statements 14	统计表述 19
statistical universals 14, 18	统计共性 21, 24
stems 112–113, 120–121	词干 140–141, 151–152
stress 172, 175, 176, 186	重音 215, 218, 219, 320
Structural Conformity Hypothesis 223–225, 230	结构一致假设 275–277, 282
structure-dependence 269	结构依存 333
subjacency 269	基本结构 333
subjects 101–104	主语 128–131
suffixes 117, 139–140	后缀 145, 176–177
Summer Institute of Linguistics International (SIL) 17	国际语言学暑期学院 (SIL) 23
suprasegmentals 118–119, 137, 139, 176	超音段 146–147, 174, 176, 219
Surrey Morphology Group 20	萨里形态学小组 26
syllabaries 180–181, 282	音节文字 223–224, 351
syllabic consonants 156–157	音节辅音 195–196
syllabicity hierarchy 157, 168	音节等级 196, 211
syllables 175	音节 218
sounds within 156–157	音节内音 195–196
symbolism 266, 282	象征主义 330, 351
synchrony 249–251	历时 309–311

（续表）

英文原文术语和页码	中文译文和页码
adjacency 250–251	相邻性 310–311
grammaticalization 249	语法化 309
harmonization 250	和谐化 310
proximization 251	相邻化 311
syncretism 124–125	合并 156–157
syntactic categories 101–105	句法范畴 128–132
subject 101–104	主语 128–131
syntactic typology 65–105	句法类型学 83 –132
choice of word forms 67–69, 80–90	词形选择 85–87, 102–114
agreement 67–68, 69, 81, 82–86	一致 85–86 87, 103, 104–108
case 68–69	格 86–87
government 68–69, 81, 82, 86–90	管辖 86–87, 103, 104, 108–112
choice of words 66–67, 69–80	词的选择 84–85, 87–102
across languages 67	跨语言 85
across sentence types 67	跨句型 85
classifiers 75–80	分类词 95–102
resumptive pronouns 70–75	回指代词 90–95
syntactic categories 101–105	句法范畴 128–132
word order 69, 90–101	语序 88, 118–128
correlations of linear order patterns 97–100, 101	语序线性模式相关性 124–127, 128
frequencies of linear order patterns 91–97, 100, 101	语序线性模式频率 117–124, 127, 128
see also morphological vs. syntactic structures	见形态学和句法结构
syntagmatic relations: definition 282	组合关系：定义 350

（续表）

英文原文术语和页码	中文译文和页码
syntagmatic simplicity 54–55, 133–134	组合简单性 72–73, 167–168
syntagmatic universals 14–15	组合共性 19–20
syntax and phonology 269	句法学和音韵学 333
taxonomy 27–28, 77, 263–264	分类 35–36, 98, 327–328
first-language acquisition 209	第一语言习得 261
temporal relations 172–173	时间关系 216–217
adjacency 91, 95–96, 172	相邻性 117, 122–123, 216
precedence 91, 94–95, 96, 173	优势 117, 121–122, 123, 217
terminal devoicing 162	终端清化 203
tetrachoric tables 12	四分表 16
to be *see* copula	to be 见系动词
tone languages 176	声调语言 219
topicalization 84, 282	话题化 106, 351
Typological Database System 20	类型学数据系统 26
umlaut 181	元音交替 224
Universal Grammar 268–270, 271	普遍语法 332–334, 335
principles and parameters 269–270	原则与参数 333–334
as toolkit 270	工具 334
universal statements 11–14	共性表述 15–18
implicational universals 11–16	蕴含共性 15–20
modality 13	情态 17
unrestricted universals 11–14	非限制共性 15–18
universal tendencies 18	共性趋势 22
unrestricted universals 11–13	非限制共性 15–17

（续表）

英文原文术语和页码	中文译文和页码
visual forms of language	视觉语言形式
see sign languages; writing systems	见 手语；书写系统
vocabulary 2	词汇 3
environmental influences 4–5	环境影响 4–5 没找到
language contact 4	语言接触 10
shared historical origin 3–4	共同的历史起源 3–4
similarities and differences 3	相似性和差异性 3
see also lexical typology	又见：词汇类型学
vowel harmony 154–156	元音和谐 193–196
vowels 175	元音 218
Wackernagel's Law 94	瓦克纳格尔定律 119
word order 69, 90–101, 253	语序 88, 115–128, 313
free-order languages 95, 96–97	自由语序语言 116, 122–123
linear order patterns: correlation pairs 97–100, 101, 202	线性语序模式：关系配对 124–127, 128, 252
linear order patterns: relations 91, 94–97, 101	线性语序模式：关系 115, 119–123, 128
adjacency without precedence 91, 95–96	毗邻且非前置 116, 121–122
free order 91, 96–97	自由语序 116, 122–123
immediate precedence 91, 96	先后毗邻（紧邻且前置）116, 122
interlocking order 91, 97	居中语序 116, 123
precedence without adjacency 91, 94–95	前置但不紧邻 116, 119–120
linear order patterns: terms 91–94, 100	线性语序模式：术语 115–120, 127

(续表)

英文原文术语和页码	中文译文和页码
individual lexemes 91, 92–93	单个词项/词位 116, 117–118
numerical position 91, 93–94	位序 116, 118–119
phrase and clause class 91, 92	短语和小句类别 116, 117
word class 91	词类 116
SOV languages 5–6, 18–19, 69, 95, 97, 253, 254	SOV 语言 7–8, 24–25, 88, 121, 124, 314, 315
SVO languages 95, 253–254	SVO 语言 121, 313–315
VSO languages 6–8, 97	VSO 语言 8–10, 124
word order change 195, 201–209	语序演变 244, 252–261
evolution of correlation pairs 207–209, 250	关联配对的演变;关联 259–261, 310
harmony by extension 207–208	通过扩展的和谐 260–261
harmony by reanalysis 208–209	通过重新分析的和谐 260–261
evolution of order of S, O, V 202–207	S, O, V 顺序的演化 252–259
words 174–175	词 220–221
compound words 28–29, 30, 112, 120–121, 144, 154	复合词 37–38, 39, 140, 151–152, 182, 194
existence of words 28, 44	词的表达/呈现 37, 58
monomorphemic words 282	单语素词 351
sounds within 153–156	(词)内部音 192–196
vs. affixes 144	词缀(与之相对)182
vs. phrases 144	短语(与之相对)182
vs. sentences	句子(与之相对)180
see also lexical typology; syntactic typology	另见 词汇类型学;句法类型学
World Atlas of Language Structures (WALS) 19	世界语言结构地图 (WALS) 26

（续表）

英文原文术语和页码	中文译文和页码
writing systems 176–184	书写系统 222–231
alphabetic systems 180, 182, 183	字母（系统）227, 229, 230
consonantal systems 182	辅音（系统）229
direction of writing 182, 184	书写方向 230, 231
generalizations 183–184	共性 230–231
hieroglyphs 179–180, 182, 183	象形文字 226–227, 229, 230
logographic systems 177, 181, 183, 282	表意文字系统 224, 226, 230, 351
phonetic features 181–182	语音特征 228–229
phonographic systems 179	表音文字系统 226
pictograms 177, 282	象形文字 223, 351
syllabic systems 180–181, 282	音节文字系统 228–229, 352
zero forms 131–137	零形式 165–173
allomorphs 132	语素变体 166
frequency 135–137	频率 171–173
morphemes 114–115, 116–117, 132	语素 143–144, 145–147, 167
paradigmatic complexity 134–135	聚合复杂性 170–171
syntagmatic simplicity 133–134	组合简单性 167–170

语言索引

英文原文和页码	中文译文和页码
Agta morphology 129, 130, 147	阿格塔语形态（学）163、164、185
Ainu word order 69, 98, 99	阿伊努语语序 88
Akan phonology 190	阿肯语音系学 238
Albanian	阿尔巴尼亚语
articles 198, 201	冠词 39, 251
American Sign Language (ASL) 184	美国手语（ASL）232
Amharic	阿姆哈拉语
morphology 139	形态（学）176
word order 204	语序 255
Amoy writing system 178	潮汕话书写系统 225
Anindilyakwa kinship terms 35	阿宁迪利亚克瓦语亲属名词 45
Arabic 4	阿拉伯语 5
antonymic adjectives 53	反义形容词 67
articles 67, 196, 198	冠词 85、245、248
copula 66	系动词 85
Egyptian Arabic articles 196	埃及阿拉伯语冠词 245
Lebanese Arabic verb agreement 82, 84	黎巴嫩阿拉伯语动词一致 105、107
Maltese Arabic 198	马耳他阿拉伯语 248

（续表）

英文原文和页码	中文译文和页码
resumptive pronouns 236	回指/复指代词 352
Syrian Arabic	叙利亚阿拉伯语
morphology 128	形态（学）161
personal pronouns 42–43	人称代词 56–57
vocabulary 4	词汇 4
word order 6, 97, 99, 204	语序 6、123、125、255
writing system 182	书写系统 298
Aramaic articles 199	亚拉姆语冠词 248
Arawak word order 272	阿拉瓦克语语序 337
Arrente phonology 165	阿伦特语音系学 208
ASL see American Sign Language	ASL 见美国手语
Atakapa morphology 129	阿塔卡帕语形态（学）163
Aztec morphology 128	阿兹特克语形态（学）161
Basque	巴斯克语 95
articles 196	冠词 245
morphology 133	形态（学）170
resumptive pronouns 74	回指/复指代词 92
Batsbi morphosyntactic patterns 273	巴茨比语形态句法模式 338
Bengali morphology 130	孟加拉语形态（学）165
Berber see Imdlawn Tashlhiyt Berber	柏柏尔语见伊姆德劳恩·塔什尔希特柏柏尔语 196
Bikol morphology 127, 131	比科尔语形态（学）160、165
Bontok morphology 138, 268	北菲律宾高山语形态（学）175
Breton morphology 133	布列塔尼语形态（学）168
Bulgarian articles 197	保加利亚语冠词 247
Burmese	缅甸语
classifiers 76	分类词 97

（续表）

英文原文和页码	中文译文和页码
phonology 151	音系学 182

Cantonese Chinese
  copula 67
  second-language acquisition 224, 227, 228–230
	粤语
	  系连词 85
	  第二语言习得 272、274、275–279

Catalan terminal devoicing 162	加泰罗尼亚语终声去音 203
Cebuano classifiers 76	宿务语分类词 97
Chemehuevi morphology 133	切梅胡埃维语形态（学）168
Cheremis morphology 138	切尔尼米斯语形态（学）175
Cheyenne morphology 147	夏延语形态（学）186
Chinese writing system 177, 182, 183 see also Cantonese Chinese; Mandarin Chinese	汉语书写系统 224、230、231，另请参见粤语和普通话
Chukchi morphology 111	楚克奇语形态（学）138
Chumash phonology 153	丘玛什语音系学 192
Coeur d'Alene morphology 128	科尔达伦语形态（学）161
Cushitic languages word order 204	库希特语族话序 256
Czech phonology 156	捷克语音系学 196
Dakota body-part terms 35	达科他语身体部位名词 46
Danish antonymic adjectives 53, 55	丹麦语反义形容词 71–73

Dutch
  telling the time 50
  vocabulary 3
	荷兰语
	  报时表达 65–66
	  词汇 3

Dyirbal personal pronouns 42	迪尔巴尔语人称代词 55
English 2	英语 2

（续表）

英文原文和页码	中文译文和页码
agreement 67	一致 87
American English verb agreement 84	美式英语动词一致 107
antonymic adjectives 51–53, 55	反义形容词 67–74
articles 67, 197, 198	冠词 85、246–248
body-part terms 27–28, 34	身体部位名词 41–45
case 68–69, 86–90	格 88–89, 109–115
color words 60	颜色词 78–79
comparatives 133, 135	比较级 168, 171
complementizers 201	补足语标记 251
compositionality 28–29, 30	组合性 37–40
copula 66	系动词 85
first-language acquisition 210–214	一语习得 262–267
government 81, 82	管辖 104
grammaticalization 200, 250	语法化 250、320–321
kinship terms 36, 38, 39	亲属称谓词 45–52
morphology 112, 114, 117, 119, 121, 127, 132, 133, 134, 141	形态（学）138–177
negatives 133	否定 168
number words 45, 46, 50	数词 59–60, 66
onomatopoeia 28	拟声词 37
personal pronouns 41	人称代词 54
phonemic inventory 194	音位库藏/清单 242
phonology 150, 151, 152, 154, 156, 159, 160, 162, 166, 169, 171	音系学 187–218
pluralization 75, 79	复数（形式）95–96, 101
questions 133	问句 168
relative clauses 232–233, 234	关系从句 290–293

（续表）

英文原文和页码	中文译文和页码
resumptive pronouns 70, 74, 236	回指／复指代词 89, 94, 293
second language acquisition 222, 227, 228–230	二语习得 273–297
self-repairs 237–238, 239	自我修正 294–297
spatial terms 215–219	空间词 268–273
subject 102	主语 129
telling the time 50	报时表达 65–66
verb agreement 82, 84, 135	动词一致 104, 107, 171
vocabulary 2, 3–4	词汇 2, 3–4
word formation 89	构词 113
word order 91, 92, 202–203, 272	语序 115–118, 252–254, 336
Estonian	爱沙尼亚语
morphology 133	形态（学）168
number words 49	数词 65
Ewe morphology 127	埃维语形态（学）160
Fijian	斐济语
morphology 121	形态（学）152
word order 98, 99	语序 125–126
Finnish	芬兰语
articles 199	冠词 249
case 115, 126	格 144, 158
gender 124	性 156
morphology 133, 142	形态（学）168, 178
phonology 155	音系学 196
second-language acquisition 227	二语习得 287
writting system 179, 183	书写系统 225, 231

（续表）

英文原文和页码	中文译文和页码
Finno-Ugric languages	芬兰－乌戈尔语族语言
phonology 155	音系学 195
French	法语
articles 199	冠词 249
case 68–69	格 88–89
compositionality 30	组合性 40
government 82	管辖 104
grammaticalization 200, 250	语法化 250, 320–321
kinship terms 5, 39	亲属称谓词 6, 51–52
language acquisition 210	语言习得 262
morphology 132	形态（学）168
negative expressions 97	否定表达 123
number words 47	数词 60
personal pronouns 42–43	人称代词 54–55
relative clauses 233–234	关系从句 290–292
resumptive pronouns 236	回指/复指代词 293
telling the time 50	报时表达 65–66
vocabulary 3, 30	词汇 3, 36
word order 97	语序 125
Galla (Oromo)	Oromo 语
body-part terms 33	身体部位名词 43
word order 204	语序 254
Gêgbe antonymic adjectives 53	Gêgbe 语反义形容词 71
Georgian	格鲁吉亚语
case 88	格 114
grammaticalization 200	语法化 250

（续表）

英文原文和页码	中文译文和页码
phonology 170	音系学 217
German	德语
agreement 85	一致 108
antonymic adjectives 53, 55	反义形容词 69, 73
articles 199, 201	冠词 249–251
body-part terms 34	身体部位词 45
case 68–69, 124, 125	格 88–89, 156
gender syncretism 123–125, 136	性合并 155–157, 173
government 82	管辖 104
grammaticalization 250	语法化 320–321
kinship terms 5, 39	亲属称谓词 6, 51–52
morphology 117, 118, 123–125	形态（学）143–157
number words 50	数词 66
phonology 150, 152, 161	音系学 187–190, 201
pluralization 80	复数（形式）97
second-language acquisition 222	二语习得 282
self-repairs 238–239	自我修正 294–297
subject 102	主语 129
taxonomy 27	分类法 36
telling the time 50	报时表达 65–66
umlauts 181	曲音符号 228
vocabulary 2, 3–4	词汇 2, 3–4
word order 93, 203, 207–208	语序 118, 254, 259
Germanic languages	日耳曼语
articles 199	冠词 249
grammaticalization 200	语法化 250
vocabulary 3	词汇 3

（续表）

英文原文和页码	中文译文和页码
Gilbertese resumptive pronouns 236	吉尔伯斯特语回指/复指代词 293
Grand Ronde Chinook Jargon	大朗德奇努克混合语
definite article 199	定指冠词 249
Greek, Ancient	古希腊语 176
morphology 139	形态（学）176
writing system 182	书写系统 230
Greek, Modern	现代希腊语 182
articles 199	冠词 248
morphology 144	形态（学）182
onomatopoeia 29	拟声词 37
second-language acquisition 227	第二语言习得 273
Greenlandic Eskimo *see* West Greenlandic Eskimo	格陵兰爱斯基摩语见西格陵兰 176
Guana number words 50	瓜纳语数词 66
Guugu Yimidhirr kinship terms 5, 36, 37	古古伊米迪尔语亲属称谓 6, 47, 49
Haitian Creole definite article 199	海地克里奥尔语定冠词 249
Harari word order 204	哈拉里语的语序 256
Hausa	豪萨语 45,70,71
antonymic adjectives 53	反义形容词 69
body-part terms 34	身体部位名词 44
resumptive pronouns 73	复指/回指代词 83
Hawaii Creole English language change 240	夏威夷克里奥尔英语语言变迁 298
Hawaiian personal pronouns 41	夏威夷语人称代词 55
Hebrew 4	希伯来语 5
articles 199	冠词 248

(续表)

英文原文和页码	中文译文和页码
body-part terms 34	身体部位名词 44
language acquisition 209	语言习得 262
morphology 118	形态（学）137
resumptive pronouns 72, 236	复指/回指代词 81, 293
vocabulary 4	词汇 6
writing system 182	书写系统 230
Hinalug phonology 155	伊纳卢格语音系学 194
Hindi	印地语
phonology 151, 160	音系学 189, 201
word order 5–6, 97, 99	语序 7–8, 123, 126
Hmong morphology 111, 120	苗语形态（学）139, 151
Huallaga (Huánoco) morphology 141	瓦拉加语形态（学）179
Hunde morphology 139	洪德语形态（学）176
Hungarian 4	匈牙利语 5
articles 198, 199	冠词 247, 248
body-part terms 33, 34, 218	身体部位名词 44, 45, 272
copula 67	系动词 85
grammaticalization 258	语法化 320
kinship terms 37	亲属称谓 48
morphology 111, 112, 117, 122, 141, 142	形态（学）138, 139, 140, 147, 154, 178, 180
personal pronouns 42	人称代词 52
phonology 154, 155	音系学 191, 195
second-language acquisition 223	第二语言习得 278
taxonomy 27	分类法 36
vocabulary 2, 4	词汇 2, 6
word order 96	语序 122

（续表）

英文原文和页码	中文译文和页码
Ibibio color words 57	伊比比奥语颜色词汇 75
Ibo color words 57	伊博语颜色词汇 75
Imdlawn Tashlhiyt Berber phonology 156	伊姆德劳恩·塔什尔希特柏柏尔语音系学 196
Indonesian 4	印尼语 5
government 81	管辖 104
morphology 130	形态（学）165
vocabulary 4	词汇 5
Italian	意大利语
articles 199	冠词 249
vocabulary 3	词汇 3
Itelmen phonology 155	伊捷尔缅语音系学 194
Jahai body-part terms 32, 34	贾哈伊语身体部位名词 42, 44
Jalé color words 57	贾莱语颜色词汇 75
Japanese 4	日语 5
classifiers 77–78, 79	计量词 97–98, 101
grammatical agreement 68	语法一致性 87
kinship terms 5, 37, 38	亲属称谓 6, 48, 49
phonology 151	音系学 190
pluralization 75	复数化 96
second-language acquisition 224	第二语言习得 227
self-repairs 237–238, 239	自我修正 295–296, 297
vocabulary 4	词汇 6
word order 5–6, 97, 99, 253	语序 7–8, 124, 126, 314
writing system 180, 182, 183	书写系统 228, 230, 231

(续表)

英文原文和页码	中文译文和页码
Kaluli language acquisition 211, 240	卡鲁利语言习得 264, 298
Katu morphology 117–118	卡都语形态（学）148–149
Kayardild vocabulary 5, 30	凯亚迪尔语词汇 6, 39
Kikuyu morphology 117	基库尤语形态（学）148
Kinyarwanda morphology 141, 142	卢旺达语形态（学）178, 179
Kiribati morphology 139	基里巴斯语形态（学）176
Kisi morphology 119	基西语形态（学）149
Klamath phonology 173	克拉马斯语音系学 219
Koasati morphology 129	科阿萨蒂语形态（学）163
Komi *see* Zyrian	科米语见维尔穆尔语 175
Kono word order 205–206	科诺语语序 257–258
Korean	朝鲜语
absence of articles 196	缺乏冠词 245
classifiers 76, 77, 79, 80	计量词 96, 97, 99, 100
han'gul writing system 181–182	书写系统 229–231
phonology 158–159, 160, 161	音系学 199–200, 201, 202
pluralization 75	复数化 98
resumptive pronouns 236	回指/复指代词 269
second-language acquisition 224	第二语言习得 257
writing system 184	书写系统 233
Kyuguot Nootka morphology 129	久乌戈特努特卡语形态（学）163
Lahu body-part terms 34	拉祜语身体部位名词 45
Latin	拉丁语
agreement 81	一致关系 103
compositionality 30	组合性 40
demonstratives 199	指示词 249
government 81, 82	管辖 103, 104

（续表）

英文原文和页码	中文译文和页码
grammaticalization 258	语法化 320
morphology 113, 116, 122, 127, 132	形态（学）142
number words 49–50, 135	数词 64–65, 166
phonology 170, 172	音系学 215, 217
Lavukaleve body-part terms 32	拉武卡莱夫身体部位名词 42
Lezgian pronouns 201	列兹金语代词 251
Lonwolwol body part terms 32	隆沃沃尔身体部位名词 43
Luiseño verbs 106	卢伊塞诺语动词 134
Lunda kinship terms 38	鲁恩达语亲属称谓 50
Malay	马来语
body-part terms 34	马来语身体部位名词 45
morphology 112	形态（学）140
Manange morphology 133	曼南格语形态（学）168
Mandarin Chinese	汉语普通话
articles 199	普通话冠词 248
morphology 30, 111, 112, 116, 120, 127, 129	形态（学）39, 139, 140, 146, 151, 154, 156
personal pronouns 43	人称代词 52
questions 187	问题 235
word order 205	语序 257
writing system 178	书写系统 224
Mande word order 205–206	曼德语语序 257–258
Maranao body-part terms 35	马拉瑙语身体部位名词 46
Marshallese morphology 127	马绍尔语形态（学）160
Mayan languages 33	玛雅语言 44
Mba phonology 165	恩巴语音系学 208

（续表）

英文原文和页码	中文译文和页码
Meithei number words 47, 50	梅泰语数词 62, 66
Mohawk	莫霍克语
morphology 139	形态（学）176
phonology 189	音系学 237
Mokilese morphology 128, 139	莫克莱斯语形态（学）161, 176
Neo-Aramaic: articles 199	新亚拉姆语：冠词 248
Nepali case marking 103	尼泊尔语格标记 130
Nez Perce	内兹佩尔塞语
color words 57	颜色词汇 75
morphology 130	形态（学）164
phonology 155	音系学 195
Ngawun body-part terms 32	恩加文身体部位名词 43
Nootka *see* Kyuguot Nootka	诺特卡语见久古奥特诺特卡语
Oksapmin number words 47	奥克萨普明语数词 62
Old English	古英语
morphology 126	古英语形态（学）158
phonology 194	音系学 242
vocabulary 3	词汇 3
word order 96, 202	语序 122, 252
Old French articles 199	古法语冠词 251
O'odham *see* Papago	奥托达姆语见帕帕戈语
Oromo *see* Galla	奥罗莫语见伽拉语
Panare antonymic adjectives 53	巴纳拉语逆义形容词 71
Pangasinan morphology 134	庞加西南语形态（学）169

(续表)

英文原文和页码	中文译文和页码
Papago morphology 128	帕帕戈语形态（学）161
Persian	波斯语
articles 199	冠词 248
resumptive pronouns 70, 71, 72, 236	回指/复指代词 89, 90, 91, 293
second-language acquisition 225–227	第二语言习得 280–282
word order 272	语序 336
Pipil articles 200	皮普语冠词 249
Pirahã	皮拉哈语
color words 57	颜色词汇 75
grammatical features 245	语法特征 304
number words 50	数词 66
Plains Tamil color words 55[①]	平原坦米尔语颜色词汇 75
Polish 波兰语	
language acquisition 211	波兰语言习得 265
vocabulary 2, 3	词汇 2, 3
Proto-Germanic 3, 203	原始日耳曼语 3, 254
Proto-Indoeuropean 4	原始印欧语 4
Quechua	盖丘亚语
body-part terms 35	盖丘亚语身体部位名词 46
morphology 141, 142	形态（学）178, 179
Rapa Nui 6	拉帕努伊语 8
antonymic adjectives 53	逆义形容词 71

---

① 译者注：原作误，在 57 页。

（续表）

英文原文和页码	中文译文和页码
word order 7, 97, 98, 99	语序 9, 124, 125, 126
Romance languages 3	罗曼语系语言 4
articles 199	冠词 249
Rotokas phonology 175	罗托卡斯语音系学 221
Rumanian	罗马尼亚语
articles 198	罗马尼亚语冠词 247
taxonomy 33	分类学 41
Russian	俄语
absence of articles 67, 196	俄语无冠词 85, 245
body-part terms 27, 34	身体部位名词 31, 38
case 68–69	格 83–87
case syncretism 124, 125	格合并 157, 158
color words 60	颜色词 81
copula 66	系动词 84
gender syncretism 124	性别融合 157
government 82	语法关系 104
kinship terms 39	亲属称谓 52
morphology 118[①]	形态（学）141
personal pronouns 42–43	人称代词 55–56
phonology 160, 189	音系学 190
pluralization 75	复数化 95
subject 102	主语 129
Salishan languages morphology 130	萨利尚语言形态（学）164
Samoan	萨摩亚语

---

① 译者注：原作误，在 113 页，而非 118 页。

（续表）

英文原文和页码	中文译文和页码
case 88	格 112
word order 69	语序 88
Sanskrit vocabulary 4	梵语词汇 5
Semitic languages 4, 118, 182, 204	闪族语言 5, 149, 229, 256
Serbian	塞尔维亚语
articles 199	塞尔维亚语冠词 248
language acquisition 210	语言习得 262
Serbo-Croatian	塞尔维亚－克罗地亚语
absence of articles 67	塞尔维亚－克罗地亚语无冠词 85
copula 66	系动词 84
declensions 114–115	词形变化 143–144
morphology 126	形态（学）158
Sherpa articles 199	夏尔巴语冠词 248
Shilha morphology 128	锡尔哈语形态（学）161
Sierra Popoluca pronouns 63	西尔拉·波波卢卡语代词 81
Sirioni 128	锡里奥尼语 161
Southern Barasano morphology 116	南巴拉萨诺语形态（学）145
Spanish	西班牙语
antonymic adjectives 53	反义形容词 70
articles 198, 199	西班牙语冠词 247, 248
body-part terms 33	身体部位名词 44
grammatical agreement 67	语法一致 85
kinship terms 5, 36, 39	亲属称谓 6, 48, 52
phonology 157, 159, 160	亲属称谓 6, 48, 52
second-language acquisition 223, 227	第二语言习得 277, 281
vocabulary 3	词汇 4

（续表）

英文原文和页码	中文译文和页码
Swahili 4	斯瓦希里语 5
grammatical agreement 67	语法一致 85
morphology 116, 130, 134, 146	形态（学）145, 164, 168, 183
number words 46	数词 60
verb agreement 82	动词一致 104
vocabulary 4	词汇 5
Swedish	瑞典语
resumptive pronouns 236	回指/复指代词 293
vocabulary 2, 3–4	词汇 3, 4–5
Tagalog	他加禄语
morphology 117, 126, 127, 128, 129, 130, 138	形态（学）146, 158, 159, 160, 162, 165, 174
polymorphemic words 30	多语素词 40
subject 103–104	主语 130–132
word order 92, 93	语序 117, 118
Tamil *see* Plains Tamil	坦米尔语见平原坦米尔语 75
Tauya articles 196	塔乌亚语冠词 245
Thai	泰语 100
classifiers 78	量词 99
morphology 111	形态（学）138
phonology 151, 162	音系学 189, 204
Thompson morphology 130	汤普森语形态（学）164
Tiv color words 57	蒂夫语颜色词汇 75
Tlingit phonology 10	特林吉特语音系学 14
Tok Pisin	托克皮辛语 240
antonymic adjectives 54	反义形容词 71

（续表）

英文原文和页码	中文译文和页码
language change 240	语言演变 298
personal pronouns 41	人称代词 55
Tonga morphology 140	汤加语形态（学）177
Tsakhur color words 57	查库尔语颜色词汇 75
Tsimshian body-part terms 35	锡姆西安语身体部位名词 46
Tümpisha Shoshone word order 97	通皮沙肖尚语语序 123
Turkana grammaticalization 201	图尔卡纳语法化 251
Turkish 4	土耳其语 4
articles 197, 199	冠词 246, 248
gender 59	性 77
morphology 111, 113, 114, 122, 123, 126, 129, 130, 133, 138, 142	形态（学）138, 141, 143, 150, 151, 158, 159, 165, 166, 177, 180
number words 50	数词 66
personal pronouns 42–43	人称代词 55–56
phonology 154, 162	音系学 193, 194
resumptive pronouns 236	回指/复指代词 293
taxonomy 28	分类（学）41
vocabulary 2, 4	词汇 3, 6
word order 5–6, 97, 98, 99	语序 7–8, 123, 124, 126
Tuscarora morphology 121	图斯卡罗拉语形态（学）153
Tzeltal	塞尔塔尔语
color words 57	塞尔塔尔语颜色词汇 75
morphology 129	形态 163
Ulwa phonology 190	乌尔瓦音系学 239
Vai definite article 199	瓦伊语冠词 249

（续表）

英文原文和页码	中文译文和页码
Vietnamese	越南语
numeral classifiers 76	量词 97
personal pronouns 42	人称代词 55
subject 102	主语 129
Walmatjari case marking 105	瓦尔马特亚里语格标记 133
Warlpiri	瓦尔皮里语
body-part terms 33	身体部位名词 43
color words 58	颜色词汇 76
phonology 155	音系学 195
West Greenlandic Eskimo morphology 139	西格陵兰爱斯基摩语形态（学）176
!Xóõ phonology 175	克桑语音系学 221
Yimas phonology 175	伊马斯语音系学 221
Yoruba antonymic adjectives 53	约鲁巴语反义形容词 71
Yucatec Mayan morphology 139	尤卡特克玛雅语形态（学）176
Zyrian morphology 138	捷尔日语形态（学）175

被引作者索引

Aikhenvald, Alexandra Y. 97, 152, 182
Andersen, Elaine 42, 44, 45
Aronoff, Mark et al. 234
Baerman, Matthew et al. 155, 157
Bakker, Dik 23, 105
Barlow, Michael 324
Bates, Elizabeth et al. 265
Behaghel, Otto 121, 180
Bell, Alan 197, 212
Bellugi, Ursula 232
Berlin, Brent 74–77
Bickel, Balthasar 130, 132, 149
Blevins, Juliette 212, 214, 221
Bohr, Niels 338
Bowerman, Melissa 268–272
Breen, Gavan 208
Brown, Cecil H. 42–44, 46, 78, 82
Brown, Dunstan 148

(续表)

Burenhult, Niclas 42, 45
Butskhrikidze, Marika 214
Bybee, Joan 178, 308, 312, 335
Bynon, Theodora 247
Campbell, Lyle 255, 256, 260, 310
Chapin, Paul G. 8, 124
Choi, Soonja 355
Chomsky, Noam 324, 332–334
Clark, Eve V. 263, 264, 266
Claudi, Ulrike 257
Clements, G. N. 236
Comrie, Bernard 90, 91, 112, 114, 135, 138, 172, 175, 231
Cooke, Joseph R. 55
Corbett, Greville G. 107–108
Croft, William 132, 183, 186, 301
Cysouw, Michael 52, 54, 58, 59, 305
Dell, François 197
Deutscher, Guy 77
Di Sciullo, Anna-Maria 182
Diessel, Holger 251, 312
Dixon, R. M. W. 55, 124, 135, 152, 182
Donaldson, Margaret 254
Dressler, Wolfgang U. 332
Dryer, Matthew S. 24–25, 120–123, 126, 135, 176–177, 245, 318
Du Bois, John W. 341

（续表）

Eagleman, David 332
Eckman, Fred et al. 276–278
Elmedlaoui, Mohamed 197
Emmorey, Karen 233
Epstein, Richard 249
Evans, Nicholas 6, 39, 63, 338
Everett, Daniel 75, 305
Ferguson, Charles A. 204
Fox, Barbara A. et al. 294–297
Frauenfelder, Ulli et al. 289
Gell-Mann, Murray 254, 255
Gil, David 97
Gilligan, Gary 177
Givón, Talmy 249, 255
Gleason, H. A. 162
Gnanadesikan, Amalia E. 229
Goddard, Cliff 53
Goedemans, Rob 217
Gould, Stephen Jay 11[①], 323, 327
Greenberg, Joseph H. 19, 21, 29, 48, 49, 51, 58, 67, 70, 97, 98, 155, 171, 172, 174, 177, 178, 180, 193, 200, 201, 209, 211, 212, 216, 219, 221, 222, 278, 338, 339
Gregory, Bruce 338
Gussenhoven, Carlos 191

---

① 译者注：原作 11 页无。

（续表）

Haddon, Mark 327
Haiman, John 177, 307, 321
Hall, Christopher J. 177
Hall, Rich 34
Halle, Morris 236
Hardin, C. L. 75
Harris, Alice C. 255, 256, 260, 310, 337, 338
Haspelmath, Martin 132, 172, 173, 183, 324
Hauser, Marc D. 334
Haviland, John B. 6, 47, 49
Hawkins, John A. 20, 177, 290, 292, 293, 313–316, 318–319, 335
Hawkins, Sarah 290
Heine, Bernd 97, 199, 200, 201, 206 245–246, 249, 251, 258
Holmes, Virginia M. 290
Hyltenstam, Kenneth 279–283
Inoue, Kyoko 6
Iturrioz Leza, José Luis 139
Jackendoff, Ray 334, 338
Jacobs, Haike 191
Jakobson, Roman 77, 195, 245, 270, 275
Jasperson, Robert 296
Johnson, Wyn 238
Joseph, Brian 182
Kaku, Michio 304
Kay, Paul et al. 59, 74–77

（续表）

Keenan, Edward L. 90, 91, 290
Keller, Rudi 331
Kemmer, Suzanne 324
Kertész, András 339
Kimenyi, Alexandre 178
Kirby, Simon 323
Klatzky, Roberta L. 266
Klima, Edward S. 232
Kroeber, Alfred 48–49
Kuteva, Tania 245, 246, 249, 251, 258
Lado, Robert 275
Lakoff, George 98–99
Langacker, Ronald W. 112, 134
Lashley, K. S. 329
Leeding, Velma J. 46
Lehmann, Christian 105
Levelt, Clara C. 192
Levison, Stephen C. 338
Lewis, Geoffrey L. 164, 175
Li, Charles N. 139, 151, 256
Lillo-Martin, Diane 233, 234
Lindblom, Björn et al. 335
Lucy, John A. 76
Lundbåck, V. 280
Luraghi, Silvia et al. 197
Maddieson, Ian 194, 195, 196, 208, 209, 221, 240

(续表)

Maffi, Luisa 75
Maratsos, Michael 288, 291
Mattes, Veronika 160, 165
Matthews, S. 282–283, 285
Merrifield et al. 133, 148, 149, 185, 186
Mithun, Marianne 152, 153, 163, 164, 192
Moravcsik, Edith 160, 162
Myhill, John 283, 284
Nathan, Geoffrey S. 190
Nedjalkov, Vladimir P. 164
Nettle, Daniel 23, 322
Newman, Paul 82
Newmeyer, Frederick J. 129, 183, 333
Nichols, Johanna 149
Nin, Anaïs 339
Ogloblink, Alexandr K. 164
Ohala, John 201
Ohala, Manjari 201
O'Regan, J. K. 290
Otanes, Fe T. 117, 118, 131, 159, 161,
Pensalfini, Bob 208
Pérez-Leroux, Ana Teresa 283
Peters, Ann M. 262
Pfeiffer, Martin C. 295, 296, 297
Pinker, Steven 334

（续表）

Plank, Frans 12, 17, 27, 58, 129, 154, 155, 157, 159
Rachkov, Gennadij E. 164
Rákosi, Csilla 339
Randall, Lisa 338
Rijkhoff, Jan 97, 184, 245
Roca, Iggy 238
Rubba, Johanna 175
Ruhlen, Merritt 254, 255
Sanders, Gerald 323
Sandler, Wendy 233, 234
Saxe, Geoffrey B. 63
Schachter, Paul 117, 118, 131, 159, 161
Schellinger, Wolfgang 58, 157
Schieffelin, Bambi B. 298
Shkarban, Lina I. 164
Siewierska, Anna 58, 82, 106, 130
Simon, Herbert 323
Slobin, Dan Isaac 77, 265, 272
Sun, Chaofen 256
Supalla, Ted 233
Tarallo, Fernando 283, 284
Terrill, Angela 42
Thomason, Sara G. 300
Thompson, Sandra A. 139, 151, 256
Tinbergen, Niko 322

（续表）

Tomasello, Michael 335
Underhill, Robert 124
Van de Weijer, Jeroen 195
Van der Hulst, Harry 195, 217
Vennemann, Theo 10, 127, 318
Wales, Roger 240
Wanner, Eric 288, 291
Weber, David John 179
Whitelock, Doris 151
Wierzbicka, Anna 53, 76
Williams, Edwin 182
Winawer, Jonathan et al. 78
Wirth, Jessica R. 70
Witkowski, Stanley R. 46, 78
Wohlgemuth, Jan 305
Yip, V. 282, 283, 285
Zeshan, Ulrike 232, 234, 235